오컬트 명상

LETTERS ON OCCULT MEDITATION

앨리스 베일리

앨리스 베일리 저서 목록

입문, 인간과 태양 (Initiation, Human and Solar)
오컬트 명상 편지 (Letters on Occult Meditation)
우주 불 론 (A Treatise on Cosmic Fire)
화이트 매직 론 (A Treatise on White Magic)
뉴에이지 제자도 I (Discipleship in the New Age I)
뉴에이지 제자도 II (Discipleship in the New Age II)
인류의 문제 (Problems of Humanity)
크리스트 재림 (The Reappearance of the Christ)
국가들의 운명 (The Destiny of the Nations)
현혹: 세계의 문제 (Glamour: A World Problem)
텔레파시와 에텔체 (Telepathy and the Etheric Vehicle)
뉴에이지 교육 (Education in the New Age)
하이어라키의 현현 (The Externalization of the
Hierarchy)

일곱 광선에 관한 논고
1 권: 비의 심리학 I (Esoteric Psychology I)
2 권: 비의 심리학 II (Esoteric Psychology II)
3 권: 비의 점성학 (Esoteric Astrology)
4 권: 비의 치유 (Esoteric Healing)
5 권: 광선과 입문 (The Rays and the Initiations)

대스승 드왈 쿨(Djwhal Khul) 말씀

내가 어떤 등급의 티베트인 제자라고 말하는 것으로 충분하며, 이것으로 여러분에게 말해주는 것이 거의 없다. 왜냐하면 가장 보잘것없는 열망자부터 저 너머 크리스트 그분까지 모두가 제자이기 때문이다. 나는 티베트 국경에서 다른 사람처럼 육체 속에서 살고 있으며, 다른 의무가 허락할 때 종종 (대중 관점에서) 티벳 라마 대그룹을 주재한다. 내가 이 특정 사원의 수도원장으로 알려진 것이 바로 이 사실 때문이다. 하이어라키 작업에서 나와 관련 있는 사람은 (그리고 모든 진정한 제자는 이 작업과 관련 있다) 나를 다른 이름과 직책으로 알고 있다. 앨리스 베일리는 내가 누구인지 그리고 두 가지 이름으로 알고 있다.

나는 도의 길에서 보통 학생보다 더 멀리 여행한 형제이고, 그러므로 더 큰 책임감을 지게 되었다. 나는 분투하며 싸워 나아가서 이 글을 읽을 열망자 보다 더 큰 빛 속으로 들어간 사람이다. 그러므로 어떤 대가를 치르더라도 빛의 전달자로서 행동해야만 한다. 스승들 사이에서 나는 나이든 사람이 아니지만, 젊지도 미숙하지도 않다. 내 작업은 반응을 찾을 수 있는 곳 어디에서건 영원한 지혜(Ageless Wisdom)를 가르치고 전파하는 것이며, 다년간 이것을 해오고 있다. 나는 또한 기회가 있을 때마다 대스승 모리야(Morya)와 대스승 쿠트 후미(Kut Humi)를 도우려고 한다. 왜냐하면 나는 그분들 및 그분들 작업과 오랫동안 연관되어 있었기 때문이다. 위에서 여러분에게 많이 말했다; 하지만 동시에 감정적인 열망자가 아직 접촉할 수 없는 구루와 대스승에게 바치는 그 어리석은 헌신과 맹목적인 복종을 나에게 바치도록 유도하는 것에 대하여 아무것도 말하지 않았다. 열망자가 감정적 헌신을 대스승이 아닌 인류에 대한 이타적 봉사로 변형시킬 때까지 바라는 접촉을 하지 못할 것이다.

내가 쓴 책들을 받아들이라고 주장하지 않는다. 그것들은 옳고, 진실하며 유용할 수도 있다. 그대가 올바른 실천과 직관을 사용해서 그 진실을 확인하는 것이다. 앨리스 베일리나 나는 그것들이 영감을 받아서 쓰여진 것으로 칭송되거나 어떤 사람이 대스승들 중 한 분의 작업이라고 (숨을 죽이며) 말하는 것에 조금도 관심이 없다. 만약 그 책들이 세계 가르침 속에서 이미 제시된 것에 뒤이어서 따라오는 방식으로 진리를 제시한다면, 주어진 정보가 열망과 봉사하려는 의지를 감정계에서 마인드계로 (대스승들을 찾을 수 있는 계) 고양되게 만든다면 그것들은 그 목적을 다한 것이 될 것이다. 전달된 가르침이 세계에 있는 일꾼의 환하게 밝혀진 마인드로부터 어떤 반응을 불러일으켜서, 그의 직관을 번쩍이게 한다면, 그러면 그 가르침을 받아들이게 하라. 그렇지 않으면 받아들이지 마라. 만약 진술이 결국에는 확증된 사실과 만난다면 혹은 상응의 법칙 테스트 하에서 진실로 여겨진다면, 그러면 괜찮고 좋은 것이다. 그러나 그렇지 않으면 학생이 받아들이게 하지 마라.

대기원문

신의 마인드 속에 있는 빛의 그 지점으로부터
  빛이 인간의 마인드 속으로 흘러 들게 하소서.
  빛이 지상으로 하강하게 하소서.

신의 가슴 속에 있는 사랑의 그 지점으로부터
  사랑이 인간의 가슴 속으로 흘러 들게 하소서.
  크리스트가 지상으로 돌아오게 하소서.

신의 의지가 알려진 그 센터로부터
  목적이 인간의 작은 의지를 안내하게 하소서 –
  대스승들이 알고 봉사하는 그 목적.

인류라고 부르는 그 센터로부터
  사랑과 빛의 계획이 이루어지게 하소서
  그리고 악이 머무는 곳의 문을 봉인하게 하소서.

빛과 사랑과 권능이 지상에서 대계획을 회복하게 하소서.

"위 대기원문은 어느 한 사람이나 어느 한 그룹의 것이 아니라 인류 전체 것이다. 이 대기원문의 아름다움과 강력함은 바로 그 단순함 속에 있고, 모든 인간이 타고나면서 정상적으로 받아들이는 어떤 중심 진리를 표현하는 데 있다--우리가 애매하게 신(God)이라는 이름을 붙여준 기본적인 대지성(Intelligence)의 존재에 대한 진리; 모든 외적 존재들 뒤에 우주를 움직이는 힘이 사랑이라는 진리; 기독교인들이 크리스트라고 부르는 위대한 개체성(Individuality)이 지구에 와서 우리가 이해할 수 있도록 그 사랑을 구현시켰다는 진리; 사랑과 지성은 신의 의지라고 부르는 것의 결과라는 진리; 그리고 마지막으로 인류 자신을 통해서만 신성한 계획이 이루어질 수 있다는 자명한 진리."

앨리스 베일리

차 례

책 소개

명상 과학이 마인드 수련 기법으로서 모든 곳에서 점점 더 실천되고 있다. 명상은 에너지 흐름과 관련 있다. 그 에너지는 성질이 불같고 비인칭적이다; 그러므로 그것의 잠재적 위험이 이해되어 피해야 하고, 안전하고 신뢰할 수 있는 실천 방법이 채택되어야 한다. 본서는 일반적이고 구체적인 기본 요인을 세워서, 명상 과학의 전반적인 목적이 *행성 차원의 봉사*라는 것을 보여준다.

오늘날 동서양의 문화, 전통, 종교, 이데올로기 그리고 사회 관습에서의 차이 뒤에서, 사고와 멘탈 이해의 상호교환이 점점 더 커지고 있다. 이런 멘탈 동조로의 한 가지 강력한 자극은 동양에서 종교적 영적 경험의 필수적인 부분으로서 오랫동안 실천되어 온 명상 과학을 서구인들이 점점 더 배양하려고 한다는 것이다. 요즘 시대에 그리고 우리가 멘탈 지향의 물병자리 시대로 들어감에 따라서, 점점 더 많은 사람들이 감정적 초점에서 멘탈적 초점으로 이동하면서, 명상 과학이 집중과 기원의 마인드 수련 기법으로서 점점 더 서구에서 실천될 것이다.

하지만 명상에서 꿰뚫고 들어가서 드러내야 할 한층 더 깊고 심오한 생명 및 의식의 영역들이 있다. 명상은 오컬트 의미에서 마인드를 수련시키는 기법일 뿐만 아니라, 혼과, 크리스트와, 그리고 궁극적으로 "아버지"와 정렬, 합일, 그리고 동일시를 성취하는 수단이기도 하다. 신비적 합일의 경험과 뚜렷하게 구분되는 오컬트 명상은 과학적인 과정을 세우고 그것으로 시작된 원인들이 동일한 영향을 만들 것이며, 그래서 그 결과가 의지대로 반복될 수 있다. 이것이 마인드로 숙달되어야 하는 기법이다; 그것은 강렬한 멘탈 활동이 수반되고 마인드가 활동하거나 고요하게 되어 의지대로 "반사(회고)"하도록 그것을 통제하고 명령할 수 있는 능력과 함께 절대적인 고요함이 따라온다.

이런 형태의 명상의 첫째 목적은 혼과 개성의 의식적인 통합으로, 혼의 생생한 존재가 개성의 삶의 특질에 각인시키고 영향을 줄 수 있다. 이것은 인간을 우리가 영적 하이어라키라고 부르는 행성 속에 있는 저 의식 센터, 신의 왕국으로 꾸준히 끌어당긴다; 그러면 영적 인간이 통제하게 되고, 신성한 잠재력이 개화된다.

우리가 명상에서 글자 그대로 불같은 그리고 비인칭적인 에너지 흐름을 다루고 있기 때문에, 이해되서 피해야 하는 위험과 곤란이 많이 있다; 이 점들도 논의되었다. 또한 색과 소리가 다양한 광선 에너지에 상응하는 것으로, 오컬트적으로 말해서, 서로 다른 주파수의 진동이다.

미래를 내다보면서, 저자는 명상 과학의 영향이 점점 더 증가할 것이며, 결국에는 입문한 제자들의 안내와 지도 아래에 명상 학교를 세울 것이라고 예측한다. 이 학교는 두 종류가 될 것이다: 하나는 예비학교이다; 다른 하나는 입문을 위하여 학생을 실제로 수련시키는 학교이다. 이런 포괄적인 수련 학교의 궁극적인 목적은 행성 차원의 봉사를 위하여 자격을 갖춘 제자를 제공하는 것이다. 하이어라키가

영감을 불어넣은 모든 수련 작업에서 동기는 봉사이다--
이것은 이타적으로 동기부여된 제자 속에서 혼의 접촉으로
생긴 자발적인 영향이다.

"그 동기가 몇 마디로 축약될 수 있다:
- 하나의 대아(One Self)의 선을 위한 개성아의 희생.

방법도 간단하게 표현될 수 있다:
- 개성의 현명한 통제, 그리고 작업과 시간 속에서 분별력.

결과로 나오는 태도는:
- 완전한 평정, 그리고 점점 더 커가는 보이지 않는 것과
  실재에 대한 사랑.

이 모든 것이 오컬트 명상을 꾸준히 적용함으로써 절정에
이르게 될 것이다."

서 언

다음 편지들은 1919 년에 받은 두 통의 편지를 제외하면, 1920 년 5 월 16 일과 1920 년 10 월 20 일 사이에 받은 편지들이다. 이 편지를 쓴 사람들의 동의를 받아서 함께 모아서 출판하게 되었다.

몇 가지 예외를 제외하고 받은 그대로 출판한다. 순전히 개인적으로 적용되는 경우와 어떤 특정한 오컬트 학파에 대한 언급이 있는 경우 그리고 전달할 수 없는 비의적 혹은 예언적 성질 부분은 그런 내용은 제외되었다.

이 편지를 읽는 사람에게 두 가지를 부탁하고자 한다:

1. 진리는 많은 면을 가진 다이아몬드이고 인류를 안내하는 분들이 필요하다는 것을 알 때처럼 다양한 면이 서로 다른 시대에 나타난다는 것을 명심하면서 열린 마인드로 읽어 주길 바란다. 명상에 대한 책이 많이 쓰여 졌다. 어떤 책은 너무 추상적이고 어떤 책은 너무 피상적이어서 보통 교육을 받은 사람을 충족시켜 주지 못하였다. 이 편지를 쓴 분은 당면한 목표와 중간 단계에 있는 목표를 강조하면서 명상의 이론적 근거를 간단하게 과학적으로 설명하려고 하였다.

2. 이 편지에 대하여 저자가 제시한 주장이 아닌 장점이나 가치에 바탕을 두고 판단해 주길 바란다. 이런 이유 때문에 자신의 익명성을 지키기로 하였고 편지를 받은 사람에게 필명으로 출판할 것을 요청하였다.

만약 이 편지들 주제가 가치가 있다면 독자로부터 반응을 얻게 될 것이고, 목적지를 향해서 가는 어떤 사람들에게 도움을 주는 역할을 할 것이며, 이미 몇몇 사람으로부터 받은 것으로 많은 사람에게 입증된 영감과 도움을 줄 것으로 증명될 것이다.

앨리스 A. 베일리.

뉴욕, 1922.

편지 1 - 자아와 개성의 정렬

자아와 개성의 정렬

1920 년 5 월 16 일 일요일

어느 특정 화신에서 상위자아(Higher Self) 혹은 자아(Ego)의 실재 작업이 성취될 수 있는 것은 세 가지 매개체, 육체, 감정체 그리고 하위 마인드체를 코잘 주변 안에서 정렬시키고, 그것들을 의지의 노력으로 그곳에 안정화시키는데 있다. 인류의 위대한 사상가들은 하위 마인드의 진정한 옹호자로 근본적으로 하위 세 개 체가 정렬된 사람들이다; 즉, 그들은 멘탈체가 다른 두 개 체를 신중한 정렬 상태로 유지하는 사람들이다. 그러면 멘탈체가 방해나 간섭 없이 두뇌까지 곧바로 직접 소통하게 된다.

이 정렬이 4 중일 때 그리고 위에서 언급한 세 가지 체가 상위자아의 체, 코잘체(자아체)와 정렬되어, 그 둘레 안에서 꾸준히 유지될 때, 그때 인류의 위대한 지도자들--감정적 지성적으로 인류를 움직이는 사람들--이 일하는 것을 볼 수 있다; 그때 영감을 받은 작가들과 몽상가들이 영감과 꿈을 아래로 가져올 수 있다; 그리고 통합적 추상적 사상가들은 그들의 개념을 형태 세계로 전달할 수 있다. 그래서 그것은 방해 받지 않는 통로가 열려 있는가 하는 문제이다. 그러므로 이런 연결 관계에서 그리고 시간이 허락할 때, 육체적 조정을 공부하라; 그러면 육체적 조정에 감정적 안정성을 더하게 되면, 그러면 두 개 체가 하나처럼 기능하게 된다. 이런 조정이 멘탈체까지 확장할 때, 삼중 하위 인간이 절정에 다다르는 것이고, 형태의 세계에서 대부분의 변화를 다 겪는 것이다.

나중에 조정이 상위자아와 완전해진 조정이 오고, 소통 채널이--이렇게 표현할 수 있다면, 막힘없는 통로를 거쳐서--육체 두뇌 의식까지 직선으로 뻗게 된다. 지금까지는 그것이 드문 간격으로만 직접적이었다. 네 개의 더 작은 두뇌 센터가 고도로 조정된 개성의 높은 진동으로 그 사람 속에서 기능하고 있다; 자아가 하위 체들과의 정렬이 가까워질 때, 송과선과 뇌하수체가 계발 과정에 있는다; 그리고 그것들이 상호관계 속에서 기능할 때 (세 번째 입문을 받을 때 끝나게 되는), 그때 세 번째 센터 혹은 알타 메이저 센터가 지금까지의 가벼운 진동을 강렬하게 하기 시작한다. 다섯 번째 입문을 받을 때, 이 세 개 센터 간의 상호작용이 완전해지고, 체의 정렬이 기하학적으로 교정된다; 그러면 완성된 오중의 초인이 된다.

보통 사람의 경우, 이런 정렬은 간헐적으로만 일어난다. 예를 들면, 스트레스 순간, 필요한 인도주의적 노력의 시간과 가장 강렬한 열망의 시간에 일어난다. 자아가 하위자아 혹은 개성을 계속해서 주시하기 전에, 어느 정도 추상화 과정으로 들어가야 한다. 그런 추상화가 감정과 연관되고, 마인드 속에 바탕을 두며 육체 두뇌를 접촉할 때, 그때 정렬이 시작되는 것이다.

그래서 명상 작업이 필요하다. 왜냐하면 명상은 추상화 과정을 돕고 감정과 마인드를 추상적 의식에 깨어나도록 하기 때문이다.

정렬과 진동

그것은 대체적으로 물질과 진동의 문제라는 것을 잊지 말아야 한다. 멘탈계 추상 수준은 상위 세 가지 계로 이루어지며, 첫 번째 계가 세 번째 하위계로 불린다. 이전에 설명했듯이, 학위계 각각은 주요계와 상관관계를 갖는다. 그러므로 그대가 육체, 감정체 그리고 멘탈체를 그 주요계 각각의 세 번째 하위계 물질로 만들었다면, 그러면 상위자아가 의식적으로 그리고 점점 더 계속해서 정렬한 개성을 통하여 기능하기 시작한다. 아마도 생각을 뒤집어서 어느 정도의 세 번째 하위계 물질이 (몇 퍼센트인지는 입문의 비밀 중에 하나이다) 매개체들 속에 있게 될 때만, 그 개성이 의식적인 전체로써 그 상위자아를 인식하고 복종하게 된다고 말할 수 있다. 그런 일정 비율이 확보된 후에, 물질계와 감정계에서 상위 두 가지 하위계 물질로 만드는 것이 필요하다; 그래서 열망자가 육체를 정화하여 단련시키고 감정체를 종속시키는 싸움을 하는 것이다. *정화*와 *정복*이 두 가지 계에서 이루어져야 할 작업을 묘사한다. 이것은 하위 마인드의 사용이 수반되고, 그래서 세 가지 하위 매개체가 정렬되는 것이다.

그러면 추상계 수준의 진동이 느껴지기 시작할 수 있다. 그 진동이 상위자아의 매개체, 코잘체를 거쳐서 온다는 것을 기억할 필요가 있고, 보통의 코잘체는 멘탈계 세 번째 하위계에 있다. 이것이 충분히 인식되지 않는 점이다. 그것에 대해서 깊이 숙고하라. 진정한 추상적 사고는 개성이 자아의 진동에 상응하는 진동으로 자신을 정렬시켜서 상당히 막히지 않는 통로를 충분하게 형성하였을 때만 가능하게 된다. 그러면 간간히 처음에는 드물지만 점점 더 빈번하게, 추상적인 개념이 걸러져 내려오기 시작할 것이고, 마땅한 때가 되면 영적 삼개조 혹은 진정한 삼중구조 자아 자신으로부터 번쩍이는 직관이나 진정한 깨달음이 따라오게 될 것이다.

자아의 코드(음)

"상응하는 진동"이라는 용어를 사용할 때 무엇을 의미할까? 그것은 개성 혹은 하위자아가 자아 혹은 상위자아에 적응한 것, 자아 광선이 개성 광선을 지배하여 그의 색조를 합치는 것을 의미한다. 그것은 아름다움이 성취될 때까지 상위자아 원색을 하위자아 이차색과 섞는 것을 의미한다. 처음에는 부조화와 불일치가 있고, 색깔들 간의 충돌과 상위자아와 하위자아 사이의 싸움이 있게 된다. 그러나 시간이 지나면서, 그리고 나중에 대스승의 도움으로, 색깔과 색조의 조화가 만들어져서 (비슷한 물질), 결국에는 물질의 기본 음조, 정렬된 개성의 장 3 도, 자아의 지배하는 5 도, 그리고 영 혹은 모나드의 온전한 화음을 갖게 될 것이다.

우리가 초인단계에서 추구하는 것이 바로 지배적인 5 도이고, 그전에는 개성의 완전한 3 도이다. 우리의 다양한 화신 동안, 우리는 사이에 오는 모든 음정의 변화를 두드리고 울리며, 때로는 우리 생이 장음이고 다른 때에는 단음이기도 하지만, 그 생은 항상 유연성과 더 큰 아름다움으로 향한다. 마땅한 때가 되면, 각각 음이 영의 화음 속으로 맞아 들어갈 것이다; 각각 화음은 어떤 악구의 일부, 그 화음이 속한 그룹 혹은 악구를 형성할 것이다; 그리고 그 악구는 전체 7 분의 1 일을 완성하게 될 것이다. 그러면 전체 칠등분이 이번 태양계의 소나타를 완성하게 될 것이다. 이것은 대작곡가-음악가, 신(God) 혹은 로고스의 삼중 대작의 일부분이다.

소우주 정렬과 대우주 정렬

1920 년 6 월 2 일

오늘 아침에는 자아의 정렬에 대한 문제를 다시 다룰 것이다. 그러면서 상응의 법칙 하에서 보편적인 적용을 보여줄 것이다. 그것은 기하학 혹은 숫자와 도형에 토대를 준 채 있다.

물질계, 감정계 그리고 멘탈계인 삼계에서 인간의 진화 목적은 삼중구조의 개성과 자아의 체가 하나의 직선이 될 때까지 정렬시켜서 그가 하나(One)가 되는 것이다.

개성이 이끌어 가는 생 각각은 그것이 끝날 무렵에 어떤 기하학 도형으로, 정육면체의 선의 어떤 용도로, 그리고 어떤 종류의 형태 속에서 표출로 나타내어진다. 초기 생의 형태은 윤곽이 복잡하고 불확실하며 디자인도 투박하다; 그러나 현재 세대의 보통 진보한 사람이 만든 형태는 윤곽이 명확하고 분명하다. 하지만 그가 제자도의 길로 들어설 때, 목적이 이런 많은 선 모두를 하나의 선 속으로 합치는 데 있으며, 점차로 그 완성이 성취된다. 대스승은 오중 구조 계발의 모든 선을 먼저 셋 속으로 그리고 나서 하나 속으로 합친 분이다. 육각별이 오각별로 되고, 정육면체가 삼각형으로 되며, 삼각형이 하나가 된다; 한편 하나는 (거대한 주기가 끝날 무렵에) 현현의 원 속에 있는 점으로 된다.

그래서 모든 헌신자에게 삼위일체의 근본 진리에 바탕을 둔 단순함과 일점지향성의 반복 교육을 가르치려고 노력하는 것이다.

각각의 생이 더 큰 안정성을 향하지만, 삼중구조의 개성은, 이렇게 표현할 수 있다면, 코잘 의식과 좀처럼 정렬되지 않는 것이 보인다. 이런 경우가 될 때 그리고 (최고의 열망의 순간에 그리고 이타적인 노력의 목적을 위하여) 상위와 하위가 직선을 형성할 때 일시적인 기회가 생긴다. 보통 감정체는, 격렬한 감정과 진동으로, 혹은 동요하는 안절부절로, 계속해서 정렬에서 벗어난다. 감정체가 순간적으로 정렬될 수 있을 때, 그때 멘탈체가 상위에서 하위로 그리고 결국에는 육체 두뇌로 침투하는 것을 막는 하나의 장애물로 작용한다. 감정체가 고요해질 수 있고 멘탈체가 장애물이 아닌 필터로서 작용하도록 세워지기 전까지는 부단한 노력을 하는 많은 생이 필요하다. 심지어 이것이 어느 정도 성취되어 감정체가 안정화되어 순수한 반사체로 되고, 그리고 멘탈체가 민감한 감광판과 분별가의 목적과 더 상위에서 주어진 진리의 지성적인 설명가 역할을 하더라도, 심지어 그때도 두 개가 "동시에" 정렬하도록 많은 생의 노력과 많은 수련이 필요하다. 그것이 되었을 때, 육체 두뇌가 주어진 가르침을 직접 받고 전달하는 역할을 할 수 있도록, 그리고 상위 의식을 정확하게 반사할 수 있도록, 육체 두뇌의 통제와 그것의 마지막 정렬리 아직 남아 있게 된다.

그러면 대우주와의 상응이 어디에 있을까? 태양계 속에서 유추가 어디에 있을까? 여기서 어떤 암시를 주겠다. 태양계 진화 과정 속에 있는 어느 행성들이 서로 그리고 태양과 직선으로 정렬하는 속에서 신성한 정렬 혹은 로고스 정렬이 오게 된다. 이것을 깊이 생각해 보라. 하지만 한 마디 경고를 하겠다. 정렬의 가설을 물질 행성에 바탕을 두고 풀려고 하지 마라. 진리는 거기에 있지 않다. 오직 물질 행성의 셋 (그리고 에텔 물질 속에 있는 셋)이 태양로고스의 성취 목표인 로고스가 우주 자아 의식을 성취하였다는 것을 표시하는 마지막 정렬 속으로 들어가게 된다. 이 셋의 행성 중에 지구는 하나가 아니다. 그러나 금성이 감정 영구원자에 상응하는 위치를 가지고 있다.

한층 더 깊은 정렬이 진행될 수 있다. 즉, 우리의 전체 태양계와 시리우스 태양계와의 정렬 속에 한층 더 먼 목표가 있다. 그것은 시간 상으로 아주 먼 지점이지만, 더 거대한 주기의 비밀을 숨긴 채 간직하고 있다.

편지 2 – 명상의 중요성

1920년 6월 3일

1. 명상은 자아와의 접촉과 정렬을 이루게 한다.
2. 명상은 균형 상태를 가져온다.
3. 명상은 진동을 안정화시켜 준다.
4. 명상은 극성의 이동을 도와준다.

오늘 아침에는 명상의 주제에 대하여 더 많은 생각을 제시하고자 한다. 어제와 16일에 제시된 주제에 어느 정도 관계 있다.

근본적으로 명상은 정렬을 도와주어 상위자아와의 접촉을 가능하게 해준다; 그래서 그것을 시작하는 것이다. 이 주제에 대하여 다음과 같은 제목으로 더 자세하게 설명할 것이다.

- 명상의 중요성
- 명상을 배정할 때 고려할 점
- 명상에서 성스러운 말씀의 사용
- 명상에서 피해야 할 위험
- 명상의 형태
- 명상에서 소리와 색의 사용
- 명상을 통하여 대스승들에게 접근하는 것
- 미래 명상 학교

- 체를 정화하는 것
- 비의적 봉사의 삶

오늘 먼저 첫 번째 주제를 보자. 무엇이 명상을 중요하게 만드는가?

학생이 자아가 개성을 지배해야 하는 절대적 필요성을 인식하게 되면 명상의 중요성을 강조하는 것이 자연스럽게 따라오게 된다.

현재 시기에 인간은 많은 것을 추구하는 데 열중하고 있으며 주변 환경의 힘을 통해서 그는 전적으로 하위자아에 극화되어 있고, 그 극성이 특히 감정체 혹은 멘탈체에 있다. 흥미로운 점을 하나 제시하겠다: 이 극성이 순전히 육체적이거나 순전히 감정적인 동안에는, 명상의 필요성이 결코 느껴지지 않는다. 심지어 멘탈체가 활동하더라도, 그 사람이 많은 변화와 많은 생을 살아서, 많은 화신을 통하여 기쁨과 고통의 잔을 맛보고, 전적으로 하위자아를 위해서 살아온 생의 깊이를 가늠해보고 그것이 만족스럽지 않다는 것을 알게 될 때까지, 명상에 대한 어떤 욕구가 생기지 않는다. 그러면 그는 생각을 다른 것으로 돌려서, 알려지지 않는 것을 열망하게 되고, 자신 속에 있는 서로 반대되는 쌍을 인식하고 감지하기 시작하고, 지금까지 꿈꾸지 못한 이상과 가능성을 의식 속에서 접촉하기 시작한다. 이제 그는 성공, 인기 그리고 다양한 재능을 가진 지점까지 왔지만, 그것을 사용해서 그는 어떤 만족도 얻지 못한다; 그리고 고통이 너무 심해서 저 너머에 있는 누군가 그리고 어떤 것을 확인하기 위해서 손을 뻗으려는 그 욕망이 모든 장애물을 넘어설 때까지, 내면의 욕구가 지속된다. 그가 이제 내면으로 향하기 시작하고 그가 온 그 근원을 추구하기 시작한다. 그러면 그는 시간이 지나면서 명상의 결실을 얻을 때까지, 명상하고, 깊이 숙고하며, 진동을 강렬하게 하기 시작한다.

명상이 주는 네 가지

1. 명상은 그가 자아와 접촉해서 하위 세 개 체를 정렬할 수 있게 만들어준다.

2. 명상은 그를 균형의 태도, 즉 전적으로 수용적 그리고 부정적이지 않고, 완전히 능동적이지도 않은, 균형 지점에 놓아준다. 이렇게 그 균형을 흔들어서 고요한 진동이 지금까지보다 더 높은 음에 맞추어지게 하고 그래서 의식이 새로운 더 높은 범위로 진동하게 만들어서 (그것을 이렇게 표현할 수 있다면) 삼중영 주변으로 흔들어 들어가게 하는 기회를, 자아에게 그리고 나중에 대스승께 제공한다. 이것을 지속적으로 실천해서, 전체 균형점이 점진적으로 점점 더 높게 옮겨가게 되어, 흔들고 조정되는 하위의 인력 지점이 육체, 감정체, 멘탈체를 (심지어 코잘체도 피해가는) 접촉하지 않게 되는 때가 올 것이며, 그러면 그때부터 그는 영적 의식 속에서 극화되는 것이다.

이것이 네 번째 입문을 표시한다; 그 입문 이후, 초인은 스스로 자유롭게 현현체를 만든다--이제 원인의 법칙에 따라서 진화하고 삼계에서 사용할 어떤 체를 객관계로 불러내게 하는 것이 그에게는 아무것도 없게 된다.

3. 명상은 감정계와 멘탈계 하위계에서 낮은 진동을 안정화시킨다. 명상은 자아를 하위 삼계 각각의 세 번째 하위계의 진동에 동조시키는 작업을 시작해서, 그 하위계가 지배될 때까지 계속 된다. 그 다음에는 각각 하위 삼계의 두 번째 하위계와 동조하기 시작한다.[1]

그가 네 번째 하위계에서 의식적으로 진동하고 움직일 수 있는 역량을 갖게 될 때, 이번 주기에서 그는 개성의 성취 지점에 도달할 것이다. 물질계, 감정계 그리고 멘탈계의 네 번째 하위계를 (같은 화신에서 지배하고 정렬하며 동시에 활동할 때) 구체적인 의미로 그리고 더 낮은 시각에서 *"완성된 개성의 계"*라고 부를 수 있다. 바로 그 특정 화신이 그가 하위자아를 최대로 표현하는 것을 성취하는 생이다--즉 육체적으로 완전하고, 감정적으로 진동하며, 멘탈적으로 웅대한 생이 된다. 그러면 그 다음으로, 더 높은 진동으로의 이동이, 상위자아에 맞추는 것이, 그리고 장 3 도의 개성을 자아의 지배하는 5 도에 조율하는 것이 시작된다.

---

1 물질계, 아스트랄계, 멘탈계 등 각각의 계(상태)는 일곱 하위계로 구성되어 있다. 물질계를 예로들면, 고체, 액체, 기체, 에테르, 초에테르, 아원자, 원자 상태로 구성되어 있다--역자주.

4. 명상은 개성의 영구원자 중의 하나에서 영적 삼개조 속에 있는 상응하는 원자로 극성의 전이를 도와준다. 나중에 이것을 더 명확하게 설명할 것이다.

그래서 명상의 본질적 성질과 그것을 현명하고 성실하게 그러면서 진지하게 따라야 하는 것이 쉽게 볼 수 있다.

경험 초기에, 하위 성질이 제공해야 하는 최고를 성취한 후부터, 그가 명상을 시작한다. 처음에는 그의 시도가 무질서하고, 종종 서너 화신이 지나갈 수 있다. 그렇게 지나가는 생에서 상위자아가 드물게 그리고 분리된 간격으로 그가 생각하게 그리고 진지하게 명상하도록 강요만 한다. 그리고 점점 더 빈번하게 내면으로 철수하는 경우가 일어나서, 그가 신비적 명상과 열망을 위해서 서 너 생을 전념하게 되며, 그것을 위해서 전적으로 바치는 생에서 종종 절정을 이루게 된다. 멘탈체를 통해서 법칙을 과학적으로 적용하는 것과는 별개로, 그것이 최고의 감정적 열망의 지점을 나타낸다. 이 법칙이 진정한 오컬트 명상을 지배하는 법칙이다.

대스승들 중 어느 한 분 밑에서 분명히 일하는 여러분 각각 뒤에는, 두 번의 절정의 삶이 있다: 즉, 세속적 절정의 삶과 신비적 혹은 감정적-직관적 선을 따른 가장 강렬한 명상의 삶이다. 이런 명상의 삶을 대스승 예수 및 그분 제자들과 연결된 사람들이 중세 유럽 수도원에서 살았거나, 대스승 M 혹은 대스승 K.H. 제자들이 인도, 티벳, 혹은 중국에서 보낸 삶이었다.

이제 여러분 모두에게 절정의 이전 지점이 디딤돌에 불과한 가장 중요한 일련의 삶이 오게 된다. 도의 길에 있는 사람들 바로 앞에 있는 삶에서, 법칙에 기초한 질서정연한 오컬트 명상이라는 도구를 통하여 마지막 성취가 올 것이다. 몇몇 사람은 이번 생이나 다음 생에서 성취할 것이다. 또 다른 사람은 다른 생에서 그렇게 할 것이다. 그리고 몇몇 사람은 나중에 오컬트 혹은 멘탈 방법의 토대가 될 신비적 방법을 성취할 것이다.

편지 3 - 명상을 배정할 때 고려할 점

1920년 6월 4일

1. 자아 혹은 상위자아의 광선
2. 개성 혹은 하위자아의 광선
3. 삼중 인간의 카르마 상태
4. 코잘체의 조건
5. 시대의 요구와 그의 이용가능성
6. 그가 관련 있는 내적 외적 그룹

우리는 명상의 중요성을 다루었고, 명상 실천을 왜 따라야 하는 지 많은 이유들 중에서 여러분이 숙고하도록 네 가지만 제시하였다. 물질계에서 개인적으로 친밀하게 아는 스승의 안내 없이 여러분이 명상을 따라야 하는 요즘 시기에, 보편성과 안전성 요소를 가지고 있는 실천 계획을 세우는 것 이상 하는 것이 가능하지 않았다.

스승이 바로 있을 때, 제자 기질에 적합하면서, 그리고 특정 명상을 개성의 육체 두뇌에서 코잘체에 이르는 최소 저항선으로 만드는 어떤 속성을 가지는, 차별화된 실천 방법이 수행될 수 있다.

명상 방법을 계획할 때, 어떤 인자들이 반드시 고려되어야만 한다. 이 인자들을 이제 열거할 것이다. 여기서 따라야 하는 방법과 개요를 제시하려는 것이 아니다.

나는 제자에게 적합한 방법을 스승이 선택할 때 안내하는 기초를 이루는 원리를 나타내기만 할 것이다. 나중에 스승이 와서 개인에게 방법을 과학적으로 적용하는 것이 입증될 때, 여기 놓인 규칙이 근본 규칙인지 아닌지 그때 이해할 수 있을 것이다. 여기서 근본적인 것과 원리를 제시하려는 것이 전부이다. 방법과 세부사항은 분별력, 경험, 용기 그리고 인내의 사용을 통하여 제자가 풀어가야만 한다.

스승이 명상을 배정할 때 고려해야 하는 주요 인자는 여섯 가지이다. 그것은 다음과 같다:

1. 제자의 자아 혹은 상위자아 광선.
2. 제자의 개성 혹은 하위자아 광선.
3. 제자의 하위 삼중 성질의 카르마 조건.
4. 제자의 코잘체 조건.
5. 시대의 당면한 요구와 제자의 이용가능성.
6. 제자가 관련될 수 있는 내적 외적 그룹.

이제 이것을 다룰 것이고 하나씩 검토할 것이다.

1. 상위자아의 광선

어떤 사람의 코잘체가 발견되는 광선, 즉 자아 광선이 명상의 유형을 결정한다. 각 광선마다 서로 다른 접근 방법이 필요하다. 왜냐하면 모든 명상의 목표는 신성과의 합일이기 때문이다. 현재 단계에서, 멘탈계에 가장 낮은 반영을 가지고 있는 영적 삼개조와의 합일이 목표이다. 간략하게 설명해 보겠다:

자아 광선이 *힘의 광선*에 있을 때, 접근 방법은 의지를 하위 매개체에 역동적인 형태로 적용하는 것이다; 그것은 모든 방애를 억제하고 글자 그대로 연결 통로를 강하게 밀어붙여서 자체를 영적 삼개조 속으로 밀어 넣는 강렬한 집중, 엄청난 일점지향성을 통해서 성취하는 것이다.

자아 광선이 *두 번째 광선* 혹은 *사랑-지혜 광선*인 경우, 최소 저항의 길은 점진적 포함, 확장의 선을 따라서 있다. 그것은 앞으로 밀고 나가는 것이라기 보다 내면의 중심에서부터 주변, 환경, 관련된 혼 그리고 어느 대스승 밑에 있는 제자들 그룹을 포함하고, 결국에는 모든 것이 의식 속에 포함될 때까지 점진적으로 확장하는 것이다. 성취 지점까지 가게 되면, 이 확장이 결국에는 네 번째 입문에서 코잘체의 파괴를 낳게 된다. 첫 번째 예, 힘의 광선을 통한 성취에서도 앞으로 강력하게 밀고 나아가는 것이 비슷한 결과를 가져온다; 열린 통로가 영에서 오는 힘 혹은 불의 하강흐름을 받아서 때가 되면 코잘체가 마찬가지로 파괴된다.

자아 광선이 세 번째인 *활동성-적응성 광선*일 때, 방법이 약간 다르다. 그것은 앞으로 밀고 나아가거나 점진적인 확장이라기 보다, 모든 방법과 모든 지식을 품은 목표에 체계적으로 적용하는 것이다. 그것은 사실 하나의 용도를 위해서 많은 것을 사용하는 과정이다; 그것은 세계를 돕기 위해서 필요한 물질과 특질을 더 축적하는 것이며, 사랑과 분별을 통하여 정보를 쌓는 것으로, 결국에는 코잘체를 파괴하게 만든다. 이렇게 불러도 될지 모르지만, 바로 이 신성한 표현의 혹은 "측면의 광선들" 속에서, 코잘체 파괴는 통로를 넓힘으로써 일어난다. 첫 번째 경우는 앞으로 밀어붙이는 의지의 힘 때문이고, 두 번째 경우는 사랑과 지혜의 통합 광선의 포괄성 때문이며, 세 번째는 적응성 광선의 체계적인 흡수와 축적하는 기능 때문에 코잘체의 주변을 부서뜨림으로서 일어난다.

이 세 가지 다른 방법은 똑같은 결과를 낳으며, 현재 태양계가 노력하는 목표인 사랑 혹은 지혜의 진화 속에서 사용되는 근본적으로 하나의 위대한 방법의 모든 형태들이다.

그대는 상위자아에 대한 인식을 통해서 완성으로 몰아 가는 *의지*가 있으며, 결과로 활동하는 사랑을 통해서 힘의 봉사를 낳을 것이다.

그대는 숨 쉬는 모든 것과 하나라는 깨달음을 통하여 완성으로 몰아 가는 *사랑* 혹은 *지혜*가 있으며, 결과로 활동하는 사랑을 통해서 사랑의 봉사를 낳을 것이다.

그대는 인간의 봉사 속에서 모든 것을 사용함으로써 완성으로 몰아 가는 활동 측면을 가지고 있다; 먼저 자기자신을 위해서 모든 것을 사용하고, 그러면 가족과 개인적으로 사랑하는 사람, 주변 동료를 위해서 모든 것을 사용하는 점진적인 단계를 거쳐서, 모든 것이 인류의 봉사 속에서 사용될 때까지 계속 올라가게 된다.

자아 광선이 네 번째 광선인 *조화의 속성 광선*일 때, 방법은 미와 조화에 대한 내적 깨달음의 선을 따라서 있을 것이다; 그것은 소리와 색에 대한 지식 그리고 소리의 파괴하는 효과로 코잘체를 부수게 만든다. 그것은 태양계의 음과 음색(톤), 개인의 음과 음색, 그리고 자아의 음을 다른 자아들의 음과 조화시키는 노력으로 이끄는 과정이다. 자아의 음이 다른 자아들과 조화를 이루어 소리 낼 때, 그 결과로 코잘체가 부숴지고, 하위자아와 분리되어 완성을 성취하게 된다. 이 광선의 대표자들은 음악, 리듬 그리고 그림이라는 선을 따라서 계발한다. 그들은 형태의 생명 측면을 이해하기 위해서 내면으로 물러난다. 세계에 있는 그 생명 측면의 외적인 현현이 우리가 예술이라고 부르는 것을 통해서 나온다. 위대한 예술가와 최고 음악가가 많은 경우에 그 길을 따라서 그들의 목표에 도달한다.

다섯 번째 광선, *구체적 과학 혹은 지식의 광선*이 그의 광선일 때, 방법이 매우 흥미로워진다. 그 방법은 인류를 돕기 위해서 구체적인 마인드를 어떤 문제에 강렬하게 적용하는 형태를 취한다; 그것은 모든 멘탈 특질을 구부리고 하위 성질을 통제해서 상위 지식의 하강흐름을 방해하는 그것을 꿰뚫고 지나가도록 최고의 노력을 하는 것이다. 또한 그것은 의지 요소가 개입되고 원하는 정보를 모든 지식의 근원에서 싸워서 얻는 결과를 낳는다.

그 과정이 계속되면서, 코잘체 주변을 뚫고 들어가는 것이 빈번하게 일어나서 결국에는 코잘체 파괴가 일어나고 그가 자유롭게 된다. 그것은 인간을 완성으로 몰고 가서 인류를 위한 사랑의 봉사 속에서 모든 지식을 사용하게 만드는 마인드이다.

*헌신의 광선*은 특히 희생의 광선이다. 그 광선이 자아 광선일 때, 명상을 통한 접근 방법이 어느 개인 혹은 이상에 대한 사랑을 통하여, 일점지향의 적용 형태를 취한다. 그는 사람이나 이상에 대한 사랑을 통하여 *포용하는* 것을 배우게 된다; 그는 요구되는 것에 대한 심사숙고에 모든 기능과 노력을 기울이고, 그 사람 혹은 그 이상을 위한 희생 속에서 심지어 그의 코잘체조차 제단의 불기둥 위에 올려놓는다. 그것은 비전을 제외하고 모든 것을 잃어버린 것으로 간주하는 그래서 결국에는 전체 개성을 기쁘게 희생하는 신성한 광신의 방법이다. 코잘체가 불로 파괴되고, 해방된 생명이 신성한 아름다움 속에 있는 영을 향해서 상승하여 들어가게 된다.

자아 광선이 일곱 번째 광선 혹은 *의례의 법칙의 광선* 혹은 *마법의 광선*일 때, 그 방법은 접근에서 형태를 이해하고 찬양하는 것이다. 이전에 언급했듯이, 모든 명상 실천 방법의 목표는 각자 내면에 있는 신성에 접근하는 것이고, 그것을 통해서 신성 자체로 접근하는 것이다.

그러므로 방법은 세 개 체 속에서 삶의 모든 행위를 법칙, 질서 그리고 규칙 속으로 가져오고, 코잘체를 부수는 결과를 낳는 확장하는 형태를 코잘체 속에 건설하는 것이다. 그것은 어떤 규칙 하에서 성소를 쉐키나를 위한 거주처로 세우는 것이며, 영적인 빛이 활활 타오를 때, 솔로몬 사원이 흔들리고 휘청거려서 해체될 것이다. 그것은 법칙을 연구하여 그것이 어떻게 그리고 왜 사용되는지 이해하는 것이다; 그리고 나서 원인체가 더 이상 필요 없게 되어 그것을 해체하기 위하여 그 법칙을 원인체에 분명하게 적용하는 것이다. 그 결과가 해방이고, 그는 삼계로부터 자유롭게 된다. 많은 오컬티스트가 해방시키는 과정을 계속하기 위해서 요즘 시기에 이 광선으로 많이 오고 있다. 그것은 법칙을 그 자신의 삶과 인류의 체 속에 있는 조건을 개선하는 데 지성적으로 적용하고 이해함으로써 그를 해방으로 이끄는 방법으로, 이렇게 그를 인류의 봉사자로 만드는 방법이다.

오늘은 이것으로 충분하다.

2. 개성의 광선

1920년 6월 5일

우리는 명상 방법을 결정하는 데 첫 번째 요인인 자아 광선을 어느 정도 다루었다. 오늘은 명상 방법을 결정하는 데 개성 광선의 기능을 다룰 것이다. 알고 있듯이, 개성 광선은 언제나 영적 광선의 하위광선이고 자아 광선 보다 훨씬 더 빈번하게 변한다. 인류 사상가나 세계 각 부문에서 두각을 나타내는 사람들 사이에서 접촉할 수 있듯이 진화한 자아의 경우에 개성 광선이 새로운 생마다 변할 수 있다. 각각의 생이 서로 다른 음에 기초하고 그리고 서로 다른 색을 나타내 보여준다. 이런 방식으로 코잘체가 매우 빠르게 갖추어진다. 화신하는 단위가 의식적으로 자신의 표현 방식을 선택할 수 있는 지점에 도달하였을 때, 그는 먼저 그의 과거 생을 리뷰하고, 거기서 얻은 지식으로 그의 다음 생의 선택을 안내할 것이다. 화신 이전에 그는 자아의 음을 낼 것이고 그 속에 있을 수 있는 불협화음 혹은 풍부함의 부족을 주목할 것이다; 그리고 나서 그는 다음 개성의 진동을 어떤 음에 둘 것인지 결정할 것이다.

그러므로 전체 삶이 하나의 특정 진동을 안정화시키고 어느 특정 음을 소리내는데 바쳐질 수 있다. 이 음이 울려야 하고 이 진동이 다양한 환경 속에서 안정되어야 한다. 그래서 열망자나 제자의 삶이 빈번하게 바뀔 필요가 있는 것이고, 이런 삶을 살아가는 분명한 다양성의 조건과 얼핏 보기에 혼돈을 설명해 주는 것이다.

불협화음이 수정되고 진동이 안정되어 더 이상 변화되지 않을 때, 그때 필요한 작업이 이루어진 것이다. 자아는 코잘체를 완성하고 바라는 코드를 철저히 정확하게 명확히 수행하는 작업을 계속 하기 전에 그의 힘을 다시 불러들일 수 있다. 명상 방법을 개성의 필요에 맞도록 변경하고, 동시에 자아 광선이 관련되는 첫째 요인과 동조시킬 필요성을 이해하라.

실천적인 한 가지 예

어떤 방식으로건 이 문제를 명확히 할 수 있는 지 설명해보자; 정확한 이해를 바라는 것이다.

우리는 A 의 자아 광선이 사랑 혹은 지혜 광선이고, 그의 하위자아 광선이 다섯 번째 광선인 구체적 지식의 광선이라고 가정할 것이다. 과거 생에서 A 는 사랑을 보여주었고 확장의 광선인 통합 광선 방법에서 진정한 진보를 이루었다. 그는 많이 사랑하고 그의 의식을 쉽게 확장하여 주위 환경의 일부분을 포함시킨다. 그러나 그는 보통 수준의 지성으로, 다섯 번째 광선에 있는 안정화하는 진동이 부족하다. 그는 결과를 짜내는 그런 집중이 없어서, 그가 현명하게 그리고 안전하게 더 깊이 나아갈 수 있기 전에 사실의 기초 토대가 필요하다. 현명한 스승은 이런 필요성을 이해하셔서 자아 광선 속에 내재하는 확장 방법을 사용하여 그것을 멘탈체의 확장에 적용한다. 현명하게 판단된 방법으로, 그는 지금까지 사랑을 통하여 다른 사람을 포함하는데 사용된 확장 능력을 지식으로 이해하기 위해서 확장하는 일점지향의 노력에 적용할 것이다. 이렇게 될 때, 겉으로 보기에 (어느 특정한 화신에서) 개성의 삶의 모든 노력이 과학적 위상을 획득하고 마인드를 계발하는 데 기울여질 것이다. 잘 모르는 사람이 볼 때 지성적 진보가 너무 지나친 의미를 둔 것처럼 보일 것이다; 하지만 결국 그 작업이 내면의 안내자가 바라는 대로 진행되고, 다음 생에서 자아의 선택의 지혜를 나타내 보일 것이다.

두 번째 광선 방법과 다섯 번째 광선 적용의 조합으로 지성적 확장이 성취될 것이다. 이제 이 문제를 명확하게 하지 않았는가? 분명하게 하기 위해서 쓰는 것이다. 왜냐하면 명상에 대한 이런 질문은 많은 사람에게 매우 중요하기 때문이다.

그러므로 신중하게 숙독을 하면 사람이 점점 더 많이 알면 알수록 점점 덜 판단하게 된다는 것이 분멸해질 것이다. 어떤 사람이 사랑 측면에서는 잘 계발되었을 것이나, 어느 특정 화신에서는 그 측면이 일시 중지될 수 있고, 계발의 선이 순전히 지성적으로 될 수 있다. 의견을 유보하는 것이 현명한 방관자에게 가장 좋은 것이다. 왜냐하면 그는 아직 색을 보는 내적인 시야를 가지고 있지 않을 뿐만 아니라 소리를 알아보는 오컬트 청력도 없기 때문이다.

3. 삼중 인간의 카르마 조건

1920 년 6 월 7 일

오늘은 삼중 인간의 카르마 조건과 진화 상에서 그의 위치에 대하여 "명상의 방법"이라는 논의 하에 검토할 차례이다. 이것은 개인에게 적합한 명상 방법을 현명하게 결정할 때 실재로 중요하고 세 번째 요점이다. 지금까지 우리는 첫째 명상의 중요성을 검토하였다; 그리고 나서 그 방법을 결정할 때 자아 광선이 하는 역할을 간략하게 보았다. 동시에 지금까지 많이 강조되지 않은 점, 즉 명상의 진정한 목표는 자아체를 점진적으로 부수고 파괴하는 것이라는 점을 다루었다. 각각의 광선에는 서로 다른 과정이 필요하다는 것을 보았다. 그리고 나서 자아 광선과 결합하여 개성 광선의 기능을 보았고, 두 가지 인자를 현명하게 고려하는 데 명상 방법이 어떻게 배정되는지 보았다.

이제는 우리는 시간 인자를 더 구체적으로 보자. 카르마와 시간은 종종 인식된 것보다 더 유사한 용어이다. 진화 상에서 어떤 지점이 성취되었을 때, 그리고 코잘체가 (그 내용물을 통해서) 어떤 구체적인 중력을 갖고, 그 코잘체 둘레가 어떤 필요조건에 부합될 때, 그때만 오컬트 명상과 코잘체 주변에서 개인을 해방시키는 작업의 분명한 출발이 시작될 수 있다. 전체 과정은 대법칙의 하나이고, 종종 생각하듯이, 순전히 열망과 고귀한 욕망의 하나가 아니다. 삼중 인간의 카르마 조건과 진화 사다리 상에서 그의 위치에 대하여 방금 쓴 이 문장을 현명하게 숙고해 보라. 내가 무엇을 구체적으로 말했는가? 그대가 숙고할 세 가지 인자를 구체적으로 명시하였다:

가. 진화 지점
나. 코잘체의 구체적인 중력
다. 코잘체의 크기와 둘레

나중에 나는 멘탈계와 자아계인 멘탈계 상위 세 가지 하위계의 문제를 분명히 다룰 것이다. 우리는 이 계에 있는 코잘체의 위치와 같은 계에서 코잘체와 다른 체들과의 관계를 다룰 것이다. 이 편지에서는 위에서 언급된 세 가지만을 다루고자 한다. 그러므로 코잘체 자체, 자아 의식 그리고 그것과 하위자아와의 관계를 다룰 것이다. 나중에 자신의 계에 있는 같은 의식과 다른 자아들 그리고 하이어라키와의 관계를 다룰 것이다. 이 점을 분명하게 명심하라: *개성 속에서* 자아 의식의 계발이 이번에 나의 주요 주제라는 것이다. 두 가지를 혼동하지 말아야 한다. 그것을 다르게 표현할 수 있다: 상위자아와 삼중 하위 인간과의 관계 그리고 명상을 통한=하여 증가하는 그 관계의 강력함을 다룰 것이다. 이런 증가는 위에서 말한 세 가지 인자와 동시에 일어난다. 그것을 순서대로 다뤄보자.

진화 지점

진화하는 개성의 생명이 다섯 가지로 구분될 수 있다. 결국 우리는 5 중 진화이고, 인간의 생명도 (인간으로서 다섯 번째 입문을 받기 전에) 일련의 다섯 가지 점진적인 단계로 간주될 수 있으며, 각각의 단계는 내면에 거주하는 영의 불꽃 상태로 측정된다. 오컬트 하이어라키 관점에서 보면, 이전에도 말했듯이, *우리는 모두 우리의 빛으로 측정된다.*

진보의 *첫 번째 구분*은 동물-인간이 사고하는 실체인 인간으로 된 순간부터 감정체의 의식적 활동 순간까지 혹은 감정이 대체적으로 매우 가장 중요하게 되는 지점까지로 평가될 수 있다. 그것은 레무리아 시대와 초기 아틀란티스 시대로 망라된 기간에 상응한다. 이 기간 동안, 인간은 육체 속에서 극화되었고, 감정체 혹은 느낌체로 통제되는 것을 배우기 시작하였다. 그는 육체의 쾌락에 영합하는 것을 제외하고는 어떤 열망도 가지고 있지 않았다; 그는 육체 성질을 위해서 살고, 더 고귀한 것에 대한 생각은 하나도 없다. 이 기간은 1 세에서 7 세 아이의 시기와 유사하다. 그 당시 인류를 굽어보는 대스승들은 내면의 불꽃을 하나의 작은 점으로 보고, 물질계 영구원자가 극성을 유지하고 있다. 어떤 관심도 대스승들로부터 불러일으키지 못했다. 왜냐하면 상위자아 속에 내재하는 본능의 힘이 그 작업을 하고, 진화의 추진력이 모든 것을 완성으로 데려가기 때문이다.

*두 번째 시기*는 극성이 주로 감정체 속에 있고 하위 마인드 욕망이 계발되고 있는 계발 지점을 망라한다. 후기 아틀란티스 시대가 그 유추를 숨기고 있다. 욕망이 그렇게 순전히 물질적이지 않았다. 왜냐하면 효모가 밀가루 반죽 속에서 움직이며 부풀어오르듯이, 마인드가 스며들기 시작하기 때문이다. 인간은 그의 육체와 연관 없는 애매한 욕망을 인식한다; 그는 자신보다 현명한 안내자와 스승에 대한 깊은 사랑을 할 수 있고, 주변 동료에 대한 무모하고 무분별한 헌신 그리고 마찬가지로 사납고 무분별한 증오도 할 수 있다. 왜냐하면 마인드가 성취하는 균형과 멘탈 활동의 결과인 그 균형이 부족하였기 때문이다. 그는 극단 상태 때문에 고통을 받는다.

이제 극성이 감정 영구원자 속에 있지만, (이 계발 지점에 도달했을 때) 감정과 육체로 알아온 두 원자 사이에서 어떤 빛이 작용한다. 이 단계에서 말하고자 하는 것은 멘탈 단위가 극성의 힘을 모르고, 감정체가 극성을 간직하고 있으며, 그 결과 원자 자체 주변 속에서 불가결한 차이가 생긴다. 극성을 겪는 원자를 구성하는 전자기적 조합이 그런 과정을 아직 경험하지 못한 조합과 서로 다른 기하학 형태로 그룹이 형성된다. 그것은 자아의 생명의 영향으로, 원자 물질에 작용하여 극화되지 않은 원자 속에서는 보이지 않는 다양한 근접과 분화를 일으킨다. 이 문제는 난해하고 복잡하다.

이 시기는 7~14 세 사이에 있는 아이의 삶의 시기 혹은 사춘기를 지나서 성숙해가는 시기와 유사하다. 이런 성숙은 감정 극화와 육체 극화가 정렬된 산물이다. 이제는 육체와 감정체 사이에서 정렬이 쉽게 된다. 문제는 멘탈체와 그리고 나중에 자아체와 정렬를 가져오는 것이다.

인류를 지켜보는 안내자들에게, 내면에 거주하는 불기둥 혹은 거대한 빛이 약간 더 확대된 것으로 보일 수 있으나, 여전히 너무 작아서 주목할만하지 않다. 하지만 말을 사용해서 혼동을 주지 않고 명확히 할 수 있다면, 첫 번째 시기에 육체 원자가 빛나는 것으로 볼 수 있고, 이제 두 번째 시기에 감정 원자가 비슷하게 빛이 밝혀져서, 이것은 대스승들에게 작업이 진전되고 있다는 신호이다. 이 모든 것은 광대한 시간을 망라하는 것이다. 왜냐하면 그 당시 진보가 말로 표현할 수 없을 정도로 느렸기 때문이다. 아틀란티스 인종과 레무리아 인종에 대한 암시는 시간 속에서 유추가 아니라 대상에 대한 유추를 추적하는 것이다.

이제 *세 번째 시기*에 들어갈 때, 인간 발전에서 가장 중요한 시점, 즉 마인드가 계발되고 있으며 극화되는 생명이 멘탈 단위로 이동하는 시기로 온다. 태양계 관점에서 말하면서 인류를 하나의 단위로 볼 때, 인류의 모든 영구원자가 상응하는 우주 원자 속에서 분자를 형성하고, 작업이 물질 극성에서 감정 극성으로 진행되었으며 거기서 그대로 있다. 거대한 주기의 일곱 번째 주기가 될 때까지, 태양계가 휴식기로 들어가서 현현에서 나갈 때까지, 로고스 체 속에 있는 우주 멘탈 원자가 극성을 성취하지 못할 것이다. 여기 저기서 개개인이 단위로서 그 작업을 성취하고 있고 그래서 모두에게 희망을 보여주고 있다.

이 기간은 14~28 세 사이 기간에 상응한다. 여기서 기간이 더 길다. 왜냐하면 여기선 해야 할 것이 많기 때문이다. 두 원자가 극성을 느꼈고, 하나가 이동하고 있다. 그것은 중간 지점이다. 이번에는 빛이 세 개 원자들 (개성의 삼각형을 그리는) 사이에서 작용한다. 그러나 집중점이 점진적으로 멘탈 단위로 점점 더 이동되고 있다. 그리고 자아 체가 점진적으로 완성되고 균형을 취하고 있다.

그는 육체에 대한 통제를 갖게 되고 매번 새로운 생마다 더 나은 육체를 만든다; 그는 한층 더 세련된 요구조건--이 말의 오컬트 중요성을 주목하라--을 가진 욕망체를 갖게 된다; 그는 지성의 기쁨을 깨닫게 되고 한층 더 적절한 멘탈체를 얻으려고 노력한다; 그의 욕망이 아래가 아니라 위로 향하고, 열망으로 변형된다--처음에는 마인드의 사물을 향한 열망으로, 그리고 나중에는 더 추상적이고 통합적인 것으로 향한다. 내면에 거주하는 자아의 불기둥 혹은 거대한 빛이 이제 내면 센터에서 주변으로 발산하고, 코잘체를 밝히며 태우는 조짐을 보인다. 바라보고 있는 하이어라키에게 신성한 불이 코잘체 전체에 두루스며들어 따뜻하게 방사하는 것이 분명하고, 자아가 자신의 계에서 점점 더 의식하게 되며, *영구원자를 거쳐서* 개성의 삶에 점점 더 흥미를 갖기 시작한다는 것이 분명하다. 개성의 육체 두뇌가 내재하는 멘탈 역량과 내면에 거주하는 자아가 지시한 인상 사이의 차이를 아직 알지 못한다. 그러나 어떤 변화의 시간이 무르익어가고 있고, 진화가 빠르게 진행되고 있다. 네 번째 시기에 다가가고 있다. 여기서 주의를 주고자 한다. 이 모든 것이 질서정연한 구분으로 진행되지 않는다. 내재하는 영 혹은 모나드 광선 때문에, 주기적인 변화와 점성학적으로 작용하고 종종 미지의 우주 센터에서 와서 원자들 속에서 고동치는 생명에 영향을 주는 다양한 힘 때문에, 지속적으로 서로 겹치고 병행하는 더 거대한 체계가 진행되듯이 그렇게 진행된다.

*네 번째 시기*는 개성의 조정이 완성되는 시기이고, 인간이 제정신이 돌아와서 (먼 나라로 간 탕아처럼) "나는 일어나서 나의 아버지에게 갈 것이다"라고 말하는 시기이다. 이것이 첫 번째 명상의 결과이다. 세 개 영구원자들이 활동하고 그가 활동적이고, 느끼며, 생각하는 실체가 된다. 그는 개성의 삶의 정점에 도달하고 그의 극성을 개성의 삶에서 자아 삶으로 의식적으로 이동하기 시작한다. 그는 제자도 혹은 견습의 길에 서거나 그것에 근접하고 있다.

그는 변형의 작업을 시작한다; 그는 힘겹게, 고통스럽게 그리고 신중하게 그의 의식을 높이고 의지대로 확장시킨다; 어떤 일이 있어도 그는 하위 삼계에서 온전히 자유롭게 지배하고 활동하기로 굳게 결심한다; 그리고 그는 자아가 육체적, 감정적 그리고 멘탈적으로 완전한 표현을 해야 한다는 것을 깨닫고, 그래서 어떤 것을 감수하더라도 필요한 통로를 만든다. 그는 대스승의 관심을 끌게 된다.

어떤 방식으로 그가 이것을 하는가? 코잘체가 내면에 거주하는 거대한 빛을 발산하기 시작한다. 그것은 하나의 투명성으로서 작용하기에 충분히 훌륭한 지점까지 만들어졌으며, 자아가 삼개조와 접촉하는 곳에서, 한 점의 불기둥이 나타난다 … 그 빛은 더 이상 부셀의 영향을 받지 않고, 갑작스럽게 불꽃을 내 뿜으며, 대스승의 열망하는 시야를 사로잡을 것이다.

이것은 성인의 삶에서 28~35 세 사이 기간을 나타낸다. 그것은 그가 자신을 발견하고, 어떤 활동이 있을지 그리고 무엇을 성취할 수 있을지 발견하는 시기이며, 세속 관점에서 제정신을 차리는 시기이다.

다섯 번째 기간 동안, 그 불기둥이 코잘체 주변을 점진적으로 부수고 들어가서, "정의로운 자의 길이 점점 더 빛나서 완전한 대낮으로 된다." 명상이 시작되는 시기가 바로 이 네 번째 시기이다--신비 명상이 다섯 번째 기간에 결과를 가져오는 저 오컬트 명상으로 이끌며, 그것은 법칙 하에서 그래서 광선의 선을 따른다. 바로 명상에 의해서

그가 하나의 개성으로서 자아의 진동을 느끼고, 자아에 닿아서 물질계를 의식적으로 포함하기 위하여 자아 의식을 점점 더 아래로 가져오려는 것이다. 바로 명상에 의해서 혹은 내면으로 물러남으로써 그가 불의 중요성을 배우고, 불 자체를 제외하고 남은 것이 아무것도 없을 때까지, 그 불을 모든 체에 적용한다. 바로 명상으로 혹은 구체성에서 추상성에 도달함으로써 코잘 의식으로 들어 가서, 이 마지막 시기에 그가 개성이 아니라 상위자아가 된다.

다섯 번째 시기 동안에 (입문의 길을 걷는 시기) 극성이 개성에서 자아로 완전히 이동되고, 그 시기가 끝날 무렵에, 해방이 완전해져서 그가 자유롭게 된다. 심지어 코잘체도 한계로 알게 되고 해방이 완성된다. 그러면 극성이 더 상위 삼개조 속으로 이동된다--그 이동은 세 번째 입문부터 시작된다. 물질 영구원자가 가고 극성이 점점 더 상위 멘탈로 된다; 감정 영구원자도 가고 극성이 직관적으로 된다; 멘탈 단위가 가고 극성이 영적으로 된다. 그러면 그는 지혜의 대스승이 되며, 태양계에서 완성된 성숙 시점인 42 세라는 상징적인 나이가 된다.

여전히 나중 단계, 42~49 세에 해당하는 여섯 번째 입문 그리고 일곱 번째 입문을 받는 시기가 온다. 그러나 이 시기는 이 편지를 읽는 독자들과는 관련이 없다.

코잘체의 구체적인 중력과 내용물

1920년 6월 9일

코잘체에 관한 이 주제는 사고자에게 추론할 수 있는 많은 생각의 재료를 열어준다. 글자 그대로 도형이나 차원의 선이 제시될 수는 없다. 그것은 입문의 비밀 중에 하나이지만, 어떤 흥미로운 생각이 흥미 있는 사람 모두가 고려해 볼 수 있도록 제시될 수는 있다.

코잘체에 대하여 말할 때 무엇을 의미하는가? 그냥 말로만 원인의 체라고 말하지 말자. 왜냐하면 이렇게 말한 것은 흐릿하고 애매모호하기 때문이다. 이제 코잘체를 고려해보고 그 구성 부분을 알아보자.

하강 진화의 길에서 모나드 에센스 삼중 덮개 속에 둘러싸여 있는 삼개조들의 집합으로써 (지상의 언어로 가능한 한) 적절하게 묘사된 그룹 혼이라고 부르는 것을 보게 된다. 진화의 길에 코잘체 그룹이 그것에 대응하고 비슷하게 구성되며, 세 가지 인자가 들어온다.

코잘체는 영구원자들의 집합으로, 모두 세 개로 멘탈 에센스 덮개로 둘러싸여 있다. 동물 인간이 사고하는 실체인 인간으로 될 때, 그 순간에 어떤 일이 일어나는가? 자아와 비자아가 마인드에 의해서 근접하게 된다. 왜냐하면 인간은 "최고 영과 최저 물질이 지성으로 함께 연결된 그런 존재이기 때문이다." 이 구절이 의미하는 것은 무엇인가?

바로 이것이다: 동물-인간이 적절한 지점에 도달했을 때; 그의 육체가 충분히 조정되었을 때, 그가 감정 성질이 존재 기반을 형성해서, 본능으로 그것을 안내할 수 있을만큼 충분히 강력하게 되었을 때, 그리고 보통 길들여진 동물 속에서 볼 수 있는 본능적인 기억과 생각의 연상 관계를 수여할 수 있을 만큼 마인드 씨앗이 충분히 심어졌을 때, 그때 (멘탈계에서 원자 한 개를 취한) 하강하는 영이 하위 매개체를 취하기에 시간이 무르익었다고 판단하였다. 불기둥의 주(Lords of Flame)들이 불려왔고 그들이 극성을 삼개조 하위 원자에서 개성의 가장 낮은 원자로 이동시켰다. 심지어 그때도 내재하는 불기둥이 멘탈계 세 번째 하위계 밑으로 내려올 수가 없다. 거기서 둘이 만나서 하나가 되었으며 코잘체가 형성되었다. 자연 속에 있는 모든 것은 상호의존하고, 내재하는 사고자도 하위자아의 도움 없이는 하위 삼계에서 통제할 수가 없다. *첫 번째 로고스 생명이 두 번째 로고스 생명과 섞여야 하고 세 번째 로고스 활동에 기초를 두고 있어야 한다.*

그러므로 멘탈계 세 번째 하위계에서 이런 접촉의 시간을 표현하기 위해서 사용된 용어인 개체화 순간에, 세 개 원자를 둘러싸는 그리고 그 자체가 멘탈 물질 외피 속에 둘러싸인 한 점의 빛이 생기게 된다. 그러면 해야 할 일은 다음과 같다:

1. 그 불꽃을 꾸준히 부채질하고 그 불을 지핌으로써, 그 한 점의 빛이 불기둥으로 되도록 만드는 것.

2. 코잘체를 성장하게 해서, 계란 속에 있는 노른자처럼 자아를 간직하는 무색의 타원형에서, 무지개의 모든 색을 자체 속에 간직하는 희귀한 아름다움을 가진 것으로 확장시키는 것. 이것은 오컬트 사실이다. 코잘체는 때가 되면 중심에서 주변으로 점진적으로 퍼져나갈 내적으로 발광하는 불꽃과 내면의 발광으로 고동칠 것이다. 그러면 그것은 고통과 노력의 수많은 생의 산물인 그 체를 그 불꽃의 연료로 사용하면서 주변부를 꿰뚫고 들어갈 것이다. 그것은 모든 것을 태울 것이고, 삼개조로 올라가서 (그것과 하나가 되면서) 영적 의식 속으로 다시 흡수될 것이다-- 열기를 상징으로 사용하면, 이전에는 부족했던 강렬한 열기 혹은 색깔의 특질 혹은 진동을 가지고 갈 것이다.

그러므로 개성의 작업--왜냐하면 자아의 비전이 우리 것이 될 때까지 그 관점에서 모든 것을 보아야 하기 때문이다-- 은 먼저 코잘체를 아름답게 만들고, 건설하며, 확장시키는 것이다; 둘째, 개성의 삶에서 선(善)을 뽑아내고 그것을 자아 체 속에 저장하면서, 그속으로 개성의 생명을 철수시키는 것이다. 이것을 신성한 뱀파이어리즘으로 부를 수 있다. 왜냐하면 항상 악은 선의 다른 측면이기 때문이다. 그러면 이것을 성취한 후에, 불꽃을 코잘체 자체에 가하게 되고, 파괴 작업이 진행되는 동안 기쁘게 서 있는다. 그리고 그 불기둥--살아 있는 내면의 인간이자 신성한 생명의 영--이 자유롭게 되어 그 근원으로 올라간다.

코잘체의 구체적인 중력이 해방의 시기를 정하고 아름답게 건설하는 작업이 완성되는 때, 솔로몬 사원이 세워지는 때 그리고 코잘체 *무게가* (오컬트 적으로 이해해서) 하이어라키가 찾는 기준에 부합하는 때를 나타내준다. 그러면 파괴 작업이 일어나고 해방이 가까워지게 된다. 봄을 경험하였고, 여름의 완연한 신록이 따라왔으며, 이제 붕괴하는 가을의 힘이 느껴져야만 한다. 이번에는 그것이 물질계가 아니라 멘탈 수준에서 느끼고 적용된다. 도끼로 나무 뿌리를 내리쳐야 하지만, 생명의 정수가 신성한 저장소에 저장된다.

코잘체 내용물은 매번의 생에서 서서히 그리고 점진적으로 선을 축적하는 과정이다. 그 건설이 처음에는 느리게 진행되지만, 화신이 끝나갈 무렵--즉 견습의 길과 입문의 길에서--그 작업이 빠르게 진행된다. 구조가 세워졌고, 개별 돌이 개성의 삶 속에서 채석된다. 도의 길에서, 두 갈래 각각에서, 사원을 완성하고 아름답게 만드는 작업이 엄청 빠르게 진행된다.

이 문제에 대한 간략한 결론으로 코잘체 둘레는 유형과 광선에 따라서 다르다는 것을 지적하고자 한다. 어떤 자아 체는 다른 것보다 그 형태가 더 원형이고, 어떤 것은 타원형이며, 또 다른 것은 그 형체가 길게 되어 있다. 중요한 것은 그 내용물과 유연성이다. 그리고 무엇보다도 정체성을 유지하면서 다른 자아들과 접촉하게 해주는 하위 오릭 에그(auric egg)의 오컬트 투과성이다; 즉, 자신을 동료와 합치지만, 개체성을 간직하게 해주는 것이다; 그리고 바람직한 모든 것을 흡수하게 해주면서, 자신의 형상을 항상 유지하게 해주는 것이다.

4. 코잘체의 조건

1920년 6월 16일

명상 방법을 선택하는 데 놓여있는 네 번째 인자가 오늘 주제이고, 그것은 코잘체의 조건을 구성한다.

우리는 개성과 코잘체 사이의 상호작용과 그들의 상호의존성을 보여주면서, 개성 혹은 하위자아와의 관계 속에서 코잘체를 다루었다. 오컬트 명상에 꾸준히 적용하고, 하위 마인드를 점진적으로 고요하게 만들면서, 개성 광선의 조정으로 균형을 취한 채, 자아 광선의 명상을 현명하게 따르면서 집중을 통하여, 코잘체와 개성의 관계가 점점 더 가까워졌고, 그 둘을 연결하는 통로가 점점 더 깨끗해져서 적합하게 되었다는 것을 알았다. 이것이 결국 하위자아에서 상위자아로 극성을 이동시켰고 나중에는 그 둘로부터 완전한 해방을 낳아서, 그러면 영적 의식 속으로 집중화가 일어난다. 우리는 이 문제를 삼계 속에 있는 인간의 관점, 낮은 차원의 관점에서 다루었다.

오늘 우리는 그 문제를 상위자아 관점에서, 자아 수준에서 다룰 것이고, 그 상위자아와 하이어라키, 주위의 자아들 그리고 영과의 관계를 검토할 것이다. 몇 가지 힌트를 주는 것 이상 하는 것이 어려울 것이다. 왜냐하면 말할 수 있는 많은 것이 거의 이해되지 못할 것이고, 일반인을 대상으로 소통하기에는 많은 것이 너무 오컬트적이고 위험하기 때문이다.

세 가지가 제공될 수 있다. 그것에 대하여 현명하게 명상할 때 깨달음으로 이끌어줄 수 있을 것이다:

- 자신의 계에 있는 자아는 대스승과의 관계를 의식적으로 인식하고, 그 의식을 개성으로 전달하려고 한다.

- 자신의 계에 있는 상위자아는 시간과 공간으로 제약받지 않고 (과거와 미래를 알기 때문에) 바라는 목적을 더 가까이 가져와서 그것을 하나의 사실로 더 빨리 만들고자 한다.

- 자신의 계에 있는 자아 혹은 상위자아는 같은 광선과 그에 상응하는 구체적 혹은 추상적 광선에 있는 다른 자아들과 직접적인 관계를 가지고 있고, 그 진보가 그룹 형태 속에서 이루어진다는 것을 깨달으면서, 그 계에서 다른 자아들을 도우면서 일한다. 이런 사실을 학생들이 이미 반 정도 이해했지만 여기서 더 명확히 하기 위해서 약간 더 설명할 것이다.

자아와 하이어라키의 관계

자아와 어느 한 분의 대스승과의 관계가 이 단계에서 의식적으로 인식되지만, 그럼에도 불구하고 그 자체가 진화상의 발전 단계이다. 이미 들었듯이, 진화하는 인류 하이어라키에는 600 억 의식 단위가 있다. 개인이 가끔 네 번째 입문을 성취해서 지금은 그 숫자가 약간 줄었지만,

이들은 코잘계에서 보인다. 서로 다른 계발 단계에 있는 이 자아들 모두가 (섬세한 물질로) 개성과 연결되어 있듯이, 그들 모나드, 영 혹은 하늘에 있는 아버지와도 모두 연결되어 있다.

모든 모나드는 알다시피 행성영 중에 어느 하나의 의식의 통제 하에 오히려 일부분을 구성한다. 자아 수준에서, 자아들은 비슷한 상태 속에 있다. 그들 광선의 어느 초인이 그들을 *그룹으로* 다루면서 그들의 전반적인 진화를 감독한다. 이 그룹은 세 가지 상태 하에서 형성된다:

1. 자아 광선의 하위 광선.
2. 인간계로 들어온 시기 혹은 개체화 시기.
3. 성취 지점.

그들 광선의 초인은 전반적인 감독을 다루지만, 그분 감독하에서 대스승들이 자신의 광선에서 각자 일하고 그리고 시기, 카르마 및 진동 지점을 통해서 그분들과 연관된 그들 자신의 개인 그룹들과 함께 일한다. 대스승들 밑에서 제자들이 일하며 그들은 상위자아 의식을 갖고 있으며 그래서 원인계에서 일할 수 있고 코잘체가 그들 자신보다 아직 덜 계발된 다른 자아들의 계발을 돕는다.

모든 것이 아름답게 법칙에 따르고, 자아 체를 계발하는 작업이 삼중 개성 속에서 이룬 진보에 달려 있기 때문에, 자아는 결과적으로 하위 계에서 두 명의 다른 제자에게 도움을 받는다. 한 명은 감정계에서 일하면서 멘탈체에 작용하는 또 다른 제자에게 보고한다. 다음으로 그는 코잘 의식을 가진 또 다른 제자에게 보고하고, 그는 대스승에게 보고한다. 이 모든 것이 코잘체 속에 내재하는 의식의 협조로 행해진다. 이것은 알다시피 그의 진화 상의 계발 속에 있는 자아를 돕는 데 관련되는 다섯 가지 인자를 수반한다:

1. 그의 광선의 초인.
2. 그의 그룹의 대스승.
3. 코잘 의식을 가진 제자.
4. 멘탈계에 있는 제자.
5. 감정계에 있는 보조자.

장구한 생의 기간 동안 자아는 실질적으로 개성을 의식하지 못한 채 있어 왔다. 자성적인 연결고리가 존재하지만, 개성의 삶이 코잘체--처음에는 무색의 작은 사소한 체--에 어느 정도 내용을 첨가하는 지점에 도달하는 때가 올 때까지 그게 전부이다. 그러나 개성의 삶의 채석장에서 돌이 처음으로 완전한 채 가져와서, 건축가이자 예술가인 그가 이 첫 번째 색을 색칠할 시간이 오게 된다. 그러면 자아가 관심을 주기 시작하지만, 처음에는 거의 드물지만, 점점 더 빈번하게 관심을 주게 되어, 자아가 하위자아를 복종시키고, 의사소통 통로를 확대하며, 자아의 존재 사실과 그 존재 목표를 육체 두뇌 의식에 전달하는데 분명하게 작업하는 생이 오게 된다. 일단 그것이 성취되고, 내면의 불이 통로를 자유롭게 지나가게 되면, 그러면 그 인상을 안정화시키고, 그 내면의 의식을 의식적인 삶의 일부분으로 만드는데 여러 생을 바친다. 점진적으로 서로 다른 매개체들이 정렬될 때까지, 그 불꽃이 점점 더 아래로 발산하고, 그리고 그가 견습의 길에 서게 된다. 그는 아직 앞에 무엇이 놓여 있는지 알지 못하고, 거칠고 진실한 열망과 천성의 신성한 갈망만을 의식하게 된다. 그는 *알기를* 갈망하면서, 그리고 자기자신 보다 고귀한 어떤 것 혹은 어떤 사람에 대하여 항상 꿈꾸면서 성공하고 싶어한다. 이 모든 것은 인류에 대한 봉사 속에서 꿈꾸던 목표에 도달할 것이고, 비전이 실재가 될 것이며, 갈망이 만족으로 열매를 맺을 것이고, 열망이 시야 속으로 합쳐질 것이라는 심오한 확신으로 지지된다.

하이어라키가 행동을 취하기 시작하고 위에서 언급된 그에 대한 가르침이 수행된다. 지금까지 대스승들께서는 그를 분명하게 다루지 않고 지켜보고 안내만 하였다; 모든 것이 자아와 신성한 생명이 계획을 수행하도록 맡겨졌으며, 대스승들의 관심은 자신의 계에 있는 자아로 향한다. 자아가 진동을 빠르게 하기 위해서 모든 노력을 기울이고, 종종 반항하는 하위 매개체가 빠르게 증가하는 힘에 부응하여 반응하려고 노력을 기울인다. 그것은 주로 증가된 불 혹은 열기의 문제이고, 결과적으로 진동 역량을 강렬하게 만드는 것이다. 그 작업이 될 때까지 자아의 불이 점점 더 커지고, 정화하는 불이 깨달음의 거대한 빛으로 된다. 이 문장을 깊이 숙고하라. 위에서처럼 아래에서도; 사다리 각 계단에서 그 과정이 반복된다; 모나드는 세 번째 입문에서 자신이 자아를 의식하기 시작한다. 그러면 물질의 희박함과 저항이 다른 곳이 아닌 삼계 속에 있는 하나의 인자라는 사실 때문에 그 작업이 한층 더 빨라진다.

그래서 대스승에게는 고통이 멈춘다. 즉, 지구 상에서 우리가 알고 있는 고통은 주로 *물질 속에서의 고통*이다. 저항이 아닌 이해 속에 숨겨져 있는 고통이 최고조까지 느껴진다. 그렇다. 그것은 로고스 자신까지 도달한다. 그러나 이것은 요점을 벗어난 것이고 아직 물질 속에 구속되어 있는 그대가 이해할 수 없는 것이다.

자아와 그 자신의 계발과의 관계

자아는 세 가지 방법으로 원하는 목적을 가져오려고 한다:

1. 추상 수준에서 분명한 작업으로. 그것은 삼개조와의 첫 번째 직접 접근인 영구원자를 접촉하고 포함시키려고 열망한다.

2. 그룹 속에서 그리고 대스승의 안내 하에서 일하면서, 자극과 활성화를 목적으로 색과 소리에 대한 분명한 작업으로.

3. 자신의 계에서 의식과 열망으로 만족하는 성향을 가진 자아에게 불쾌한 어떤 것인 하위자아를 분명하게 통제하려는 빈번한 시도로. 자아 자체도 어느 정도 애쓰고 노력해야 한다는 것을 잊지 마라. 화신을 거부하는 것이 영적 수준에서만 보이는 것이 아니라, 상위자아 세계에서도 보인다. 자아는 (삼계에서 이해되듯이) 시간과 공간의 인자가 수반되는 어떤 계발을 목표로 한다. 예를 들면,

신성한 텔레파시, 태양계 심리학 및 불의 법칙에 대한 지식에 대한 연구를 통하여 코잘체 외면을 증대시키는 것이다.

자아와 다른 자아들과의 관계

어떤 것들을 명심해야 한다:

주기성 요인. 화신한 자아들과 화신에서 벗어나는 자아들은 구분되어 서로 다른 일을 할 수 있다. 자신의 반영이 화신 속에 있는 자아들은 그렇지 않은 자아들보다 더 제한되어 있다. 그것은 마치 상위자아가 아래 방향으로 향하는 혹은 자신을 삼차원 존재로 제한하는 것과 거의 같다. 반면에 화신에서 벗어나는 자아들은 그렇게 제한되지 않아서 다른 방향이나 차원으로 일하게 된다. 차이는 물질계 삶을 사는 동안 관심의 초점에 있다. 그대가 이 문제를 이해하기 어렵다. 그렇지 않나? 차이를 어떻게 더 명확하게 표현해야 하는지 거의 모르겠다. 아마도 화신하는 자아들이 더 적극적이고, 화신하지 않은 자아들이 더 소극적인 것 같다.

활동성 요인. 이것은 주로 광선의 문제이고, 자아들 사이의 관계에 긴밀하게 영향을 준다. 유사한 광선에 있는 자아들은 다른 광선에 있는 자아들보다 서로 더 잘 어울리며 진동하고, 두 번째 혹은 지혜 측면이 계발되었을 때만 통합이 가능하게 된다.

멘탈계 세 번째 하위계에서 자아들이 그룹으로 구분되어 있다--개별적인 분리가 존재하지 않고, 광선과 진화 지점에 따라서 수반되는 그룹의 분리를 느낄 수 있다.

두 번째 하위계에서 그룹이 합쳐지고 섞이며, 49 개 그룹에서 42 개 그룹이 (섞이면서) 형성된다. 그 통합 과정이 다음과 같이 표로 나타낼 수 있다:

멘탈계	첫 번째 하위계	35 개 그룹	7x5
	두 번째 하위계	42 개 그룹	7x6
	세 번째 하위계	49 개 그룹	7x7
붓디계	세 번째 하위계	28 개 그룹	7x4
	첫 번째 하위계	21 개 그룹	7x3
아트마계	첫 번째 하위계	14 개 그룹	7x2
모나드계		7 개 대그룹	

여기서 몇 가지 힌트를 주었다. 지금 공부하는 여러분이 한층 더 의식을 확장할 때 나중에 알려지게 될 것에 비하면, 이것은 아주 적은 힌트이다. 그러나 이것이 내가 줄 수 있는 전부이다. 그리고 어느 대스승이 명상 형태를 적절하게 정할 때 얼마나 많은 것이 고려되어야 하는지 보여줄 목적으로 이것만이 제시되는 것이다. 그는 자아 광선, 하위자아 그리고 하이어라키와의 관계 속에서 코잘체의 조건을 현명하게 고려해야 한다. 체의 상태도 알아야 하고, 그 내용물도 그렇다; 다른 자아들과의 관계도 적절하게 고려되어야 한다. 왜냐하면 모두가 그룹을

형성하기 때문이다. 그래서 자아가 배정된 그룹과 일치하는 명상이 주어진다. 왜냐하면 어떤 명상의 효과가 오컬트 방식과 법칙에서 행해지는 작업에 달려 있을지라도, 개개인이 명상하면서, 그는 자신의 자아뿐만 아니라 큰 자아 그룹과 그 그룹을 통해서 그가 결과적으로 연결되어 있는 대스승과 접촉하는 것이기 때문이다. 명상에서 그룹의 중요성이 거의 이해되지 못하고 있다. 그러나 위 생각을 현명하게 공부할 것을 여러분에게 권한다.

5. 시대의 당면한 요구와 인간의 이용가능성

1920년 6월 17일

오늘 우리는 명상 방법을 결정하는 다섯 번째 요인을 검토할 것이다. 그리고 특정 시대의 요구와 그 요구에 부응하기 위한 인간의 적합성을 다룰 것이다.

먼저 간략하게 요약해보자. 반복의 가치가 심오하기 때문이다. 명상을 배정할 때 스승이 고려하듯이, 우리는 자아 광선의 요인을 간략하게 다루었다. 그리고 각각의 광선이 어떻게 서로 다른 통로를 통해서 똑같은 목표를 겨냥했고, 각 광선에 따라서 서로 다른 유형의 명상이 필요했다는 것을 보았다. 우리는 개성 광선을 고려해서 명상을 수정하는 것을 다루었다. 그리고 자신의 계에 있는 코잘체와 코잘체의 의식 범위에 대한 몇 가지 힌트로 어제 끝을 맺으면서, 코잘체 속에서 보이는 시간 요소, 그것의 계발 지점 그리고 코잘체와 하위 세 가지 표현과의 관계를 다루었다. 이 모든 것은 명상을 보여줄 것으로 추정되는 스승이 얼마나 현명해야 하는지 나타내 줄 것이다. 여기서 한 가지를 덧붙이고자 한다. 즉, 코잘 의식과 코잘 접촉 역량을 갖고 있지 않은 스승은 진실로 그리고 오컬트적으로 적합한 명상을 배정할 수 없다는 것이다. 스승이 그 음, 진동률 그리고 색을 알 때, 그때 그는 현명하게 명상을 배정할 수 있지만, 그전에는 그렇게 할 수가 없다. 그전에는 일반화만 가능하고, 필요에 근접할 수 있는 명상이 제시될 수 있으며 그래서 안전할 것이다.

이제 또 다른 요인이 들어온다. 시대의 요구에 따라서 어느 정도 변하는 요인이다. 모든 주기가 근본적으로 중요하지 않다. 실재 중요한 주기 속에 있는 시대는 종착점이고, 서로 겹치며 합쳐지는 시기이다. 그것은 물질계에서 위대한 혁명, 거대한 대변동으로 나타나고, 하이어라키 세 부문-- 세계스승 부문, 근원인종의 수장 부문 그리고 힘 혹은 문명의 통치자 부문--속에서 근본적인 격변으로 나타난다. 주기 속에서 합쳐지는 지점에서 주류와 교차하는 흐름이 보이고, 모든 시스템이 혼돈 상태 속에 있는 것처럼 보인다. 주기의 중간 부분은 새로 들어오는 진동이 안정화되고 오래된 진동이 사라져가서 고요하고 겉으로 보기에 균형의 시기를 보인다.

인류 역사상 현 반 세기만큼 이것을 더 잘 보여준 때가 없었다. 헌신의 여섯 번째 광선이 지나가고 의례의 법칙 광선이 들어오며, 그 광선이 들어오면서 네 가지 부 광선의 통합인 힘과 활동의 부문의 두드러진 특징과 기능이 부각되고 있다. 그러므로 대스승 예수의 광선 하에서 나타난 것처럼, 어떤 대의를 헌신적으로 고수하고 이상을 위해서 싸우는 것을 보게 된다; 그래서 (옳고 그르건) 이상주의자들이 노력하는 모든 분야에서 충돌이 일어나고 그들의 쓰라린 전쟁이 있는 것이다. 세계 대전은 두 개의 반대되는 이상이 물질계에서 싸우는 정점이 아니고 무엇이겠는가? 그것은 여섯 번째 광선의 힘의 예였다. 이제 그 광선이 지나가면서, 충돌이 점진적으로 멈추게 될 것이며, 대스승 R 의 광선인 새로 들어오는 힘의 영향 하에서 조직, 규칙 그리고 질서가 점진적으로 지배하게 될 것이다. 현재의 격동기에서 질서 정연하고 조직화된 새로운 세계 형태가 생겨날 것이다. 점진적으로 새로운 리듬이 비조직화된 인간 공동체에게 부과될 것이고, 지금 같은 사회 혼란 대신에 사회 질서와 규칙을 갖게 될 것이다; 종교적의 차이점과 소위 많은 종교의 다른 분파 대신에, 법칙으로 질서정연하게 통제된 형태의 종교적 표현을 보게 될 것이다; 경제적 정치적 압력과 긴장 대신에 어떤 근본 형태 하에서 그 체계가 조화롭게 작용하는 것이 보일 것이다; 하이어라키가 목표로 하는 내적인 결과가 점진적으로 형성되면서 모든 것이 의식(의례)으로 지배될 것이다. 법칙과 질서 그리고 그 결과로 생겨난 형태와 제한의 정점 속에서, 끝날 무렵에 (말을 신중하게 선택하고 있다), 새로운 혼돈의 시기가 놓여 있고, 내면에 갇힌 생명이 일곱 번째 광선의 로고스가 목표로 한 계발의 본질과 부여된 기능을 가지고 심지어 그 제한으로부터 벗어나는 것이 그 속에 있다는 것을 잊지마라.

그것이 많은 시대에 걸쳐서 자주 일어나는 상황이다. 각각의 광선은 비교적 최소 저항 지점을 표시하는 시기에 화신하는 자신의 영을 갖고 힘을 갖게 된다. 그들은 세계 속에 있는 다른 여섯 가지 유형의 힘을 접촉하고 그 힘으로 인상을 받아서 보편 목표를 향해서 휩쓸려가는 존재들의 다른 여섯 가지 그룹과 접촉한다. 그것이 또한 그대가 살고 있는 시기에 있는 구체적인 상황이다. 즉, 의례의 법칙과 질서의 일곱 번째 로고스가 일시적인 혼돈을 바로잡으려고 하며, 오래되고 낡은 형태로부터 탈출하는 생명을 한계 내에서 줄이려고 하는 시기이다. 이제 새로운 형태가 필요하고 적합하게 될 것이다. 새로운 주기 중간 지점이 되어서야 다시 제한이 느껴질 것이고 탈출하려는 시도가 새롭게 시작될 것이다.

그러므로 요즘 시기에 현명한 스승은 이런 상황을 고려하여 새로 들어오는 광선이 화신한 영에게 미치는 영향을 따져 본다. 그래서 명상을 배정할 때 세 번째 광선과 그 영향을 고려해야 한다. 그 일이 복잡하다고 느끼지 않는가? 운 좋게도 지혜의 전당에서 그 작업에 적합한 졸업자를 준비시킨다.

이런 특정 시기에 명상하는 형태의 측면 (명상이 주로 자아 광선에 기초하건 개성 광선에 기초하건)이 많이 계발 될 것이다. 그대는 매우 분명한 형태가 세워져서 개인과 그룹에게 배정되는 것을 볼 수 있을 것이고, 그 결과 화이트 매직이 증가하고, 그에 따라서 물질계에서 법칙과 질서를 낳는 것을 볼 수 있다. 다가오는 재건의 시기는 광선에 맞추어 나아가고, 그 궁극적인 성공과 성취가 아마도 기대한 것보다 거의 더 가능할 것이다. 위대한 주가 법칙 하에서 오고 그 어느것도 그분이 오는 것을 막을 수가 없다.

바로 지금 시대의 거대한 요구는 법칙을 이해해서 그것를 가지고 일할 수 있는 사람들에 대한 것이다. 지금이 또한 그 원리를 계발하고 세계를 도울 사람을 훈련시키기 위한 기회이다.

조화와 과학의 부광선이 이 일곱 번째 영향력에 빠르게 반응한다; 이 진술이 의미하는 것은 그들 모나드가 이 방향으로 쉽게 영향을 받는다는 것이다. 여섯 번째 헌신의 광선의 모나드들은 통합 지점에 가까워질 때까지 순응하는 것이 가장 어렵다는 것을 발견할 것이다. 첫 번째, 두 번째 광선 모나드는 이 광선에서 그들을 표현하는 영역을 발견할 것이다. 첫 번째 광선은 이 광선과 직접적인 연결 고리가 있어서 힘을 통해서 법칙을 사용하려고 하고, 반면에 통합의 유형인 두 번째 광선 모나드는 사랑을 통해서 지배하고 안내한다.

오늘은 이 다섯 번째 요인에 대하여 생각을 불러일으키기에 충분히 그대에서 제시하였다. 이것이 본인이 하고자 하는 전부이다. 나머지는 직관의 안내등에 맡기고 내면의 그 안내자가 드러내는 것이 비의적으로 제시된 어떤 것보다 개인에게 더 가치가 있다. 그러므로 깊이 숙고하고 생각하라.

어떤 격려의 말

1920년 6월 18일

제자가 위대한 한 분의 봉사 속에서 모든 것을 기꺼이
내려놓고, 아무것도 머뭇거리지 않을 때만, 비로서 해방이
성취되고 욕망체가 상위 직관의 체로 변형된다. 어떤
사람을 완전한 봉사자 위치로 데려오는 것은--미래에 대한
어떤 생각이나 계산 없이--매일 매일을 완전하게 봉사하는
것이다. 그리고 한 가지 제안을 할 수 있을 것이다. 모든
걱정과 근심은 일차적으로 이기적인 동기에 바탕을 두고
있다. 그대는 고통을 두려워하고, 슬픈 경험으로
움츠러든다. 이렇게 해서는 목표에 도달하지 못한다;
목표는 포기의 길로 도달한다. 아마도 그것은 기쁨의
포기이거나 좋은 명성의 포기이거나 친구들의 포기이고
가슴이 움켜 쥐고 있는 모든 것의 포기를 의미할 수 있다.
아마도 라고 말했지, 그렇다고 말하지는 않았다. 만약
그것이 그대가 그대의 목표에 도달하려는 방식이라면,
그러면 그것이 그대에게 완전한 길이라는 것을 지적하고자
한다. 그분들의 실재와 그분들의 연꽃 발 아래로 그대를
빠르게 데려가는 것이 무엇이건, 바로 그것을 그대가
바라고 열렬히 환영해야 하는 것이다.

그러므로 내면의 안내자이자 스승의 인정만을 추구하는
지고의 욕망과 무심으로 수행한 선행에 대한 자아의 반응을
매일매일 배양하라.

비애가 오면 웃으면서 지나가라; 그것은 풍부한 보상과 잃어버린 모든 것을 돌려주는 것으로 끝날 것이다. 조롱과 경멸이 그대의 운명이라면, 여전히 웃어라. 왜냐하면 대스승으로부터 오는 찬사의 눈길만이 그대가 추구해야 하는 것이기 때문이다. 거짓말하는 혀가 행동하더라도, 두려워 말고 앞으로 밀고 나아가라. 거짓은 세속의 것이고 건드리기에는 너무 불쾌한 것이기에 뒤에 남겨 놓을 수 있다. 하나의 눈, 순수한 욕망, 봉헌된 목적 그리고 모든 세속의 소음에 닫아버리는 귀, 이것이 제자가 되기 위한 목표이다. 더 이상 말하지 않겠다. 단지 그대가 쓸데없는 상상, 흥분된 추측과 불안해하는 기대 속에서 불필요하게 힘을 분산시키지 않기를 바랄 뿐이다.

6. 제자와 관련 있는 내부 그룹과 외부 그룹

오늘 검토할 요점은 실질적인 흥미가 있는 것이다. 그것은 그의 그룹이라는 인자를 다룬다. 우리는 어느 정도 어느 대스승과의 관계를 고려하였고, 그래서 그룹 연결 관계에 대한 가르침을 진행할 것이다.

어제 우리는 어떤 사람이 자아 수준에서 관련된 그룹과 연계된 명상의 중요성을 보여주었다. 오늘은 지구상에서 부르는 그룹을 다룰 것이다. 이 그룹은 예상했던 대로 자아 수준에 있는 그룹의 정확한 반영이 아니다. 왜냐하면 자아 그룹의 어떤 단위만이 어느 한 시기에 화신할 것이기 때문이다. 우리는 국가, 종교 혹은 가족 그룹 속에서 나타나는 원인과 결과의 법칙을 다룰 것이다.

제자들과 연결된 네 개 그룹

화신해 있을 때 그는 그룹으로 네 개 집합을 가지고 있다:
1. 그가 속한 *큰 국가 그룹*. (그 수의 총합으로) 국가의 카르마는 너무 강력해서 그가 아무리 노력해도 그것에서 떨어져 나갈 수가 없다. 어떤 인종적 특이성, 어떤 기질적 성향이 그의 것이다. 왜냐하면 그것은 인종의 육체 속에 숨겨져 있기 때문이고, 그는 그 구성요소를 지니고 다녀야 하며, 지구 상에서 살아가는 동안 내내 그 특정한 유형의 육체 속에 내재하고 있는 성향을 지니고 다녀야 하기 때문이다. 그 육체가 필요한 교훈을 제공하거나, 혹은 (진화가 진전되면서) 성취되어야 하는 작업 유형에 맞는 가장 좋은 육체를 그것이 제공해준다. 동양인 유형의 육체는 어떤 자질을 가지고 있고, 서양인 유형은 다른 자질을 가지고 있으며, 둘 다 좋은 것이다. 여기서 이 점을 명확히 하고자 한다. 왜냐하면 서구인의 성향이 동양인을 흉내 내서 그의 진동을 동양인의 진동과 같은 높이로 강제로 맞추려고 하기 때문이다. 가끔 이것이 내면의 대스승들에게 걱정을 일으키고, 종종 매개체 속에서 문제를 일으키기도 한다.

동양인이 되는 것이 모든 사람의 목표라고 믿는 성향이 너무 많이 있어 왔다. 심지어 위대한 분들도 모두 다

동양인이 아니라는 것을 잊지 마라. 그리고 유럽인의 체속에 있는 대스승들도 더 잘 알려진 동양인의 초인과 동등하게 성취하였다는 것을 잊지 마라. 이것을 깊이 생각하라. 많은 현명한 숙고가 필요하고 그래서 그 사실을 강조하는 것이다. 이 선을 따라서 더 많은 것이 알려질 때, 그리고 명상 학교가 졸업한 대스승들에 의해서 진실로 오컬트 선을 따라서 설립되고 수행될 때, 명상 형태가 민족과 국가 사이에 존재하는 기질 차이에 맞춰서 계획될 것이다. 각각의 국가는 나름대로 미덕을 가지고 있고 결점도 가지고 있다; 그러므로 감독하는 대스승의 작업은 미덕을 강화시키고 결점을 바로잡게 만드는 명상을 할당하는 것이다. 이 생각으로 열리는 영역이 너무 광대해서 여기서는 그것을 모두 다룰 수가 없다. 나중에 전문가들이 그 문제를 다룰 것이고, 동양과 서양이 같은 기본 규칙을 따라서 내면의 똑같은 스승들의 감독 하에서, 어떤 점에서는 현명하게 다르고, (똑같은 목표를 지향하지만) 서로 다른 루트를 따르는 그들 나름대로의 학교를 갖게될 때가 올 것이다. 나중에 이런 학교가 각 나라에 세워진 것을 보게 될 것이다; 그 학파에 들어가는 것이 쉽지 않을 것이지만, 가르침을 지원하는 신청자 개개인은 철저한 입학시험을 치러야 할 것이다. 각 학교가 그 학교 수장의 현명한 분별 때문에, 근본에서는 다르지 않지만, 적용 방법에서 어느 정도 다르다는 것을 볼 것이다. 제자들과 같은 국적을 가진 그리고 코잘체 기능이 온전하게 계발된 이 수장은 방법을 당면한 필요에 적용할 것이다.

나중에 참고하기 위하여 미래 명상 학교에 대하여 확장할 것이지만, 지금은 주로 일반화하고자 한다.

2. 제자 삶에서 중요한 두 번째 그룹은 그의 가족 그룹으로, 특별한 가족 유전과 특이성이 관련된다. 모든 사람은 오컬트 명상이 바람직하고 가능한 진화 지점에 도달하였으며 주도면밀한 선택으로 어느 특정 가족으로 들어갔다:
가. 가능한 한 빠르게 카르마를 벗어버리기 위해서.
나. 그 가족이 제공하는 육체 매개체 때문에.

그러므로 물질계에서 그리고 육체 매개체 속에서 수행될 오컬트 명상을 배정할 때, 제자 육체의 가계와 내재하는 특이성에 대하여 최소 저항선을 찾고 그리고 극복되어야 하는 것을 나타내는 관점에서 어느 정도 아는 것이 스승의 관심사가 된다는 것을 쉽게 볼 수 있을 것이다. (명상하는 사람 중에 어떤 사람은 직관 의식을 쫓는데 너무 몰두하는 경향이 있어서 그들에게 바로 필요한 것이 육체 매개체라는 것을 간과하기도 한다) 육체 두뇌와 머리의 순응이 이 과정에서 주요 역할을 하고 현재처럼 미래에도 간과되어서는 안 된다. 이것이 필연적으로 그렇다. 왜냐하면 육체 속에 있는 숙련된 스승들의 부족이 현재 너무 크기 때문이다.

그러므로 가족 그룹이 고려하는 중요한 두 번째이고, 아마도 그 문제는 생각하는 것보다 훨씬 더 중요하다.

미래 명상 학교에서는 제자의 선조, 가족의 역사, 젊은 시절과 삶 그리고 의료 기록 같은 것이 보관될 것이다. 이 기록이 미세하게 정확할 것이고, 이런 식으로 많은 것을 배울 것이다. 삶이 조절될 것이고 육체에 대한 과학적인 정화가 첫 번째 시도되어야 할일 중에 하나가 될 것이다. 부수적으로 (이 학교에 대하여 말할 때) 그 학교 위치가 어떤 고립된 장소에 있다고 그리지 않기를 충고하고자 한다. 세계 속에 있지만, 세속적이지 않은 것이 이상이고, 오직 진보 단계에서 혹은 입문을 받기 전에, 제자가 어느 정도 기간 동안 물러나 있는 것이 허락될 것이다. 중요한 것은 내면의 무집착이고, 자아를 환경으로부터 분리시킬 수 있는 능력이지, 물리적인 고립이 그렇게 중요한 것이 아니다.

3. 고려해야 할 세 번째 그룹은 그가 연관되어 있을 수 있는 특정한 봉사단이다. 오컬트 명상을 할 준비가 된 사람은 누구나 먼저 많은 생 동안 사람들 사이에서 일하고 봉사하려는 의지를 보여주었음에 틀림없다. 이타적인 봉사는 오컬티스트 삶의 기반이고, 그것이 없을 때 위험이 도사리고 있으며, 오컬트 명상은 위험을 수반하게 된다. 그러므로 그는 이 세계 어느 부문에서 활동적인 역할을 하는 사람임에 틀림없고, 내면의 세계에서도 마찬가지로 자신의 역할을 하고 있음에 틀림없다. 그러면 대스승께서 어떤 것을 고려해야 할 것이다:

가) 그가 하고 있는 그룹 작업과 그가 그 그룹에서 얼마나 가장 잘 봉사할 수 있도록 자격을 갖추었는지.

나) 명상이 배정되기 전에, 그의 작업 유형과 그 작업에서 동료들과의 관계--매우 중요한 오컬트 요인--가

신중하게 가늠되어야 할 것이다. 그리고 현재 하는 일에 적합하지 않기 때문에 그리고 그의 일에서 봉사자를 불리하게 만들 수 있는 어떤 특질을 계발하려는 성향 때문에, 어떤 유형의 명상이 보류될 수도 있다. 봉사할 수 있는 능력을 높이는 그런 명상이 항상 그 목표이다. 결국에는 더 큰 목표가 작은 것을 포함한다.

4. 대스승이 계산하는 데 차지하는 네 번째 그룹은 *내적인 세계에서 그가 속하는 그룹*, 그가 배정되어 있는 조력자들의 그룹 혹은 그가 제자라면, 그가 일부분을 구성하는 제자들 그룹이다. 그들의 그룹이 하는 특정한 작업 유형이 고려될 것이고, 제자가 동료들과 진보할 수 있는 역량이 육성될 것이며, 그가 임명된 자리를 채울 수 있는 그의 능력이 증진될 것이다.

지금까지 명상을 배정하는 데 고려하기 위해서 생기는 많은 것을 지난 몇 통의 편지에서 힌트로 제시하였다. 그대는 고려해야 할 세 가지 광선, 코잘체의 진화 지점과 자신의 세계에서 그 그룹과의 상호 관계, 하이어라키와의 관계, 그리고 그 반영인 개성과의 관계를 보았다. 또한 카르마 요인, 시대의 요구와 그 사람 자신의 요구, 그리고 네 가지 다른 그룹과의 관계를 보았다.

이 모든 것이 가능하고 언젠가는 인정될 것이다. 그러나 어떤 토대를 놓는 시기가 아직 끝나지 않았고, 오랜 기간 동안 그대와 같이 그렇게 있을 것이다. 마인드의 통제가 현재 명상의 목표이고, 그것이 항상 기초 단계가 될 것이다.

편지 4 – 명상에서 성음의 사용

1920년 6월 19일

1. 근본 명제
2. 성음의 창조적 효과
3. 성음의 파괴적 효과
4. 성음의 발성과 사용
5. 센터와 개별 체의 영향

오늘 다루는 주제가 너무 심오하고 중요해서 심지어 그대가 그것을 숙고하지 않으려는 것이 지극히 자연스럽다. 이 문제에 대하여 무엇을 말할 수 있더라도, 우리는 그것의 작은 가장자리만 건드릴 수 있고, 말하지 못한 채 남겨둔 것의 깊이가 너무 커서 전달된 정보가 너무 적은 비중을 차지할 것이다.

근본 명제

먼저 멘탈 개념으로 깨닫는다 하더라도 너무 심오해서 쉽게 이해하기 어려운 몇 가지 기본 명제를 놓고자 한다.

이 명제는 다섯 가지이다--너무 광대해서 그대가 이해할 수 없는 많은 것에서 뽑은 다섯 가지이다. 이 명제는 그 자체로 어떤 기본 사실에 바탕을 두고 있고, 이 사실 (일곱 가지) 모두가 아직은 이해되지 않았다. H.P.B.가 [씨크릿 독트린] 근본 명제에서 세 가지를 다루었다. 네 번째가 심리학과 멘탈 사이언스 연구를 통해서 어느 정도 나타나고 있지만, 네 가지는 아직 숨겨져 있다. 다른 세 가지 근본적인 것은 다음 세 라운드에 출현할 것이다. 이번 라운드에는 네 번째 근본 명제가 이해되는 것을 볼 것이다.

이 명제는 다음과 같다:
1. 존재하는 모든 것은 소리 혹은 말씀(Word)에 토대를 두고 있다.
2. 분화는 소리의 결과이다.
3. 각각의 계에서 그 말씀은 서로 다른 영향을 미친다.
4. 말씀의 음에 따라서 혹은 그 소리의 진동에 따라서, 건설하는 작업 혹은 밀어내는 작업이 이루어질 것이다.
5. 하나의 삼중 말씀은 일곱 열쇠를 가지고 있고, 이 일곱 열쇠는 각각 서브톤을 가지고 있다.

이 기본 사실을 이해하는 속에 명상에서 말씀을 사용하는 것에 대한 많은 빛이 숨겨져 있다.

태초의 거대한 성음--일곱 소리를 가진 원래 세 가지 거대한 숨결로, 하나의 숨결이 세 개 태양계 중의 하나를 나타낸다--을 소리 내는 데, 그 음이 서로 달랐고, 그 소리를 서로 다른 높이로 내었다.

*첫 번째 태양계*에서, 첫 번째 대숨결의 완성, 그 최고점이

장엄한 파(FA)음--현현한 자연의 음, 현재 태양계의 기본음을 구성하는 음이다--에서 소리내어졌다. 그 음은 현현된 자연의 음으로 현재 태양계의 기본음이다. 이 음이 그리고 이 음에다가 두 번째 태양계 두 번째 음을 보충해야 한다. 그것이 아직 온전하게 나오지 않았고 완성되지도 않았으며, 거대한 주기가 끝날 때까지 완성되지 않을 것이다. 로고스가 그것을 지금 소리 내고, 만약 그가 그것을 내쉬지 않는다면, 전체 태양계가 완전한 암흑 속으로 사라질 것이다. 그것은 현현의 끝을 나타낼 것이다.

현재 태양계인 *두 번째 태양계*에서, 기조음이 드러나지 않을 수 있다. 그것은 여섯 번째 입문의 비밀들 중에 하나로, 드러나지 말아야 한다.

*세 번째 태양계*에서 마지막 세 번째 음이 첫 번째, 두 번째 태양계 기본음에 추가될 것이고, 그러면 무엇을 갖게 될 것인가? 로고스 개성의 주요 세 번째 음을 완전하게 갖게 될 것이고, 그것은 소우주의 주요 세 번째 음에 상응한다--각각의 계에 한 가지 음. 태양로고스가 우주계에서 우주 마인드 문제를 풀려고 애쓰고 있다고 들었다; 또한 그는 물질 태양계 속에서 활동하고, 우주 아스트랄체 혹은 우주 감정체 속에 극화되어 있으며, 우주 마인드를 계발하고 있다고 들었다. 그래서 태양계의 여러 계에서 소우주도 마찬가지이다. 이런 상응을 깨닫고 그것을 현명하게 적용하는 속에서 성음을 명상에서 사용하는 것에 대한 깨달음이 온다.

태양계 Ⅰ – 육체에 상응한다.
태양계 Ⅱ – 감정체에 상응한다.
태양계 Ⅲ – 멘탈체에 상응한다.

이 세 가지 태양계의 형성에서 말씀 혹은 소리를 연구하게 되면 직관의 매개체를 만들고 개성을 정화하는 데 그 말씀의 용도에 대한 도움이 올 것이다.

이제 말하게 될 것을 네 가지 제목으로 나누고 각각 하나씩 별도로 다룰 것이다.

1. 성음의 창조적 효과.
2. 성음의 파괴적 효과.
3. 그 발성과 사용.
    가. 개인 명상 속에서.
    나. 그룹과 집단의 작업 속에서.
    다. 어떤 구체적인 목적을 위해서.
4. 체와 센터에 미치는 영향과 자아 정렬에서 그 효능.

성음의 두 가지 효과: 건설적 효과와 파괴적 효과

1920년 6월 20일

오늘은 어제 숙고한 주제를 계속해서 다룰 수 있다. 그 테마를 네 가지로 나누었고, 성음의 두 가지 효과--창조적 효과와 파괴적 효과--인 첫째, 둘째 부분을 다룰 것이다.

법칙을 현명하게 적용하기 위한 토대를 형성하는데 몇 가지 폭넓은 힌트만이 가능할 것이다.

첫째, 이 세계는 소리의 영향이라는 뻔한 말을 반복하겠다. 첫째, 생명, 그리고 물질; 나중에 현현과 표현의 목적으로 그 물질이 생명으로 끌어당기고, 그 물질을 질서정연하게 배열시켜서 필요한 형태로 만든다. 소리가 연결시키는 요인, 밀어붙이는 충동, 그리고 끌어당기는 매개체를 형성하였다. 소리는 심오한 형이상학적 그리고 오컬트 의미에서 우리가 "사이의 관계"라고 부르는 그것을 나타내고, 현현 과정 속에서 연결시키는 세 번째 인자, 창조하는 중개자이다. 그것은 아카샤이다. 상위계에서 그것은 우리 태양계와의 관계에서 우주 차원의 인력의 법칙을 행사하는 위대한 대실체의 대리인이다. 한편 하위계에서 그것은 우리가 시간이라고 부르는 그것, 혹은 과거 현재 그리고 미래를 진동하는 가슴 위에다 고정시키고 영속시키는 거대한 반사 인자, 아스트랄 빛으로서 나타난다. 그것은 하위 매개체와의 직접 관계에서 전기, 프라나 그리고 자성액으로 현현한다. 이 개념을 단순화하면 아마도 인력과 반발의 법칙의 인자로서 소리에 대한 인식이 올 수도 있을 것이다.

일곱 가지 거대한 대숨결

성음을 이번 태양계에 칠중의 완전함으로 소리낼 때, 로고스가 흡입을 통하여 현현에 필요한 물질을 끌어 모았고, 첫 번째 거대한 대숨결로 그 물질의 진화를 시작하였다.

두 번째 거대한 대숨결에서는 분화와 두 번째 로고스 측면을 주입하는 단계가 왔다.

세 번째 거대한 대숨결에서 활동 측면이 보였고, 물질은 그 기능으로 주입되며, 오중 진화가 어떤 가능성으로 되었다.

네 번째 거대한 대숨결에 어떤 하이어라키가 반응하였고, 위대한 건설자들이 계획을 더 명확하게 보았다. 네 번째 대숨결과 인간 영의 하이어라키인 네 번째 창조 하이어라키 사이에 명확한 연결고리가 있다. 로고스 네 번째 음은 인간 영에게 특별한 의미를 가지며, 여기 네 번째 주기와 지구에서 독특한 영향을 미친다. 그것의 상대성은 그대가 그것의 영향을 어떤 방식으로건 인식하는 것이 어렵다는 것이다. 그것은 그대가 네 번째 계와 광선의 조화로운 음 속에서 그것을 이해할 수 있는 만큼 드러낸다. 그 음은 네 번째 근원 인종 이후 그리고 현재 세계의 사람 속으로 스며든다. 그것은 조화와 평화의 이상을 이해하려는 인류의 고군분투 속에서 그리고 그 방향으로 전세계가 열망하는 속에서 보여준다.

이 네 번째 대숨결은 특히 인간의 진화에 적용 가능하다. 그래서 다음과 같다:

- 삼중 말씀의 서브톤 하나가 첫 번째 진동 음을 주었으며 태양 구체 혹은 원자 구체의 움직임을 시작하였다. 그것은 *의지*를 구현한다.
- 삼중 말씀의 서브톤 둘이 두 번째 측면을 스며들게

하였고 통합 광선의 우주 통치자가 현현하게 하였다. 그것은 이중성 혹은 *반사적 사랑*을 나타냈다.

- 삼중 말씀의 서브톤 셋은 우리의 오중구조 진화를 가능하게 만들었다. 그것은 다섯 가지 하위계 기본음이다. 그것은 *활동성* 혹은 *적응성*을 나타냈다.

- 삼중 말씀의 서브톤 넷은 인간 하이어라키 소리이고, 그 전체로 "인간의 외침"이라고 부를 수 있다.

그 소리들 각각은 어느 한 광선과 그것 위에서 들어오는 모든 것을 직접적 현현시켰다. 각각의 소리는 어느 하나의 계에서 그 계의 지배적인 음으로 특히 드러난다.

- 다섯째 거대한 대숨결은 자체에 독특한 영향을 준다. 왜냐하면 그것의 반향 속에서 그것이 만물에 대한 열쇠를 가지고 있기 때문이다. 그것은 *불의 대숨결*이다. 그것은 우주 멘탈 수준의 진동과 비슷한 진동을 창조하였고, 첫째 숨결과 긴밀하게 연결되어 있다. 셋째 숨결이 장삼도에 대응되듯이, 그것은 (전문 음악 용어로) 태양계 지배음이다. 그것은 로고스 음이다. 각각의 숨결은 현현 목적을 위해서 우주 계에 있는 어떤 실체를 로고스에게 끌어당긴다. 이 방법에 대한 반영이 자아가 삼계 속에서 자아 음을 소리 내서 현현하거나 화신할 준비를 할 때 소우주 속에서 볼 수 있다. 그 음은 영구원자들 혹은 핵 주위로 현현 목적에 적합한 물질을 끌어당기고, 그 물질은 자체로 어떤 활력 실체에 의해서 생명이 불어넣어진다. 이 다섯째 서브톤이 나올 때, 우리 태양계의 생명을 불어넣는 위대한 대실체들,

우주의 불의 주들과 비슷하게 반응한다. 다시 소우주가 모나드 음의 다섯째 서브톤을 소리 낼 때, 태양계 속에 있는 불기둥의 주들이 반응하였고, 그들 자신을 인간 진화에 연관시켰다.

- 여섯째 거대한 대숨결이 "신비스러운 오각별의 주", 감정계의 변화무쌍한 에센스, 물질로 입혀진 욕망 기능, 로고스 생명의 물 측면을 끌어당겼다.

- 일곱째 서브톤을 소리내자 결정화가 일어났고 접근의 법칙에 절대적 순응이 일어났다. 그것은 결과적으로 가장 깊은 경험 지점인 현현의 조밀한 측면을 낳았다. 그러므로 그대는 건설하는 위대한 광선들 중에 하나-- 정해진 형태들 하에서 물질을 원하는 형상에 따라서 조정시키는 광선--인 의례 법칙의 광선과 연결관계를 주목할 것이다.

여기서 그대가 물을 것이다: 내가 주제에서 왜 많이 벗어나는가? 그대에게 많이 빗나간 것처럼 보이고 질문을 벗어난 것처럼 보일 것이다. 자세하게 설명해보겠다. 소우주는 대우주 작업을 반복하는 것에 불과하다. 자신의 계에 있는 모나드 혹은 영은 소리를 내고 (그의 하이어라키 음) 화신 속으로 하강한다. 그것은 인력의 음이고 내쉬는 음이다. 개성--진화의 가장 조밀한 지점에 있는 모나드의 반영--은 모나드 자신의 서브톤과 모나드 음 위에서 모나드가 소리 낸 성음의 인력으로 모나드에 연결되어 있다.

그러나 내쉬는 작업이 이미 이루어졌다. 그것은 하강 진화이다. 들이마시는 작업 혹은 근원으로 재흡수하는 작업이 진행된다. 개성이 (많은 스트레스와 탐색의 삶 후에) 올바른 높이와 서브톤을 가진 영적 음을 스스로 발견할 때, 그 결과는 무엇일까? 그것이 모나드 음과 일치하고, 같은 박자로 진동하며, 같은 색깔로 고동치고, 마침내 최소 저항선이 발견되서, 내면에 거주하는 생명이 해방되어 자신의 계로 돌아가게 된다. 그러나 이 발견 작업이 매우 느리고 그는 무한한 신중과 고통으로 그 음을 집어내야 한다. 첫째, 그는 개성의 셋째 음를 찾아서 소리내면, 그 결과로 삼계 속에서 질서정연하고 조화로운 삶이 된다. 그리고 자아의 지배적인 다섯 번째 음, 즉 음의 으뜸음을 찾아서, 그것을 개성의 음과 조화롭게 소리 낸다. 그 결과 (이렇게 표현할 수 있을지 모르지만) 어떤 진공 상태가 형성되고 해방된 인간이 생명을 불어넣는 혼--삼중영에다 마인드와 경험을 더해서—과 함께, 즉 사중체와 다섯 번째로 완성된 셋이 모나드를 향해서 위로 탈출한다. 그것이 소리를 통해서 나타나는 인력의 법칙이다. 비슷한 것이 비슷한 것으로 같은 종류가 같은 종류로, 그렇게 소리, 색깔 그리고 리듬의 통일성으로 밀려간다.

이것이 우리가 검토하고 있는 두 번째 요인, 즉 파괴적 요인으로 가게 한다. 해방에서 구속이 부서지고, 해방에서 오래된 형태의 붕괴가 일어나며, 물질의 지배 속에서 영의 해방이 보인다. 그래서 성음을 칠중 의미로 소리 내는 속에서 부서진 형태로부터 탈출이 오게 된다; 먼저 날숨에서, 물질의 인력이 있고, 들숨에서, 물질 형태의 점진적인 무너짐이 있으며 그것을 뒤에 남겨놓게 된다.

명상과 말씀

여러분을 위해서 이것을 태양계 차원에서 그려보았다. 이제 그것을 명상에 적용하고 그것이 어떻게 작용할지 보자. 인간은 명상할 때 두 가지를 목표로 한다:

가. 생각을 형성하고, 추상적 아이디어와 직관을 멘탈계 구체적인 수준까지 가져오는 것. 이것이 *씨앗 있는 명상*으로 부를 수 있는 것이다.

나. 자아와 정렬하고, 육체 두뇌와 자아 사이에 진공상태를 만들어서, 신성한 분출이 일어나고, 결과적으로 형태가 부서지며 후속으로 해방이 일어난다. 이것을 *씨앗 없는 명상*이라고 부를 수 있을 것이다.

진화의 어느 시기에 둘이 합쳐지고, 씨앗을 버리며 그러면 진공이 형성되는데, 상위 도구와 하위 도구 사이라기보다 그것들과 직관계 혹은 조화의 계 사이에 만들어진다.

그러므로 명상에서 성음을 소리 낼 때 그는 (올바르게 소리 낸다면) 로고스처럼 창조 작업과 파괴 작업을 할 수 있어야 한다. 그것은 우주 차원의 과정이 소우주 속에 반영되는 것이다. 그는 그의 체로 섬세한 종류의 물질을 끌어당기고 더 조잡한 종류는 던져버릴 것이다. 그는 섬세한 물질을 끌어당기고 낮은 진동의 물질을 물리치는 상념태를 만들 것이다. 그래서 그는 그 말씀을 소리 내어서 정렬이 자동적으로 이루어지고, 필요한 진공상태가 만들어져서, 위로부터 하강흐름이 일어나게 해야 한다. 이 모든 효과는 그 말씀이 올바로 소리낼 때 일어날 수 있고, 그가 매번 명상할 때마다 점점 더 정렬되는 것을 보게 되어, 그의 체들 어느 하나 속에 있는 하위 진동 물질의 일부를 분산시켜서, 어느 정도 통로를 열어야 하며, 그래서 상위 차원에서 오는 깨달음(빛)을 위한 더 적합한 도구를 제공해야 한다.

그러나 정확하게 하는 것이 가능할 때까지, 말씀을 사용해서 만들어진 효과가 매우 미미할 것이며, 이것은 그것을 사용하는 사람에게 좋은 것이다. 일곱 가지 거대한 대숨결과 그것이 각각의 계에 미치는 영향을 공부하는 속에서, 인간은 각각의 계의 서로 다른 하위계에서 일어나는, 특히 자신의 계발과 관련하여, 일어나는 많은 것을 찾을 수 있다. 태양계 기본음을 공부하는 속에서 (그것은 첫 번째 태양계에서 안정화되었다), 물질계에서 그 말씀을 사용하는 것에 대한 많은 것을 찾을 수 있다. 여기서 숙고할 한 가지 힌트가 있다. 현재 태양계의 음, 즉 사랑과 지혜의 음을 찾으려는 노력에서, 학생은 감정계와 직관계 사이에 필요한 소통을 할 것이고, 감정계의 비밀을 발견할 것이다. 멘탈계에서 말씀과 형태 건설 시 그것의 영향을 연구하는 속에서, 솔로몬 신전을 세우는 열쇠가 발견될 것이고, 제자가 코잘체의 기능을 계발할 것이며, 결국에는 삼계로부터 해방을 찾을 것이다.

그럼에도 불구하고 학생은 먼저 그의 개성의 음을 찾아야 하고, 모나드 음을 접촉할 수 있기 전에 자아의 음을 찾아야 한다는 것을 기억해야 한다. 그가 그것을 다 했을 때, 그는 자신의 삼중 말씀을 소리 낸 것이고, 이제는 사랑으로 활기가 불어넣어진 지성적 창조자가 되는 것이다. 목적지에 도달한 것이다.

어떤 실천적 힌트

1920년 6월 21일

오늘 오후에는 성음을 소리낼 수 있는 서로 다른 높이를 여러분에게 주는 것이 가능하지 않고, 현명하지도 않으며 적절하지 않다는 것을 명확하게 하려고 한다; 일반 원리를 나타내는 것밖에 할 수가 없다. 의식의 개별 단위인 인간 개개인은 서로 다양해서 스승에게 온전한 코잘 의식이 존재할 때 그리고 제자가 기꺼이 알고자 하고 두려워하지 않고 그리고 침묵을 지키고자 하는 지점에 도달했을 때 개인별로 필요에 맞는 것이 제공될 수 있다. 말씀을 오용하는 데 관련된 위험이 너무 커서 우리는 기본 생각과 근본 원리를 제시하는 것이상 감히 하지 못하며, 열망자가 스스로 자신의 계발을 위하여 필요한 요점을 풀어서 그가 필요한 그것을 홀로 찾을 때까지 필요한 실험을 계속 수행하도록 남겨두는 것밖에 할 수 없다. 자기자신의 노력, 힘겨운 싸움 그리고 쓰라린 경험의 결과만이 영원하고 지속하는 가치가 있다. 오직 제자가--실패를 거쳐서, 성공을 거쳐서, 힘겹게 얻은 승리를 거쳐서 그리고 실패한 후에 오는 쓰라린 시간을 거쳐서--자기자신을 내면 상태에 조정해 가면서, 그가 말씀의 용도가 과학적으로 실험적으로 가치 있다는 것을 발견할 것이다. 대체적으로 의지가 부족해서 말씀의 오용에서 그를 보호해줄 것이며, 반면에 사랑하려는 노력이 결국에는 그를 안내하여 올바른 소리를 내도록 해줄 것이다. 우리 스스로가 아는 것만이 내재적인 기능으로 된다. 스승의 진술이 아무리 심오하게 현명하다 하더라도 그것이 실험적으로 그 사람의 삶의 일부분으로 될 때까지 그냥 멘탈 개념에 불과하다. 그래서 나는 길을 가리킬 뿐이다. 일반적인 힌트만을 줄 수 있다; 나머지는 명상하는 학생 혼자 스스로 철저히 검토해야만 한다.

개별 명상에서 발음하고 사용하는 것

이제는 매우 실질적이고자 한다. 나는 견습의 길에 있는 사람을 위하여 말하는 것이고, 그러므로 그가 성취해야 하는 것이 무엇인지 지성적으로 이해하고 있다. 그는 진화 상에서 그의 위치를 대략 깨닫고 있으며 언젠가 입문의 문을 지나가고자 한다면 해야 할 일을 알고 있다. 이렇게 내가 말하는 것이 이 편지를 공부하는 대다수 사람을 가르칠 것이다. 그는 명상을 시도하고 필요한 규칙을 따르려고 할 것이다. 몇 가지 예비 힌트를 주겠다:

- 열망자는 방해와 간섭에서 자유로운 조용한 장소를 매일 찾는다. 현명하다면, 그는 항상 같은 장소를 찾을 것이다. 왜냐하면 그가 거기에 어떤 보호막 역할을 하는 어떤 막을 세워서 원하는 상위 접촉을 더 쉽게 만들 것이기 때문이다. 그 장소의 물질, 둘러싸는 공간으로

부를 수 있는 물질이 어떤 진동(연속된 명상에서 도달한 그 사람 자신의 가장 높은 진동)에 조율되어서 그가 다음에 명상할 때 최고 높은 상태에서 시작하는 것이 더 쉽고 해주고 음을 높이는 긴 준비시간을 없애준다.

- 열망자는 육체를 의식하지 않을 수 있는 자세를 잡는다. 육체 매개체가 고려될 때 변치 않는 어떤 규칙을 세울 수가 없다--어떤 방식으로 뻣뻣하거나 장애를 겪을 수도 있다. 기민성 및 관심과 함께 자세의 편안함이 목표가 한다. 나태와 느슨함은 어디에도 도달하지 못한다. 보통 사람에게 가장 적합한 자세는 바닥에서 가부좌를 하고, 척추를 지탱해주는 어떤 것에 기대어 앉는 것이다. 가장 강렬한 명상에서 혹은 열망자가 명상을 숙달해서 센터가 빠르게 깨어나고 있을 때는 (아마도 심지어 내면의 불이 척추 기저에서 고동칠 때), 등은 곧게 세워서 기대지 않아야 한다. 긴장을 피하려고 머리를 뒤로 젖히지 말아야 하며, 수평을 유지하거나 턱을 약간 앞으로 숙여야 한다. 이렇게 할 때, 많은 사람들의 특징인 그 긴장감이 사라질 것이고 하위 매개체의 긴장이 풀릴 것이다. 눈은 감고 손은 접은 채 무릎에 올려 놓는다.

- 그리고 열망자는 그의 호흡이 규칙적이고 꾸준하며 고른지 주목하라. 만약 그렇다면, 그러면 마인드를 능동적으로 그리고 육체를 유연하게 그리고 빠르게 반응하도록 유지하면서 전체 인간을 느슨하게 하라.

- 그러면 그의 세 가지 체를 시각화하고, 그의 명상이 머리 속인지 심장 속인지 (이 점에 대해서는 나중에 다룰 것이다) 결정한 후에, 그의 의식을 거기로

거둬들려서 그 센터 중 어느 하나에 집중하라. 그렇게 하면서 그가 아버지에게 되돌아가는, 신의 아들이라는 것을 인식하게 하라; 그리고 그가 그의 것인 신-의식을 찾으려고 추구하는, 신 자신이라는 것을 인식하게 하라; 그가 창조하려고 추구하는 창조자라는 것을 인식하게 하라; 그리고 그가 상위 측면과 정렬을 추구하는, 신성의 하위 측면이라는 것을 인식하게 하라.

- 그리고 나서 그가 성음을 세 번 소리 내게 하라. 첫 번째는 그것을 부드럽게 내쉬면서 소리 내어 멘탈체에 영향을 준다; 두 번째는 약간 크게 소리 내어 감정체를 안정화 시킨다; 마지막으로 더 크게 소리 내어 육체에 영향을 준다. 개별 체에 미치는 영향이 삼중이다. 만약 의식 센터를 선택한 센터에 꾸준히 유지한 채로 올바로 소리 내면, 그 영향은 다음과 같다:

멘탈 수준에서

가. 머리 센터를 접촉해서, 그것이 진동하게 만든다. 하위 마인드를 고요하게 만든다.

나. 자아와 어느 정도 연결하지만, 어느 정도는 항상 영구원자를 통해서 그렇다.

다. 조잡한 물질을 몰아내고 섬세한 것으로 세운다.

감정계에서

가. 영구원자를 통해서 감정체를 분명하게 안정화시키고 심장 센터를 접촉하고 활동하게 만든다.

나. 조잡한 물질을 몰아내고 감정체를 더 무색으로 만들어서, 상위체의 진정한 반사체가 되게 만들 것이다.

다. 감정계와 직관계 사이에 존재하는 원자계 통로를 통하여
  감정계 원자계에서 직관계로 느낌의 갑작스러운 분출을
  일으킨다. 그것이 위로 휩쓸고 가서 통로를 깨끗하게
  만든다.

물질계에서

가. 여기서도 그 영향이 매우 비슷하다. 하지만 주요 영향은
  에텔체에 미치고, 신성한 흐름을 자극한다.
나. 그것이 체 주변을 넘어가서 어떤 보호 역할을 하는 막을
  만든다. 그것은 주위 환경 속에서 조화를 이루지 못하는
  인자를 몰아낸다.

로고스 코드와 유추

1920년 6월 22일

이제 성음을 그룹에 적용하고 어떤 구체적인 목적을 위하여
사용하는 데 그것의 용도를 연구해보자. 우리는 명상하기
시작하는 개인이 말씀을 사용하는 것을 매우 간략하게
공부하였다. 그것을 사용한 영향은 대체적으로 정화,
안정화 그리고 집중화 중 하나이다. 학생이 자아의 서브톤
중에 하나 속에서 음을 소리 내는 것이 허락되는 지점에
도달할 때까지 이것이 가능한 전부이다. 그대는 자아 음
속에서 로고스 음에서와 똑같은 순서를 갖게될 것이다.
그대가 무엇을 가졌는가? 그대는 칠중 코드를 가졌고 지금
발전 단계에서 가장 중요한 지점은 다음과 같다:

1. 기본음.
2. 세 번째 주음.
3. 지배 음 혹은 다섯째 음.
4. 궁극의 일곱째.

여기서 유추의 선을 따라서 어떤 힌트가 주어질 수 있다. 다섯째 혹은 지배 음과 다섯째 원리인 마나스 혹은 마인드 사이에 긴밀한 연결 관계가 있다. 왜냐하면 이번 태양계에서 (첫째나 셋째에서는 아니다), 다섯째 계인 마인드계와 지배 음 사이에, 감정의 여섯째 계와 셋째 주음 사이에 흥미로운 반응이 있기 때문이다. 이런 관계 속에서 어떤 시각에서 보면 감정체가 의식의 셋째 매개체를 구성한다--육체와 프라나 혹은 전기 활력의 도구를 두 개 단위로 본다면. 더 이상 말할 수 없다. 왜냐하면 전체가 이동하고 상호 침투하기 때문이다. 그러나 생각할 것을 나타내었다.

전에도 말했듯이, 자아 음에서 비슷한 순서가 일어난다. 왜냐하면 그것은 자신의 계에서 로고스의 반영이기 때문이다. 그러므로 물질계 기본음, 감정계 셋째 음, 코잘계 다섯째 음을 갖게 된다. 어떤 사람이 그 키(높이)를 숙달해서 자신의 서브톤을 발견하였을 때, 그때 그는 성음을 정확하게 소리 낼 것이고 바라는 목적에 다다를 것이다; 그의 정렬이 완전해질 것이고, 체들이 순수해질 것이며, 채널이 막힘없을 것이고, 상위의 영감이 가능하게 될 것이다. 이것이 모든 진실한 명상의 목표이고 성음을 올바로 사용해서 도달할 수 있다. 한편 스승의 부재와 제자의 결함 때문에, 지금 가능한 것은 목적의 진실함이 있는 곳에서는 위험이 없으며, 보호나 고요 그리고 교정 같은 어떤 결과가 성취될 수 있다는 것을 알면서, 그 말씀을 최대한 잘 소리 내는 것이다.

말씀을 그룹으로 사용하는 것

그룹 대형에서 그 그룹이 올바로 구성되었다면, 혹은 그룹이 바람직하지 않은 요소를 포함하고 있어서 그것이 무효화되어 중성화된다면, 말씀의 효과가 강렬해진다. 그러므로 그룹이 말씀을 정확하게 사용하기 전에 어떤 것이 확인되어야 한다:

1. 같은 광선 혹은 보완 광선에 있는 사람이 그룹을 형성하는 것이 바람직하다.
2. 그 말씀이 같은 높이 혹은 부분적으로 조화롭게 읊조리는 것이 바람직하다. 이렇게 할 때, 진동 효과가 훨씬 멀리 미치고 어떤 반작용이 일어난다.

그러면 적합하게 섞인 사람들 그룹이 그 말씀을 올바르게 소리 낼 때, 무슨 결과가 일어나는가?

가. 그룹을 책임지는 제자나 대스승에게 도달하는 어떤 강력한 흐름이 만들어져서 그가 그룹이 형제단과 공명할 수 있게 해주어, 가르침의 전달을 위한 통로를 깨끗하게 하는 것이 가능하게 된다.

나. 자아와 개성 사이에 존재하는 진공상태와 어느 정도 상응하는 어떤 진공상태가 만들어진다. 그러나 이번에는 그룹과 내면에 있는 분들 사이에 진공상태가 만들어진다.

다. 만약 모든 조건이 맞다면, 그것은 관련된 개성들의 자아 그룹과 연결하고, 관련된 코잘체들을 자극하며, 힘 전달을 위한 삼각형 속에서 세 가지 모든 그룹--하위, 상위 그리고 형제단--의 연결을 낳는다.

라. 그것은 하위 그룹의 육체에 분명한 영향을 준다; 그것은 감정체의 진동을 강력하게 만들어서, 반대 진동을 몰아내고 모든 것을 상위 리듬과 일치하도록 흔든다. 그 결과 균형이 일어난다; 그것은 하위 마인드를 자극하고 동시에 상위 마인드와의 연결 통로를 열게 된다. 그러면 상위 마인드가 들어오면서 하위의 구체적인 마인드를 안정화시킨다.

마. 그것은 어떤 데바들 혹은 천사들의 주의를 끌게 된다. 그들 작업은 인간의 체를 가지고 일하는 것이고, 그들이 그 일을 더 정확하게 할 수 있게 해주며 나중에 이용할 수 있는 접촉을 할 수 있게 해준다.

바. 그것은 그룹 주위에 보호막을 만들어서, (일시적이지만) 소란으로부터 자유롭게 해주고, 그룹 단위들이 훨씬 쉽게 법칙에 따라서 일할 수 있도록 해주며, 내면의 스승들이 그분들과 가르침을 구하는 사람들 사이에 최소 저항 선을 찾도록 도와준다.

사. 그것은 진화 작업을 돕니다. 그 도움이 미미하더라도, 법칙의 자유로운 작용으로 이끄는 모든 노력, 물질의 더 많은 정제를 위해서 어떤 방식으로건 물질에 작용하는 모든 노력, 진동을 자극하고 상위와 하위 사이에 접촉을

촉진시키는 모든 노력은 로고스 계획을 앞당기기 위한 로고스 손 안에 있는 도구가 된다.

그 말씀을 일치하여 읊조릴 때 일어나는 어떤 영향에 대하여 여기서 다루었다. 나중에 오컬트 명상의 규칙들이 이해되고 실험적으로 적용될 때, 이런 영향이 연구될 것이다. 인종이 점점 더 투시적으로 되어 가면서, 그것이 도식화되고 점검될 것이다. 그 말씀을 소리 낼 때 개인이 만든 기하학 형태와 그룹이 만든 기하학 형태가 기록될 것이며 주목될 것이다. 개인을 서로 다른 그룹에서 빼서 더 적합한 다른 그룹으로 배치하는 것이 그들이 행한 작업을 신중하게 검토 함으로써 행해질 것이다. 나중에 개인들이 상위 의식을 계발시켜 가면서, 그룹 관리인이 선택되어야 한다--그들의 영적인 성취와 지적 역량분만 아니라, 내적 비전을 가지고 볼 수 있는 능력, 그래서 구성원과 그룹이 올바른 계획과 올바른 발전으로 갈 수 있도록 도울 수 있는 능력으로 선택되어야 한다.

구체적인 목적을 위한 그룹

그룹들이 나중에 구체적인 목적을 위하여 구성될 것이며, 이것이 어떤 계산된 목적을 위하여 말씀을 사용하는 것인 세 번째 요점으로 가게 된다.

그룹이 형성되어, 진정한 오컬트 명상에 성음을 사용해서 어떤 결과를 성취할 때 그들이 계획하는 어떤 목표를 열거하겠다. 이것을 위하여 때가 아직 안되었기에 자세한 설명이 필요하지 않지만, 만약 바라는 대로 일이 진전되면, 심지어 그대가 사는 동안에 그것이 이루어지는 것을 어느 정도 볼 수도 있을 것이다.

1. 감정체의 계발, 종속 그리고 정화 목적으로 감정체에 영향을 주는 목적의 그룹.

2. 멘탈 계발, 균형의 강화, 상위 마인드의 접촉 목적을 위한 그룹.

3. 육체 치유를 위한 그룹.

4. 그 목적이 정렬을 일으키면서 상위와 하위 사이 통로를 깨끗하게 만드는 그룹.

5. 정신병과 강박 상태를 치료하기 위한 그룹.

6. 그 작업이 성음의 소리에 대한 반응을 연구하고, 결과로 나온 기하학 형태를 기록하며 도식화하고, 그룹에 있는 개인들에게 미치는 영향을 주목하여, 인력으로 그것이 끌어당기는 이질적인 실체들을 주목하는 그룹. 이 그룹은 투시를 할 수 있는 다소 진보된 그룹임에 틀림없다.

7. 데바들과 접촉하면서, 법칙 하에서 그들과 협력하면서 분명하게 작업하는 그룹. 일곱 번째 광선의 활동 동안, 이것이 훨씬 촉진될 것이다.

8. 광선의 법칙에 명확하게 그리고 과학적으로 작업하는, 그리고 색과 소리, 그것들 개별과 그룹 영향 그리고 상호 관계를 연구하는 그룹. 이 그룹은 필연적으로 선택된 그룹이고 영적으로 높은 성취를 한 사람과 입문에 가까이 가는 사람만이 참여하는 것이 허락될 것이다. 물질계에 있는 이 그룹은 열망자, 제자, 그리고 입문자들의 내면의 그룹이 필연적으로 현현한 것에 불과하다는 것을 잊지 마라.

9. 어느 한 분의 대스승 밑에서 분명히 일하면서, 그분이 세워놓은 어떤 절차를 따르는 그룹. 그러므로 이 그룹의 구성원은 그 대스승에 의해서 선발된다.

10. 위대한 세 부문 중 어느 한 부문 밑에서 구체적으로 일하고 있으며--전문적인 안내 하에--세계 사람들에게 정치적 종교적으로 영향을 주고자 하고 문명의 주 부문에서 지시된 것 같은 진화 과정을 촉진시키려는 그룹. 이 그룹 중에 어떤 사람은 교회에서 일할 것이고, 다른 사람은 메이슨에서 그리고 또 다른 사람은 거대한 조직의 입문자 수장과 일할 것이다. 이것을 고려할 때, 시간이 갈수록 전 세계가 점점 더 멘탈적으로 되어가고, 그래서 이런 유형의 작업의 범위가 계속 증가하게 된다는 것을 그대가 기억할 필요가 있다.

11. 다른 그룹은 미래 집단 거주지를 위한 준비작업으로 부를 수 있는 것에 전적으로 일할 것이다.

12. 문제 그룹이 명상, 색깔 그리고 소리의 영향을

연구하면서, 사회적, 경제적, 정치적, 종교적 문제를 다루기 위한 구성될 것이다.

13. 다른 그룹은 어린이 문화를 다룰 것이고, 사람들의 개인 수련을 다룰 것이며, 견습의 길에 있는 사람의 안내와 상위 기능의 계발을 다루게 될 것이다.

14. 나중에 위대한 주, 크리스트께서 대스승들과 함께 오실 때, 다른 그룹에서 뽑은 소수의 비의 그룹이 있게 될 것이다. 그 구성원은 (졸업과 카르마 권리를 통해서) 제자도와 첫 번째 입문을 받기 위하여 수련 받을 것이다. 분명한 오컬트 수련을 위하여 형성된 그런 그룹 혹은 센터가 일곱 개 있을 것이다. 그 진동 역량이 적합한 사람만이 그곳을 찾을 것이다.

오늘 검토한 것으로 충분히 주었기에, 네 번째 요점은 내일 검토할 것이다.

1920년 6월 23일.

오늘날 조건이 바람직하지 않다고 생각하는데 그것이 맞다. 전체 세계가 어떤 위기를 향해서 빠르게 가고 있다-- 지켜보는 사람이 보기에 파괴적인 것처럼 보이지만 그것은 재건의 어떤 위기이다. 모든 면에서, 오래된 형태의 파괴가 진행되고 있고, 그 작업이 아직 충분하게 성취되지 않았다. 그래도 새로운 건물을 짓기 위한 발판을 세우기에는 충분히 이루어졌다. 다음 의무에 대한 고요과 꾸준한 견지 속에서 해야만 하는 그것에 대한 단순화가 오게 될 것이다.

오늘은 말씀이 다양한 센터에 미치는 영향, 각각의 체에 미치는 영향 그리고 체를 코잘체와 정렬시킬 때 그것의 유용성을 다룰 것이다. 이것이 네 번째 요점이다. 첫째 둘째 요점이 긴밀하게 연결되어 있다. 왜냐하면 성음은 (올바르게 발음할 때) 센터들의 매개체를 통하여, 그리고 아스트랄과 멘탈 대응 센터를 통하여 다양한 체에 영향을 주기 때문이다. 바람직하지 않은 물질의 제거와 새로운 물질로 만드는 것 같은 어떤 영향, 성음의 보호 효과와 안정화 작업 그리고 정화를 우리가 어느 정도 다루었다. 이제 우리 관심을 대체적으로 성음을 소리 낼 때 센터에 미치는 결과에 집중할 것이다.

일곱 센터와 성음

우리가 늘 하듯이, 다음 제목으로 우리의 생각을 나눠보자. 도식은 그 가치를 가지고 있다; 그것은 지식을 체계화시켜 줘서, 멘탈체를 질서 정연하게 배열시켜준다; 그것은 눈의 도움으로 기억을 촉진시켜 준다.

1. 센터의 열거 및 논의.
2. 센터의 성장과 계발.
3. 명상이 센터에 미치는 영향.
4. 정렬 작업에서 그것의 상호관계.

먼저 내가 제공해야 하는 정보의 자연스러운 순서이며 당연한 귀결인 것처럼 보이는 어떤 정보가 보류되어야 한다고 말하겠다. 센터를 부적절하게 계발하면서 수반되는 위험이 우리가 모험을 감내하기에는 너무 커서 충분하게 자세한 가르침을 줄 수가 없다. 우리는 우주의 사랑을 제공하는 자, 자비의 대스승들을 계발시키고자 한다. 우리는 흑마법의 대스승들이자 비입문자를 희생시키면서 무자비한 자기 표현의 전문가를 계발시키지 않으려고 한다. 어떤 사실이 있어 왔고 제공될 수 있다. 그것은 직관의 계발로 이끌어줄 것이고, 빛의 탐구자에게 영감을 불어넣어서 더 진실한 노력을 하게 만들 것이다. 다른 것은 보류되어야 한다. 왜냐하면 그것은 부도덕한 사람들 손에 들어가면 엄청 큰 위험을 가진 무기가 될 것이기 때문이다. 만약 내가 흥미를 일으키기에 충분한 만큼만 제공하는 것처럼 보인다면, 그것이 나의 목표라는 것을 알아라. 그대의 흥미와 모든 열망자의 흥미가 충분히 깨어날 때, 그때 어느것도 제공하는 것을 보류시킬 수 없다.

센터의 열거

알고 있듯이, 육체 센터가 이렇다:
1. 척추기저
2. 태양신경총
3. 비장
4. 심장
5. 목

6. 송과선
7. 뇌하수체

이 열거가 올바르다. 하지만 태양계에 관한 사실들, 앞에서 제시된 사실을 바탕으로, 또 다른 구분을 제시하고자 한다. 이 일곱 센터가 비장 센터를 빼고 두 개 머리 센터를 하나로 계산하면 다섯 가지 센터로 열거될 수 있다. 이렇게 구분된 다섯 센터는 현재 태양계인 두 번째 태양계에서 오중 진화에 적용될 수 있다.

첫째 태양계에서 세 가지 하위 센터가 계발되었고 그것은 오컬티스트와는 아무 관련이 없다. 그것은 개체화 이전 하위 사중체의 계발의 토대를 구성하지만, 이제는 넘어서서 신성한 불이 다른 상위 센터에 집중되어야 한다.

비장

세 번째 센터인 비장은 구체적인 목적을 가지고 있다. 그것은 그 상응을 세 번째 측면 혹은 활동 측면에, 그리고 세 번째 광선 혹은 활동(적응성) 광선에 가지고 있으며, 소우주의 모든 근본 활동의 토대이자, 소우주가 환경, 필요 그리고 대우주에 되풀이하여 적응하는 토대가 된다. 그것은 소우주의 선택 과정을 통제한다; 그것은 대우주 진동하는 힘과 에너지를 취해서 소우주가 사용할 수 있도록 그것을 변형시킨다. 우리는 그것을 변형 기관으로 부를 수 있고—— 그 기능이 점점 더 완전하게 이해되면서——그것은 의식하고 사고하는 삼중 인간과 그의 하위 매개체 사이에 자성적 연결고리를 제공하며, 그 하위 매개체들을 비자아로 그리고 활기를 불어넣는 실체에 의해서 생명이 불어넣어진 것으로 간주한다는 것이 보일 것이다. 그 실체들을 접촉하는 생명력이 이슈이자 목표이다.

그것의 감정 대응체로, 그것은 어떤 연결고리를 제공한다는 의미에서 감정 활력 기관이다; 멘탈계에서 그것은 어느 정도 같은 목적을 한다. 하지만 이번에는 이 센터를 통해서 상념태가 에너지를 불어넣는 의지로 활성화된다. 그러므로 이런 일반적인 암시 이상으로 이 센터를 충분하게 다루지 않을 것이다. 말씀을 사용해서 그것을 자극하는 기능을 가진 사람이 거의 없고, 그들이 그렇게 하는 것이 바람직하지도 않다. 만약 열망자 자신이 전체로서 바라는 대로 진보한다면 그것은 정상적으로 계발될 것이다: 그의 육체가 태양의 생명력의 적절한 적용을 받고, 그의 감정체가 고귀한 욕망으로 움직여서, 코잘계와 직관계에서 아래로 흐르는 힘에 열려 있으며, 그의 멘탈 삶이 강렬하고 진동하며 강력한 의지로 활기가 불어넣어진다면. 그러면 그것의 내적인 대응체와 함께 비장이 계발될 것이고 건강한 상태에 있게 있을 것이다.

그러므로 우리는 그것을 그만 다룰 것이고 이 편지에서 더 많은 공간을 할애하지 않을 것이다.

근본 센터

감정체에 극화된 채 정상적인 삶을 살아가는, 보통 학생 관점에서 가장 중요한 세 가지 근본 센터는 다음과 같다:
1. 척추기저.
2. 태양신경총.
3. 심장.

견습의 길에 다가서는 사람과 삼계의 이끌림을 조사하고 이타주의 삶을 목표로 하는 사람에게 세 가지 주요 센터는 다음과 같다:
1. 척추기저.
2. 심장.
3. 목.

태양신경총이 감정 집중 센터로서 그 목적을 다 하면서, 정상적인 기능을 하게 놓아둔다. 불의 활동이 목에 점점 더 집중된다.

두 가지 구분 속에서 도의 길 자체에 있는 사람에게 세 가지 주요 센터는 다음과 같다:
1. 심장.
2. 목.
3. 머리.

신성한 활동이 태양신경총 센터를 계발시켰고, 태양신경총 아래 있는 모든 센터를 통제하고 있으며, 머리 센터에 집중되어 활성화시킬 때까지 질서정연한 진행 속에서 위로 올라가고 있다.

앞에서 우리는 인간의 삶을 다섯 가지 주된 기간으로 구분하였으며, 각 기간 동안에 그의 발전을 추적하였다. (넓게 일반화하는 것을 주의하면서) 그것을 다섯 센터에 적용할 수 있다.

1) 기간 I - 척추 기저가 4차원 의미가 아닌 순전히 회전하는 의미에서 가장 활발하다. 내면의 불이 생식 기관 활성화와 개성의 기능적인 물질계 삶에 집중되어 있다.

2) 기간 II - 태양신경총이 불의 관심의 목표이고 감정 대응체가 동시에 진동한다. 정도는 느리지만 두 센터가 이렇게 진동한다; 다른 센터가 살아 있다; 고동이 보일 수 있지만, 순환하는 움직임이 없다.

3) 기간 III - 이제 신성한 불이 심장 센터로 올라가서 세 센터가 질서정연하게 일치하여 회전한다. 어느 한 센터가 활성화되면 모든 센터 속에 있는 힘의 상승이 일어난다는 것을 지적하고, 머리 속 일곱 센터가 (세 개 주 센터와 네 개 부 센터) 있으며 이 센터들이 체 속에 있는 어느 한 센터와 직접적으로 대응된다는 것을 지적하고자 한다. 그것은 통합이고, 그것에 대응하는 센터의 자극에 따라서 그것이 상응하는 회전력을 얻게 된다.

4) 기간 IV - 이것은 목 센터에 대한 분명한 자극을

나타낸다. 삼중 인간--육체, 감정, 멘탈--의 모든 창조 활동이 봉사로 향하고, 그의 삶이 오컬트적으로 *소리내기* 시작한다. *그는 오컬트적으로 생산적으로 된다.* 그는 분명하게 현현하고 그의 소리가 그보다 앞서 간다. 이것은 내면의 비전을 가진 사람에게 명백한 오컬트 사실을 진술하는 것이다. 센터 사이의 조정이 분명하게 된다; 회전이 강렬해지고, 센터들 자체가 개화되면서 겉모습이 변하고, 회전 운동이 자체 위에서 돌면서 4차원으로 된다. 그러면 센터들이 발산하는 빛의 핵으로 되고, 상응하는 네 개 하위 머리 센터들이 똑같이 살아 있게 된다.

5) 기간 V - 불을 머리 센터에 적용하고 그것을 완전하게 일깨우는 것을 나타낸다.

입문 전에 모든 센터들이 4차원으로 회전할 것이고, 입문 후에는 그것들이 활활 타오르는 불의 수레바퀴로 되며-- 투시적으로 보면--희귀한 아름다움을 보여준다. 그러면 쿤달리니 불이 일깨워지고 필요한 나선형으로 진행될 것이다. 두 번째 입문에서 감정 센터들이 마찬가지로 일깨워질 것이고, 세 번째 입문에서 멘탈계에 있는 센터들이 접촉된다. 그러면 입문자는 한 분의 입문자, 위대한 왕의 실재 속에 설 수 있게 된다.

여기서 일반적인 것만 주어진다는 것을 학생은 언제나 명심해야 한다고 지적하고자 한다. 소우주를 계발시킬 때 복잡함은 대우주만큼이나 엄청나다. 센터를 일깨우고 그 특정 순서는 다음과 같은 여러 가지 요인에 달려 있다:

가. 영 혹은 모나드 광선.

나. 자아, 상위자아 혹은 아들의 광선 혹은 하위광선.

다. 인종과 민족성.

라. 해야 될 특별한 유형의 작업.

마. 학생의 적용.

그러므로 전문 지식과 투시 능력을 가진 숙련된 스승들이 물질계에서 그 작업을 맡을 때까지, 센터 계발을 위한 규칙을 규정하고 불을 순환시킬 수 있는 방법을 세우는 것이 쓸모 없다는 것을 스스로 볼 수 있을 것이다. 열망자들이 그들 생각을 어느 한 센터에 집중하는 것은 바람직하지 않다. 그들은 과도한 자극 혹은 마모 위험을 감수하게 된다. 불을 어느 특정한 지점으로 향하게 하는 노력을 바라지 않는다; 무지에서 하는 조작 속에서 마인드 이상이 오고 질병에 걸리게 된다. 만약 열망자가 단지 영적 계발을 추구한다면, 만약 그가 목적의 신실함과 동감하는 이타주의를 목표로 한다면, 만약 그가 차분한 적용으로 감정체의 종속과 멘탈체의 확장에 집중하고, 추상적인 사고 습관을 배양시킨다면, 센터에서 바라는 결과가 필요로 만들어질 것이고, 위험이 제거될 것이다.

이 삼각형이 척추 기저에서 발산하여 나오는 삼중 불의 길이 될 때, 상호 교차가 완전하고 불이 한 센터에서 다른 센터로 길을 따라서 올바른 방식으로 진행될 때 그리고 이것이 그의 주광선에서 필요로 하는 순서로 성취될 때, 그때 작업이 완성된다. 오중 인간이 현재 거대한 주기 속에서 완성을 성취하였고 목표에 도달하였다.

(이 순서를 머리 센터 속에서 마찬가지로 성취해야 한다는 것을 주목하라.)

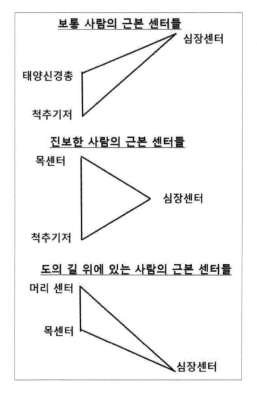

내일 센터에 대한 연구를 더 구체적으로 계속할 것이고 이런 수레바퀴가 일깨워져서 삶에 미치는 영향을 지적하면서 어느 정도 그것을 설명할 것이다.

센터의 성장과 계발

1920년 6월 25일

이제 다시 센터를 열거할 것이다. 이번에는 그것의 심령적 대응을 고려하고 색과 잎의 수에 주목할 것이다.

1. *척추 기저.* 4개 잎. 이 잎은 십자가 형상이며 오렌지 불로 발산한다.
2. *태양신경총.* 10개 잎. 색은 녹색이 혼합된 장미색이다.
3. *심장 센터.* 12개 잎. 색은 빛나는 황금색.
4. *목 센터.* 16개 잎. 색은 파란색이 지배적인 은빛 파란색.
5. *머리 센터.* 이것은 두 개로 나누어진다:

　가. 미간 사이. 96개 잎. 색의 반은 장미색과 노란색이고, 나머지 반은 파란색과 자주색이다.

　나. 정수리. 흰색과 황금색 12개 주요 잎이 있고, 960개 이차적인 잎이 중심 12개 잎 주위로 배열되어 있다. 이것이 두 가지 머리 센터 속에서 1068개 잎 혹은 삼중의 356개 잎을 나타낸다. 이 모든 숫자는 오컬트 의미를 가지고 있다.

이 설명은 "내면의 삶"에서 발췌된 것이다. 이것은 에텔 센터에 적용되고, 감정 활기가 작용하는 감정계에 있는 상응하는 소용돌이의 현현이 물질계로 이루어진 것이다. 또한 그것은 멘탈계 대응을 가지고 있고, 전에 언급했듯이, 그것 전체가 일깨워질 때, 그것이 성장하여 계발될 때, 마지막 활성화가 오고, 그 결과로 해방이 오게 된다.

센터, 코잘체 그리고 명상 사이의 연결고리가 다음 힌트에 있다: 이 센터들의 빠른 회전과 상호작용 그리고 명상을 통한 (질서정연한 오컬트 명상) 그것들의 증가된 힘을 통하여 코잘체 파괴가 이루어진다. 내면의 불이 각 센터를 통하여 순환할 때, 쿤달리니가 정확하게 그리고 기하학적으로 한 소용돌이에서 다른 소용돌이로 나선형으로 옮겨갈 때, 그 강렬함이 세 방향에서 상호작용한다.

가. 그것은 상위자아의 의식 혹은 빛을 하위 세 개 매개체 속으로 집중시켜서, 그것을 아래로 끌어당기면서 더 충분하게 표현하도록 만들고 삼계 속에 있는 모든 세 가지 계에서 그 접촉을 넓혀가도록 만든다.

나. 그것은 자아가 하위 세 개 매개체를 위하여 하는 것을 코잘체를 위하여 하면서, 삼중 영으로부터 점점 더 많은 영의 불을 끌어내린다.

다. 그것은 상위와 하위의 통일을 강요하고, 영적 생명 자체를 끌어당긴다. 이것이 되었을 때, 연속된 각각의 생에서 센터들 속에서 활기의 증가를 볼 때, 그리고 쿤달리니가 칠중 역량으로 각 센터를 접촉할 때, 그때 심지어 코잘체도 위로부터 내려오는 생명의 쇄도에 부적합하다는 것이 증명된다. 그것을 이렇게 표현할 수 있다면, 두 개 불이 만나서 결국에는 자아 체가 사라진다; 불이 솔로몬 사원을 완전히 태워버린다; 영구원자들이 파괴되고, 모든 것이 삼개조 속으로 재흡수 된다. 개성의 본질, 계발된 기능, 획득한 지식 그리고 일어난 모든 것에 대한 기억이 영의 도구의 일부분으로 되고 결국에는 그 자신의 계에 있는 영 혹은 모나드로 가게 된다.

이제 더 많은 정보를 제공하는 것이 가능하지 않은 것을 나열하겠다; 관련된 위험이 엄청 크다.
1. 신성한 불을 일깨우는 방법.
2. 그것의 진행 순서.
3. 그것이 올라갈 때 만드는 기하학 형태.
4. 영의 광선에 따른 센터 계발 순서. 복잡함이 엄청나다.

그러므로 그 주제를 더 오랫동안 공부하면 할수록, 진실로 점점 더 심오해진다는 것을 관찰할 수 있을 것이다. 그것은 광선의 발전, 진화 사다리 상에서 그의 위치, 그의 삶의 유형 때문에 기인하는 서로 다른 센터들의 고르지 못한 각성으로 복잡하게 된다; 그것은 센터들 자체의 삼중 성질--에텔, 감정 그리고 멘탈—로 더억 복잡하게 되며, 어떤 사람은 어느 하나의 감정 센터가 완전하게 각성되어 에텔적으로 나타나는 반면에, 멘탈 대응 부분은 조용하고, 다른 사람은 멘탈 센터가 깨어나 있고 감정 센터가 그렇게 활성화되지 않아서 에텔적으로 조용하다는 사실로 더욱 복잡하게 된다. 그러므로 과학적인 지식과 방법을 통하여 잠재하는 센터 혹은 느리게 움직이는 센터를 자극하면서 그리고 그 흐름이 외부 소용돌이와 내부 센터 사이를 자유롭게 흘러갔다 오게 할 수 있도록 그것을 정렬시키면서, 제자들과 신중하게 일할 수 있는 의식적인 투시를 하는 스승의 필요성이 엄청 크다는 것이 분명해질 것이다.

나중에 스승이 제자가 내면의 불을 안전하게 일깨우고, 그것의 과학적인 배양과 전달을 훈련시킬 수 있으며, 그것이 머리 센터에 도달할 때까지 삼각형의 길을 따라서 그 불의 나선형 상승에 필요한 순서를 지도할 수 있을 것이다. 그래서 쿤달리니가 이 기하학 선을 따라서 가로지를 때 그가 완성되고, 개성이 그 목적을 다하며, 목표에 도달하게 된다. 그래서 모든 센터가 그 잎의 수로 4의 배수를 가지고 있다는 사실이다. 왜냐하면 4가 하위자아, 사중체의 숫자이기 때문이다. 나름대로의 목적을 가진 비장과 세 개 하위 창조 기관을 제거한다면, 센터 속에 있는 전체 잎의 숫자는 1천, 1백, 1십으로, 즉 1110로, 전체 숫자가 소우주의 완성을 나타낸다--10은 완성된 개성의 숫자, 100은 코잘 완성의 숫자, 그리고 1000은 영적 성취의 숫자이다. 모든 잎이 모든 차원에서 진동할 때, 그때 이번 만반타라에서 목표에 도달한 것이다. 하위 연꽃이 활짝 피었고, 거대한 것을 정확하게 반영한다.

오컬트 명상이 센터에 미치는 영향

1920년 6월 26일

오늘은 규칙에 따라서 소리 낸 성음을 항상 명상에서 사용한다고 가정하면서, 오컬트 명상이 센터에 미치는 영향과 그 결과로 일어나는 활성화를 공부할 것이다.

우리는 또한 스승의 지도에 따른 명상에 대하여 말할

것이다. 그러므로 그는 명상을 올바르게 혹은 거의 그렇게 할 것이다; 이렇게 오늘 검토할 것이 센터와의 관계에서 시간 요인이다. 왜냐하면 그 작업이 느리고 필연적으로 점진적이기 때문이다. 여기서 진정으로 모든 오컬트 작업에서 기대되는 결과는 매우 느리게 성취된다는 것을 언제나 기억할 필요가 있다는 것을 강조하고자 한다. 어떤 사람이 어느 한 화신에서 놀라운 진보를 이루는 것처럼 보인다면, 그것은 그가 이미 이전에 성취한 것을 나타내 보이는 것에 (이전 화신에서 성취한 내재하는 기능을 나타내 보이는 것) 불과하며 그리고 그가 느리고 신중하며 고통스러운 새로운 기간의 노력을 준비하고 있다는 사실 때문이다. 그는 현재생에서 과거에 극복한 과정을 요약하고, 이렇게 새로운 노력의 토대를 놓는다. 진화하는 만물의 일관된 방법인 이런 느리고 고된 노력이 결국에는 시간의 환영에 불과하며 의식이 현재 대부분 코잘 도구가 아닌 하위 매개체에 편향되어 있다는 사실 때문이다. 의식 상태가 겉으로 보기에 서서히 서로 따라오고, 그것이 느리게 진행하는 속에 자아가 이런 단계의 과실을 흡수할 수 있는 기회가 있는 것이다. 안정된 진동을 구축하는 데 긴 시간이 걸리고, 그것을 부수고, 또 다른 한층 더 높은 리듬을 부과하는 데에도 마찬가지로 긴 시간이 걸린다. 성장은 파괴하기 위하여 세우는, 나중에 해체하기 위하여 건설하는, 그리고 후에 그것을 와해시키고 오래된 리듬을 새로운 리듬으로 대체하기 위하여 어떤 리듬 있는 과정을 계발시키는, 하나의 장구한 기간이다. 자아가 어떤 변화를 일으키려고 할 때 개성이 수 천 생을 보내면서 구축하는 것이--하위 의식 속에서 작업하는--가볍게 바뀌지 않는다.

감정에서 멘탈로, 거기서 코잘로 그리고 나중에 삼중영으로 극성을 이동시키는 것은 필연적으로 엄청 큰 어려움의 시기, 내적으로 그리고 환경과의 격렬한 갈등의 시기, 강렬하고 겉으로 보기에 어둠과 분열의 시기를 수반한다--이 모든 것이 열망자 혹은 제자의 삶을 특징짓는다. 무엇이 이것을 일으키고 왜 그런가? 다음 이유를 보면, 도의 길을 걷는 것이 왜 그렇게 힘들고 (더 높은 계단에 가까워짐에 따라서) 사다리를 오르는 과정이 점점 더 복잡해지며 어려워진다는 것이 분명해진다.

가. 개별 체가 별개로 다뤄서 수련시켜야 하며 이렇게 정화되어야 한다.

나. 개별 체가 조정되고 정렬되어야 한다.

다. 개별 체가 다시 극화되어야 한다.

라. 개별 체가 실제적으로 재건되어야 한다.

마. 네 번째 계 (왜냐하면 네 번째 계에서 열망자 삶이 시작하기 때문이다) 위의 하위계 각각이 지배되어야 한다.

바. 개별 센터가 점진적으로, 신중하게 그리고 과학적으로 일깨워져야 하고, 그것의 회전을 강렬하게 만들어져서, 그 발산이 전기화되고 (그 용어를 빌려와서 센터에 적용할 수 있다면) 그 힘이 상위 차원을 통해서 나타나야만 한다.

사. 각각의 에텔 센터가 감정체와 멘탈체에 상응하는 센터와 충분한 정렬 속에서 자성적으로 연결되어서 힘의 흐름이 방해 받지 않아야 한다.

아. 그러면 각 센터가 발산, 속도 그리고 색깔이 자아 음에

맞춰질 때까지 신성한 불로 새롭게 일깨워져야 한다. 이것이 입문 작업의 일부분이다.

매번 변화가 점진적으로 이루어질 때마다, 대우주 속에서 모든 주기적인 성장을 지배하는 똑같은 법칙에 반응한다:

1. 먼저 오래된 리듬과 새로운 리듬의 충돌이 온다.
2. 새로운 리듬이 오래된 리듬을 점진적으로 지배하고 새로운 진동을 안정화시키는 시기가 따라온다.
3. 마지막으로 넘어가서 과정을 다시 반복하는 것이 온다.

성음을 사용하고 명상 작업으로 센터와 체에 영향을 주는 것이 바로 이 작업이다. 이 말씀이 물질의 조정을 돕고, 불에 의한 활성화를 도우며, 열망자가 법칙과 일치하여 일할 수 있도록 해준다. 센터의 이런 개화가 점진적인 과정으로, 체에 행해진 작업, 매개체의 세련화 그리고 코잘 의식의 더딘 계발과 병행되는 것이다.

맺는 말

명상에서 성음의 사용에 대한 부분을 마치면서, 어떤 힌트 이상이 가능하지 않지만 어떤 것을 나타내고자 하였다. 이 문제는 그대가 이해하기에 어렵고 그것을 충분히 이해한다. 그 어려움은 안전하게 말할 수 있는 것이 거의 없고, 그 말씀의 진정한 사용이 입문의 비밀들 중에 하나여서 알려줄 수 없으며, 약간이라도 알려줄 수 있는 것이 실험하려는 현명한 시도와 분리해서는 학생에게 가치가 적다는 사실에 있다. 그 실험은 *아는* 분의 안내 하에 수행되어야만 한다. 여전히 현명하게 숙고하면 깨달음으로 안내할 수 있는 어떤 것을 나타낼 것이다.

심장 센터에서 명상할 때, 그것이 *닫혀 있는* 황금 연꽃으로 그려라. 성음을 소리 낼 때, 그것이 서서히 확장하는 연꽃으로 그리고, 내면 센터 혹은 소용돌이가 황금색보다 더 파란색의 전기 빛을 발산하는 소용돌이로 보일 때까지 그려라. 거기서 에텔 물질, 감정 물질 그리고 멘탈 물질로 대스승의 그림을 만들어라. 이것은 의식을 점점 더 내부로 거둬들이는 것을 수반한다. 그림이 온전하게 만들어질 때, 가볍게 말씀을 다시 소리 내고, 의지의 노력으로 한층 더 내면으로 철수해서 코잘 의식 센터인 12개 잎의 머리 센터와 연결시켜라. 이 모든 것을 완전한 평화와 고요의 태도를 유지하면서 매우 천천히 그리고 점진적으로 하라. 12개 잎 센터와 오컬트 명상 사이에 직접적인 관계가 있고, 쿤달리니 불의 작용이 나중에 그 의미를 드러낼 것이다. 이런 시각화는 통합, 코잘 계발과 확장으로 안내하고, 결국에는 그를 대스승의 실재로 안내한다.

태양신경총이 감정의 자리이고 명상에서 집중해서는 안 된다. 그것은 육체 치유의 토대이며 나중에 더 완전하게 이해될 것이다. 그것은 활동--나중에 직관적으로 되어야 하는 활동--의 센터이다. 목 센터는 앞에서 다루었듯이 극성이 물질 원자에서 멘탈 영구원자로 이동될 때 발산하면서 작용한다. 멘탈 영구원자가 순수 이성 혹은 추상적 사고 센터가 된다. 그러면 의식 계발에서 아주 많은 사람을 지배하는 감정의 힘이 초월되고 더 높은 지성의 힘으로 대체되는 때가 온다. 그것은 종종 그가 순전히 이성에 의해서만 흔들리고 그의 감정이 그를 통제하지 못하는 시기를 나타낸다. 이것이 물질계 개성의 삶 속에서 지성적인 단단함으로 나타날 수 있다. 나중에 감정 영구원자가 직관으로 대체되고, 사랑을 통한 순수한 직관과 완전한 이해가 이성의 기능을 부가한 동력이 된다. 그러면 태양신경총은 활동의 초록색이 지배적으로 되는 특징을 이룬다. 왜냐하면 감정체가 활동적으로 상위 대리인으로 되었고, 인간 욕망의 장미색을 거의 불러일으키지 못하기 때문이다.

소용돌이를 통해서 힘을 돌릴 때 (도는 것이 연꽃 잎을 구성한다) 어느 잎이 두드러지게 나타나는 것이 관찰될 것이고, 하위 십자가의 통합인 두 개 머리 센터를 제외하고, 각 센터는 한 가지 특별한 유형의 십자가를 나타낸다. 세 번째 로고스의 네 팔을 가진 십자가가 척추기저에서 보이고 네 번째 인간 하이어라키 십자가가 심장 속에서 보인다.

보통 학생이 성음을 소리 낼 때, 그것은 모든 내면 센터를 통하여 힘을 에텔계로 실어 나르고, 각 센터 속에 있는 잎을 분명히 자극시킨다. 만약 연꽃이 부분적으로만 개화되었다면, 그러면 어떤 잎만 그 자극을 받는다. 이 자극이 (특히 그가 명상하는 센터, 머리 혹은 심장 센터 속에서) 어떤 진동을 만들고 척추 속과 척추기저 아래까지 반사 작용을 일으킨다. 이것이 그 자체로 불을 일깨우기에 충분하지 않다; 그것은 마땅한 형태로, 올바른 높이로 그리고 어떤 규칙 하에서만 될 수 있다.

말씀을 올바른 톤으로 소리낸 채, 오컬트 법칙 하에서 심장 속에서 명상할 때, 그 힘이 감정 센터를 지나서 직관계에서 온다. 머리 속에서 할 때, 그 힘은 추상계 마나스계로부터 그리고 나중에 아트마계로부터 멘탈 센터를 통하여 온다. 전자는 영적 직관을 주고, 후자는 코잘 의식을 준다.

진보한 사람은 머리와 심장 두 개 주요 센터를 연결하여 하나의 통합 도구로 만들고, 목 센터가 똑같은 정도로 진동하는 사람이다. 그러면 의지와 사랑이 조화로운 봉사 속에서 섞이고, 하위 육체 활동이 이상주의와 이타주의로 변형된다. 이 단계에 도달하게 될 때, 그는 내면의 불을 일깨울 준비가 된 것이다. 그의 체들이 압력과 세찬 흐름을 견뎌내기에 충분하게 세련되었다; 그것은 계발시키기에 위험한 것이 아무것도 없다; 센터들이 새로운 자극을 받을 수 있을 만큼 충분하게 높여졌다. 이렇게 되었을 때, 미래 인류 봉사자가 정화된 욕망, 신성화된 지성 그리고 그의 주인이 아닌 그의 하인이 된 육체를 가지고 그의 주(Lord) 앞에 설 입문의 시간이 온 것이다.

오늘은 이 편지를 마칠 것이다. 내일은 명상하는 사람이 직면하는 위험을 다룰 것이다. 그가 경계해야만 하는 것과 명상에서 신중하게 움직여야 한다는 것을 지적할 것이다.

편지 5 - 명상에서 피해야 하는 위험

1920 년 7 월 22 일

1. 개성 속에 내재하는 위험.
2. 카르마로부터 일어나는 위험.
3. 섬세한 힘에서 일어나는 위험.

정보 제공을 보류하는 것

우리는 이제 지식의 토대가 놓인 지점에 도달하였다--필요한 규칙을 따르고, 규정된 필요조건에 순응하며, 이해된 멘탈 개념을 일상 생활에서 실천적인 경험으로 만들려는 욕망을 현명한 학생에게 불어넣는 지식의 토대를 세웠다. 이 욕망은 현명하고 옳은 것이며, 지금까지 제공된 모든 것의 목적이다. 그러나 이 시점에서 어떤 위험한 가능성을 지적하고, 발전을 방해하는 길로 학생을 이끌 수 있는 그리고 결국에는 상쇄되어야 할 진동을 만들 수 있는 어떤 열의를 학생이 경계하도록, 경고를 하는 것이 현명할 수 있다. 이것은 지체와 방지될 수 있는 (시간 속에서 깨닫는다면) 작업의 반복을 수반한다.

어떤 진술과 가르침이 세 가지 이유 때문에 학생들에게 주어질 수가 없다:

1. 어떤 가르침은 직관에 호소하고 하위 마인드의 논리적인 추론과 숙고를 위한 것이 아니기 때문에 항상 구전으로 제공된다; 그것은 또한 준비되지 않은 사람에게 제공될 경우 위험 요소를 가지고 있다.

2. 어떤 가르침은 도의 길의 비밀에 속한 것이고, 학생이 속해 있는 그룹에 주로 적용 가능할 수 있다; 그 가르침은 육체 밖에 있을 때 공동 가르침으로 제공될 수만 있다. 그것은 그룹 코잘체와 어떤 광선 비밀에 속한 것이고, 바라는 결과를 일으키기 위하여 상위 데바들의 도움을 불러일으키는 것에 관한 것이다. 거기에 포함된 위험이 너무 커서 그것이 비의 가르침 출판에서 전달되도록 허락할 수가 없다. 말한 말과 쓰여진 단어의 오컬트 영향이 다양하고 흥미롭다. 그대들 사이에 현명한 스승이 육체를 가진 개인으로 있을 때까지, 그분이 학생을 그분 주위로 모아서 그분 오라의 보호와 자극하는 진동을 주는 것이 가능할 때까지, 그리고 세계 조건이 현재의 긴장과 불안정에서 완화되는 어떤 기간이 가능할 때까지, 구체적인 성격의 만트람과 기원문 그리고 형태를 제공하는 것이 가능하지 않다; 어떤 제자들이 (아마도 자신에게는 무의식적으로) 엄청 증가된 진동율을 낳는 분명한 과정을 따르는 소수의 개인을 제외하고, 필요한 진화 비율에 앞서서 센터를 일깨우는 것이 가능하지 않을 것이다. 이것은 매 세기 소수에게 행해지고 있으며, H.P.B.를 통하여 집중하는 어느 대스승의 시야 아래에 직접 있다.

3. 메이슨과 교회 의식 같은 그룹 속에서 어떤 시작이 이루어지고 있지만, 명상에서 데바를 불러내는 정보는

개인에게 안전하게 아직 제공될 수 없다. 하위 데바를 인간의 통제 하에 두게 만드는 공식이 아직은 제공되지 않을 것이다. 그런 힘을 인류에게 맡길 수 있을 만큼 아직 인류를 신뢰할 수 없다. 왜냐하면 대부분이 이기적인 욕망으로 활기받고 있어서 그것을 그들 자신의 목적을 위하여 오용할 것이기 때문이다. 인류의 현명한 대스승들은--이전에도 말했듯이--너무 적은 지식의 위험이 너무 많은 지식의 위험보다 훨씬 적고, 인류가 카르마 결과를 일으키지 않는 지식의 부족보다 미계발된 초기 오컬티스트들이 얻은 힘의 오용으로 더 심각하게 방해 받을 수 있다고 여긴다. 명상에서 얻은 힘, 명상을 통하여 체들의 조정으로 성취한 역량, 명상에서 분명한 공식으로 각 매개체 속에서 계발시킨 능력, 오컬티스트의 기능들 중에 하나인 물질의 조작 (계의 조건에 완전하게 반응하는 잘 조정된 매개체들의 결과) 그리고 코잘 의식의 성취--그 자신 속에 모든 하위 매개체를 포함할 수 있는 능력을 가진 어떤 의식--가 너무 심각한 성격이기에 가볍게 다뤄질 수 없고, 이런 선을 따라서 인간을 수련시키는 데 스승의 신뢰를 받을 수 있는 사람만 격려 받는다. 어떤 의미로 신뢰한다는 것인가? 자신이 아닌 그룹 관점으로 생각할 것으로 신뢰받고, 체들과 카르마에 대하여, 주위 동료에 대하여 얻은 지식을 이기적인 목적이 아닌 오직 그들에게 현명한 도움을 주기 위하여 사용할 것으로 신뢰받으며, 그리고 세 분의 위대한 주들이 계획한 진화 계획을 모든 계에서 계발시키고 진화를 진전시키기 위하여 오컬트 힘을 사용할 것으로 신뢰받는다는 것이다.

설명해보겠다:

명상을 규칙적으로 올바른 지도 하에 추구할 때 성취하는 것들 중에 하나는 하위자아 의식을 상위자아 속으로 이동시키는 것이다. 이것은 코잘 수준에서 볼 수 있는 역량, 다른 생명들 속에서 사실을 직관적으로 인식할 수 있는 역량, 사건과 일어날 일을 예견하고 어떤 개성의 상대적 가치를 알 수 있는 역량을 가져다준다. 학생이 침묵하고, 이타적이며 안정화될 수 있을 때만 이것이 허락될 수 있다. 누가 이 모든 필요조건에 부응하겠는가?

여러분에게 명상에서 성취한 힘을 너무 빨리 계발시키는 데 따르는 위험에 대한 일반적인 생각을 제시하려고 한다. 학생이 더 거대한 지식으로 넘어가기 전에 육체의 순수함, 감정의 안정성 그리고 멘탈 균형에 대한 강력한 강조의 소리--낙담의 소리가 아닌--를 내고자 한다. 직관으로 가는 통로가 열리고 동물 성질에 닫힐 때만, 그는 현명하게 그의 작업을 진행할 수 있다. 숨쉬는 만물과 함께 고통받을 수 있는 역량, 접촉하는 만물을 사랑할 수 있고 그리고 가장 호감이 안가는 신의 피조물을 이해하고 공감할 수 있는 심장의 역량을 확장시킬 때만, 그 작업이 바라는 대로 진전된다. 계발이 골고루 이루어질 때만, 지성이 가슴보다 너무 멀리 앞서 가지 않을 때만, 그리고 멘탈 진동이 영의 상위 진동을 차단하지 않을 때만, 잘못 사용되면 자신뿐만 아니라 그의 환경에 재앙을 낳을 수 있는 그런 힘을 학생이 얻도록 신뢰할 수 있다. 세계를 돕기 위하여 그가 목적으로 삼는 그것을 제외하고 어떤 생각도 만들지 않을 때만, 그가 사고 물질을 현명하게 조종할 수 있을 것으로 신뢰할 수 있다. 그가 대스승의 계획을 찾아서 그 계획을 현현 속에서 사실로 만들기 위하여 분명하게 돕는 것을 제외하고 어떤 욕망도 가지고 있지 않을 때만, 낮은 등급의 데바를 그의 통제 하에 가져오게 만드는 그 공식을 그에게 안심하고 맡길 수 있다. 그 위험이 너무 크고 부주의한 학생을 공격하는 위험이 너무 많아서 더 깊게 나아가기 전에 신중할 것을 촉구하는 것이다.

이제 명상 속에서 나아가는 사람이 경계해야만 하는 어떤 위험을 구체적으로 나열해보자. 어떤 것은 한 가지 원인 때문에 기인하고 다른 것은 다른 원인으로 기인하며, 정확하게 구체화시킬 것이다.

1. 제자 개성 속에 내재하는 위험. 예상하듯이, 그것을 세 가지 제목으로 그룹을 만들 수 있다: 육체적 위험, 감정적 위험 그리고 멘탈 위험.

2. 제자의 카르마와 그의 환경에서 일어나는 위험. 이것도 세 가지 구분으로 열거될 수 있다:
1) 그의 현재 생으로 나타나는 그의 "경계선," 즉 현재 생의 카르마.
2) 그의 국가적 유전과 본능. 예를 들면 그가 동양인 체를 가졌는지 아니면 서양인 체를 가지고 있는지.
3) 외적인 혹은 비의적인 그의 그룹 관계.

3. 그대가 무지하게 악이라고 부르는 섬세한 힘에서 일어나는 위험; 그런 위험은 어느 하나의 계에서 외부 실체가 제자를 공격하는 것이다. 이 실체는 단순히 육체가 없는 인간일 수도 있다; 그것은 인간이 아닌 다른 계의 거주자일 수도 있다; 나중에 학생이 관심을 받을 만큼 충분히 중요해질 때, 그 공격이 영적 성장에 장애가 되는 물질을 순전히 다루는 존재--어둠의 마법사, 어둠의 형제 그리고 파괴적인 다른 힘--로부터 올 수도 있다. 이런 출현은 시간의 관점과 우리 삼계 속에서 볼 때만 그렇고, 우리의 로고스 자신도 진화하고 있고 (그의 발전을 돕는 무한하게 위대한 분들의 관점에서 보면) 그의 일시적인 불완전성에 달려 있다는 사실에 따르는 것이다. (우리가 부르는) 자연의 불완전성은 로고스의 불완전성이고 결국에는 넘어서게 될 것이다.

이렇게 앞으로 제공될 재료의 개요를 그대를 위하여 제시하였다.

1920 년 6 월 24 일

명상 하는 학생을 공격하는 위험은 많은 요인에 달려 있으며, 어떤 위협 조건을 간략하게 나타내고, 어떤 재앙의 가능성을 경고하며, 과도한 긴장과 지나친 열의 그리고 균형 잡히지 않은 계발로 갈 수 있는 일점지향성에 도달할 수 있는 결과를 제자에게 경계할 것을 경고하는 것 이상 하는 것이 가능하지 않을 것이다. 일점지향성은 미덕이지만, 그것은 목적과 목표에 대한 일점지향성이어야 하며, 다른 모든 것을 배제하면서 단 한 가지 방법을 계발시키는 그런 일점지향성이 아니다.

명상의 위험이 대체적으로 우리 미덕의 위험이고, 그래서 거기에 많은 어려움이 있다. 그것은 하위 매개체, 특히 조밀한 육체의 역량보다 앞서 달려가는 섬세한 멘탈 개념의 위험이다. 열망, 집중 그리고 결의는 필요한 미덕이지만, 분별력 없이 그리고 진화 속에서 시간 감각 없이 사용된다면, 육체의 파괴로 이끌 것이고 그것은 어느 한 생에서 모든 진보를 미루게 만들 것이다. 나의 요점을 명확하게 하였는가? 오컬트 학생이 당면한 요구에 필요한 방법을 어림잡고 당연한 신중함으로 이끄는 행복한 균형감과 함께, 그의 기본 특질들 중에 하나에 대한 강력한 상식을 가져야 하는 절대적 필요성을 밝히고자 한다. 그러므로 오컬트 명상 과정을 진심으로 시작하는 사람에게 간략하게 말할 것이다:

가. 그대 자신을 알아라.

나. 서서히 신중하게 진행하라.

다. 영향을 연구하라.

라. 영원은 길고 서서히 세워진 것이 영원히 지속된다는 깨달음을 배양하라.

마. 규칙성을 목표로 하라.

바. 진정한 영적 효과는 봉사하는 비의적 삶 속에서 볼 수 있다는 것을 항상 깨달아라.

사. 마찬가지로 심령 현상은 명상을 성공적으로 따르고 있다는 것을 나타내는 것이 아니라는 것을 기억하라.

세상이 그 영향을 볼 것이고 학생보다 더 나은 심판자가 될 것이다. 무엇보다도 대스승께서 아실 것이다. 왜냐하면 코잘 수준에서 그 결과들이 자신이 어떤 진보를 인식하기 오래 전에 그분에게 명백할 것이기 때문이다.

이제 이점을 상세히 다뤄보자.

개성 속에 내재하는 위험

그러므로 먼저 자신의 개성의 삶과 가장 긴밀하게 연결되어 있는 그런 위험을 검토해보자. 그것은 세 가지 체, 그것의 개별 상태 그리고 상호 관계에 달려 있다. 이 주제가 너무 광대해서 어떤 조건 때문에 기인하는 어떤 결과를 나타내는 것 이상 하는 것이 가능하지 않을 것이다; 각자가 서로 다른 문제를 제시하고, 개별 체가 서로 다른 반응을 일으키며, 삼중 성질의 전체 각각이 정렬되어 있거나 정렬 부족으로 영향을 받는다. 먼저 각 체를 개별적으로 다루고 나서 삼중 전체 속에서 다뤄보자. 이런 식으로 어떤 구체적인 사실이 주어질 수 있다.

멘탈체로 먼저 시작하자. 왜냐하면 명상하는 학생에게 그것이 그의 노력의 중심이자 두 개 하위 체를 통제하는 것이기 때문이다. 진정한 학생은 그의 의식을 육체로부터 그리고 감정체로부터 거둬들여서 사고 영역 혹은 하위 마인드 체 속으로 들어가려고 한다. 그 만큼 성취한 후에,

그는 하위 마인드를 넘어서서 상위와 하위 사이 소통 채널로서 안타카라나를 사용하면서 코잘체 속에 극화시키려고 한다. 그러면 육체 두뇌가 자아 혹은 상위자아로부터 전달된 그리고 나중에 삼중영, 삼개조에서 전달된 그것의 고요한 수신기가 된다. 해야 하는 일은 주변에서 내부로의 작업 그리고 결과적으로 중심화가 필요하게 된다. 그 중심화를 성취하고 안정된 센터에 집중한 채--태양신경총과 심장을 고요하게 한 채--머리 속에 있는 한 점, 세 가지 주요 머리 센터들 중에 하나가 의식 센터로 되며, 그의 자아 광선이 그 센터를 결정할 것이다. 이것이 대부분 사람의 방법이다. 그러면 그 지점에 도달한 후에, 그는 이 편지에서 이전에 일반 용어로 나타낸 광선의 명상을 따를 것이다. 매번 멘탈체가 의식 센터가 되고 그러면 나중에--실천을 통하여--그것이 상위 체, 먼저 코잘체 그리고 나중에 삼개조 속으로 극성을 이동시키는 출발 지점이 된다.

멘탈체에 대한 위험은 매우 실재적이고 경계되어만 한다. 그것은 가장 중요한 두 가지가 있고, 억제의 위험과 체의 위축으로 기인한 위험으로 부를 수 있다.

가. 먼저 억제로 기인한 위험을 다뤄보자. 어떤 사람은 순전히 의지의 힘으로 하위 마인드 과정을 직접 억제하는 명상 지점에 도달한다. 만약 그대가 멘탈체를 육체를 둘러싸면서 육체 너머 훨씬 많이 확장하는, 어떤 타원형 모양으로 그린다면, 그리고 그 타원형을 통해서 다양한 종류의 상념태가 (그의 마인드 내용물이며 주변 동료의

생각) 지속적으로 순환해서 멘탈 타원형이 주요하게 끌어당긴 것들로 채색되고 많은 기하학 형태로 다양화되면서, 모든 것이 지속적인 순환 속에 있다는 것을 깨닫는다면, 그러면 내가 의도하는 것에 대한 어떤 것을 이해할 수 있을 것이다. 어떤 사람이 모든 움직임을 억제하거나 억압함으로써 멘탈체를 고요하게 만들려고 때, 그는 멘탈 타원형 속에 있는 이 상념태를 정지시킬 것이고, 순환을 막을 것이며 심각한 성질의 결과를 가져올 수 있다. 이런 억제는 육체 두뇌에 직접 영향을 주고, 일정 시간 명상 후에 호소하는 많은 피로의 원인이 된다. 만약 지속된다면, 재앙으로 갈 것이다. 모든 초보자들이 어느 정도 그것을 하며, 그들이 그것을 경계하는 것을 배울 때까지 그들의 진보를 무력화시키고 발전을 지연시킬 것이다. 결과가 진짜 더 심각하게 될 수도 있다.

생각을 제거하는 올바른 방법은 무엇인가? 어떻게 하면 억제로 의지를 사용하지 않고 마인드의 평온함이 성취될 수 있을까? 다음 제안이 유용하고 도움이 될 수 있다:

1) 학생이 두뇌 속에 있는 어느 지점에서 그의 의식을 멘탈계로 거둬들인 후에, 성음을 부드럽게 세 번 소리 내게 하라. 학생이 내보낸 숨결을 정화시키고 제거하는 힘으로 그리게 하라. 그 힘이 앞으로 나가면서 멘탈 타원형 속에서 순환하는 상념태를 휩쓸고 간다. 그러면 끝날 때 멘탈체가 상념태에서 자유롭고 깨끗하다는 것을 인식하게 하라.

2) 그리고 나서 그가 그의 진동을 최대한 높이고, 다음으로 그것을 멘탈체에서 벗어나 들어올려서 코잘체 속으로 들어가는 것을 목표로 하며, 그렇게 자아의 직접적인 행동을 하위 세 개 매개체로 가져오게 하라. 그가 의식을 높게 유지할 수 있는 한 그리고 자신의 계에 있는 자아의 진동을 유지하는 한, 멘탈체가 균형 상태 속에서 유지될 것이다. 그것은 주위에서 순환하는 상념태와 유사한 낮은 진동을 유지하지 않을 것이다. 자아의 힘이 멘탈 타원형을 두루 순환할 것이고, 이질적인 기하학 단위가 들어오는 것을 허락하지 않을 것이며, 억제 위험이 상쇄될 것이다. 심지어 더 많은 것이 이루어질 것이다--시간이 지나면서 멘탈 물질이 높은 진동에 동조하게 되어 적당한 때가 되면 그 진동이 안정될 것이고 바람직하지 않은 하위의 모든 것을 자동적으로 내보낼 것이다.

나. 위축 위험은 무엇을 의미하는가? 간단히 말해서 이렇다: 어떤 성질은 멘탈계로 너무 극화되어서 두 개의 하위 매개체와 관계를 끊어버릴 위험이 있게 된다. 이 두 개 하위 체는 코잘체 내용물이 증가할 수 있도록 경험의 이유와 하위계에서 지식을 파악하기 위하여 그리고 접촉 목적을 위하여 존재한다. 그러므로 만약 내재하는 의식이 멘탈계 밑으로 내려오지 않고 감정체와 조밀한 육체를 무시한다면, 두 가지가 일어난다는 것이 분명해질 것이다. 하위 매개체가 경시되고 쓸모 없게 되어 그 목적에서 실패하게 될 것이며, 그러면 자아 관점에서 위축되어 죽는 것이다. 반면에 코잘체 자체도 바라는 대로 만들어지지 않을 것이고 그렇게 시간이 낭비될 것이다. 멘탈체 자체도

마찬가지로 쓸모 없게 될 것이고, 이기적인 내용물을 가진 것으로 되어 세상에서 쓸모 없게 되어 가치 없게 될 것이다. 꿈이 결코 물현화되지 않는 몽상가, 결코 사용하지 않을 재료를 저장하는 건축가, 비전이 신이나 인간에게 쓸모 없는 공상가는 우주 시스템에서 방해물이다. 그는 위축이라는 큰 위험에 처해 있는 것이다.

명상은 이 세 개 모든 체를 자아의 통제하에 더 완전하게 가져오는 효과를 만들어야 하고, 위대한 분들에게 진정으로 유용한 사람이 되게 만들어줄 조정과 정렬, 균형 있고 대칭적인 계발로 이끌어야 한다. 만약 그가 너무 많이 멘탈계에 집중되어 있다고 인식할 때, 그의 모든 멘탈 경험, 열망 그리고 노력을 물질계에서 사실로 만들려고 노력해야 하고, 이렇게 하위 두 개 체를 멘탈체의 통제하에 가져와서 그것을 멘탈 창조물과 활동의 도구로 만들어야 한다.

여기서 종종 접하는 두 가지 위험을 나타내었고 오컬티즘을 공부하는 모든 학생이 자아 관점뿐만 아니라 인류에 대한 봉사 관점에서 세 가지 모든 체가 해야 할 작업을 수행할 때 똑같이 중요하다는 것을 명심할 것을 충고한다. 학생이 표현에서 현명한 조정을 목표로 해서, 내면의 신이 세계를 돕기 위하여 현현할 수 있도록 만들어줄 것이다.

1920 년 7 월 25 일

감정체가 요즈 시기에 여러 가지 이유로 개성에서 가장 중요한 체이다. 그것은 육체나 멘탈체와 다르게 완전한 단위이다; 인류 가족 대부분에게 그것이 극성의 중심이다; 그것은 통제하기에 가장 어려운 체이고, 실질적으로 완전하게 복종시키는 마지막 체이다. 그 이유는 욕망의 진동이 인간계를 지배하여 왔을 뿐만 아니라 작은 의미에서 동물계와 식물계도 지배하여 왔으며, 그래서 진화하는 내면의 인간이 세 개 왕국에서 시작된 성향에 역행해서 일해야 하기 때문이다. 영이 다섯 번째 왕국 혹은 영적 왕국의 형태를 통해서 활동할 수 있기 전에, 이 욕망 진동이 제거되어야 하고, 이기적인 성향이 영적 열망으로 변형되어야 한다. 감정체가 실질적으로 육체와 함께 하나의 단위를 형성한다. 왜냐하면 보통 사람은 거의 전적으로 감정체의 자극에 따라서 활동하기 때문이다--가장 낮은 매개체가 자동적으로 상위체 명령에 복종한다. 자주 말했듯이, 그것이 직관계와 가장 직접적으로 접촉하는 체이고, 성취하는 한 가지 길이 바로 이 길이다. 명상으로 감정체가 멘탈계로부터 통제되어야 하고, 극성이 명상의 형태 그리고 목적과 의지의 강렬함을 통하여 멘탈체로 이동되었을 때, 그때 감정체가 고요해지고 수용적으로 된다.

이런 부정적 태도는 자체로 너무 멀리 가게되면 심각한 위험에 문을 여는 것이다. 나중에 사로잡힘의 주제, 종종 신성한 그리고 대부분은 그 반대 경우의 주제를 다룰 때, 이것을 확장할 것이다. 두 가지 체 속에서 부정적 조건을 원하는 것이 아니고, 명상 초심자가 자주 성취하고, 그래서 위험에 처하게 되는 것이 바로 이 수동성이다. 목표는 감정 타원형을 하위의 모든 것과 환경에서 오는 모든 것에는 능동적으로 만들고 코잘체를 거쳐서 오는 영에는 수용적으로 만드는 것이다. 의식적 통제의 기능--심지어 가장 높은 진동과 접촉 순간에서도 하위 매개체를 감시하고 경계하는 통제--을 계발함으로써 이것을 가져올 수 있다. "경계하고 기도하라"라고 위대한 분이 지상에 마지막으로 계실 때 말씀하셨고, 그분은 아직까지도 마땅한 관심이나 해석을 받지 못한 오컬트 의미로 말씀하셨다.

그러면 무엇을 경계해야 하는가?

1. 감정 타원형의 태도와 그것의 능동적-수동적 통제.
2. 감정 물질의 안정성과 그것의 의식적 수용성.
3. 멘탈체 및 코잘체와의 정렬. 만약 이 정렬이 (빈번하게 그렇듯이) 불완전하다면, 그것은 상위계에서 오는 것을 수용하는데 부정확하게 되고, 자아를 거쳐서 내려보내진 진리를 왜곡하게 만들고 힘을 바람직하지 않은 센터로 위험하게 이동시키게 만든다. 이런 정렬의 미흡 때문에 영적 성향을 보이는 많은 사람이 성적 순수성으로부터 빈번하게 일탈하는 원인이다. 그들은 직관계를 어느 정도 접촉할 수 있고, 자아가 높은 곳에서 힘을 부분적으로 전달할 수 있지만, 정렬이 불완전하기 때문에 상위 계에서 오는 힘이 반사되어, 센터가 지나치게 잘못 자극 받아서 결과적으로 재앙을 겪는다.
4. 경계해야 하는 또 다른 위험은 사로잡힘이지만, 보호하는 근본적인 것은 순수한 생각, 영적 목표 그리고 이타적인 형제애의 행동에 있다. 만약 이런 본질적인

것에다 광선과 카르마에 대한 적당한 고려와 함께 명상에서의 상식과 오컬트 규칙을 현명하게 적용한다면, 이런 위험이 사라질 것이다.

불에 관한 어떤 생각

1920년 7월 28일

지금 다루고 있는 문제를 검토하기 전에, 어떤 흥미로운 사실을 지적하고자 한다. 지구 상에 있는 대부분의 심리 현상--명확하게 생각한다면 깨달을 것이지만--은 멘탈계 지배자, 위대한 1차 불의 주, 데바 주 아그니의 통제 하에 있다. 우주불이 우리 진화의 배경을 형성한다; 멘탈계의 불, 그것의 내적 통제와 지배 그리고 세련되게 만드는 효과와 함께 그것의 정화시키는 자산이 우리의 삼중 삶의 진화의 목표이다. 멘탈계 내면의 불과 하위 매개체들 속에 잠재하는 불이 삼개조의 신성한 불과 합칠 때, 작업이 완성되고, 그가 초인으로 서게 된다. 하나됨이 이루어졌고 많은 억겁의 작업이 완성되었다. 이 모든 것이 아그니 주, 멘탈계 통치자 및 두 번째 계 라자-주와 함께 일하는 멘탈계 고위 데바들의 협력을 통해서 일어난다.

대우주 진화도 소우주 진화와 비슷한 방식으로 진전된다. 우리 지구 중심 깊은 곳에 지상의 지구의 내면의 불이 거대한 주기가 끝날 무렵에 태양의 신성한 불과 섞일 것이고, 그러면 태양계가 절정에 도달할 것이다. 조금씩 조금씩 억겁이 지나가고 작은 주기들이 그 기간을 다 돌게 되면서, 불이 에테르에 스며들게 될 것이고 매일매일 점점 더 인식되어 통제될 것이며 결국에는 우주불과 지상의 불이 하나가 되고 (모든 물질 형태의 체가 변하는 조건에 자신을 적응시키면서) 그 상응이 나타날 것이다. 이것이 인식될 때, 지구의 현상--예를 들면 지진에 의한 변동--이 더 흥미롭게 연구될 수 있다. 나중에 더 많은 것이 이해될 때, 그런 변동의 영향이 이해될 것이고 마찬가지로 그것이 인간에게 미치는 반작용도 이해될 것이다. 여름 몇 개월 동안--그 거대한 주기가 지구의 서로 다른 지역을 돌면서--불 데바, 불 엘리멘탈 그리고 애매한 실체인 내부 용광로의 "아그니차이탄"이 엄청나게 활동하고, 태양이 멀어져가면서 소극적인 상태로 바뀐다. 여기서 지구 경제의 불의 측면이 태양과 갖는 관계에서 물의 측면과 그것이 달과 갖는 관계와 유사한 상응을 보게 된다. 여기서 상당한 오컬트 힌트를 주는 것이다. 여기서 또한 이제는 대중에게 공개된 간략하지만 오컬트 단편을 제시하고자 한다. 깊이 숙고한다면, 학생을 높은 계로 데려가서 진동을 자극한다.

"불의 비밀이 성스러운 말씀 두 번째 글자 속에 숨겨져 있다. 생명의 신비가 심장 속에 숨겨져 있다. 그 하위 지점이 진동할 때, 성스러운 삼각형이 빛날 때, 그 점, 중간 센터 그리고 최고점이 마찬가지로 타오를 때, 그때 두 삼각형--거대한 것과 작은 것--이 전체를 태우는 하나의 불기둥 속으로 합쳐진다."

이제 명상 실천으로 수반되는 육체에 나타나는 위험을 간략하게 다루는 것이 우리의 과제이다. 이 위험은 육체의 세 부문을 공격하는--로고스 스킴 속에 있는 너무 많은 다른 것처럼--삼중 성질을 띤다. 그것은 다음과 같은 곳에서 나타난다:

가. 두뇌 속에서.

나. 신경계에서.

다. 성 기관에서.

이제 왜 멘탈체와 감정체의 위험을 먼저 다루었는지 그 이유를 지적할 필요가 없다. 그렇게 하는 것이 필요했다. 왜냐하면 조밀한 매개체를 공격하는 많은 위험은 더 섬세한 계에서 시작되며 내면의 악이 외부로 현현하는 것에 불과하기 때문이다.

인간 각자는 어떤 구성 요소로 이루어진 육체와 에텔체를 갖춘 채 삶으로 들어오고, 그 구성 요소는 이전 화신의 산물이다; 그것은 죽음이 물질계 존재로부터 그를 단절시켰을 때 그가 남겨 놓은 체를 정확하게 재생한 것이다. 모든 사람 앞에 놓여 있는 과업은 그 체를 갖고, 그 체의 단점과 필요조건을 깨달아서 신중하게 내면의 영의 필요에 더 적합하게 드러날 수 있는 새로운 체를 만들기 시작하는 것이다. 이것은 거대한 차원의 과업이고 시간, 엄격한 수련, 자기-부인 그리고 판단이 수반된다.

오컬트 명상을 실천하기 시작하는 사람은 글자 그대로 "불을 가지고 노는 것이다." 그대에게 이 진술을 강조하고자 한다. 왜냐하면 그것이 거의 인식되지 못한 진리를 구체화하는 것이기 때문이다. "불을 가지고 노는 것"은 경솔한 반복으로 그 의미를 잃어버린지 오래된 진리이다. 하지만 그것은 절대적으로 그리고 전적으로 옳고, 상징적인 가르침이 아니라 평범한 사실을 진술한 것이다. 불은 만물의 토대를 형성한다--대아는 불이고, 지성도 불의 한 측면이며, 체의 조직을 태우면서 바람직하지 않은 성격의 센터를 자극하는 파괴적인 힘이 될 수 있거나, 자극하면서 일깨우는 인자로서 작용하는 활기를 일깨우는 요인이 될 수 있는, 입증될 수 있는 불이 소우주 육체 매개체 속에 잠재한 채 숨겨져 있다. 준비된 어떤 통로를 따라서 안내될 때, 이 불은 정화인자이자 하위자아와 상위자아 사이의 위대한 연결인자로서 작용할 수 있다.

명상에서 학생은 그의 상위자아인 신성한 불기둥과 접촉해서, 자신을 멘탈계 불과 일치시키려고 한다. 명상이 강압적으로 될 때 혹은 너무 격렬하게 추구될 때, 상위 체와 하위 체들 사이의 정렬이 감청체를 거쳐서 완성되기 전에, 이 불이 척추기저에 잠재하고 있는 불에 (쿤달리니로 부르는 불) 작용하여 그것을 너무 일찍 순환하게 만들 수 있다. 이것은 상위 센터의 자극과 활성화 대신에 분열과 파괴를 만들 것이다. 학생의 광선과 그의 상위 센터의 진동 높이에 따라서, 이 불이 따라야 하는 적합한 기하학적 나선형이 있다. 이 불이 대스승의 직접 지도 하에서 순환하도록 허락되고, 스승의 구체적인 구두 가르침을 따르면서, 학생이 의식적으로 배분해야만 한다. 종종 이 불을 일깨워서 물질계에서 무슨 일이 일어나고 있는지 학생이 알지 못한 채 올바르게 나선형으로 올라갈 수도 있다; 그러나 내면 세계에서 그는 알고 그 지식을 물질계 의식으로 가져오지 못할 뿐이다.

잠시 동안 육체 매개체를 주로 공격하는 세 가지 위험을 다뤄보자. 그 문제를 극단에서 지적하고자 하며, 방심하는 학생을 공격하는 많은 중간 단계의 위험과 문제가 있다.

육체 두뇌에 주는 위험

두뇌는 주로 두 가지 방식으로 고통 받는다:

- 막힘(울혈)으로부터. 혈관이 꽉 차서 결과로 섬세한 두뇌 조직에 긴장을 일으키는 것이다. 이것은 영구적인 해를 줄 수 있고, 심지어 정신박약을 일으킬 수도 있다. 그것은 초기 단계에서 무감각과 피로를 보여주고, 이런 상태가 감지될 때 학생이 명상을 지속하면 그 결과가 심각해질 것이다. 학생은 어떤 피로가 느껴질 때 명상을 계속하지 않도록 항상 경계해야 하고, 그 문제의 징조가 처음 나오면 바로 멈춰야 한다. 육체는 언제나 점진적으로 수련되어야 하고 천천히 만들어져야 한다는 것을 기억함으로써 상식을 이용해서 이 모든 위험을 경계해야 한다. 위대한 분들의 계획 속에서 서두르는 것은 없다.
- 정신이상으로부터. 이 폐해가 현명하지 않은 압박으로 지속하거나 호흡법과 비슷한 실천방법을 통해서 신성한 불을 경솔하게 일깨우려는 진실한 학생에게서 자주

보아왔다; 그들은 이성의 상실로 경솔함의 대가를 치른다. 그 불이 기하학 형태로 진행되지 않고, 필요한 삼각형이 만들어지지 않으며, 전기적 유체가 점점 더 빠른 속도와 열기로 위로 쇄도하여, 글자 그대로 두뇌 조직 일부 혹은 전체를 태워버려서, 정신이상을 가져오거나 죽음까지도 가져온다.

이것이 좀 더 폭넓게 이해되고 공개적으로 인정될 때, 의사와 두뇌 전문의가 척추의 전기 상태를 좀 더 신중하고 정확하게 연구할 것이고, 그 상태를 두뇌 상태와 서로 관련시킬 것이다. 이렇게 좋은 결과가 성취될 것이다.

신경계에 주는 위험

신경계와 연결된 문제가 두뇌를 공격하는 위험, 정신이상과 두뇌 조직의 파열 같은 위험보다 더 빈번하다. 명상을 시도하는 사람 거의 모두가 신경계 속에서 어떤 영향을 의식하고 있다; 그것은 종종 어떤 휴식(이완)을 허용하지 않는 불면, 흥분, 긴장된 에너지와 좌불안석의 형태를 띤다; 명상을 추구하기 전까지 아마도 그 성향과 이질적인 성마름 형태를 띤다; 우울증 혹은 활기 저하--다리, 손가락 혹은 눈을 실룩거리는 것 같은--의 신경질적 반응 형태와 성질 및 기질에 따라서 긴장과 조바심을 보이는 많은 개인 방식의 형태를 띤다. 이런 조바심을 보이는 것이 심각하거나 가벼울 수 있지만, 학생이 상식의 규칙을 고수하고, 그의 기질을 현명하게 연구해서, 형태와 방법을 맹목적으로 진전시키지 않고 시작된 행동의 존재 이유를 알려고 한다면, 그것이 상당히 불필요하다는 것을 진실로 지적하고자 한다. 만약 오컬트 학생이 삶을 더 현명하게 규율 있게 산다면, 만약 그들이 음식 문제를 더 신중하게 연구한다면, 만약 그들이 좀 더 단호하게 필요로 하는 시간만큼 잠을 잔다면, 그리고 만약 그들이 신중하게 서서히 그리고 너무 많이 충동적으로 일하지 않는다면 (열망이 아무리 고귀하더라도), 더 큰 결과를 볼 수 있을 것이며 위대한 분들이 세계에 봉사하는 작업에서 더 효율적인 원조자를 갖게 될 것이다.

이 편지에서 두뇌와 신경계 질병에 대하여 구체적으로 다루는 것이 목적은 아니다. 단지 일반적인 표시와 경고만을 제시하고자 하며 (그대들을 격려하기 위하여) 나중에 현명한 대스승들이 사람 사이에서 다니며 특정 학교에서 공개적으로 가르칠 때, 많은 형태의 두뇌 문제와 신경성 불평이 개인의 필요에 따라서 현명하게 조정된 명상을 통해서 치유될 것이다. 고요한 센터를 자극하기 위하여, 내면의 불을 적합한 통로로 돌리기 위하여, 신성한 열기를 균등한 정렬로 배분시키기 위하여, 조직을 만들고 치유하기 위하여, 적합한 명상이 주어질 것이다. 그대가 상상하는 만큼 그렇게 멀지 않았지만, 아직은 때가 되지 않았다.

성 기관에 대한 위험

이 기관을 과도하게 자극하는 위험은 이론적으로 잘 알려져 있기에, 오늘은 그것에 대하여 확장하지 않을 것이다. 단지 그 위험이 매우 실제적이라는 것을 지적하고자 한다. 그 이유는 이 센터를 지나치게 자극시키면 전체로서 인류의 극성 때문에 내면의 불이 최소 저항 선을 따를 것이기 때문이다. 그러므로 학생이 해야 하는 작업은 두 가지이다:

가. 그는 그 센터로부터 의식을 거둬들여야 한다; 이것이 쉬운 일이 아니다. 왜냐하면 그것은 아주 오랜 시간 동안의 발전에 역행하는 것을 의미하기 때문이다.

나. 그는 창조적 충동의 주의를 멘탈계로 지시해야 한다. 그렇게 할 때, 성공적이라면 그는 신성한 불의 활동을 목 센터와 하위 생식 기관 대신에 그것에 상응하는 머리 센터로 돌리게 될 것이다. 그러므로 만약 그가 매우 진보한 사람이 아니라면 명상 초기 동안에 명상하는 데 왜 많은 시간을 쓰지 않는 것이 현명한지 분명해 질 것이다. 사람이 인생 초기에는 가사 일에 힘쓰고, 그가 그 역할을 다 수행하였을 때만, 헌신자의 삶을 살아갈 수 있다는 고대 브라만 규칙에 지혜가 있다. 이것은 보통 사람을 위한 것이다. 진보한 자아, 어린 학생과 제자의 경우에는 그렇지 않다. 그리고 각자가 자신의 개인 문제를 풀어야만 한다.

학생 카르마로부터 생기는 위험

1920 년 7 월 29 일

알고 있듯이, 이것은 다음과 같이 세 가지 제목으로 그룹을 만들 수 있다:

1. 그의 현재 생에서 따르는 위험.
2. 그의 민족적 유전과 체의 유형에 근거한 위험.
3. 그의 그룹 관계, 그것이 물질계의 외적인 것이건 혹은 섬세한 계의 비의적인 것이건, 그런 관계에 수반되는 위험.

"학생의 카르마"가 무엇을 의미하는 것인가? 우리는 말을 가볍게 사용한다. 그리고 생각 없는 대답은 학생의 카르마는 미래 혹은 현재 불가피한 사건으로 그가 피할 수 없는 것이라고 답하는 것으로 추측된다. 이것이 어느 정도 맞지만, 전체의 한 측면만 말하는 것이다. 문제를 좀 더 크게 보자. 왜냐하면 전체 윤곽을 제대로 이해하는 속에서 작은 것에 대한 이해가 오기 때문이다.

우리 로고스가 태양계를 세웠을 때, 그가 현현의 원 속으로 그의 프로젝트에 충분한 물질과 그가 계획한 목표에 적합한 물질을 끌어 모았다. 그는 이 하나의 태양계로 가능한 모든 목적을 생각하지 않았다: 어떤 구체적인 진동에 필요한 구체적인 목표를 가졌고 그래서 어떤 분화된 물질이 필요하였다. 우리가 태양계 "경계선"으로 부르는 이 원(범위)은 우리 태양계 속에서 일어나는 모든 것을 제한하고, 그 범위 안에서 우리의 이중 현현을 포함하고 있다. 그 원 속에 있는 모든 것이 어떤 높이로 진동하고, 로고스 자신에게만 전체로 알려진 어떤 목적의 성취와 특정 목표의 성취를 목표로 어떤 규칙에 순응한다. 그 원 속에 있는 모든 것이 구체적인 규칙에 종속되고 어떤 높이에 지배된다. 그리고 모든 것이 그 칠중의 주기적 존재의 카르마에 종속되는 것으로 간주될 수 있으며, 그 원을 그리기 이전까지 거슬러 올라가는 원인으로 활성화되어서, 이렇게 우리 태양계를 이전 태양계와 연결시키고 뒤에 올 태양계와의 관계를 갖게 만든다. 그래서 우리는 분리된 단위가 아니라, 우리 전체가 우주 법칙에 지배 되어 전체로서 어떤 분명한 목표를 이루어가는 더 거대한 전체의 일부분이다.

소우주의 목적

그것은 소우주도 마찬가지이다. 자아는 자신의 계에 있으며 작은 규모로 로고스 활동을 반복한다. 그는 어떤 목적을 위하여 어떤 형태를 건설한다; 그는 어떤 물질을 끌어 모아서, 어떤 높이로 진동하는 끌어모은 그 물질의 결과가 될 분명한 완성, 어느 특정 한 생에서 어떤 규칙으로 지배되고 어느 특정한 한 가지 목적--가능한 모든 목적이 아니다--을 목표로 하는 분명한 완성을 목표로 한다.

개별 개성과 자아 사이의 관계처럼 태양계와 로고스 사이의 관계도 마찬가지이다. 그것이 그의 현현의 장이고 그가 나타낼 수 있는 목적을 성취하는 방법이다. 그 목표가 악의 대가를 지불함으로써 미덕을 성취하는 것일 수도 있다; 그것이 삶의 필요한 것을 제공하기 위하여 고군분투로 사업 통찰력을 성취하는 것일 수도 있다; 그것이 자연의 잔인성을 드러냄으로써 민감성을 계발시키는 것일 수도 있다; 그것이 가난한 부양가족의 호소로 이타적인 헌신을 기르는 것일 수도 있다; 혹은 도의 길에서 명상 방법으로 욕망을 변형시키는 것일 수도 있다. 각자가 그것을 찾아야한다. 그대에게 인상주고자 하는 것이 바로 이런 요인에 수반되는 어떤 위험이 있다는 사실이다. 예를 들면, 명상하는 멘탈 역량을 획득하는 속에서, 학생이 획득하기 위하여 육체 속으로 들어온 바로 그것을 놓쳐버린다면, 결과는 획득이라기 보다 일시적인 시간 낭비와 고르지 못한 발전이 된다.

구체적으로 설명해보자: 자아가 그의 삼중 현현체를 형성하고 "생명의 기본 사실에 대한 멘탈 이해" 능력을 그의 코잘체 속에 세울 목적으로 경계선을 정하였다. 어느 한 화신의 목적은 학생의 멘탈 역량을 계발시키는 것이다; 그리고 그에게 구체적인 사실과 과학을 가르쳐서 미래 작업을 염두한 채 그의 멘탈체 내용을 확장시키는 것이다. 그가 심장 측면에서 지나치게 발달되었을 수도 있으며, 그래서 너무 지나친 헌신자일 수 있다; 그가 많은 생을 꿈꾸면서 그리고 신비 명상 속에서 비전을 보면서 보냈을 수도 있다. 상식으로 가득 한 채, 실질적이고 배움의 전당학과 과정을 배워서 물질계에서 배운 지식을 실천적으로 적용하는 것이 그의 큰 요구이다. 하지만 그의 경계선이 그의 내재하는 성향을 금지하고 제한하는 것처럼 보이더라도, 그리고 그가 세계 속에서 실질적인 삶의 교훈을 배워야만 하는 것처럼 그렇게 무대가 정해졌다하더라도, 그는 배우지 않고, 그에게 최소 저항 선을 따른다. 그는 꿈을 꾸고, 세계 문제에서 떨어져있다; 그는 자아의 욕망을 수행하지 않고 기회를 놓친다; 그는 고통을 많이 겪고, 다음 생에서 유사한 무대와 더 강력한 충동이 필요하며, 그의 자아 의지를 따를 때까지, 더 촘촘히 경계선을 만들 것이다.

그런 사람에게 명상은 도움이 안 되고 주로 방해가 된다. 이전에도 말했듯이, (현명하게 시작한) 명상은 코잘체를 원만하게 만드는 것이 어느 정도 성숙되었고 학생이 배움의 전당 마지막 등급에 있는 진화 지점에 도달한 사람을 위한 것이다. 여기서 신비 명상을 말하는 것이 아니라, 과학적인 오컬트 명상을 말한다는 것을 기억할 필요가 없다. 그러므로 위험은 실질적으로 낭비된 시간, 다른 진동의 높이와 어울리지 않는 어떤 진동의 강화 그리고 다른 생에서 재건이 필요할 한쪽으로 치우친 건설과 고르지 못한 것을 원만하게 해야 하는 것이다.

체의 유형과 국민적 유전에 근거한 위험

1920 년 7 월 30 일

잘 상상하고 있듯이, 결함 있는 체에 수반되는 위험을 확장하는 것이 나의 목적이 아니라, 어떤 종류이건 멘탈 결함, 성격 문제 혹은 분명한 질병이 있을 때는 명상이 재량의 일부분이 아니라 그 문제를 격렬하게 만들 수 있다는 규칙을 일반적인 용어로 규정하는 것이다. 다가오는 시대에 명상 과학이 더 잘 이해될 때, 명상을 배정하기 전에 두 가지 인자가 현명하게 가늠되고 고려된다는 것을 미래 학생의 안내를 위하여 그리고 예언적인 진술로서 구체적으로 지적하고자 한다. 그 두 가지 인자는:

가. 그의 아인종 특이성.

나. 그의 체 유형, 그것이 동양인 유형인지 혹은 서양인 유형인지.

이런 식으로 어떤 재앙을 피할 것이고, 모든 오컬트 그룹에서 어느 정도 보이는 어떤 문젯거리를 방지할 것이다.

각각의 인종은 지배적인 특징으로 감정체의 두드러진 어떤 특질을 가지고 있다고 일반적으로 인정된다. 이것은 일반 규칙이다. 이탈리아 민족과 튜턴족의 인종 차이를 대조할 때, 그 차이가 우리 마인드 속에서 감정체로 요약된다. 우리는 이탈리아인이 불 같고, 낭만적이며, 불안정하지만 밝다고 여긴다; 우리는 튜턴족이 차갑고, 사실적이며, 감성적이고 둔감하면서 논리적으로 현명하다고 여긴다. 그러므로 이런 서로 다른 기질이 그것 나름대로의 위험을 가지고 있고, 부적합한 명상을 현명하지 않게 추구하는 데서, 미덕이 악에 가까워질 때까지 강조될 수 있고, 기질상 약점이 위협으로 될 때까지 강화될 수 있으며, 결과적으로 우리 목적들 중에 하나인 코잘체 섬세한 완성과 균형의 성취 대신에 균형의 부족이 생길 것이다. 그러므로 현명한 대스승이 사람 사이에 다녀서 그분이 명상을 직접 배정해줄 때, 이런 인종 사이의 차이점이 가늠될 것이고 그들의 내재하는 결함이 강화되지 않고 상쇄될 것이다. 과도한 계발과 불균형한 성취가 오컬트 명상의 균등화시키는 영향으로 제거될 것이다.

지금 따라하는 명상과 아틀란티스 시대에 한 명상이 근본적으로 다르다. 네 번째 근원인종에서 멘탈계를 실질적으로 배제한 채, 감정계에서 직관계로 원자 하위계를 거쳐서 성취를 촉진시키는 어떤 노력이 이루어졌다. 그것은 감정의 선을 따랐고 감정체에 분명한 영향을 주었다. 그것은 지금처럼 멘탈 수준에 작용해서 거기서부터 하위 두 가지 수준을 통제하는 노력을 하는 대신에, 감정 수준에서 위로 작용하였다. 아리안 근원인종에서, 의식을 하위 마인드에 집중하고 나중에 그 상위로부터 하강이 지속될 때까지 상위를 이용하기 위하여 코잘체에 집중함으로써, 상위와 하위 사이 간격을 연결시키는 노력이 시도되고 있다. 현재 진보한 대부분 학생들의 경우, 느끼는 전부가 가끔 깨달음의 섬광이지만, 나중에 꾸준한 방사가 느껴지게 될 것이다. 두 방법 모두 나름대로 위험을 가지고 있다. 아틀란티스 시대에, 명상은 감정을 과도하게 자극하는 경향이 있었고 인간이 상당히 높은 고지를 접촉하였지만, 엄청난 심연도 접촉하였다. 섹스 마법이 믿을 수 없을 정도로 만연되었다. 태양신경총이 지나치게 활성화되는 경향이 있었고, 삼각형을 올바로 따르지 않았으며, 하위 센터가 불의 반응에 잡혀서 끔찍한 결과를 낳았다.

지금의 위험은 다르다. 마인드 계발이 이기심, 자만, 상위에 대한 맹목적인 망각의 위험을 실어 나르기에 그것을 상쇄시키는 것이 현재 방법의 목표이다. 만약 어둠의 길의 초인들이 아틀란티스 시대에 엄청난 힘을 얻었다면, 그들은 지금도 여전히 위험하다. 그들의 통제가 훨씬 광범위하다. 그래서 봉사를 강조하는 것이며, 진보해서 빛의 형제단의 구성원이 되고자 하는 사람 속에서 마인드를 견실하게 유지하는 것이 필수적인 것으로서 강조하는 것이다.

이제 어떤 가르침을 주려는 문제는 요즘 시대 모든 진실한 학생에게 매우 중요한 것 중에 하나이다. 동양이 진화하는 인류와 갖는 관계처럼, 심장이 인간의 체와 갖는 관계와 같다; 심장은 빛의 근원, 생명의 근원, 열기 그리고 활력의 근원이다. 서양이 인류와 갖는 관계처럼, 두뇌 혹은 멘탈 활동이 인간의 체에서 가진 관계와 동일하다--지시하고 조직화하는 인자, 하위 마인드의 도구, 사실을 축적하는 것. 동양인과 유럽인 혹은 미국인 전체 구성의 차이가 너무 크고 잘 인식되기 때문에 아마도 그것에 대하여 숙고하는 것이 필요 없을 것이다.

동양인은 철학적이고, 자연스럽게 공상을 좋아하며, 추상적으로 생각하는 데 수 세기 동안 수련을 받아왔으며, 심오한 변증법을 좋아하고, 기질적으로 둔감하며 기후 때문에 느리다. 오랜 세월의 형이상학적 사고, 채식 생활, 기후적 타성 그리고 형태와 가장 엄격한 삶의 규칙에 대한 고수 때문에 서구 형제와 정반대의 산물이 되었다.

서양인은 실천적이고 사업가 같으며, 역동적이고 행동이 빠르며, 탐욕스럽고 비평적인 매우 구체적인 마인드로 활성화된 조직의 (결국은 또 다른 의례 형태) 노예로, 일이 빠르게 움직이고 빠른 멘탈 결정이 요구되는 최고 상태에 있다. 그는 추상적 생각을 혐오하지만 이해되면 물질계에서 그 생각을 사실로 만들 수 있을 때 그것을 음미한다. 그는 심장 센터보다 머리 센터를 더 사용하고, 그의 목 센터가 활성화되기 쉽다. 동양인은 머리 센터보다 심장 센터를 더 사용하고 필연적으로 그에 상응하는 머리 센터도 그렇다. 머리 두개골 밑에 있으며 척추 맨 위에 있는 센터가 목 센터보다 더 활동적으로 기능한다.

동양인은 격렬한 명상을 통해서 의식 센터를 머리로 거둬들임으로써 진보한다. 그것이 그가 숙달해야 하는 센터이고, 그는 만트람을 현명하게 사용해서, 은둔 속으로 들어감으로써, 고립과 구체적인 형태를 많은 날 동안 매일 많은 시간 신중하게 따라 함으로서 배운다.

서구인은 그의 의식을 우선 심장 센터로 철수하는 것을 계획한다. 왜냐하면 그는 머리 센터를 가지고 너무 많이 일하기 때문이다. 그는 개별 만트람이 아닌 집단 형태를 사용함으로써 더 일한다; 그는 동양 형제처럼 홀로 많이 일하지 않고, 그의 의식 센터를 심지어 사업가 삶의 소음과 소용돌이 속에서 그리고 거대 도시의 군중 속에서 발견한다. 그는 그의 목적의 성취를 위하여 집단 형태를 사용하고, 심장 센터를 일깨우는 것 자체가 봉사 속에서 나타난다. 그러므로 서구에서 심장 명상을 강조하고 그에 따른 봉사의 삶을 강조하는 것이다.

그러므로 진정한 오컬트 작업이 시작될 때, 그 방법이 동양과 서양에서 다를 수 있지만--필연적으로 다를 것이다--목표는 같다는 것을 볼 것이다. 예를 들면 동양인의 계발을 도와줄 명상이 서구 형제에게 재앙과 위험을 가져올 수 있다는 것을 명심해야 한다. 그 반대도 마찬가지이다. 하지만 목표는 똑같을 것이다. 형태가 개인적이거나 집단적일 수 있고, 만트람을 단위 혹은 그룹이 외칠 수 있으며, 서로 다른 센터가 특화된 관심의 대상일 수 있지만, 결과는 동일할 것이다. 자주 현명하게 지적되어 왔듯이, 서양인이 그의 노력의 토대를 동양인을 위한 규칙에 둘 때 위험이 일어난다. 위대한 분들의 지혜 속에서 이런 위험이 상쇄된다. 서로 다른 인종에게 서로 다른 방법과 다양한 국가에 있는 사람에게 다양한 형태가 적용되지만, 내면의 세계에서 똑같은 현명한 안내와 똑같은 위대한 지혜의 전당, 똑같은 위대한 입문이 모두를 내면의 성소로 받아들인다.

이 주제를 마무리하면서, 어떤 힌트를 주고자 한다: (지금 힘을 갖는 광선) 의식적 법칙 혹은 질서의 일곱 번째 광선이 오랫동안 동양인의 특권이었던 것을 서양인에게 제공한다. 기회의 날이 엄청 크고, 이 일곱 번째 힘이 휩쓸고 가는 속에서--올바르게 이해되면--서구에 있는 거주자를 세계의 주 발 아래로 데려갈 수 있는 필요한 충동이 올 것이다.

그룹 관계에 수반되는 위험

1920 년 8 월 2 일

오늘 아침에는 매우 간략하게 어떤 사람이 비의 그룹 혹은 외부 그룹과 관련되면서 수반되는 명상에서 위험의 문제를 다루고자 한다. 이 특정 주제에 대하여 폭넓은 암시를 제외하고 말할 수 있는 것이 많지 않다. 내가 다루어 왔던 다양한 주제들 각각은 많은 분량의 논고가 필요할 수 있지만, 말할 수 있는 것을 커버하려고 시도하지 않고 (신중하게 숙고하면) 진실한 진리추구자에게 많은 지식의 통로가 열릴 문제의 어떤 측면을 지적만 할 것이다. 모든 오컬트 수련은 이런 생각을 염두해두고 있다--(그의 가슴의 침묵 속에서 곰곰이 생각할 때) 제자에게 진정한 가치 있는 많은 열매를 만들어 줄 씨앗 생각을 주고, 그러면 제자가 성실히 자기자신의 생각을 숙고할 수 있다. 고군분투의 노력과 씨름을 통해서 우리가 만든 것은 영원히 우리 것으로 남아 있으며, 인쇄된 페이지에서 눈을 통해서 들어오는 생각 혹은 아무리 존경 받는다 하더라도 어떤 교사의 입을 통해서 들어오는 생각처럼 망각 속으로 사라지지 않는다.

제자가 견습의 길로 들어가서 명상을 시작할 때 종종 간과하는 한 가지는 앞에 있는 목표가 그의 계발을 일차적으로 완성하는 것이 아니라, 인류에 대한 봉사를 위하여 그를 준비시키는 것이라는 점이다. 자신의 성장과 발전은 필연적으로 수반되지만 목표가 아니다. 그의 당면한 환경 그리고 물질계에서 가까운 동료가 그의 봉사 목적이고, 어떤 특질과 역량을 성취하려는 노력 속에서 만약 그가 관련된 그룹을 간과하고 현명하게 봉사하는 것과 그들 대신에 충실하게 전력을 다하는 것을 등한시한다면, 그는 결정화의 위험을 무릅쓰게 되고, 죄 많은 자만의 마법에 빠지며, 아마도 좌도의 길로 첫 걸음을 심지어 밟게 될 것이다. 만약 내면의 성장이 그룹 봉사 속에서 그 표현을 찾지 못한다면, 그는 위험한 길을 가게 된다.

세 가지 유형의 관련 그룹

아마도 여기서 어떤 사람이 배정된 다양한 계에 있는 그룹에 대한 어떤 암시를 줄 수 있을 것이다. 그 관계를 지배하는 강제된 카르마 영향 하에서 그가 풀어가면서, 이 그룹들은 많이 있고 다양하며 그의 삶의 서로 다른 기간에 바뀌고 서로 다를 수 있다. 또한 그가 봉사할 수 있는 역량을 확장하면서 그는 동시에 접촉하는 그룹 수와 크기를 증가시켜서 나중 화신에서 세계 자체와 그가 돕는 대중이 그의 봉사 영역으로 되는 지점에 도달할 때까지 증가한다는 것을 기억하자. 그가 활동의 선을 바꿔서 다른 작업--행성, 태양계 혹은 우주--으로 넘어가는 것이 허락되기 전에 그는 삼중 방식으로 봉사해야 한다.

가. 그는 활동을 통하여 봉사하고, 인간의 아들들을 돕기 위하여 그의 천재의 산물이자 마인드의 상위 능력을 사용하면서, 그의 지성을 사용하여 봉사한다. 그는 서서히 지성의 위대한 힘을 건설하고 그런 건설 속에서 자만의 덫을 극복한다. 그러면 그는 그의 활동적인 지성을 잡아서, 인류를 돕기 위하여 가장 좋은 것을 제공하면서, 인류 집단의 발 아래에 그것을 놓는다.

나. 그는 사랑을 통하여 봉사하고, 시간이 지나면서, 그의 형제에 대한 완전한 사랑을 통하여 그의 모든 것을 주고 그의 삶을 보내면서, 인류의 구원자들 중에 한 명으로

된다. 그러면 궁극적인 희생을 하는 그리고 다른 사람이 살 수 있도록 사랑 속에서 그가 죽는 생이 온다.

다. 그러면 그는 힘을 통하여 봉사한다. 그가 주위의 모두의 선(善)을 제외하고 다른 생각이 없다는 것을 용광로 속에서 증명하였기에, 지성적으로 적용된 활동적 사랑을 따르는 그 힘을 그에게 믿고 맡기게 된다. 그는 법칙을 가지고 일하고, 그 법칙의 힘이 죽음의 삼중 영역에서 느껴지도록 그의 모든 의지를 구부린다.

이 모든 세 가지 봉사 분야에서 그룹과 같이 일하는 능력이 가장 중요한 것 중에 하나라는 것을 알아차릴 것이다. 이 그룹은 앞에서 말했듯이 다양하고, 그리고 서로 다른 계에서 다르다. 그것을 간략하게 열거해보자:

1. 물질계에서: 다음 그룹이 보일 것이다:

가. 그의 가족 그룹으로, 보통 두 가지 이유로 연결된다. 하나는 카르마를 풀어서 빚을 갚기 위하여; 두 번째는 자아가 적합한 표현을 하기 위하여 필요한 어떤 유형의 육체 매개체를 받기 위하여.

나. 그의 동료와 친구; 그가 처한 환경에 같이 있는 사람, 사업 동료, 교회와 관련 있는 사람, 그가 아는 사람과 편한 친구, 그가 잠깐 동안 만나고 더 이상 보지 않는 사람. 그가 그들과 할 작업은 두 가지이다; 먼저 빚이 있다면 그 빚을 갚는 것; 둘째, 주위 사람들에게 좋은 영향을 미칠 수 있는 그의 힘을 테스트하고, 책임을 인식해서 지도하거나 돕는 것. 이렇게 할 때, 인류 안내자들은 사람의 작용과 반작용, 봉사할 수 있는 그의

역량 그리고 주위 요구에 대한 그의 반응을 발견할 것이다.

다. 그의 동료 봉사자 그룹, 어떤 오컬트적 영적 성질의 작업을 위하여 분명하게 뭉친 어떤 위대한 분 밑에 있는 그룹. 그것은 정통 교회 일꾼 무리일 수도 있다 (여기서 초심자가 시험을 받는다); 그것은 노동 운동이나 정치 영역 같은 사회 작업일 수도 있다; 혹은 그것은 신지학회, 크리스찬 사이언스 운동, 신사고 운동 그리고 심령주의자 같은 더 명확한 세계의 개척운동일 수도 있다. 그대를 깜짝 놀라게 할 수도 있는 노력의 한 분야를 이것에다 추가하겠다--러시아에서 소비에트 운동과 대중의 조건을 개선하기 위하여 (잘못 안내되고 균형을 잃었을 때 조차도) 그들 리더 밑에서 성실하게 봉사하는 모든 공격적인 급진 단체.

이렇게 물질계에서 그대는 어떤 인간이 속하는 세 개 그룹이 있다. 그는 그 그룹에 의무를 졌고 그의 역할을 다 해야만 한다. 이제 명상을 통해서 어디로 위험이 들어올까? 단순히 이렇다: 어떤 사람의 카르마가 그를 어느 특정 그룹에 잡아두는 동안, 그가 목표로 해야 하는 것은 그의 역할을 완벽하게 다 하는 것이다. 그래서 그가 카르마 의무로부터 풀어나서 궁극의 해방을 향하여 나아갈 수 있게 된다; 이것뿐만 아니라 그는 그의 그룹을 한층 더 높은 고지와 유용성으로 데려가야만 한다. 그러므로 적합하지 않은 성질의 명상을 통해서 그가 타당한 의무를 경시한다면 그는 그의 삶의 목적을 지체시키고, 다른 화신에서 그것을 풀어야 할 것이다. 만약 그가 그룹 코잘체에 제대로 가지고 있지 않는 것을 그 그룹 코잘체 (여러 가지 선의 합성물) 속에 만들지 않는다면, 그는 돕는 것이 아니라 방해하는 것이고, 다시 위험이 관련된다. 명확하게 하길 바라기 때문에 설명해 보겠다: 학생이 헌신자들이 지나치게 우세한 어떤 그룹과 관계를 갖게 되면, 그는 그 특질을 다른 인자, 즉 현명한 분별력과 멘탈 균형의 특질과 조화시키는 특별한 목적을 위하여 들어간 것이다. 만약 그가 그 그룹의 상념태에 압도되어 자신도 헌신자가 되어서, 헌신적 명상을 따르면서 그 그룹의 코잘체를 균형잡히게 만드는 것을 어리석게 빠뜨린다면, 그는 자신뿐만 아니라 그가 속한 그룹도 해치는 어떤 위험으로 들어가게 된다.

2. 감정계에서: 여기서 그는 다음과 같은 서너 개 그룹에 속한다:

가. 그의 감정계 가족 그룹으로, 그가 물질계에서 우연히 태어난 가족 그룹보다 더 철저하게 그의 그룹이다. 그대는 감정계 가족 구성원이 물질계에서 서로 접촉할 때 이것이 삶 속에서 나타나는 것을 많이 볼 것이다. 즉각적으로 알아보게 된다.

나. 그가 배정되어 많은 가르침을 받는 배움의 전당 속에 있는 학급.

다. 그가 함께 일할 수도 있는 보이지 않는 원조자들 그룹과 봉사자들 그룹.

이 모든 그룹은 의무와 작업을 수반하고 명상의 현명한 용도를 연구할 때 모두 감안되어야 한다. 명상은 그에게 카르마 빛을 갚을 수 있는 역량을 증가시켜서, 그에게 명확한 비전, 현명한 판단 그리고 당면한 순간의 작업에 대한 이해를 제공한다. 이것에 반하는 것은 어떤 것이건 위험하다.

3. 멘탈계에서: 여기서 보이는 그룹을 다음과 같이 열거할 수 있다:

가. 그가 소속되어 있을 수 있으며, 함께 일할 수도 있는, 어느 한 분의 대스승의 제자들 그룹. 이것은 보통 그가 카르마를 빠르게 풀어가고 있고 도의 길 입구에 가까워지는 경우만이다. 그러므로 그의 명상은 대스승의 지도를 직접적으로 받아야 하며, 그의 필요에 따라서 조정되지 않은 공식을 따르면 어떤 것이건 위험 요소를 가지고 있다. 왜냐하면 멘탈계에서 시작된 진동과 거기서 발생된 힘이 하위계보다 훨씬 더 강력하기 때문이다.

나. 그가 속한 자아 그룹. 이것이 가장 중요하다. 왜냐하면 그것은 명상을 배정할 때 그의 광선을 고려하는 것과 관련있기 때문이다. 이 문제는 이미 어느 정도 다뤄졌다.

알고 있듯이, 어느 특정한 체를 공격하는 어떤 위험을 구체적으로 말하지 않았다. 그 주제를 이렇게 커버하는 것이 가능하지 않다. 나중에, 오컬트 명상이 더 포괄적으로 이해되고 그 문제가 과학적으로 연구될 때, 학생이 그때 가능한한 전체 주제를 망라하는 논문과 필요한 자료를 준비할 것이다. 하지만 경고음을 내고자 한다. 나는 길을 가리킨다--내면에 있는 스승은 그 이상 거의하지 않는다. 우리는 명확한 비전을 가진, 논리적 추론을 할 수 있는 사람과 사고자를 계발시키는 것을 목표로 한다. 이것을 하기 위하여, 우리는 스스로 계발하도록, 자신의 생각을 하도록, 자신의 문제를 도출하도록 그리고 자신의 인격을 만들도록 가르친다. 그것이 도(道)이다….

미세한 힘에서 일어나는 위험

1920년 8월 3일

… 오늘 아침은 명상에 수반되는 위험에 대한 마지막 부분을 다룬다. 우리는 세 가지 체 속에 내재하는 개별 위험을 어느 정도 다루었다; 학생 카르마와 그의 그룹 관계가 간과될 때 처할 수 있는 위험도 다루었다. 오늘 주제는 진실로 어려운 것이다. 미세한 세계에서 작용하는 실체와 그룹, 힘과 사람에서 생기는 위험을 다루어야 한다. 그 어려움은 세 가지 방법으로 생긴다:

1. 더 미세한 세계에 있는 그룹 구성원에 대한 무지와 그 힘의 성질에 대한 보통 학생의 무지.
2. 외부 출판에 필요 이상으로 더 많이 드러내는 위험.
3. 비입문자가 거의 이해하지 못하는 오컬트 위험. 그것은 이런 문제를 논의할 때 필연적으로 생기는 사고의 집중 속에서, 생각-파장이 시작되고, 흐름이 접촉되어 상념태가 순환해서 논의 중인 그것들의 관심을 끈다는 사실에 있다. 이것은 종종 바람직하지 않은 결과로

이끈다. 그러므로 그 주제에 대하여 간략하게 다룰 것이다. 내면의 계에서 필요한 빛과 보호가 제공된다.

세 그룹의 실체: 이 그룹은 세 가지 방식으로 구분될 수 있다:
1. 감정계 혹은 멘탈계에 있는 육체가 없는 존재 그룹.
2. 독자적으로 혹은 그룹으로 있는 데바들.
3. 어둠의 형제단.

각각을 신중하게 다뤄보자. 먼저, 위험이 종종 명상의 결과가 될 수 있는 학생의 체의 세 가지 상태에서 생긴다는 것을 지적하면서 지식의 토대를 놓고자 한다. 이 세 가지 조건은 다음과 같다:

● 개성의 전체 세 개 체를 수용적이고 고요하게 만들어서, 지켜보는 다른 계의 존재들 공격에 열려 있는 상태로 만드는 부정적인 상태.

● 스승의 허락 없이 어떤 형태와 만트람을 사용하려고 시도할 때, 어떤 그룹의 데바들과 관련되어, 감정계 혹은 멘탈계 데바들과 접촉하게 되고 (학생의 무지로) 그것의 파괴적 본능의 장난감이자 그들 공격의 대상으로 만드는 무지 혹은 무모한 상태.

● 위와 반대가 되는 어떤 상태로, 그를 능동적으로 만들어서 힘이나 권능의 어떤 통로로 만드는 것. 이런 경우, 그는 내면 세계의 전기적 유액을 다루기 위하여 오컬트 규칙 혹은 법칙 하에서 그의 스승의 도움을 받아서 앞으로 나간다. 그러면 그는 빛의 형제들과 싸우는 사람의 관심의 중심이 된다.

첫째, 둘째 조건은 명상을 현명하지 않게 그리고 무지하게 실천한 결과이고, 셋째는 종종 성공의 보상이다. 첫째, 둘째의 처방은 학생 자신 속에 있고 명상의 유형을 현명하게 고쳐서 더 신중하게 따르는 데 있다; 세 번째는 나중에 나타낼 다양한 방식으로 찾아야만 한다.

사로잡힘의 위험

육체가 없는 실체로부터 오는 위험은 사실 사로잡힘의 위험으로, 일시적인 성질이어서 짧은 순간 동안 지속되거나, 더 오랫동안 지속되는 것일 수도 있다. 이것은 심지어 영구적이고 평생 동안 지속될 수도 있다. 이전에 이 주제에 대한 편지를 여기에 통합할 수 있다. 피할 수 있다면 결코 노력을 되풀이하지 않는다. 여기서 사로잡힘으로 부르는 이 출입은 적합하지 않은 명상을 어리석게 따라 해서 취하게 된 수동적인 태도로 대체적으로 일어난다는 점을 주로 강조하려고 한다. 위에서 오는 빛의 수용자가 되려는 욕망에서, 그가 스승들 혹은 심지어 대스승과 접촉할 수 있는 어떤 위치에 자신을 놓으려는 결심에서, 그리고 모든 생각과 모든 하위 진동을 제거하려는 노력 속에서, 학생이 그의 하위 개성 전체를 수용적으로 만드는 실수를 한다. 모든 하위 접촉과 환경 요인에 확고하게 능동적으로 만드는 대신에, 그리고 (이런 이상한 용어를 사용하는 것이 가능하다면) "마인드 정점"이 코잘계 혹은 추상계 그리고 심지어 직관계로부터 오는 전달에 수용적으로 열려있게 만드는 대신에, 학생이 모든 면에서 수용을 허락한다. 두뇌 속에 있는 한 점만이 수용적으로 되어야 하고, 의식의 나머지 모든 부분은 외부 간섭이 가능하지 않도록 극화되어 있어야 한다. 오늘날 대부분 사람의 경우 이것이 감정체를 말하는 것이지만, 이것은 감정체와 멘탈체를 말하는 것이다. 세계 역사의 지금 특정한 시기에, 감정계가 너무 조밀하게 붐비고 감정계에 대한 물질계 반응이 너무 정교하게 조율되어 있어서, 사로잡힘의 위험이 지금까지 어느 때보다 더 크다. 그러나 그대를 격려하기 위하여, 그 반대도 유효하며, 신성에 대한 반응과 상위 차원의 영감에 대한 빠른 반응이 이렇게 컸던 적이 없었다. 모든 진보한 혼들의 특권인 "신성한 사로잡힘" 혹은 신성한 영감이 이전과는 다르게 다가오는 시대에 이해될 것이고, 인류를 돕기 위하여 도래하는 주(Lord)와 그분의 위대한 분들이 사용하는 방법 중에 하나가 분명히 될 것이다.

기억해야 할 것은 잘못된 사로잡힘의 경우, 사로잡는 실체가 그를 좌지우지하여, 무의식적으로 혹은 마지못해 거래의 파트너로 된다는 것이다. 신성한 사로잡힘에서 그는 영감을 불어넣으려는 혹은 그의 하위 매개체를 차지하거나 사용하려는 위대한 분과 의식적으로 그리고 기꺼이 협력한다. 언제나 동기가 인류를 더 크게 돕는 것이다. 그러면 사로잡힘은 부정적 상태의 결과가 아니라 긍정적 협력의 결과가 되어 법칙 하에 특정한 시기 동안 진행된다. 점점 더 많은 인류가 물질계와 감정계 그리고 나중에 멘탈계 사이에서 의식의 연속성을 계발시켜 감에 따라서, 이런 매개체의 양도 행위가 더 빈번해지고 이해될 것이다.

사로잡힘의 원인

1919년 10월 9일

오컬트 학생 앞에 있는 활동 중에 하나는 이 문제를 과학적으로 관찰하고 연구하는 것이다. 사로잡힘과 광기 혹은 정신이상이 매우 밀접하게 관련되어 있다고 다양한 오컬트 문헌에서 들었다. 광기는 세 가지 모든 체 속에 존재할 수 있고, 육체 광기가 가장 덜 해로운 것이며, 멘탈체 광기가 가장 오래 지속되고 치료하기 어려운 것이다. 멘탈체 속에 있는 광기는 지성을 이기적인 목적을 달성하는 하나의 수단으로 사용하고 그것이 잘못되었다는 것을 알면서도 의도적으로 사용하면서, 많은 화신 동안 이기적인 잔인성의 길을 따른 사람에게 내려온 무거운 운명이다. 그러나 이런 유형의 광기는 자아가 종종 좌도로 가는 사람의 진행을 억제하는 하나의 방법이 된다. 이런 의미에서 그것은 가장된 축복이다. 먼저 사로잡힘의 원인을 다루고, 광기(정신이상)의 주제를 다른 날에 다루자. 이 원인은 네 가지이고 각각 서로 다른 치료에 반응한다:

- 한 가지 원인은 분리시키는 망 속에 있는 에텔 복체가 분명하게 약화된 것으로, 느슨해진 고무줄 조각처럼 감정계로부터 외부 실체가 들어오는 것을 허락하게 된다. 이 망으로 형성된 출입구가 단단하게 닫혀있지 않아서, 외부로부터 들어오는 입장이 가능하게 될 수 있다. 이것이 물질계 원인이고, 물질계 물질의 조절 불량의 결과이다. 보통 고통 받는 사람은 육체적으로 약하고,

지성적으로 미약하지만, 출입을 막기 위하여 싸우며 고군분투하는 강력한 감정체를 가지고 있다. 공격은 간헐적이고, 남자보다 여자를 더 자주 공격한다.

- 또 다른 원인은 감정적 이유 때문에 기인한다. 감정체와 육체 사이에 조정이 부족하고 그가 (밤에) 감정체 속에서 활동할 때 육체로 다시 들어오는 순간 어려움이 따라서, 다른 존재에게 육체로 들어가는 기회가 있게 되며, 진정한 자아가 육체를 차지하는 것을 막는다. 이것이 가장 일반적인 사로잡힘의 형태이고, 강력한 육체와 강력한 아스트랄 진동을 가지고 있지만 약한 멘탈체를 가진 사람에게 영향을 준다. 결과로 일어나는 싸움에서 그렇게 소리지르는 정신이상자의 격렬한 장면과 간질환자의 발작이 따른다. 여자가 보통 감정체에서 더 분명하게 극화되어 있기 때문에, 남자가 이 영향을 받기 쉽다.

- 더 드문 종류의 사로잡힘은 멘탈체이다. 다가오는 시대에 멘탈체가 발달함에 따라서, 아마도 이것을 더 볼 수 있을 것이다. 멘탈 사로잡힘은 멘탈계에서 일어나는 잘못된 배치로 수반되고, 그래서 그것이 드물다. 육체와 감정체는 하나의 단위로 남아 있지만, 사고자가 멘탈체 속에 남아있고 반면에 사로잡는 실체가 (멘탈 물질을 입은 채) 두 가지 하위 매개체로 들어간다. 감정적 사로잡힘의 경우, 사고자가 감정체와 멘탈체를 가진 채 남겨지지만 육체가 없다. 이런 후자의 경우, 그는 감정체도 육체도 없이 남겨진다. 그 원인은 멘탈체의 지나친 발달과 감정체와 육체가 상대적으로 취약하다는 사실에 있다. 다른 체가 감당하기에는 사고자가 너무

강력하고 그것을 사용하는 것을 싫어한다; 그는 멘탈 수준에서 하는 작업에 너무 많이 흥미를 가지고 있고, 이렇게 사로잡으려는 실체에게 통제할 수 있는 기회를 주게 된다. 이전에도 말했듯이, 이것은 드물고, 한쪽으로 치우친 계발의 결과이다. 그것은 남자와 여자 똑같이 공격한다; 그것은 주로 어릴 적에 나타나고 치료하기가 어렵다.

- 한층 더 드문 원인의 사로잡힘은 어둠의 형제의 작업이다. 그것은 자아와 하위 육체를 부착시키는 자성 연결고리를 자르는 형태를 취하여, 자아를 감정체와 멘탈체 속에 남겨 놓게 된다. 이것은 보통 육체의 죽음을 낳지만, 이런 경우 육체를 사용하려는 어둠의 형제가 거기로 들어가서 그의 연결고리와 연결시킨다. 이런 경우는 드물다. 이것에는 두 부류의 사람만 관련 된다:

1) 도의 길에 있으며 고도로 진화한 사람들이지만, 어떤 의도적인 결함으로 어느 한 화신에서 실패해서 자신을 악의 힘에 열어놓은 사람들. 제자 개성 속에 있는 죄 때문에 어느 한 지점이 약점으로 되어, 이것이 이용된다. 위대한 혼이 겉으로 보기에 갑작스럽게 떨어지는 길로 급락하고, 그의 존재 추세 전체를 바꿔서 아름다운 인격을 진흙으로 더럽힐 때 보이는 변형에서 이런 유형의 사로잡힘이 나타난다. 그것은 그 나름대로 처벌을 가지고 있다. 왜냐하면 내면 세계에서 제자는 계속 지켜보고 있으며, 마인드의 고통 속에서 그의 하위

매개체가 진정한 소유자의 이름을 더럽히는 것을 보고 소중한 대의에 폐해를 끼치는 것을 보기 때문이다.

2) 조금 진화하였으며 약하게 조직화된 그래서 저항할 수 없는 사람들.

사로잡는 실체의 유형

이것을 자세하게 언급하기에는 너무 많아서 몇 가지만 열거할 것이다.

1. 화신을 기다리고 있는 하위 등급의 실체들로, 한 두 가지 경우에, 그들이 원하는 기회를 엿보고 있는 실체들.
2. 저지른 행위를 번복하고 싶어서 현세와 다시 접촉하려는 자살한 사람들.
3. 사랑하는 사람들, 그들 사업 문제에 대한 걱정에서 혹은 어떤 잘못된 것을 하려는 혹은 어떤 사악한 행위를 번복하려는 열망에서, 몰려들어와서 한 두 가지 경우를 취하는, 선하거나 악한, 지상에 묶여 있는 영들.
4. 앞에서 말했던 어둠의 형제로, 이미 인용한 세 번째 네 번째 경우를 주로 이용한다. 그들은 약하거나 세련되지 않은 체를 사용하지 않고, 고도로 진보한 체를 필요로 한다. 세 번째 경우에, 멘탈 매개체의 과도한 강조 때문에, 그 약점이 전적으로 상대적이다.

5. 비슷한 진동을 느끼는 곳에서 아주 사소한 기회라도 잡으려고 몰려드는 사악한 성질의 하위인간 실체와 엘리멘탈.

6. 순전한 변덕스러움과 재미에서, 마치 어린 아이가 옷을 차려 입는 것을 좋아하듯이 같은 방식으로 다른 체 속으로 들어가는, 무해하지만 장난기 많은, 어떤 하위 데바들.

7. 그들 자신의 목적을 위하여 고도로 진화한 어떤 체로 들어가는 다른 행성에서 종종 오는 방문자들. 이것은 매우 매우 드물다.

이제 치유에서 첫 번째 시도가 될 어떤 방법을 제시해보자.

- 첫 번째 유형인 물질계에서 약한 사람의 경우에, 치유의 강조가 먼저 두 부문에서, 특히 에텔체에서, 강력한 육체를 만드는 데 둘 것이다. 미래 시대에 이것이 그림자의 데바들의 (에텔 데바 혹은 보라색 데바) 직접적인 도움으로 이루어질 것이다. 에텔 망을 강화하는 것이 자색 빛과 고요한 휴양지에서 실행되는 그것에 상응하는 소리의 방법으로 도움을 받을 것이다. 이런 치료와 동시에 멘탈체를 강화시키는 시도가 있게 될 것이다. 육체를 강화시키면서 공격으로부터 자유로운 기간이 점점 더 길게 될 것이다. 결국에는 공격이 완전히 멈추게 될 것이다.

- 그 원인이 육체와 감정체 사이 조정의 부족일 때, 첫째 치유 방법은 만트람과 (종교 의식 같은) 의식의 도움으로 분명한 퇴마 의식이 될 것이다. 자격을 갖춘

사람이 밤에 잠자는 시간 동안에 사로잡는 실체가 없을 때 이런 만트람을 사용할 것이다. 이 만트람은 실재 소유자를 부를 것이고, 그가 다시 들어간 뒤에 보호벽을 만들 것이며, 사로잡는 실체를 강제적으로 떨어지게 만들려는 것이다. 진정한 소유자가 돌아왔을 때, 그때 작업은 그를 거기에 계속 있도록 만드는 것이다. 낮에 하는 교육 작업 그리고 길게 혹은 짧게 밤에 하는 보호 조치가 사악한 입주자 혹은 원치 않는 세입자를 점진적으로 제거할 것이다. 그리고 시간이 지나면서 고통 받는 사람이 면역을 획득하게 될 것이다. 이것에 대해서는 나중에 주어질 것이다.

- 멘탈 사로잡힘이 관련될 때, 그 문제가 더 어렵다. 미래에 성취하는 대부분의 첫째 치료법이 첫째 둘째 그룹에 집중될 것이다. 첫 번째에서 실험이 시작되어야 하지만, 멘탈 사로잡힘은 더 큰 지식이 있어야 한다. 그 작업은 멘탈계에서 자유롭게 활동할 수 있어서 멘탈체 속에서 사고자를 접촉할 수 있는 사람이 주로 멘탈계로부터 행할 것이다. 그러면 사고자의 협력을 얻어서 사로잡힌 육체와 감정체에 공동으로 분명한 공격을 해야 한다. 첫째, 둘째 치료의 경우에는 많은 작업이 밤에 이루어질 것이지만, 멘탈 사로잡힘의 경우에는 사고자가 그의 육체와 감정체를 다시 얻어야 하기 때문에 엄청 어려운 것이다. 이 경우에는 종종 죽음이 일어난다.

- 자성줄이 끊어지는 경우 할 수 있는 것이 아무것도 없다.

데바 진화로부터 오는 위험

두 번째 요점은 더 복잡하다. 이 편지 앞에서 데바들과 접촉이 구체적인 형태와 만트람을 통하여 일어날 수 있고 이런 접촉에서 부주의한 사람에게 위험이 도사리고 있다고 어떻게 말했는지 기억할 것이다. 다음 이유 때문에 그 위험이 이상하게도 이제 실재적이다:

가. 일곱 번째 광선 혹은 의례의 광선인 보라색 광선이 밀려들어와서 지금까지보다 이런 접촉을 더 쉽게 만들었다. 그러므로 근접이 가능한 광선이고, 조절된 리듬 있는 움직임과 함께 의례와 정해진 형태를 사용하는 속에서, 두 가지 연계된 진화가 만나는 곳이 발견될 것이다. 의식을 사용할 때 이것이 명백해질 것이고, 교회 의식과 메이슨 의식에서 이것이 증거가 되어 왔다는 사실을 심령가들이 이미 입증하고 있다. 점점 더 이렇게 될 것이고, 그리고 그것은 불가피하게 대중의 지식 속에 나타나서 다양한 방법으로 부주의한 사람에게 영향을 주는 어떤 위험을 가지고 있다. 알고 있듯이, 사물의 계획 속에서 데바들에게 그들의 역할을 하도록 그리고 인류 가족이 마찬가지로 해야만하는 역할을 소통하려는 분명한 노력이 행성 하이어라키에 의해서 이루어지고 있다. 그 작업은 느리고, 어떤 결과가 불가피하다. 이 편지에서 데바와 인간의 진화 속에서 의식과 정해진 만트라 형태들이 하는 역할을 다루는 것이 나의 목적이 아니다. 데바를 불러오는 형태를 어리석게 사용하는 속에, 주로 성음에 영향 받는

건설자들과 접촉할 목적으로 성음을 가지고 실험하는 속에, 그리고 색깔과 소리의 부속물을 가지고 의례의 비밀을 파고들려는 노력 속에, 인간에 대한 위험이 놓여있다는 것을 지적하고자 한다. 나중에 제자가 입문의 문을 지나갔을 때, 그가 법칙을 가지고 일하도록 가르치는 필요한 정보와 함께 그런 지식이 그의 것이 될 것이다. 법칙을 따름으로서 어떤 위험도 없게 된다.

나. 인류는 베일 속으로 침투해 들어가서 미지의 다른 쪽에 무엇이 있는지 알아보려는 강력한 결의를 가지고 있다. 모든 곳에서 사람들이 명상이 향성시켜주는 피어나는 힘을 자신들 속에서 의식하고 있다. 그들은 어떤 규칙을 조심스럽게 따르면서 내면 세계의 소리와 광경에 점점 더 민감해지고 있다는 것을 발견한다. 그들은 순식간에 지나가는 미지를 힐끗 본다; 종종 드문 경우에, 내면의 시력 기관이 일시적으로 열려서 그들은 아스트랄계 혹은 멘탈계에서 듣고 본다. 그들은 의례가 이용되는 모임에서 데바들을 본다; 그들은 그들이 진실이라고 인정하는 진리를 말하는 어떤 소리나 목소리를 듣는다. 그 문제를 밀어붙이고, 명상을 오래 지속해서, 심령 능력의 강화를 약속하는 어떤 방법을 시도하려는 유혹이 너무 강력하다. 그들은 부주의하게 문제를 강제로 밀어붙이고 심각한 재앙이 결과적으로 일어난다. 한 가지 힌트를 주겠다: 명상에서는 글자 그대로 불을 가지고 노는 것이 가능하다. 멘탈 수준의 데바들이 체계의 잠재하는 불을 조종하고 이렇게 부수적으로 내면 인간의 잠재하는 불을 조정하게 된다. 그들 노력의

장난감이 되어 그들 손에서 사라지는 것이 슬프게도 가능하다. 여기서 한 가지 진리를 말한다; 나는 공상하는 두뇌의 흥미로운 괴물을 말하는 것이 아니다. 불을 가지고 노는 것을 조심하라.

다. 이런 과도기에는 대체적으로 많은 위험이 따른다. 오컬트 힘을 유지하고 다루기 위한 올바른 유형의 체가 아직 만들어지지 않았고, 잠시동안 지금 사용하는 체가 야망을 가진 학생에게는 재난만 가져온다. 어떤 사람이 오컬트 명상의 길을 따르기 시작할 때, 섬세한 체를 다시 만드는데 그리고 부수적으로 육체까지 덧붙여서 거의 14 년이 걸린다. 그 기간 동안 내내 미지의 것에 손대는 것이 안전하다. 왜냐하면 매우 강력하고 세련된 육체, 통제되고 안정되어 균형 잡힌 감정체 그리고 적절하게 줄이 있는 멘탈체만이 섬세한 세계로 들어가서 글자 그대로 포하트를 가지고 일할 수 있기 때문이다. 그것이 오컬트 명상이 하는 것이다. 그러므로 모든 곳에 있는 모든 현명한 스승들이 깨달음의 길보다 선행되어야 하는 정화의 길을 강조하는 것이다. 그들은 심령 기능이 안전하게 허락되기 전에 영적 기능을 만드는 것을 강조한다; 그에게 자연의 힘을 조작하고, 엘리멘탈을 지배하며, 데바와 협력하고, 그런 힘을 현현 범위 안으로 가져오게 만드는 형태와 의례, 만트람과 키워드를 배우도록 허락하기 전에, 그들은 평생 동안 매일 인류에 대한 봉사를 요구한다.

어둠의 형제로부터 위험

1920 년 8 월 4 일

이전에 실질적으로 어둠의 형제에 대하여 제공할 수 있는 모든 것을 제공하였다. 이 시점에서 보통 학생은 이런 원천에서 오는 위험을 두려워할 필요가 없다는 사실을 강조하고자 한다. 그가 제자도에 가까워지고 백색형제단의 도구로서 그의 동료보다 앞서게 될 때만 그는 저항하려는 사람들의 관심을 끌게 된다. 명상과 봉사 속에서의 활동과 힘에 적용해서, 그가 그의 매개체를 진정한 성취 지점까지 계발시켰을 때, 그때 그의 진동이 특정한 종류의 물질을 움직이게 만들며, 그 물질을 가지고 일하고, 유액을 조종하며, 건설자를 통제하는 것을 배우게 된다. 그렇게 함으로써 그는 하강 진화의 힘을 가지고 일하는 사람의 영역으로 침입하고 이렇게 그 자신에게 공격을 가져올 수 있게 된다. 이런 공격이 그의 세 가지 매개체 중 어느 하나로 올 수 있고 서로 다른 종류가 될 있다. 이 편지를 공부한 학생들에게만 관련 있는 방법인, 제자를 향해서 이용되는 몇 가지 방법을 간략하게 지적해보자:

가. 육체에 대한 분명한 공격. 제자의 유용성을 막기 위하여 육체를 불구로 만들거나 질병을 통하여 모든 종류의 방법이 이용된다. 모든 사건이 카르마의 결과가 아니다. 왜냐하면 제자는 상당한 양의 그런 유형의 카르마를 극복하였고 이렇게 해서 활동적인 작업에서 방해의 원천으로부터 비교적 자유롭게 되었기 때문이다.

나. 현혹이 사용되는 또다른 방법이며 혹은 실재를 숨기고 진실한 것을 일시적으로 모호하게 만들기에 충분한 그런 감정 물질 혹은 멘탈 물질 구름을 제자에게 드리는 것이다. 현혹이 사용된 경우를 연구해 보면, 엄청 깊은 의미가 있으며 심지어 진보한 제자도 항상 진실과 거짓, 실재와 허위 사이를 분별하는 것이 매우 어렵다는 것을 보여준다. 현혹이 감정계나 멘탈계에 있을 수 있는데, 보통은 감정계에 있다. 이용되는 한 가지 형태는 제자가 가끔 굴복하는 비판이나 낙담 혹은 나약한 생각의 그림자를 드리우는 것이다. 이렇게 드리워지면, 그것이 과도하게 중요하게 보이고 부주의한 제자가 자신의 순간적이고 지나가는 생각의 거대한 윤곽만을 보고 있다는 것을 깨닫지 못해서 낙담하게 되고 심지어 절망에 굴복하여 위대한 분들에게 유용하지 못하게 된다. 또 다른 형태는 그의 대스승으로부터 온 것으로 지칭하지만 그를 방해하고 돕지 않는 미세한 암시에 불과한 그런 아이디어와 암시를 그의 멘탈 오라 속으로 던지는 것이다. 현명한 제자는 항상 그의 진정한 스승의 목소리와 가면을 쓴 허위의 속삭임 사이에 분별하는 것이 필요하고, 심지어 고위 입문자들도 잘못된 방향으로 일시적으로 이끌리기도 했다. 현혹시켜서 세계 현장에 있는 일꾼의 효과적인 성과를 줄이는데 사용된 방법이 많이 있고 섬세하다. 그러므로 모든 열망자들이 현명하게 기만으로부터 보호해주는 그 분별력 혹은 비베카를 계발시키는데 매진할 것을 명한다. 만약 이 특질이 힘겹게 세워져서 일상 생활의 크고 작은 모든

사건에서 배양된다면, 길을 잃어버릴 위험이 없어질 것이다.

다. 자주 이용되는 세 번째 방법은 제자를 두꺼운 어둠 구름으로 감싸고, 그를 꿰뚫고 들어갈 수 없는 밤과 안개로 에워싸서 그가 비틀거리다가 종종 실패하게 만드는 것이다. 그것이 검은 감정 물질 구름 형태나, 모든 안정적인 진동을 위태롭게 만드는 것처럼 보여서 현혹된 학생을 절망의 암흑 속으로 떨어뜨리는 그런 어떤 어두운 감정의 형태를 취할 수도 있다; 그는 모두가 그를 떠나고 있다고 느낀다; 그는 다양하고 암울한 감정들의 희생양이 된다; 그는 자신이 모두에게 버려졌다고 여기는 것 같다; 그는 과거의 모든 노력이 소용없었고 죽는 것 이외에는 아무것도 남아 있지 않다고 생각한다. 그런 때 그는 비베카 재능이 많이 필요하고, 그 문제를 진지하게 가늠하고 차분히 생각할 필요가 있다. 이런 때에 그는 어둠이 내면의 신으로부터 아무것도 숨기지 못하며, 일어날 수 것은 어떤 것도 건드리지 못하는 의식의 안정적인 센터가 거기 그대로 있다는 것을 환기시켜야 한다. 그는 끝까지 인내해야 한다. 무엇의 끝까지? 감싸는 구름이 끝날 때까지, 그것이 태양빛 속으로 합쳐지는 시점까지; 그는 그 기간을 지나가서 대낮 속으로 나가아하며, 그 어떤 것도 내면의 의식에 도달해서 그 내면 의식을 해칠 수 없다는 것을 깨달아야 한다. 밖에서 무슨 일이 일어나더라도, 신은 내면에 있다. 우리는 둘러싸는 환경, 그것이 물질계, 감정계 혹은 멘탈계 환경이건, 그것을 내대보고, 가슴의 가장 깊은 센터가 우주 로고스와 접촉하는 우리의 접촉 지점을 숨기고 있다는 것을 잊어버리는 경향이 있다.

라. 마지막으로 (왜냐하면 사용되는 모든 방법을 다룰 수 없기 때문이다) 사용되는 방법은 제자 위로 멘탈 어둠을 드리우는 것일 수 있다. 그 어둠이 지성적 일 수 있고, 그래서 꿰뚫고 들어가기가 너무 어려울 것이다. 왜냐하면 이런 경우에 자아의 힘을 불러야만 하고, 반면에 전자의 경우에는 종종 하위 마인드의 차분한 추론으로 그 문제를 떨쳐버리기에 충분하기 때문이다. 여기서 이 구체적인 경우에, 제자가 그 구름을 흩어지게 하기 위하여 그의 자아 혹은 상위자아를 부르려고 시도할뿐만 아니라, 그가 마찬가지로 그의 스승, 혹은 심지어 그의 대스승께 그분들이 줄 수 있는 지원을 부른다면 현명할 것이다.

이것이 열망자를 둘러싸는 몇 가지 위험에 불과하고, 경고와 지도 목적으로만 그것에 대하여 힌트를 주는 것이지, 경종을 일으키려는 것이 아니다. 그대는 여기에 제자를 돕기 위하여 준 규칙이 있는 이전 편지를 보충할 수 있다.

어둠의 형제단

1919 년 9 월 25 일

오늘은 어둠의 형제단의 힘에 대하여 그대에게 말하고자 한다. 그들의 행동을 지배하는 어떤 법칙, 그들이 작업에서 사용하는 어떤 방법을 인식할 필요가 있고 어떤 보호 방법을 이해하고 사용할 필요가 있다. 이전에 그대에게 말했듯이, 대부분의 사람에게 그 위험이 아직은 감지될 수 없지만, 시간이 지나면서 점점 더 우리가 물질계 일꾼인 그대들에게 공격으로부터 자신을 보호하고 방어하는 방법을 가르칠 필요가 있다는 것을 발견하게 될 것이다.

어둠의 형제들--이것을 항상 기억하라--은 죄짓고 잘못 인도된 형제들로, 길을 잘못 들어서 아주 멀고 먼 땅으로 갔지만 여전히 한 분의 아버지의 아들들이다. 그들이 돌아오는 데 오래 걸릴 것이지만, 진화의 자비가 멀리 앞에 있는 주기에 그들이 귀향의 길로 되돌아오도록 필연적으로 강요할 것이다. 구체적인 마인드를 지나치게 강화해서, 그것이 지속적으로 상위 마인드를 차단하도록 허락하는 사람은 누구나 좌도로 길로 잘못 들어설 위험에 있는 것이다. 많은 사람이 그렇게 길을 잘못 들어서지만, 돌아오고, 그러면 어린 아기가 한번 화상을 입으면 불을 피하듯이 같은 방식으로 미래에 비슷한 오류를 피하게 된다. 결국 어둠의 형제가 되는 사람은 경고와 고통에도 불구하고 끈질기게 지속하는 사람이다. 처음에 자아가 그렇게 발전하는 개성을 막기 위하여 힘차게 싸우지만, 코잘체의 결함이 (왜냐하면 우리의 악은 미덕이 오용된 것이라는 것을 잊지 마라) 한쪽으로 치우친 코잘체를 낳아서, 어느 방향으로 지나치게 계발되고 미덕이 있어야 하는 곳에 깊은 구멍과 간격으로 가득 차게 된다.

어둠의 형제는 그의 부류와 어떤 단결을 인식하지 못하며, 자신의 목적을 증진시키기 위하여 그들을 착취해야 하는 사람으로 본다. 그래서 이것이 작은 차원에서 알면서 혹은 모르면서 그들에 의해서 이용되고 있는 사람들의 표시이다. 그들은 누구도 존경하지 않고, 그들은 모든 사람을 타당한 희생자로 여기며, 그들은 모든 사람을 자신의 방식대로 강요하고, 타당한 방법이건 반칙이건, 그들은 모든 저항을 무너뜨리려 하며 개성아를 위하여 그들이 원하는 것을 획득하려고 한다.

어둠의 형제는 그가 일으킬 수도 있는 고통을 고려하지 않는다; 그는 그의 적에게 어떤 고통을 가져오더라도 상관하지 않는다; 그는 자신의 의도를 지속하고 그리고 그 과정에서 자신의 목적이 증진되기만 한다면, 어떤 사람이건, 여자건 어린 아이건, 사람을 해치는 것을 그만두지 않는다. 빛의 형제단에 저항하는 사람으로부터 어떤 자비도 절대적으로 기대하지 마라.

물질계에서 그리고 감정계에서, 어둠의 형제가 빛의 형제보다 더 힘을 가지고 있다--그 자체적으로 더 많은 힘이 아니라 더 겉으로 보이는 힘이다. 왜냐하면 어둠의 형제들이 그 두 가지 계에서 힘을 휘두르듯이, 백색 형제들은 두 가지 계에서 그들의 힘을 행사하지 않는 것을 선택한다. 백색 형제들은 그들의 권위를 행사할 수 있지만 그들은 하강 진화의 힘이 아닌 진화의 힘과 일하면서 힘을 행사하는 것을 자제하는 것을 선택한다. 이 두 가지 계에서 발견되는 엘리멘탈 힘은 두 가지 인자로 조종된다.

가. 만물을 결국에는 완성으로 이끄는 내재하는 진화의 힘. 백색 초인들이 이것에 협력한다.

나. 모든 반대자에게 복수와 그들 의지를 쏟기 위하여 이런 엘리멘탈 힘을 종종 이용하는 어둠의 형제들. 그들의 통제 하에서 자주 지상계의 엘리멘탈, 사악한 형태로 발견되는 엘리멘탈 에센스와 그놈, 그리고 갈색, 회색 그리고 침울한 색조의 요정과 브라우니가 일한다. 그들은 고도로 발달한 데바들을 통제할 수 없고, 몇몇 붉은색 요정이 그들 지시대로 일하게 만들 수 있지만, 푸른색, 녹색 그리고 노란색 요정을 통제할 수가 없다. 물의 엘리멘탈도 (스프라이트 혹은 실프는 반발하지만) 가끔 그들을 돕기 위하여 움직이고, 이런 하강 진화의 힘을 통제하는 속에서 그들은 우리 작업을 촉진하는데 해를 준다.

종종 어둠의 형제가 빛의 대리인으로서 가장하여, 신의 메신져로서 종종 자세를 취하지만, 그대의 확신을 위하여 자아의 안내 하에서 행동하는 사람은 명확한 비전을 가질 것이고 기만을 피할 것이라고 말하고자 한다.

요즘 그들의 힘이 가끔 엄청나다. 왜? 왜냐하면 모든 사람 개성 속에서 그들의 진동에 반응하는 것이 너무 많이 존재하고, 그래서 그들이 인간의 체에 영향을 주기가 쉽기 때문이다. 상대적으로 말하면, 빛의 형제단의 주음에 반응하는 상위 진동이 아직은 인류 속에 거의 쌓이지 않았다. 빛의 형제단은 실질적으로 멘탈계, 감정계 그리고 물질계 가장 높은 두 개 수준에서 (혹은 원자계와 아원자계) 전적으로 움직인다. 이런 하위계에서 움직일 때 하위계에 있는 엘리멘탈의 공격이 느껴질 수도 있지만 어떤 해도 줄 수가 없다. 그래서 순수한 삶과 통제된 순수한 감정 그리고 고양된 사고가 필요한 것이다.

어둠의 형제단의 힘이 물질계와 감정계에서 겉으로 보기에 지배적이라고 말한 것을 그대는 주목할 것이다. 빛의 형제들이 일하는 멘탈계에서는 그렇지 않다. 강력한 어둠의 마법사들이 하위 멘탈 수준에 있지만, 상위 멘탈계에서는 화이트 롯지가 지배한다. 그분들이 진화하는 인간의 아들들에게 추구하라고 요청하는 수준이 바로 세 가지 상위의 하위계이다; 모두가 열망하고 추구해야 하는 곳이 그분들의 영역이다. 어둠의 형제는 그의 의지를 (만약 유사한 진동이 있다면) 인간과 하강 진화하는 엘리멘탈 왕국에 각인시킨다. 빛의 형제들은 비애의 사람이 호소하였듯이 잘못을 저지르는 인류가 빛을 향해서 올라가길 호소한다. 어둠의 형제들은 진보를 지체시키고 자신의 목적을 위하여 모든 것을 형성한다; 빛의 형제는 진화를 재촉하기 위하여 모든 노력을 기울이고 그리고 (성취의 대가로서 그의 것인 모든 것을 포기하면서)

어떻게든 어떤 사람들을 도와서, (그들을 지구의 어둠에서 들어올리면서) 그들이 산 위로 발을 내딛게 하고, 십자가를 넘어설 수 있도록 할 수 있다면, 안개 속에, 불화와 악 그리고 시대의 증오 속에 머무른다.

이제 세계 현장에 있는 일꾼을 보호하기 위하여 무슨 방법이 사용될 수 없을까? 현재의 투쟁과 다가오는 여러 세기의 더 큰 싸움 속에서 그의 안전을 보장하기 위하여 무엇을 할 수 있을까?

1. 모든 매개체의 순수성이 주된 본질이라는 인식. 어떤 어둠의 형제가 어떤 사람에 대한 통제를 얻는다면 그것은 그 사람이 삶 속에서 어떤 약한 지점을 가지고 있다는 것을 보여준다. 그가 들어오는 문을 열어줬음에 틀림없다; 매개체의 입주자가 사악한 힘이 쏟아져 들어올 수 있도록 틈을 만들었음에 틀림없다. 그러므로 꼼꼼히 육체의 청결을 유지하고, 감정체에는 깨끗하고 안정된 감정만 허락하며, 멘탈체에서 사고의 순수함이 필요하다. 이렇게 될 때, 하위 매개체 속에서 조정이 있을 것이고 내면에 거주하는 사고자 자신이 어떤 출입도 허락하지 않을 것이다.

2. 모든 두려움의 제거. 진화의 힘이 하강 진화의 힘보다 더 빠르게 진동하며 이런 사실에서 인식할 수 있는 안전이 있다. 두려움은 나약함을 유발한다; 나약함은 붕괴를 일으킨다; 약한 지점이 파괴되고 어떤 틈이 나타나며, 그 틈을 통해서 사악한 힘이 들어올 수 있다.

들어오게 하는 요인은 문을 열어주는 그 사람 자신의 두려움이다.

3. 무슨 일이 일어나더라도 미동하지 않고 굳건하게 서 있는 것. 그대의 발이 지상의 진흙 속에 빠져 있을 수 있지만, 그대의 머리는 상위 영역의 태양빛 속에서 목욕할 수 있다. 땅의 오물을 인식하더라도 어떤 오염을 수반하지 않는다.

4. 상식의 용도를 인식해서 그것을 당면한 문제에 적용하는 것. 잠을 많이 자고, 잠잘 때 체를 긍정적으로 놓는 것을 배워라; 감정계에서 계속 바쁘게 유지하고 내면의 침착을 성취하라. 육체를 지나치게 지치게 하지 말고, 가능할 때마다 놀아라. 나중에 오는 긴장을 피하는 그런 조정이 휴식 시간에 온다.

편지 6 - 명상에서 형태의 사용

가. 의식을 높일 때 형태의 사용.
나. 신비가와 오컬티스트 형태의 사용.
다. 구체적인 형태.
라. 형태를 집단으로 사용하는 것.

1920년 8월 6일

이 여섯 번째 편지에서 어떤 구체적인 결과를 성취하기 위하여 구체적인 형태를 제시해 주길 바라는 여러분의 자연스러운 바람에 온전하게 따를 수가 없다. 나는 여러분이 신중하게 따를 어떤 형태를 제시하지 않을 것이다. 이전에도 지적하였듯이, 반응을 지켜볼 어떤 스승의 안내 없이는 그 위험이 너무 크다. 이런 형태가 나중에 주어질 수 있다. 다가오는 세대를 위하여 그 작업이 때에 맞춰 준비되고, 이 편지가 그런 개요 속에서 나름대로 위치를 가지고 있다. 오늘 의도하는 것은 다른 것이다. 네 가지를 하려고 하며 각각 다뤄서 세부적으로 설명할 것이다. 이것을 적절하게 흡수하고 행동으로 옮긴다면 더 깊은 발전으로 이끌어줄 것이다. 오컬트 가르침 방법은 단계적으로 주어지고, 제자 앞에 요점을 한 가지 한 가지 놓으며, 각 단계를 밟고 각 요점을 이해할 때만, 다음 단계가 명확해진다. 스승은 어떤 암시를 주고, 어떤 힌트를 주며, 어떤 고귀한 빛을 건드린다. 제자는 강조된 그 점을 따라가서, 이렇게 행동하면서 더 심오한 빛이 쏟아져 들어오는 것을 발견하고, 또 다른 단계가 나타나서 다음 힌트가 주어진다. 그러므로 이런 공동 작용과 반작용 속에서 오컬티스트가 오컬트 학생을 수련 시킨다.

"명상에서 *형태*의 사용"이라는 주제를 공부할 때, 의도하는 자료를 놓고자 하는 네 가지 구분은 다음과 같다:

1. 의식을 높일 때 형태의 사용.
2. 신비가와 오컬티스트 형태의 사용.
3. 구체적인 목적을 위한 구체적인 형태의 사용.
4. 형태를 집단으로 사용하는 것.

이 주제를 설명하는 데, 만들고자 하는 것은 어떤 분명한 방법을 제공하는 것이 아니라 명상에서 형태의 가치를 합당하게 이해시키려고 하는 것이다. 모든 진화 목표인 상위와 하위 사이의 하나됨을 만들고, 신성과의 합일을 가져오는 가장 중요한 수단을 법칙 하에서 진전시켜가는 본질적 성질을 보여주고자 한다. 이 글을 읽는 독자들 마인드 속에 이런 성질의 모든 작업의 토대인 영과 물질의 관계에 대한 합당한 이해를 남기려고 한다.

이번 두 번째 태양계에서 로고스가 사용하는 방법은 표현의 매개체로서 그리고 그 매개체로 내재하는 생명이 성장하고 확장하며 경험하고 자기자신을 발견할 수 있도록 현현의 목적으로 형태를 분명히 사용하는 것이다. 그 형태가 전체 태양계이건, 그것이 복잡한 인간이건 혹은 그 인간이

깨닫고 알려는 노력에서 건설한 형태이건 마찬가지이다--
형태는 어떤 매개체를 제공할 바로 그 목적으로 만들어지고,
그 형태에 의해서 의식이 단계적으로 어떤 시각화된
지점까지 상승할 수 있다. 이것이 첫 번째 주제로 가게
해준다:

1. 의식을 높일 때 형태의 사용

이 주제 하에서 세 가지를 검토해야 한다:
가. 의식 자체.
나. 그 의식이 상승하여 향하려는 목표.
다. 그것이 따르는 단계.

인류 개별 단위는 신성한 의식의 일부분이고, 자기자신
밖에 있는 어떤 것--자기자신과 그것을 둘러싸는 매개체
혹은 그것을 에워싸는 형태와 구분되는 것을 아는 어떤
것--을 인식하거나 의식한다.

진화의 현재 단계에서 보통 사람은 단순히 분화 혹은 인류
가족의 다른 구성원과 분리되어 있는 것으로 인식하고,
이렇게 자신 속에서 다른 단위 사이에 있는 하나의 단위를
구성한다. 그는 이것을 인정하고 다른 분리된 단위들이
그렇게 여기는 권리를 인정한다. 그는 여기에다 우주
어딘가에 우리가 이론적으로 신 혹은 대자연으로 부르는
지고의 대의식이 존재한다는 것을 인정한다. 이런 순전히
이기적 관점과 (여기서 "이기적"이라는 용어를 폄하하는
형용사가 아닌 과학적 의미로 사용하고 있다) 편재하는

신의 애매한 이론 사이에서 수많은 단계가 보인다. 각 단계마다 의식의 확장 혹은 관점의 확장이 일어나서, 그것은 자아를 인식하는 단위가 단계마다 자기 인식에서 더 우월한 자아들에 대한 인식으로 이끌며, 자신을 우월한 자아로서 마찬가지로 인정받기 위하여 자격을 갖추게 해서, 결국에는 자신의 우월한 대아에 대한 오컬트 인식까지 이끌어준다. 그는 그의 상위자아 혹은 자아를 진정한 대아로서 인식하게 되고, 그 단계부터 그룹 의식 단계로 들어간다. 여기서 그는 먼저 그의 자아 그룹을 인식하고 그리고 다른 자아 그룹을 인식한다.

이 단계 다음으로 형제애 보편 원리를 인식하는 것이 따라온다; 그것은 이론적 인식뿐만 아니라 의식을 인간 의식 전체에 대한 인식 속으로 합치는 것을 수반한다; 바로 이것이 그가 그의 자아 그룹 관계뿐만 아니라 그의 계에 있는 인간 하이어라키에서 그의 위치를 깨달을 수 있도록 해주는 그런 의식의 계발이다. 그는 사실 속에서 자신을 거대한 인류 하이어라키의 일부분으로서 알게 된다. 이것은 나중에 거의 상상할 수 없을 정도로 광대한 관점 속으로 확장한다――로고스 자신이 나타내듯이 웅대한 천체 인간 속에서 그의 위치에 대한 인식까지 확장한다.

이것이 우리의 목적을 위해서 갈 필요가 있는 거리이다. 왜냐하면 이 편지 시리즈는 우주 의식의 계발을 목표로 하지 않기 때문이다.

그러므로 이 단계를 체계적으로 밟아야 하고 각 단계를 한 단계 한 단계 숙달해야 한다는 것이 여러분에게 분명해질 것이다. 먼저 확장이 일어나고 깨달음을 느끼는 곳이 결국에는 *사고하고 깨어 있는 의식* 속이라는 것을 이해하는 것이 필요하다. 자신의 계에 있는 자아는 다른 의식과 의식의 통일성을 잘 인식하고 있고, 그의 그룹을 자신과 하나로서 인식하고 있지만, 그가 (물질계 의식 속에서) 같은 계까지 자신을 올려서 마찬가지로 그의 그룹 의식을 인식할 때까지, 그리고 마찬가지로 자신을 분리된 단위가 아니라 자아 그룹 속에 있는 상위자아로 여길 때까지, 인식된 이론이 경험 속에서 수행되지 않을 때와 마찬가지로 그것은 아무런 소용이 없다.

사람은 이런 단계를 그의 육체 의식 속에서 경험해야 하고 이전에 말한 것을 그냥 이론으로서가 아니라 실험해서 알아야 한다. 그래야 그가 다음 단계로 넘어갈 준비가 되어 있다고 여겨진다. 그가 하위를 지배할 때까지 마인드 확장으로 귀결되고 결국에는 물질계 현현이 되는 추상적 개념 기능으로 귀착된다. 그것은 여러분의 최고 이론과 이상을 시연할 수 있는 사실로 만드는 것을 의미하고, 그것은 상위와 하위의 혼합이며 상위가 표현하기에 적합한 표현 도구를 하위가 제공할 때까지 하위를 준비시키는 것이다. 명상 실천이 그 역할을 하는 곳이 바로 여기이다. 진정한 과학적 명상은 의식을 올리고 마인드를 확장시켜 그것이 다음을 포함할 때까지 점진적인 형태를 제공해 주는 것이다:

1. 가족과 친구.
2. 주위 동료.
3. 연계된 그룹.
4. 자아 그룹.
5. 다른 자아 그룹.
6. 자아 그룹이 하나의 센터를 형성하는 천상의 인간.
7. 웅대한 천상의 인간.

이것을 이루기 위하여 어떤 형태가 나중에 세워질 것이고, (인간의 광선의 선을 따라서 작업하면서) 그가 이것을 점진적인 단계로 하도록 가르칠 것이다. 내가 의식 자체와 그것이 열망하는 목표를 다루었고 그래서 첫째 둘째 요점을 다루었다는 것을 주목할 것이다. 그래서 마지막 표제인 성취로 이어지는 단계를 다룰 차례이다.

오컬트 계발로 들어와서 상위를 열망하는 사람 각자는 보통 사람 단계--자신을 순전히 고립된 관점에서 보고 자신에게만 좋은 것을 위하여 일하는 사람의 단계--를 지나갔다. 열망자는 어떤 다른 것을 목표로 하고 있다; 그는 자신을 그의 상위자아와 합치려고 하며 그 용어를 사용할 때 수반되는 모든 것과 합치려고 한다. 그 단계 너머는 모든 복잡성으로 입문의 비밀이고 우리와는 아무 관계가 없다.

자아를 향한 열망과 더 높은 의식을 들여와서 결과로 그룹 의식을 계발하는 것이 이 편지를 읽을 모든 사람과 매우 직접적으로 관련 있다. 그것이 견습의 길에 있는 사람들 앞에 있는 다음 단계이다. 정해진 어떤 명상 형태로 하루 30 분 시간을 단순히 할애하는 것으로 그것이 성취되지 않는다. 그것은 의식을 아침 명상에서 성취한 높은 수준으로 최대한 유지하려는 매시간의 노력을 수반한다. 그것은 자기자신을 항상 차별하는 개성이 아니라 자아로서 간주하려는 어떤 결심을 가정한다. 나중에 자아가 점점 더 통제하게 되면서, 그것은 그룹의 이익(선)과 분리된 어떤 목표나 소망, 흥미나 욕망 없이, 그 그룹의 일부분으로 여기는 능력과 관련된다. 그것은 하위 진동으로 다시 떨어지는 것을 막기 위하여 매일 매시간 지속적인 경계를 필요로 한다. 그것은 끌어내리는 하위자아와의 지속적인 싸움을 수반한다; 그것은 상위 진동을 유지하려는 끊임없는 싸움이다. 그리고 (이 점을 여러분에게 각인시키려고 한다) 목표는 하루 종일 명상 습관을 계발시키는 것이고, 상위 의식 속에 살아서, 그 의식이 너무 안정되어 하위 마인드, 욕망 그리고 육체 엘리멘탈이 영양분 부족으로 쇠약해지고 굶주려서 삼중 하위 성질이 자아가 인류를 도울 목적으로 세계와 접촉하는 단순한 수단으로 되게 만드는 것이다.

그렇게 할 때 그는 보통 사람이 거의 깨닫지 못하는 어떤 중요한 것을 성취하는 것이다. 그는 하위 의식에서 나와서 상위 의식 속으로 들어가는 하나의 매개체, 중간 통로 역할을 하는 일종의 마야비루파를 제공하는 어떤 형태, 분명한 상념태를 만들고 있는 것이다. 이 형태는 항상 그렇지는 않지만 보통 두 종류이다:

가. 학생은 매일 신중하게 사랑과 관심을 가지고 그에게 이상적인 상위 의식의 구체화(화신)인 그의 대스승에 대한 어떤 형태를 만든다. 그는 명상 속에서 이 형태의 윤곽을 세우고 일상 생활과 생각 속에서 그 구조를 만든다. 그 형태는 모든 미덕을 받고, 모든 색깔로 반짝이며, 먼저 그의 대스승에 대한 사랑으로 생기가 불어넣어지고, 나중에 (목적이 적합할 때) 대스승에 의해서 직접 활성화된다. 어느 계발 단계에서 이 형태가 상위 의식 속으로 들어가는 오컬트 경험의 토대를 제공해준다. 그는 자신을 대스승 의식의 일부분으로 알아보고 그 모든 것을 포함하는 의식을 통해서 그가 자아 그룹 혼 속으로 *의식적으로* 미끄러져 들어간다. 이 형태가 없어도 가능할 때까지 그 경험의 매개체를 제공해주고, 그는 자유롭게 자신을 그의 그룹으로 이동할 수 있으며, 나중에 의식적으로 거기서 영원히 머물 수 있다. 이 방법이 가장 대체적으로 사용되는 방법이고 사랑과 헌신의 길이다.

나. 두 번째 방법으로 학생은 자신을 이상적인 사람으로 그린다. 그는 자신을 모든 미덕의 옹호자로 시각화하고, 시각화한 그것을 만들기 위하여 매일의 삶 속에서 노력한다. 이 방법은 한층 더 멘탈 유형, 지성인이 사용하는 방법이고, 광선이 사랑, 헌신 혹은 조화로 채색되지 않은 사람이 사용하는 방법이다. 첫 번째만큼 그렇게 평범하지 않다. 이렇게 세워진 멘탈 상념태가 다른 것처럼 마야비루파 역할을 하고 그가 이 형태로부터 상위 의식 속으로 지나간다. 그러므로

여러분이 보듯이, 이 형태를 만들 때 어떤 단계를 밟아야 하고 각 유형이 어느 정도 형태를 다르게 만들 것이다.

첫째 유형은 어떤 사랑하는 개인으로 시작할 것이고, 그 개인에서 다양한 개인을 지나서 대스승까지 올라갈 것이다.

다른 유형은 가장 원하는 미덕에 대한 명상으로 시작할 것이고, 이상적인 자아 형태를 만들 때 미덕을 하나씩 하나씩 추가해서 모든 미덕을 다 시도할 것이고 자아를 갑자기 접촉하게 된다.

내일은 같은 주제를 다른 관점에서 다루고 오컬티스트와 신비가 사이의 차이를 공부할 것이다.

2. 오컬티스트와 신비가가 사용하는 형태

1920년 8월 8일

오늘 이 편지 주제가 흥미로울 것이다. 왜냐하면 오컬티스트와 신비가가 사용하는 형태를 다룰 것이기 때문이다.

먼저 두 가지 유형을 구분하면 가치가 있을 것이다. 사실을 진술하는 것으로 시작하겠다. 신비가는 반드시 오컬티스트가 아니지만, 오컬티스트는 신비가를 포함한다.

신비주의는 오컬티즘 길에서 한 단계에 불과하다. 현재 태양계--활동하는 사랑의 계--에서 대부분에게 최소 저항의 길이 신비가의 길 혹은 사랑과 헌신의 길이다. 다음 태양계에서 최소 저항의 길은 우리가 지금 오컬트 길로 이해하는 길이다. 모두가 신비가의 길을 걸었을 것이다. 이 두 가지 유형 사이의 차이가 어디에 있는가?

- 신비가는 진화하는 생명을 다룬다; 오컬티스트는 형태를 다룬다.
- 신비가는 내면의 신을 다룬다; 오컬티스트는 외적 현현 속에 있는 신을 다룬다.
- 신비가는 중심에서 주변으로 작업한다; 오컬티스트는 그 과정을 반대로 한다.
- 신비가는 내면의 신 혹은 그가 인식하는 대스승을 향한 가장 강렬한 헌신과 열망으로 올라간다; 오컬티스트는 작용하는 법칙에 대한 인식과 물질을 묶고 내재하는 생명의 필요에 그것을 순응시키는 법칙을 사용하면서 성취한다. 이런 식으로 오컬티스트는 그가 근본적인 지성 자체를 성취할 때까지 그 법칙을 가지고 일하는 그런 대지성들 자체에 도달한다.
- 신비가는 사랑, 조화 그리고 헌신의 광선, 혹은 두 번째, 네 번째 그리고 여섯 번째 광선을 통하여 일한다. 오컬티스트는 힘, 활동 그리고 의식의 법칙의 광선 혹은 첫 번째, 세 번째 그리고 일곱 번째 광선을 통하여 일한다. 둘 다 마인드 계발을 통하여 혹은 구체적 지식의 다섯 번째 광선을 (우주 지성의 단편) 통하여

만나서 합치며, 다섯 번째 광선에서 신비가가 오컬티스트로 변하면 모든 광선을 가지고 일한다.

- 자신 속에 있는 신의 왕국을 발견하고 자신의 존재 법칙을 연구하면서, 신비가는 그가 일부분을 구성하는 우주를 지배하는 법칙에 능숙하게 된다. 오컬티스트는 자연 혹은 태양계 속에 있는 신의 왕국을 알아보고 자신을 그 거대한 전체의 작은 일부분으로 여겨서 같은 법칙에 지배 받는다.

- 신비가는 일반적으로 세계 교사 혹은 크리스트 부문 밑에서 일하고, 오컬티스트는 빈번하게 마누 혹은 통치자 부문 밑에서 일하지만, 두 가지 유형 모두 문명의 주 부문에 있는 네 가지 부 광선을 지나갔을 때, 그때 그들 계발의 완성을 볼 수 있고, 신비가가 오컬티스트로 되며 오컬티스트는 신비가의 특징을 포함한다. 일반적인 이해를 위하여 더 단순하게 해보자: 입문 후에 신비가가 오컬티스트 속으로 합쳐진다. 왜냐하면 이제 그가 오컬트 법칙의 학생이 되었기 때문이다; 그는 물질을 가지고, 그것을 조종하고 사용하면서 일해야 하고, 그는 현현한 모든 하위 형태를 숙달하고 통제해야 하며, 건설하는 데바들이 일하는 그 규칙을 배워야 하기 때문이다. 입문 전에는 신비가를 견습의 길이라는 용어로 표현할 수 있다. 오컬티스트가 태양계 물질을 현명하게 조종할 수 있기 전에 그는 소우주를 지배하는 법칙을 통달했어야 하고, 그가 자연스럽게 오컬트 길에 있더라도, 오컬트 길로 안전하게 과감히 나설 수 있기 전에 자신의 존재 속에 있는 신을 발견해야 할 것이다.

- 신비가는 감정계에서 직관계로 작업하려고 하고, 거기서 모나드 혹은 영으로 작업하려고 한다. 오컬티스트는 물질계에서 멘탈계 그리고 거기서 영 혹은 아트마로 간다. 전자는 사랑의 선을 따라서 일한다; 후자는 의지의 선을 따라서 일한다. 신비가는 그가 지성적인 의지를 사용해서 전체와 조정하지 않으면 그의 존재 목적에서-- 활동 속에서 드러난 사랑의 목적--실패한다. 그러므로 그는 오컬티스트가 되어야 한다.
- 마찬가지로 오컬티스트가 시도하는 모든 것에 충분한 동기를 제공할 생기를 주는 사랑으로 그 의지와 지식을 위한 어떤 목적을 발견하지 않는다면, 그도 실패하고 지성을 통하여 작용하는 이기적인 권능의 옹호자로만 되고 만다.

명상을 공부할 때 이 문제의 중요성이 엄청 크기 때문에, 이 두 그룹 사이의 구분을 명확하게 하였다. 두 유형이 사용하는 형태는 전적으로 다르고 투시력으로 볼 때 매우 흥미롭다.

신비 형태

"신비 형태"라는 표현은 거의 모순적인 말이다. 왜냐하면 신비가는 혼자 남겨질 때 형태를 아예 없애버리기 때문이다. 그는 의식의 내면 센터에 대하여 곰곰이 생각하면서 내면의 신에 집중한다; 그는 그 센터와 다른 센터들--그의 대스승 혹은 어떤 성인 혹은 심지어 로고스 자신--을 연결시켜서 에워싸는 외피가 무엇이건 그것에 주목하지 않으면서 *生命선*을 따라서 올라가려고 한다. 그는 불의 선을 따라서 일한다. "우리의 신은 태우는 불이다"가 그에게는 글자 그대로 사실을 진술한 것이고 깨달은 진리를 진술한 것이다. 그는 불에서 불로 올라가고, 내재하는 불을 점진적으로 깨달으면서 그가 우주불을 접촉할 때까지 상승한다. 신비가가 사용할 것이라고 말하는 유일한 형태는 불의 사다리 혹은 불의 십자가이고, 그것의 도움으로 그는 그의 의식을 바라는 지점까지 올린다. 그는 철수에 집중하고, 측면보다 속성에 집중하며, 구체적인 것보다 생명 측면에 집중한다. 그는 열망하고, 그는 태우며, 조화롭게 하고, 사랑하며 헌신을 통하여 일한다. 그는 구체적인 마인드를 완전히 제거하려고 시도함으로써 명상하고, 감정계에서 직관계로 뛰어넘기를 열망한다.

그는 그런 유형의 결점을 가지고 있다--몽환적이고 공상적이며, 비현실적이고 감정적으로 우리가 분별력이라고 부르는 그 마인드 특질이 부족하다. 그는 자기희생과 순교하려는 성향으로 직관적이다. 그가 입문을 성취할 수 있기 전에 그리고 그가 입문을 받을 수 있기 전에 세 가지를 해야 한다:

첫째, 명상으로 그의 전체 성질을 지배하고, 형태를 만드는 것을 배우며, 그래서 그것의 가치를 배우는 것.

둘째, 구체적인 것에 대한 음미(이해)를 계발하고, 그가 그렇게 많이 사랑하는 생명이 현현하는 다양한 외피의 계획 속에서 그 위치를 명확하게 배우는 것. 그는 그의 멘탈체에 몰두해야 하고 그가 더 깊이 나아갈 수 있기 전에 그것을 사실의 저장소로 가져와야 한다.

셋째, 소우주, 그의 작은 영-물질 시스템, 대우주의 이중 가치에 대한 지성적인 연구를 통하여 배우는 것.

*태우는 불*을 알기만 하는 대신에, 그는 형태를 융합시키고 계발시키는, *건설하는 불*을 통해서 이해하고 일해야 한다. 그는 명상을 통해서 불의 세 가지 용도를 배워야 한다. 마지막 문장은 실제 매우 중요하고 그것을 강조하고자 한다.

오컬트 형태

1920년 8월 10일

이틀 전에 우리는 신비가가 합일을 성취하는 방법을 공부하였고, 그가 목표에 도달하려고 시도하는 길을 매우 간략하게 그렸다. 오늘은 오컬티스트가 밟는 과정과 그의 명상 유형을 신비가와 대조하면서 그리고 나중에 두 가지가 어떻게 합쳐지고 개별 요소가 어떻게 하나로 융합되는지 지적하면서 간략하게 설명할 것이다.

오컬티스트의 경우, 형태의 선이 최소 저항의 선이고, 여기서 부수적으로 한 가지 생각을 덧붙이고자 한다. 그 사실을 인정한다면, 현재 시기에 어느 정도 확실하게 오컬트 지식이 빠르게 발전하고 진정한 오컬티스트들의 출현을 기대할 수 있다. 형태 혹은 의식의 광선인 일곱 번째 광선의 유입으로, 오컬트 길을 찾고 오컬트 지식을 흡수하는 것이 강력하게 촉진되고 있다. 오컬티스트는 신성 자체보다 신성이 현현하는 형태에 먼저 더 몰두하고 있으며, 바로 여기서 두 유형 사이의 근본적인 차이점이 먼저 명백해진다. 신비가는 대아를 찾는 과정에서 마인드를 초월하거나 없애려고 한다. 오컬티스트는 대아를 가리고 있는 형태에 대한 지성적인 흥미를 통하여 그리고 두 가지 수준에서 *마인드 원리*를 사용함으로써 똑같은 지점에 도달한다. 그는 가리고 있는 외피를 인정한다. 그는 현현된 태양계를 지배하는 법칙에 대한 연구에 자신을 적용한다. 그는 객관적인 것에 집중하고, 초기에는 주관적인 것의 가치를 종종 간과할 수도 있다. 그는 외피를 하나씩 하나씩 제거하고, 외피에 대한 의식적인 지식과 통제를 통하여 결국에는 중심 생명에 도달한다. 그는 형태를 잊어버릴 때까지 그리고 그 형태 창조자가 만물 속에 있는 전체가 될 때까지, 형태에 대하여 명상한다.

신비가처럼 그도 세 가지 할 일이 있다:

1. 그는 법칙을 배워야 하고 그 법칙을 자신에게 적용해야 한다. 엄격한 자기수련이 그의 방법이고, 필연적으로 그렇다. 왜냐하면 오컬티스트를 위협하는 위험은 신비가에게는 위험이 아니기 때문이다. 도의 길의 비밀을 안전하게 그에게 믿고 맡길 수 있기 전에, 자만 이기심

그리고 호기심이나 권력욕으로 법칙을 사용하는 것이 태워져서 그에게서 사라져야 한다.

2. 명상 속에서 그가 만든 형태를 통하여 내재하는 생명에 집중해야 한다. 그는 신성한 생명을 보호하는 모든 형태를 빛나게 하는 타오르는 내면의 불을 찾으려고 해야 한다.

3. "밖에 있는 신의 왕국"인 대우주에 대한 과학적인 연구를 통하여, 그는 마찬가지로 내면에서 그 왕국이 어디 있는지 찾아내는 지점에 도달해야 한다.

그러므로 여기에 신비가와 오컬티스트가 만나는 지점이 있다. 여기에서 그들의 길이 하나가 된다. 명상에서 신비가와 오컬티스트가 만든 형태들 속에서 차이점에 주목할 때 투시가에게 흥미로운 것을 이전에 이 편지에서 말했다. 그런 시야가 여러분 것이 될 때까지 내가 지적하는 요점은 단지 말에 지나지 않지만, 여러분 관심을 위하여 몇 가지 그 차이점을 다룰 것이다.

투시가가 본 신비 형태와 오컬트 형태

명상하는 신비가는 그 앞과 주위에 미완성의 흐릿하고 구름 같은 어떤 윤곽을 만들었고 그가 그 형태의 중심이 되는 방식으로 형태를 만들었다. 종종 그의 마인드 추세에 따라서, 그 형태 핵이 십자가, 제단 혹은 심지어 위대한 분 중에 어느 한 분에 대하여 그린 생각 같은 어떤 가장 좋아하는 상징이 될 수도 있다. 이 형태는 헌신의 안개 속에 에워싸일 것이고, 열망, 사랑 그리고 강렬한 갈망을 보여주는 색깔의 홍수로 고동칠 것이다. 내장된 색깔은 두드러지게 순수함과 명료함을 가질 것이고 그것이 위대한 고지까지 도달할 때까지 증가할 것이다. 그가 열망하고 사랑하는 역량에 따라서 상승하는 구름의 아름다움과 밀도가 결정될 것이다; 그의 기질의 안정성에 따라서 색깔의 구름이 주위를 순환하는 내적인 상징 혹은 그림의 정확성을 결정할 것이다.

생각의 추세가 오컬트적이고 마인드가 더 지배적인 사람이 만든 형태는 기하학적인 유형이 될 것이다. 그 윤곽이 명확할 것이고, 경직되기 쉬울 것이다. 형태가 힘겹게 만들어질 것이고, 명상하는 동안 그는 훨씬 더 신중하고 정확하게 진행할 것이다. 그는 (이렇게 표현할 수 있다면) 그 형태를 만드는 데 들어가는 물질을 조작하는 것에 자부심을 갖는다. 멘탈계 물질이 더 명백하고--감정 물질 구름이 전체에 부가되더라도--감정계 물질은 이차적인 중요성을 가질 것이다. 사용된 색이 똑같이 명료하지만, 구체적인 의도로 배분되고, 그 형태가 명확하게 두드러지며 신비가처럼 위로 쇄도하는 감정 색깔 속에 빠져 있지 않는다.

나중에 어느 경우건 그가 더 완성된 발전 지점에 도달하고, 오컬티스트이며 신비가가 될 때, 그 형태가 특질을 결합할 것이고, 그것은 드문 아름다움을 가진 것이 될 것이다.

오늘은 이것으로 충분할 것이다. 하지만 나중에 다룰 생각을 간략하게 서술하고자 한다. 우리는 구체적인 결과를 성취할 때 형태의 용도를 다룰 것이고, 그런 형태를 그리거나 제시하는 것이 나의 의도가 아니지만, 그것을 그룹으로 나누어서 나중에 스승이 사람 사이에서 걸어 다닐 때 그가 모든 곳에 있는 학생들 사이에서 이해가 준비된 것을 볼 수 있을 것이다.

1. 세 가지 체에 대한 작업에서 사용되는 형태
2. 어떤 광선에 대한 형태
3. 치유에서 사용되는 형태
4. 만트람
5. 세 부문 중에 어느 한 부문에서 사용되는 형태
　가. 마누 부문
　나. 세계 교사 혹은 크리스트 부문
　다. 문명의 주 부문
6. 엘리멘탈을 부르는 형태
7. 데바를 접촉하는 형태
8. 불과 연결된 특별한 형태

1920년 8월 11일

육체적으로 약한 기간은 일꾼이 많은 것을 성취할 수 있기 전에 강력한 체를 만들 필요가 절대적으로 있다는 것과, 제자가 도의 길에서 앞으로 나갈 수 있기 전에 훌륭한 건강의 중요성이 절대적으로 필요하다는 것을 보여주는 이유에서 가치가 있을 것이다. 만약 우리가 가르치는 사람의 육체가 좋은 상태에 있지 않고, 나쁜 건강과 질병의 장애가 실질적으로 무시될 수 없다면, 그리고 우연한 문제의 카르마를 개인의 삶 속에서 완전하게 피할 수 없다면, 우리는 그들이 어떤 것을 하도록 허락할 수 없고, 어떤 선을 따라서 그들에게 알려줄 수가 없다. 국가 카르마 혹은 그룹 카르마가 종종 제자와 관련 되고, 계획을 어느 정도 틀어지게 만들지만, 이것을 피할 수 없고 좀처럼 상쇄시킬 수도 없다.

3. 구체적인 목적을 위한 구체적인 형태의 사용

지금까지 우리는 명상의 개인 측면을 더 다루었고, 다음을 간략하게 공부한 뒤에 실제적으로 보편적이고 근본적인 두 가지 유형을 고려하였다.

가. 신비가가 따르는 명상
나. 오컬티스트가 따르는 명상

우리는 대체적으로 일반화시켰고 특정한 것으로 들어가지 않으려고 하였다. 그것은 이 단계에서 바람직하지 않고 적절하지도 않다. 그럼에도 불구하고 제자가 바라는 진보를 이루었고 어떤 구체적인 단계를 망라하여 어떤 목적을 성취하였을 때 (제자의 코잘체를 검토하는 것으로 성취가 확인될 수 있다) 그리고 삶의 폭풍우나 공격에 쉽게 흔들거나 파괴될 수 없는 삶의 올바른 토대가 세워졌을 때,

명상의 어느 지점에서, 제가가 구체적인 작용과 반작용으로 이어지는 형태를 규칙 하에서 그리고 멘탈 물질 속에서 만들 수 있는 가르침을 진실한 제자에게 전해줄 수도 있다. 이런 형태는 점진적으로 제공될 것이고, 제자가 (특히 처음에) 종종 성취한 결과를 하나도 의식하지 못할 수도 있다. 그는 명령을 따를 것이고, 제시된 말을 말할 것이며 혹은 개략적으로 서술된 공식을 통하여 일할 것이며, 제자가 그 사실을 의식하지 못하더라도 성취된 결과가 그 작업을 할 수도 있다. 나중에--특히 입문 후에, 미세한 기능이 활동하고 센터가 4 차원으로 회전함에 따라서-- 그는 감정계와 멘탈계에서 명상의 효과를 인식할 수 있다.

결과가 결코 우리의 관심사가 아니다. 엄격하게 법칙을 따르고, 목표한 것을 향한 행동 스킬과 함께, 세워진 규칙을 꾸준히 고수하는 것이 현명한 제자의 역할이다. 그러면 결과는 확실하고, 어떤 카르마도 실어 나르지 않는다.

이제 형태를 순서대로 다뤄보자. 먼저 경고 한마디를 하겠다. 형태를 그리지 않을 것이고, 나타낸 결과가 성취되는 방법에 대한 구체적인 가르침도 제시하지 않을 것이다. 그것은 나중에 할 것이고, 언제인지는 말하는 것이 불가능하다. 다음 7 년 동안 하는 작업 혹은 그룹 카르마, 인류 하이어라키가 이룬 진보뿐만 아니라 데바 혹은 천사 진화에 너무 많은 것이 달려 있다. 그 모든 것의 비밀이 일곱 번째 의례의 광선에 숨겨져 있고, 세 분의 위대한 주, 특히 세 번째 부문의 주와 함께 일하는 일곱 번째 행성로고스가 앞으로 갈 다음 단계를 위한 때가 주어질 것이다.

세 개 체에서 작업 시 사용되는 형태

이 형태들 중에 어떤 것은 처음으로 드러나는 것이고, 이미 인류의 현명한 안내자들이 옹호한 다양한 명상 속에서 하위 마인드에 작용하도록 설계된 어떤 작은 토대의 윤곽을 보게 된다. 이런 형태는 어느 하나의 체의 특별한 필요에 바탕을 둘 것이고, 물질의 조종을 통하여 그 간격을 채울 필요가 있는 그것을 만들며, 이렇게 부족한 것을 공급하려고 할 것이다. 이런 조작이 (들숨과 날숨) 호흡 형태로 먼저 육체 에텔 물질에서 시작될 것이고, 어떤 리듬 있는 흐름으로 멘탈계에서 시작하여 하위 에텔계로 밀어낼 것이다. 이렇게 에텔체가 강화되고, 정화되며, 세척되고, 다시 정렬될 것이다. 조밀한 육체의 많은 질병이 에텔체에서 시작되고, 그래서 에텔체가 초기에 최대 관심의 대상이 될 것이다.

마찬가지로 감정체도 특별한 형태를 통하여 다뤄질 것이고, 제자가 분별력이라는 특질을 활발하게 배양했을 때 그리고 그것을 그의 삶에서 활동 요인으로 만들었을 때, 그때 이런 형태가 점진적으로 주어질 것이다. 그러나 그가 실재와 비실재를 어느 정도 구분할 수 있을 때까지 그리고 그의 균형 감각이 현명하게 조정될 때까지, 감정계는 그에게 전쟁터이지 실험의 장이 아니다. 감정 물질에 작용하는 이런 형태가 성취하게 해주는 작업 유형을 설명해 보겠다.

도의 길을 걷는 제자의 목표는 상위의 하위계 물질로 구성된, 명확하고 민감한 정확한 전달체인 감정체를 만드는 것이고, 안정된 진동, 지속적인 리듬 있는 운동 그리고 통제되지 않은 감정의 출렁거림이나 격렬한 폭풍우에 쉽게 영향 받지 않는 감정체를 만드는 것이다. 이상주의가 고귀하고, 두 가지 상위 하위계의 물질 비중이 어느 정도 바라는 숫자에 다가갈 때 그리고 제자가 실질적으로 그가 매개체가 아니라 진실로 신성한 거주자로 항상 인식할 때, 그때 어떤 것이 주어질 것이고--신중하게 따랐을 때-- 그것이 두 가지 작업을 하게 될 것이다:

- 그것이 그의 감정체에 직접 작용해서, 하위 물질 혹은 이질 물질을 몰아내고 그의 진동을 안정화 시킨다.
- 그것은 그가 어떤 작업을 위하여 사용할 수 있는 체 혹은 형태를 감정 물질로 만들 것이고, 그가 감정체의 정화 및 건설 작업의 일부분이 될 결과를 성취하는데 그의 대리인으로 사용할 것이다. 이것에 대하여 많이 말할 수 있지만, 이것으로 목표로 하는 형태의 유형을 보여주는 역할을 할 것이다.

광선 형태

이것은 엄청 흥미롭고 광대한 주제이며, 일반적인 말로 암시만 줄 수 있다. 다양한 광선의 수많은 측면을 토대로 세워진 어떤 형태는 그 광선의 특별한 특성이고 태양계 속에서 그들의 위치를 드러내면서 기하학적인 의미를 구현한다. 이 형태 중에 어떤 것은 구체적인 광선 혹은 건설하는 광선으로 오컬티스트에게 최소 저항 선이고, 반면에 추상적 광선 혹은 속성의 광선에 있는 다른 형태는 신비가가 따르기에 더 쉽다.

이 형태는 세 가지 목적을 위한 것이다:

가. 그것들은 제자가 자신의 광선, 자아 광선 혹은 개성의 광선과 직접 접촉하게 해준다.

나. 그것들은 내면의 세계에 있는 그의 그룹, 봉사자 그룹, 보이지 않는 원조자 그룹 혹은 나중에 그의 자아 그룹과 연결시켜준다.

다. 그것들은 제자도 삶 속에서 신비가 길과 오컬트 길을 합치는 경향이 있다. 그가 신비가 길에 있다면 측면의 광선에 있는 형태에서 일할 것이고, 그렇게 대자연의 구체적인 면--법칙 하에서 일하는 그 측면--에 대한 지식을 계발할 것이다. 오컬트 성향의 사람의 경우, 길이 합쳐지고 모든 형태가 입문자에게 비슷한 때가 올 때까지, 그 반대로 할 수 있다. 그가 개성을 초월하고 자아 음을 발견하였을 때, 이 합치는 지점에서 그가 자신의 광선에서 주로 일한다는 것을 기억해야 한다. 그러면 그는 자기자신의 광선의 물질을 조종하고, 그가 초인이 되어 통합의 비밀을 알게 될 때까지 여섯 가지 대표적인 하위 형태를 가지고 자기자신의 광선의 형태를 통하여 일한다. 이 형태를 스승이 제자에게 가르쳐준다.

이 주제에 대하여 약간 제시되었지만, 제공된 것에 대하여 숙고한다면, 그것이 많은 것을 간직하고 있다는 것을 발견할 것이다. 그것은 현명하게 흡수하는 사람에게 그들이 나아갈 다음 단계에 대한 열쇠를 줄 수도 있다. 명상을 통하여 대스승들에게 다가가는 주제를 다룰 때 이것에 대하여 다루고 확장될 수도 있다.

치유에서 사용되는 형태

이 형태가 필연적으로 세 그룹으로 배열될 것이고, 각각 많은 하위 주제를 가지고 있다는 것을 먼저 기억하면서 이 형태를 다루어야 한다.

가. *육체/ 치유*에서 사용되는 형태들. 이런 형태가 좀처럼 거의 필요하지 않고, 그래서 그 수가 상당히 적다는 것에 놀랄 것이다. 그 이유는 조밀한 육체의 문제들 중에 육체 자체에서 생기는 것이 거의 없기 때문이다. 몇 가지가 에텔체 속에서 직접 생기지만, 현재 진화 단계에서 대부분의 문제가 감정체 속에서 생기고, 나머지가 멘탈체 속에서 일어난다. 다음과 같이 일반화시킬 수 있다:

- 25% 육체 질병이 에텔체에서 일어난다.
- 25%가 멘탈체 속에서.
- 50%가 감정체 속에서 시작한다.

그러므로 예상하지 못한 육체상 재난으로 이어지는 사건이 일어날 수 있고 그것의 치유 형태가 주어질 수 있지만, 현명한 학생은 에텔체에 영향을 주는 형태가 첫 출발점이 된다는 것을 발견할 것이다. 명상 속에서 세워진 이런 형태가 에텔체--조밀한 육체 순환계에 상응하는 것을 가진 복잡하게 얽혀있는 망--의 구조로 가는 프라나 통로에 직접 영향을 줄 것이다. 그것이 그 체 속에 있는 많은 현재 질병의 자리로, 감정계에서 시작되어 에텔체에 반응하는 원인을 통하여 혹은 직접적으로 반응한다.

나. *감정체를 치유하는 형태들.* 위에서 말했듯이, 현재 질병의 많은 부분이 감정체에서 시작된 원인들 때문이고 이 원인은 주로 세 가지이다. 폭넓게 개략적으로만 설명하고 일반적인 암시만 제시한다는 것을 지적하고자 한다.

- *격렬한 감정과 불안정한 진동.* 이것에 빠지게 되면 그것은 파괴적 영향을 주고 신경계에 반응한다. 만약 억제되고 억압된다면, 그것도 마찬가지로 위험한 영향을 주며, 간장병과 담즙병 그리고 체 속에서 만들어진 독의 발생을 야기해서, 그것이 피부병과 어떤 형태의 빈혈, 어떤 경우에는 독 폐혈성에서 그 출구를 찾는다.
- *두려움과 예감, 걱정과 절망.* 이런 유형의 감정--너무 보통인 것들이다--은 일반적으로 체계를 쇠약하게 만드는 영향을 주어서, 활기를 상실하게 만들며, 기관을 느리게 움직이도록 만들어서, 알려지지 않은 많은 형태의 신경계, 두뇌 그리고 척추 질병을 유발한다.

- *성적 감정*으로, 이제 심리학자들이 연구하기 시작하는 억압된 성적 감정부터 격렬한 난잡과 방탕 속에서 표현되는 지저분한 범죄 감정에 이르기까지 광범위한 느낌을 망라한다.

이런 제목 하에서 많은 요점을 모을 수 있지만, 치유에 관한 편지를 쓰는 것이 아니라, 명상에 관한 편지를 쓰고 있기에, 더 이상 확장하지 말아야 한다.

이 세 가지 경우에 사용된 형태에서 문제의 원인과 그것이 시작된 계 그리고 하위 체에 미친 영향에 관심을 두어야 할 것이다. 형태를 배정할 때 서로 다른 목표가 고려될 것이다. 예를 들면, 문제가 억압된 감정에 바탕을 두고 있다면, (올바르게 따랐을 때) 그 형태의 영향은 감정을 변형시켜서 그것을 위로 돌리는 것이 될 것이다. 올바른 사용으로 감정체가 감정의 혼잡으로부터 깨끗해질 때, 생명을 주는 자아의 힘과 모든 곳에서 이용 가능한 프라나 생명력이 자유롭게 될 것이다. 그러면 그것이 쉽게 순환할 것이고, 전체 체계를 조율하고 내적인 울혈로부터 고통 받는 모든 기관을 정화할 것이다.

다. *멘탈 치유*를 위한 형태들. 이것은 대부분 그대들에게 훨씬 애매할 것이고, 사실 다른 두 가지 보다 치유하기가 훨씬 어려울 것이다. 이것은 두 가지 원인 때문이다. 하나는 인류로서 우리의 극성이 아직은 멘탈체에 있지 않기 때문이다. 어떤 것이 의식 센터가 있는 자리일 때 그것을 접촉하고 조종하기가 항상 훨씬 더 쉽다. 마찬가지로 더 유동적인 감정체에 각인시키는 것이 더 쉽다. 이런 원인이 멘탈체 자체 속에서 카르마 유전으로서 생길 수 있거나 감정계에서 시작되어 그것이 작용해서 멘탈체로 들어갈 수 있다는 것을 지적하는 것 이외 오늘은 멘탈체 문제에 대하여 확장할 수 없다. 예를 들면, 어떤 사람이 감정적인 폭풍우를 더 잘 내는 경향이 있을 수 있다. 이것이-- 지속된다면--멘탈체 속에서 유사한 진동을 일으킬 수 있다. 다음으로 이 진동이 실질적으로 영속하게 되어, 두 체의 상호작용으로 심각한 문제가 시작될 수 있다. 이 문제는 단순히 개성을 안 좋게 만들어서 그를 불행하고 불쾌한 사람으로 인식되는 것부터, 정신병, 뇌종양 그리고 뇌암을 일으키는 명확한 두뇌 질병에 이르기까지 망라된다.

이 모든 문제의 경우, 시기 적절하게 따른다면 결국에는 그것을 소멸시킬 명상 형태를 찾을 수 있을 것이다. 여기서 이해해야 할 근본 사실은 제자가 그에게 영향을 주는 문제 혹은 문제에 대한 현명한 이해를 가질 때만, 그가 주어진 공식을 양심적으로 따를 수 있는 능력이 있을 때만, 그리고 그의 목적이 이기적이 아닐 때만, 그를 신뢰해서 이 형태를 맡긴다는 것이다. 그의 목적인 봉사를 위하여 준비하는 것일 때, 그가 위대한 분들의 계획을 더 잘 수행하기 위하여 건강한 매개체를 획득하는 것만이 목표일 때, 그리고 그가 자기자신의 개인적 혜택을 위하여 질병을 피하려는 것이 아닐 때, 그때만 그 공식이 자아 의식과 관련하여 작용할 것이다. 내면의 신으로부터 생명의 하강으로 건전한 매개체를 낳고, 그래서 개성이 자아 속에서 합쳐져서 극성이 하위에서 상위로 이동할 때만, 그 작업이 가능하게 될 것이다. 많은 사람의 경우 그때가 가까워지고 있고--사고에 토대를 둔--새로운 의학 학파에서 발전을 찾을 수 있다. 명상의 형태는 사고 물질 속에 있는 형태에 불과하고 그래서 일반적인 출발이 이루어졌다는 것이 그대들에게 분명해질 것이다.

이 문제에 대한 한 가지 힌트를 주겠다: 체의 다양한 센터를 통하여--제자가 가지고 일해야 하는 일곱 센터-- 상응하는 육체 센터를 치유하는 힘이 올 것이다. 센터가 활성화됨에 따라서 어떤 육체적 영향이 드러날 것이고, 센터를 통하여 그리고 센터에 영향을 주는 구체적인 형태 속에서 섬세한 체를 통하여 이 애매한 치유 문제에 빛을 줄 수 있는 결과가 올 것이다.

만트라 형태

1920년 8월 20일

오늘 우리는 미래 언젠가 오컬트 명상을 하는 학생들 사이에서 평범하게 사용될 형태에 대한 논의를 계속 할 것이다. 우리는 세 가지 형태를 다루었고, 다섯 가지가 남아 있다.

만트라 형태는 구절, 단어 그리고 소리의 집합으로 리듬 있는 효과에 의해서 그것 없이는 가능하지 않을 결과를 성취하는 것이다. 이런 만트라 형태가 너무 많아서 여기서 공부할 수가 없다; 사용될 만트라 유형 혹은 사용할 특권을 가진 사람들 사이에서 지금 사용되고 있는 만트라 유형을 어느 정도 암시하는 것으로 충분하다.

전적으로 성음에 토대를 둔 만트라 형태들이 있다. 이것을 리듬 있게 그리고 어떤 높이로 소리 낼 때, 수호 천사를 불러내는 것같은 어떤 결과를 얻을 것이다; 그것은 객관적 혹은 주관적 어떤 결과로 이끌 것이다. 이 형태들 혹은 만트람은 현재 서양인보다 동양인과 동양 종교에서 훨씬 더 많이 사용되고 있다. 소리의 힘이 더 완전하게 이해되고 그 영향이 연구될 때, 이런 만트람이 서구에서 채택될 것이다.

그것들 중에 어떤 것은 매우 오래 되었고 원래 산스크리트어로 소리 낼 때 믿을 수 없을 정도로 강력한 효과를 만들어낸다. 그것이 너무 강력해서 보통 학생이 사용하는 것을 허락하지 않고 입문을 준비하는 동안에 구두로만 전달된다.

매우 소수의 비의적 만트람이 원본 센사로 존재하고, 하이어라키를 설립한 초기 시대부터 형제단의 지식 속에 남아 있다. 불기둥의 주들이 지구에 왔을 때 그들이 그것을 가져왔고 35 가지만 있다. 그것은 인간 진화의 다섯 계의 하위계 각각의 신비를 여는 열쇠를 구성한다. 초인은 그것의 용도에 대한 가르침을 받고, 올바른 장소와 어떤 조건 하에서 그것을 사용할 수 있다. 그것은 우리 행성에서 알려진 가장 강력한 것이고 그 영향이 방대하다. 알고 있듯이, 각 계의 진동은 서로 다른 높이와 음에 반응하고,

그 물질이 조종되며, 구체적인 방식과 구체적인 톤으로 어떤 단어를 소리냄으로써, 그 흐름이 활용된다. 그렇게 소리 내었을 때, 초인은 그 계와 그 계에 있는 모든 것의 의식 속으로 들어간다. 만트람이 너무 동떨어져 있고 너무 달라서 실질적으로 쓸모 없을지라도, 언어가 무엇이건 만트람은 그것들에 토대를 두고 있다.

원래 만트람들 중에 어떤 것은 위대한 사건이 있을 때 혹은 바라는 목적을 이루기 위하여 롯지의 일치된 힘이 필요할 때 형제단이 일치하여 읊조린다. 적합한 단어를 사용하여 그것의 기조음을 소리 냄으로써 위대한 사건의 시작을 알린다; 각 근원 인종은 인종을 가지고 일하는 사람들에게 알려진 그것의 만트라 코드를 가지고 있다.

알고 있듯이, 어느 한 분의 대스승의 관심을 끌기 위하여 명상하는 학생들이 산스크리트어로 된 어떤 만트람을 사용한다. 이 만트람은 그분 제자들에게 전해준 것이고, 그 방법으로 대스승의 관심을 끌어서 그분의 도움을 호소한다.

종종 다른 더 위대한 공식이 주어지고 그것으로 세 분의 위대한 주들과 접촉할 수 있고, 어떤 구체적인 방향으로 그분들의 관심을 끌게 된다.

올바르게 소리 낼 때 어떤 만트람은 깔때기와 유사한 어떤 진공 상태를 물질 속에서 만든다. 이 깔때기가 그것을 소리 내는 사람과 그 소리가 도달하는 사람 사이에 형성된다. 그러면 직접 소통 채널이 형성된다. 그러므로 이 형태가 왜 그렇게 신중하게 보호되고 단어와 높이가 감춰지는지 볼 것이다. 그것을 무분별하게 사용하는 것은 재앙만 낳을 것이다. 제자가 만트람으로 그의 대스승을 부를 수 있는 만트람의 관리인이 되는 특권을 받기 전에, 그는 어떤 진화 지점에 도달해야 하고, 어느 정도 진동의 유사성을 성취해야 한다.

또한 세 분의 위대한 주들과 하이어라키 수장들에게 알려진 일곱 가지 만트람이 있다. 그분들은 그것으로 일곱 행성로고스 혹은 기독교 성경에서 부르는 "보좌 앞에 있는 일곱 영"을 부를 수 있다. 우리 행성로고스와 접촉하게 만드는 이 만트람 중에 하나가 초인들에게도 알려져 있다. 그렇게 범위가 올라가고, 지구의 높이의 기초가 되며 우리 진화를 요약하는 어떤 구절을 구체화하는 우리 행성 만트람에 도달할 때까지 말씀을 소리 낸다. 각각의 행성은 그런 어떤 음 혹은 구절을 가지고 있고 그것으로 그 행성 안내자들이 그들 행성로고스와 접촉할 수 있다. 그 다음으로 일곱 로고스가 태양계 삼중의 주와 소통할 수 있는, 그들에게 이용 가능한 의례 혹은 형태를 가지고 있다. 이것을 항상 1 년에 네 번 혹은 긴급한 필요가 생길 때 하게 된다.

일년에 한 번 전체 하이어라키가 가장 높은 구성원들과 가장 낮은 구성원들 그리고--일곱 행성로고스를 거쳐서-- 로고스 자신에 이르기까지 그 사이에 어떤 진공 상태를 만드는 어떤 합성 만트람을 사용한다. 그것은 그 해 동안 가장 강렬한 영적 노력과 시각화의 순간을 나타내고, 그 효과는 그 사이 기간 동안 내내 지속된다. 그 영향은 우주 차원이고, 우리를 우주 센터와 연결시켜준다.

광선의 만트람들. 광선 각각은 그 광선 상에 모인 단위들에게 필수적인 영향을 주는 나름대로의 공식과 소리를 가지고 있다. 명상하는 학생이 그것을 소리 낼 경우 그 영향은 세 가지이다:

1. 그것은 그를 상위자아 혹은 자아와 연결하여 정렬시킨다.
2. 그것은 그를 대스승과 접촉하게 해주고, 대스승을 통하여--광선에 따라서--위대한 주 중에 어느 한 분과 접촉하게 해준다.
3. 그것은 그를 자아 그룹과 연결시키고 모두를 하나의 음에 진동하는 하나의 통합된 전체로 묶어준다.

이 만트람은 마지막 세 가지 입문의 비밀들 중에 하나이고, 제자가 대스승의 안내 하에 그 만트람을 읊조리는데 참여할지라도, 제자는 그때가 되기 전에는 허락 없이 소리 낼 수가 없다.

제자의 세 가지 체 중 어느 하나에 직접 영향을 주는 제자가 부르는 단어 공식 혹은 만트람. 이것은 대체적으로 모든 나라의 종교 행사--많이 왜곡된 정도지만--에서 이미 사용된다. 그것에 대한 어떤 관점이 교회 의식에서 전달되고 있다. 메이슨에서 사용되는 암호--지금은 실질적으로 가치가 없지만--는 만트람을 사용한 것에 바탕을 두고 있고 언젠가 이 모든 조직에서 (메이슨,

다양한 비의 학회 그리고 종교 단체) 입문자가 수장이 될 때, 고대의 만트람이 순수 형태로 그들에게 주어질 것이다.

치유 용도의 만트람과 어떤 심령 능력을 계발하기 위한 만트람들이 있다. 어떤 만트람은 체의 센터에 직접 영향을 주고, 나중에 대스승의 지도 아래 진동을 높이고, 4 차원의 움직임을 일으켜서 센터를 완전하게 활성화 시키는데 사용될 것이다.

어떤 만트람은 숨겨져 있는 불에 작용하지만, 그것을 나중에 약간 다룰 것이다. 그 주제에 대한 수많은 동양 문헌이 있어서, 너무 광대한 주제이기에 학생이 너무 많이 탐구하지 않도록 신중할 것을 권한다. 그것은 결국에는 세계에 있는 일꾼이 시간을 낭비하는 것으로 될 것이다. 명상에 관한 문헌 어느 것도 모든 준비 명상을 대체하는 것을 참고하지 않는다면 완전하지 않기 때문에 그 문제를 다루었다. 인류가 어느 발전 지점에 도달하였을 때, 그리고 상위 마인드가 더 지배적일 때, 이런 오컬트 만트람-- 올바로 주어지고 올바로 발음된--이 학생의 일반 교과 과정의 일부분으로 될 것이다. 학생은 그의 광선 만트람을 사용해서 명상을 시작할 것이고, 그렇게 계획 속에서 그의 위치를 조정할 것이다; 그는 대스승을 부르는 만트람을 가지고 이것을 따를 것이고, 그를 하이어라키와 동조시킬 것이다. 그러면 그는 체를 조정하고, 소통의 매개체로 사용할 수 있는 진공 상태를 형성한 채 명상을 시작할 것이다.

세 부문 중 어느 한 부문에서 사용되는 형태

1920년 8월 13일

오늘 전달하려는 것에 대한 관심이 엄청 나다. 왜냐하면 우리는 마누, 세계 교사 그리고 문명의 주, 마하초한 부문에서 사용되는 형태의 문제를 다뤄야 하기 때문이다.

이 세 부문은 하이어라키에서 태양계에 현현된 로고스 세 측면을 나타낸다--의지 혹은 힘 측면, (현재 태양계의 기본 측면인) 사랑과 지혜 측면, 그리고 활동 혹은 지성 측면. 여러분은 공부하였기 때문에 이 부문이 떠맡은 일을 알고 있다.

- 마누는 물질을 조작하고 형태의 진화에 전념한다. 그 형태가 동물, 광물, 꽃, 인간 혹은 행성의 조밀한 물질 형태이건, 인종, 국가, 데바 혹은 다른 진화의 형태이건.

- 보디삿트바 혹은 세계 교사는 그 형태 속에서 진화하는 생명을 가지고 일하고, 개인과 인류 속에 종교 사상을 심고 철학 개념을 발전시키는 일을 한다.

- 마하초한은 네 가지 하위 광선을 통합하고, 마인드 혹은 지성을 다루며, 그의 형제들과 협력하여 마인드 진화를 통제하며, 그것으로 영 혹은 대아가 형태 혹은 비자아를 사용한다.

세 분의 위대한 주들의 통합 작업은 상상할 수 없을 정도로 위대하다. 형태-생명-지성, 물질-영-마인드, 프라크리티-푸루샤-마나스가 발전하는 세 가지 선이고, 그것을 통합하는 속에서 완성이 온다.

이 세 가지 선 각각은 정해진 형태 혹은 공식을 통하여 작용하고, 점진적인 단계로 그 형태를 사용하는 사람과 그 선의 수장을 나타내는 진화의 특정한 선과 접촉하게 해준다.

.... 여기서 내놓으려고 하는 것이 세 가지 명확한 선이고 그것을 통하여 인간이 로고스까지 올라가서 태양계 *자아*와 합일을 발견한다. 그는 마누 선을 따라서 올라갈 수 있고, 그는 보디삿트바 선을 통하여 성취할 수 있거나, 그는 마하초한의 길을 거쳐서 목표에 도달할 수 있다. 그러나 특히 주목하라. 이 행성에서 사랑과 권능의 주, 첫째 쿠마라가 세 부문의 집중점이라는 것을 주목하라. 그분이 한 분의 입문주재자이고, 어떤 사람이 권능의 선에서 일하건, 사랑의 선 혹은 지성의 선에서 일하건, 그는 결국에는 사랑과 지혜의 통합 광선에서 그의 목표를 찾아야만 한다. 그분은 사랑이며, 그것을 현현하지만, 그것은 권능을 통하여 작용하는 사랑일 수 있다. 그것은 조화 속에 있는 사랑 혹은 지식, 의식 혹은 헌신을 통하여, 지식을 통하여 작용하는 사랑일 수 있으며, 다른 모든 것을 합치는 그냥 순수한 사랑과 지혜일 수도 있다. 사랑이 근원이었고, 사랑이 목표이며 사랑이 성취 방법이다.

세 가지 접근방법

1920년 8월 14일

(어제 공부한 것의 연장선에서) 여러분이 주목하듯이, 상위와 하위 사이 세 가지 직접 접촉선이 있고, 모두가 같은 입문주재자를 통하여 집중점을 찾을 것이며, 동시에 그들 접근방법이 상당히 구분된다는 것이다. 이것을 명심한다면 각각에게 (그들의 자아 음이 셋 혹은 세 부문 중에 하나이다) 최소 저항 선을 제공하고 그것으로 궁극에 가장 쉽게 접근할 수 있는 길을 제공한다는 것이 분명해질 것이다. 그것은 근본적으로 다양한 의식 상태를 다루는 문제이고, 바로 여기서 위대한 분들이 학생을 아주 강력하게 돕는다. 바라는 선에 조정된 명상을 통하여, 학생은 그와 목표 사이에 놓여 있는 다양한 중간 상태를 단계적으로 통제할 수 있다. 그는 다양한 힘의 집중점으로 상승한다. 이 집중점은 그의 상위자아일 수 있고, 그의 대스승일 수도 있으며, 어떤 이상이 될 수도 있다……. 그러나 그것들은 그가 의식의 확장을 획득하는 사다리 계단에 불과하고, 그가 계속 의식의 주변을 확장할 수 있어서, 점진적으로 만물을 포용하고, 마침내 모나드와, 그리고 나중에 전체-대아(All-Self), 로고스 자신과 합칠 때까지 확장할 수 있다.

명확하게 구분하려는 구체적인 마인드의 갈망을 채워주기 위하여, 이 세 부문이 접촉점을 가지고 있으며 분명하게 구분되고 서로 분리되어 있는 것으로 그려진다. 사실은--

항상 마인드가 세워놓는 환영과는 별개로--셋이 하나이고, 일곱이 하나의 통합된 전체의 합쳐진 부분에 불과하다. 그들 모두 서로 연결되고 상호 섞인다. 세 부문 모두 세계의 주가 다스리는 하나의 유기체의 필요한 부분들이다. 그들은 우리 행성의 사업을 다루는 중역실이고, 각각이 다른 임원들에 의존하고, 모두가 가장 긴밀하게 협력하며 일한다. 자신이 어느 하나의 선 상에 있는 것을 발견한 사람은 시간이 지나서 완성을 성취하기 전에 전체의 통합을 깨달아야 한다는 것을 기억해야 한다. 그는 그것을 그냥 하나의 멘탈 개념이 아닌 의심할 여지없는 하나의 사실로 이해해야 한다. 그러면 그의 명상 속에서 결국에 본질적 통일성의 이런 깨달음이 그의 것이 되는 지점에 올 것이고, 자신을 더 거대한 전체의 한 조각으로 알게 될 것이다.

이 세 부문 속에서 그 부문 수장에게 다가가는 접근방법이 명상이고, 학생이 그 부문의 본질적 대생명과 자신을 공명하게 하는 방법이 (모두가 용어 문제이다) 서로 다르다. 형태 속에 있는 생명--명상의 결과로서--이 세 가지 다른 방식으로 현현한다. 성격 측면에서 (이렇게 표현할 수 있다면) 드러난 명상의 결과는 현현을 서로 다른 조건 혹은 용어로 표현한 똑같은 측면이다. 그것을 열거해보자:

- 마누의 선 -- 힘, 강력함, 통치력.
- 보디샷트바의 선 -- 자성, 인력, 치유.
- 마하초한의 선 -- 전기, 통합, 조직화.

명상 하는 학생의 삶 속에서 이 세 가지 선 중에 어느 하나에 미치는 영향은 그의 개성 광선과 진화 속에서 성취한 지점에 의해서 변경되고 채색되더라도 위에서 열거한 것과 같다는 것을 여기서 지적하고자 한다. 세 가지 선에 적용된 세 단어를 연구하면 그것이 매우 환하게 밝혀준다는 것을 발견할 것이다. (멘탈체를 확장시키고자 하는 것이 아니라 직관을 수련시키고자 한다.) 이 단어들은 세 그룹을 통하여 작용하는 법칙으로 나타나고, 원하는 선을 마땅히 따를 때 삼계에서 활동적인 표현으로 나타난다. 각각의 선은 그 결과를 성취하는 구체적인 형태를 가지고 있고, 그 형태의 (첫째 근본 공식들) 기본이 준비되었다고 여겨지고 필요한 예비 작업을 한 학생들에게 주어질 시간이 다가오고 있다.

1. 마누의 선

여기서 어느 정도 흡사한 방법을 암시하고, 시간이 왔을 때 상세하게 설명하는 역할을 하는 어떤 규칙을 세울 수 있다.

이 첫 번째 선은 특히 통치, 인종의 계발, 인간 진화의 모든 계에 있는 모든 형태의 물질 속에서 그리고 물질을 가지고 일하는 선이다. 이전에도 말했듯이, 그것은 오컬티즘의 선이다. 그것은 하이어라키 방법을 강조하고, 신성한 독존이며, 우리 태양로고스가 그의 의지를 인간에게 부과하는 선이다. 그것은 카르마의 주와 긴밀하게 연결되어 있고, 마누 부문을 통해서 원인과 결과의 법칙이 사용된다. 네 분의 카르마 주는 마누와 긴밀하게 일한다. 왜냐하면 그들은 법칙을 부과하고, 그는 인간, 대륙, 인종 그리고 국가의 형태를 조종해서 그 법칙이 마땅히 작용할 수 있도록 하기 때문이다.

그러므로 명상을 통하여 이런 힘과 접촉하여, 이 수단으로 합일까지 올라가서, 의지 측면의 의식을 성취하려고 시도하는 사람은 정해진 규칙 하에서 작업하고, 마땅한 형태 하에서 한 지점 한 지점 올라가서, 대법칙과 그것의 작용에 대하여 언제나 숙고한다. 그는 이해하고자 하며, 그는 분별하고 공부한다; 그는 구체적인 것과 신성한 계획 속에서 그것의 위치에 몰두한다. 그는 내재하는 생명의 사실을 인정하지만 주로 그 현현 형태와 방법에 집중한다. 표현과 통치의 기본 규칙이 그의 관심을 차지하고, 그 규칙과 법칙을 공부하고 이해하려고 추구함으로써, 그는 반드시 통치자를 접촉한다. 한 단계에서 다음 단계로 그는 올라간다--삼계 속에 있는 소우주 통치자에서 자아 그룹 그리고 그 집중점인 대스승까지; 그 그룹 통치자에서 그가 위치를 차지하는 부문의 통치자인 마누로, 그리고 세계 통치자, 나중에 행성로고스 그리고 태양로고스까지.

2. 보디삿트바의 선

이것은 종교 그리고 철학의 선이고, 내재하는 생명 계발의 선이다. 그것은 형태 자체보다 그 형태 속에 내재하는 의식을 다룬다. 많은 사람에게 그것이 최소 저항의 선이다. 그것은 로고스 지혜 측면을 구현하고, 그의 사랑이 탁월한 방식으로 현현하는 선이다. 태양계 자체가 로고스 그리고 그의 사랑 측면의 직접 표현이기에, 현현 속에 있는 만물은 그것에--규칙 속의 사랑, 넘치는 사랑, 활동하는 사랑-- 바탕을 두고 있지만, 이 두 번째 태양계에서 위의 현현이 최고이고, 결국에는 모든 다른 것을 흡수할 것이다.

이 선 상에서 명상하는 사람은 숨쉬는 만물 의식 속으로 들어가서, 점진적인 의식의 확장으로 결국에는 전체- 의식(All-Consciousness)에 도달하고, 지고의 존재 생명 속으로 들어가려고 한다. 이렇게 그는 로고스 의식 속에 있는 만물의 생명 속으로 들어간다.

그는 법칙에 대하여 숙고하기 보다 그 법칙으로 지배되는 생명에 대하여 곰곰이 생각한다. 사랑을 통하여 그는 이해하고, 사랑을 통하여 그는 그의 자아와 먼저 합치고, 그리고 그의 대스승과, 다음으로 그의 자아 그룹과 그러면 모든 그룹과 결국에는 신 자신의 의식 속으로 들어간다.

3. 마하초한의 선

이것은 마인드 혹은 지성의 선이고, 지식과 과학의 선이다. 그것은 추상적 정신과 원형 아이디어의 선이다. 그는 법칙을 숙고하기 보다, 생명을 숙고하기 보다, 현현 속에 있는 그 둘의 결과와 왜(이유)에 대하여 숙고한다. 이 오중의 선에 있는 사람은 언제나 왜 그리고 어떻게 그리고 어디서를 물으며, 원형과 이상을 현현 속에 있는 사실로 만들어 이해하고 통합시키려고 한다. 그는 이상을 감지하면서 그것에 대하여 숙고한다; 그는 보편 마인드를 접촉하는 것을 목표로 하고, 그것에서 비밀을 얻고 표현하는 것을 목표로 한다. 그것은 기업 조직의 선이고, 예술가, 음악가, 과학자 그리고 세계 일꾼이 그 속에 위치하는 선이기도 하다. 사랑과 활동의 영들은 사랑과 권능의 선으로 넘어가기 전에 그 다섯 부문 각각에서 많은 시간을 보낸다.

명상에서 그는 어떤 이상, 신성한 계획의 어떤 부분, 미와 예술의 어떤 단면, 어떤 과학 문제 혹은 인종 문제를 가지고 그것에 대하여 숙고하면서 그리고 하위 마인드를 사용해서 알 수 있고 감지될 수 있는 모든 것을 찾는다. 그러면 모든 것을 다 한 후에, 그가 깨달음의 원천을 활용하여 빛과 필요한 정보를 얻을 때까지 의식을 한층 더 높이려고 한다. 그는 (두 번째 선에서처럼) 사랑의 관점에서라기 보다 위대한 분이 성취한 것에 대한 기쁨과 존경에서, 그들이 세상에 준 것에 대한 감사와 그들을 행동하게 만든 똑같은 생각에 대한 헌신의 관점에서, 그 자신보다 더 위대한 분들의 의식 속으로 들어감으로써 마찬가지로 상승한다.

그러므로 여러분은 심지어 위 세 가지 선에 대한 피상적인 연구에서조차 인간의 모든 자식이 상승하고 있다는 것이 얼마나 분명한지 이해할 것이다. 심지어 세계에서 활발하게 일하는 사람들--쉽게 경멸 받기 쉬운 사람들--도 그들 위치에서 일 혹은 과학 심지어 기업 조직의 이상에 대한 헌신을 통하여 신성한 대아의 사랑 측면을 더 명백하게 드러내는 더 고귀하게 여겨지는 사람만큼이나 멀리 진보한 사람이다. 활동이 희생하는 사랑만큼이나 근본적으로 전체-아버지(All-Father)의 표현이고 신성하다는 것을 잊지 말고, 심지어 우리가 지금 권능으로 알고 있는 것보다 더 그렇다는 것을 잊지 마라. 왜냐하면 그대들 누구도 권능의 측면을 아직 이해하지 못하고, 더 심오한 현현 때까지 그럴 것이기 때문이다.

데바와 엘리멘탈을 부를 때 사용되는 형태

1920년 8월 14일

여섯째 그리고 일곱째로 나열한 두 가지 요점을 다룰 때, 그것을 하나로 다룰 수 있을 것이다. 왜냐하면 데바, 천사 혹은 건설자를 접촉할 때 그리고 엘리멘탈 혹은 존재의 하위인간 형태를 부를 때 사용되는 만트람과 형태가 실질적으로 같기 때문이고, 여기서 그렇게 간주되어야 한다.

먼저 예비 단계로서 이 두 그룹 사이에 차이가 어디 있는지 명확하게 하자.

엘리멘탈은 그 본질상 인간 아래이다. 그들을 감정계에서 접촉할 수 있다는 사실 때문에 그들이 진화상에 있다는 것을 보장하는 것이 아니다. 그 반대로 그들은 하강하는 길에 있다. 그들은 모든 계에서 발견되고, 에텔 엘리멘탈--브라우니, 그놈 그리고 픽시 같은--이 잘 알려져 있다. 그들을 대략 네 그룹으로 나눌 수 있다:

1. 땅 엘리멘탈
2. 물 엘리멘탈
3. 공기 엘리멘탈
4. 불 엘리멘탈

여러분이 인식할 수만 있다면, 그들은 사물의 본질이다. 우리가 네 번째 행성 혹은 지구의 네 번째 주기에 알고 있듯이, 그들은 네 가지 등급으로 있는 태양계 엘리멘탈 사물이다.

데바들은 진화 상의 길, 상승의 길에 있다. 알고 있듯이, 그들은 등급에 따라서 빽빽한 대형 속에서 일하는 태양계 건설자들이다. 데바들은 행성로고스와 같은 지위에서 발견되고, 인간 진화의 다섯 계 통치자들은 일곱 번째 입문의 대스승 지위와 같은 지위를 가진다. 다른 데바들은 (그들 자신의 선을 따라서) 발전상 다섯 번째 입문의 대스승과 동등하고, 그들은 오컬트 하이어라키의 대스승들과 의식적으로 그리고 기꺼이 일한다. 데바들은 진화하는 생명이 필요로 하는 많은 형태를 건설하면서 그룹 속에서 실질적으로 무의식적으로 일하는 작은 건설 데바들에 이르기까지 모든 낮은 등급에서 발견된다.

이전에--그대에게 이 편지들을 받아쓰게 하기 전에--그대는 엘리멘탈과 데바의 만트라 호출 선을 따라서 한 가지 소통을 받았다. 주어진 정보가 맞았고, 원한다면 그것을 여기에 포함할 수 있다.

"상승 진화 속 힘과 하강 진화 속 힘은 두 가지 서로 다른 것이다. 이것이 서두 진술이다. 후자 속에서 파괴, 폭력, 맹목적인 엘리멘탈 힘이 작용한다. 하강 진화에서 대부분 작업을 하는 것이 엘리멘탈이며, 건설자들의 통제에 따라서 맹목적으로 일한다. 그 작업은 건설적이고, 응집력이 있으며, 점진적으로 함께 성장하고, 혼돈에서 아름다움을 부조화에서 조화를 만드는 것이다. 하위 왕국의 데바들은 위대한 건설 데바들에 안내 받으며 일하고, 모두가 계에서 계로, 체계에서 체계로, 우주에서 우주로, 질서정연한 아름다움 속에서 위로 움직인다. 그러므로 오컬트 지식을 공부할 때 다음 두 가지를 명심할 필요가 있다:

가. 그대는 엘리멘탈 힘을 통제한다.
나. 그대는 데바들과 협력한다.

전자에서 그대는 지배하고, 후자에서는 함께 일하려고 노력한다. 그대는 어떤 힘이 작용할 수 있는 어떤 의식을 준비로, 어떤 것을 분명하게 함으로써, *활동* 측면을 통하여 통제한다. 그것은 세 번째 로고스가 세계를 형성할 때 한 것을 아주 미세한 규모로 복사한 것이다. 어떤 활동은 어떤 결과를 가져왔다. 나중에 여러분이 다양한 엘리멘탈과 접촉해서 그것을 통제할 수 있는 의례와 의식을 드러내 보여줄 수 있다. 의례의 광선--요즘 화신하여 들어오는-- 이 이 특정한 선을 따라서 훨씬 쉽게 만들고 있다.

불 엘리멘탈, 물 엘리멘탈 그리고 하위 엘리멘탈 모두가 의례 절차로 이용될 수 있다. 의식 절차는 세 가지가 있다:

1. 그대 자신을 보호하는 것과 관련 있는 보호 의례.
2. 엘리멘탈들을 부르고 드러내는 호소 의례.
3. 그들을 불렀을 때 통제하고 지시하는 의례.

데바들과 일할 때 그대는 *지혜* 혹은 *사랑* 측면, 로고스 두 번째 측면, 건설 측면을 사용한다. 사랑과 동경을 통하여 그대는 그들에게 다다르고 첫 번째 단계는 (그들처럼 그대도 진화의 길에 있기 때문에) 그들과 접촉하는 것이다. 왜냐하면 함께 그대는 인류를 돕고 엘리멘탈 힘을 안내하기 위하여 미래에 일해야 하기 때문이다. 사람들이 인격의 순수성과 혼의 고귀함을 통하여 데바들과 연결될 때까지 하강 진화 힘을 만지작거리는 것이 안전하지 않다.

의식과 의례를 통하여 데바들을 감지하고 그들에 다가갈 수 있지만, 엘리멘탈과는 같은 방식이나 같은 이유로 할 수 없다. 데바들은 의식에 자유롭게 참여하지만 소환되지 않는다; 그들은 그대처럼 힘을 이용하기 위하여 온다. 그대의 진동이 충분히 순수할 때 의례가 공통의 만남 장소 역할을 한다.

………끝으로 그대가 하강 진화 힘과 일할 때 활동 측면을 사용하고, 데바들과 협력할 때 지혜 측면을 사용하는 것을 배웠을 때, 그러면 그대는 연합하여 의지 측면 혹은 권능

측면인 첫 번째 측면을 사용하기 위하여 넘어갈 수 있다는 것을 말하고자 한다."

더 멀리 나가기 전에 이 그룹의 건설자를 부르고 접촉할 때 그리고 특히 엘리멘탈 힘을 접촉할 때 놓여있는 위험에 대한 경고 한 마디를 하고자 한다. 왜 특히 후자인가? 왜냐하면 이 힘은 항상 인간의 세 가지 하위체중 어느 하나 속에서 반응을 찾기 때문이다. 이 체들이 (분리된 외피로 여겨진다) 이런 하강 진화하는 생명으로 구성되어 있기 때문이다. 그러므로 무심코 어떤 엘리멘탈과 직접 접촉하는 사람은 어떤 위험을 감수하는 것이며 쓰라리게 후회할 수 있다. 하지만 초인 단계에 접근하고 자기 통제를 숙달하였으며 그 결과 생명의 다른 형태를 통달하는 것을 믿고 맡길 수 있을 때, 어떤 힘이 그의 것이 될 것이다. 이 힘--법칙에 토대를 둔--은 그가 작은 생명을 지배하게 해 줄 것이고, 데바 진화 목적에 너무 필수적이 될 데바 무리와 협력하는 것을 가르쳐 줄 것이다.

힘의 만트람

힘의 비밀을 간직하는 만트람은 위에서 언급되었으며, 알고 있듯이 서로 다른 종류가 있고 주로 네 가지이다:

가. 보호 만트람이 가장 중요하다.
나. 엘리멘탈과 작은 데바를 부르고, 호출하는 사람 자기장 범위 안으로 가져오는 만트람.

다. 엘리멘탈과 작은 데바에게 호출하는 사람의 의지를 부과하는 만트람.

라. 마력을 깨고, 엘리멘탈과 작은 데바를 호출자 자기장 범위 밖에 놓는 만트람.

이 네 그룹의 만트람은 특히 낮은 등급을 접촉하고 호출하는 것을 말하며 일반적으로 안내하는 거대한 데바들과 건설자들의 매개를 통하여 일하는 입문자들이나 초인들이 드문 경우를 제외하고 많이 사용하지 않는다. 어둠의 형제단은 하강 진화 힘을 가지고 일하고 무의식적인 작은 형태의 생명을 그들 의지대로 굽힌다. 진정한 절차—— 빛의 형제단이 따르는——는 이런 하강 진화 그룹과 낮은 등급 데바들을 그들의 상위자, 데바 주와 함께 건설하는 데바들 집단을 통하여 통제하는 것이다.

데바 자신과 관련하여 사용되는 또 다른 그룹의 만트람들로 오게 된다.

가. 리듬 있는 만트람으로, 그것을 사용하는 사람를 그가 찾는 데바 그룹과 접촉하게 해준다. 물론 이 만트람은 광선 만트람이다. 왜냐하면 그것은 어느 하나 광선에 있는 데바들을 부르기 때문이다. 만약 그가 부르는 그룹과 같은 광선에 있으면 이 만트람이 달라진다. 엘리멘탈을 부르는 경우처럼 왜 보호 만트람이 사용되지 않는 지 물을 것이다. 주로 다음과 같은 이유 때문이다. 엘리멘탈을 부르는 만트람이 데바를 부르는 만트람보다 더 쉽게 발견되고 사용된다. 역사를 보면 이런 예들로

가득 차 있다. 그리고 전세계에 걸쳐서 (심지어 지금도) 어느 한 종류의 엘리멘탈과 그들을 접촉하게 해주는 비밀을 가지고 있는 사람들이 있다. 아틀란티스 시대 모든 사람은 어떻게 이것을 하는지 알았고, 야만인과 문명 국가에 있는 어떤 개인 사이에서 이 기술이 아직까지 알려져 있으며 실천되고 있다. 둘째, 보통 사람은 그가 만트람을 알고 있더라도 어떤 데바를 불러내는 데 실패할 것이다. 왜냐하면 단어와 소리를 내는 것 이상의 어떤 것을 수반하기 때문이다. 이 어떤 것이 입문의 비밀들 중에 하나이다. 어떤 사람이 입문자 혹은 초인이라면, 그는 보호 의식이 필요하지 않다. 왜냐하면 순수한 삶과 이타적인 동기를 가진 사람만이 데바 진화를 성공적으로 움직일 수 있다는 것이 오컬트 세계에서 법칙이기 때문이다. 반면에 엘리멘탈 생명과는 그것이 다르게 작용하기 때문이다.

나. 일단 데바들을 불렀으면 데바들과 교류를 허락하는 만트람들. 데바들은 우리가 아는 말을 이해하지 못하고, 바라는 결과로 이끌어주고 말의 필요성을 없애주는 구체적인 형태를 사용하여 충동, 힘, 진동을 일으킬 수 있다. 이런 형태가 상호 이해로 가는 길을 열어준다.

다. 그룹에 영향을 주는 만트람들과 구체적인 데바들에게 영향을 주는 만트람들. 여기서 그대가 매우 상위 등급의 데바들을 접촉할 때까지 일반적으로 데바들은 개인이 아닌 그룹으로 다뤄진다는 것을 지적하고자 한다.

라. 어느 계의 위대한 데바 주 혹은 어느 하위계의 데바 주들 중에 하나의 관심을 직접 끄는 만트람들. 그것들은 매우 소수에게만 알려져 있고 높은 입문을 받은 분들만 사용한다.

힘에 대한 이해

1920년 8월 17일

오늘날 긴장이 상당하고, 서로 다른 모든 센터로 쏟아져 들어오는 힘--적당하게 조절되지 않으면--이 피로와 긴장, 흥분 그리고 부주의를 일으키기 쉽게 한다. 무저항 속에 있는 조절의 비밀은 매우 소수에게만 알려져 있고, 그 결과 감정의 강렬함, 격렬한 반응 그리고 널리 퍼져있는 범죄가 대체적으로 오용되거나 잘못 적용된 힘의 결과이다. 이것이 삶의 모든 계층 속에서 나타나는 것을 볼 수 있고, 통로만 되는 비밀을 알고 비밀 장소에서 *고요히* 머무는 사람만이 지나친 동요와 고통 없이 현재 위기를 지나갈 수 있다. 자극--현재 널리 퍼져있는--은 고통과 결과적인 반응을 일으키고 그 반대인 활기의 손실만큼이나 신중하게 조심해야 한다. 자극하는 힘으로부터 자신을 차단시킨다는 의미가 아니라 그 힘을 받아서 다른 존재에게 전달하고 자신이 가지고 다닐 수 있는 만큼만 흡수한다는 의미에서 조심해야 한다. 그러면 나머지가 치유 인자로서 저장소로 갈 것이다. 과학자들은 자연 속에 있는 힘, 우주 전기 흐름 그리고 모든 형태 속에 저장되어 있는 잠재하는 열기의 진정한 오컬트 의미를 거의 이해하지 못한다--오컬트 학생들은 이런 관점에서 오컬티즘 연구에 접근하였고, 그래서 법칙에 대한 심오한 지식을 성취하였다.

이것이 오컬트 선을 따르는 모든 가르침 뒤에 있기 때문에 이 문제를 다루었다. 그대가 어느 정도 그 의미를 이해하고 형태를 이 거대한 힘의 흐름 어느 하나에 어떻게 적응시키는 것이 법칙인지 이해할 수 있다면, 그대는 삶 전체를 환하게 밝힐 것이고, 그 힘의 흐름, 그 자성 흐름, 그 활기 유액, 그 전기 광선 (이름을 무엇으로 부르건) 위에 실려서 미지의 심장까지 옮겨질 것이다.

태양계 자기 흐름과 힘에 대한 똑같은 생각이 다양한 분야--형태나 무형에 토대를 둔 구체적, 개인적 혹은 집단적 명상--에서 명상에 대하여 내가 제공한 모든 것을 지배한다; 그것은 엘리멘탈 생명을 건드리는 만트람부터 어느 광선의 주, 어느 계의 주 혹은 태양계 자체의 주를 부르는 리듬 있게 외치는 위대한 말씀에 이르기까지 그 만트람이 작용하는 매개체이다. 이 말씀을 소리 내는 것, 단계적인 형태를 통하여 어떤 구체적인 지점까지 상승하는 것 그리고 만트람을 외치는 것은, 이렇게 작업하는 사람을 어떤 힘의 흐름의 선 속으로 넣어준다. 그것은 최소 저항 선을 찾아서, 그것으로 어떤 목표에 도달하고, 어떤 개체 지성과 소통하며, 어떤 하강 진화 생명을 통제하고, 어떤 데바 그룹을 접촉하여 협력하는 것이다. 위의 여담은 오컬트 명상을 하는 학생이 사용하듯이 형태, 만트람 혹은 다른 것에 대하여 최근 제공한 것을 요약하는 것이다.

상상할 수 있듯이, 데바나 엘리멘탈을 부르는 것은 그들을 불렀을 때 그들을 현명하게 사용할 수 있는 힘을 가진 사람만이 안전하게 시작할 수 있다. 그래서 위에 열거한 만트람이 태양계 건설 힘의 편에 있는 사람들 혹은 거대한 건설 계획의 일부분인 파괴 힘과 일치하여 파괴적인 엘리멘탈을 구부리면서 그것을 건설적으로 통제할 수 있는 사람들 손에 주어진다. 어떤 사람이 데바를 접촉할 수 있고 만트람을 사용하여 데바를 부를 수 있다면, 데바들이 실어 나르는 힘이 파괴적인 힘으로 내려와서 심각한 영향이 그의 체 어느 하나에 결과적으로 일어나는 것을 알게 될 것이다.

그러므로 그런 위험이 과도한 자극, 갑작스러운 파괴 그리고 열기나 불을 통한 붕괴를 따라서 있는지 기억하면서 이것을 생각해 보라. 만약 그가 하강 진화의 생명을 모은다면 그 위험이 다르거나 그 반대 효과로 나타날 것이다--흡혈 행위로 인한 활력 손실, 그의 체 어느 하나에서 힘을 빨아내는 것, (물질 엘리멘탈 혹은 욕망 엘리멘탈 같은 하강 진화 생명의 작용으로) 어떤 하나의 체에 비정상적으로 물질이 쌓는 것 그리고 물, 땅 혹은 불을 통한 죽음의 오컬트 의미를 이해하게 된다.

여기서 보호하고 통제하며 사용하는 데 필요한 지식을 갖추지 않은 채 이 두 그룹 중에 어느 하나를 그의 자기장 범위 속으로 부르는 사람이 겪는 위험을 다루었다. 그런데 왜 이런 주제를 다루었는가? 왜냐하면 이 마법 형태가 존재하고, 학생이 준비하고 작업이 그것을 필요로 할 때, 그것이 사용되고 알려질 것이기 때문이다. 언젠가는 자신을 준비하여 인류를 돕기 위하여 이타적으로 일하는 사람들에게 작은 형태가 점차적으로 주어질 것이다. 앞에서도 말했듯이, 이것은 아틀란티스 시대에 알려졌었다. 그 당시 그것은 무시무시한 결과를 일으켰다. 왜냐하면 청결하지 않은 삶을 사는 사람들이 이기적인 목적과 사악한 목적을 위하여 그것을 사용하였기 때문이다. 그들은 그들 적에게 영원한 복수를 위하여 엘리멘탈 무리를 불렀다; 그들은 하위 데바를 불러서 그들 야망을 진전시키기 위하여 그 힘을 사용하였다; 그들은 법칙에 협력하지 않고 그들 욕망에서 시작된 물질계 계획을 위하여 그 법칙을 휘두르려고 하였다. 통치하는 하이어라키는 인간과 데바 진화가 위협 받았기 때문에 그 위험이 너무 크다고 여겼다. 그리고 그들은 이성이 어느 정도 계발되어서 영적 마인드가 깨어나는 표시를 보일 때까지 그 공식과 말씀에 대한 지식을 인간의 의식에서 점진적으로 거둬들였다. 이런 방식으로 두 가지 거대한 진화와 (하강 진화 생명으로 구성된) 잠재하는 세 번째 진화가 분리되었고 서로 차단되었다. 일시적으로 진동의 전체 범위가 늦춰졌다. 왜냐하면 원래 목적은 병행하는 계발이었기 때문이다. 얼핏 보기에 로고스 계획이 늦춰지는 것에 대한 비밀이 현현으로 나와서 활동하는 우주악의 잔여물에 숨겨져 있다--현재 체계인 사랑의 태양계의 토대이자 첫 번째 혹은 활동의 태양계의 잔재. 악은 아직 끝나지 않은 카르마 퇴적물에 불과하고 무지 속에 그 뿌리가 있다.

진화하는 생명과 하강하는 생명을 삼중 등급으로 분리시킨 것이 오늘날까지 계속되고 있다. 일곱 번째 의식적 마법 광선이 들어오면서, 하강하는 그룹과는 아니지만, 진화하는 두 그룹이 일시적으로 근접하는 것이 어느 정도 허락되었다. 다음 5 백년 동안 데바와 인간 진화가 어느 정도 서로를 더 의식하게 되고, 더 자유롭게 협력할 수 있을 것이다. 이렇게 자라나는 의식과 함께 소통 방법을 추구하게 된 것이다. 건설 목적의 소통의 필요가 진실로 느껴질 때, 그때 대스승들의 신중한 지도 하에서 오래된 어떤 만트람의 사용이 허락될 것이다. 그들의 작용과 상호작용 그리고 반작용을 세밀하게 연구하고 주시해야 한다. 두 그룹에 혜택이 상호적으로 되길 기대한다. 인간 진화는 데바에게 힘을 주고, 데바는 인간에게 기쁨을 주어야 한다. 인간은 데바에게 객관적인 관점을 소통해야 하고, 반면에 데바는 그들의 치유하는 자성을 쏟아 부어야 한다. 인간이 다섯 번째 원리인 마나스의 관리자이듯이, 그들은 프라나, 자성 그리고 활기의 관리자들이다. 여기서 몇 가지 힌트를 제시하였고 더는 안 된다.

내일은 불과 관련된 형태에 대한 아마도 가장 흥미로운 부문을 다룰 것이다. 오늘은 제시된 것으로 충분하다.

불과 관련된 만트람 형태

1920 년 8 월 19 일

아마도 태양계 속에서 볼 수 있는 불과 관련하여 불이 다양한 부문과 진화 속에서 하는 역할에 대하여 어느 정도 다룬다면 가치가 있을 것이다. 특히 명상에서 불의 영역으로 들어가기 때문에 그리고 그것이 가장 중요하기 때문에 이것을 강조한다. 불이 하는 역할은 다섯 부분이다. 그것을 열거해보자. 먼저 대우주 속에서 불을 다룰 것이고, 나중에 소우주의 상응을 보여줄 것이다.

1. 객관 태양계에 생명 활기를 불어넣는 활기 불. 예를 들면, 우리 행성 내부 경제에서 보듯이 그리고 태양이라는 중심의 불 덩어리.
2. H.P.B.가 포하트라고 부른 저 신비스러운 어떤 것으로, 그 현현의 어떤 것이 전기, 빛의 형태 그리고 자성 유액.
3. 멘탈계 불.
4. 본질에서 불 자체인 불 엘리멘탈.
5. 개인 속에 잠재하는 "신성한 불꽃"으로 불리는 활기 불꽃으로 우리 태양로고스와 다른 모든 로고스를 구분 짓고, 태양로고스의 특이성의 총합. "우리의 신은 태우는 불이다."

불에 관한 모든 분화는 실제적으로 하나의 똑같은 것의 분화이다; 그것은 기본적으로 같은 것이지만 현현 속에서 다양하다. 그것은 근본적으로 우주 멘탈계에서 발견되는 우주불에서 유래된다. 소우주 속에서 5 중 분화를 보고, 이런 상응을 인식하는 데서 깨달음이 오고, 명상의 목적을 성취한다.

1. 소우주 체계인 인간 내부 경제를 온전한 현현 속에서 유지하는 활기 불. 그 내면의 불이 타는 것을 멈출 때,

죽음이 일어나고, 객관 육체 체계가 사라진다. 대우주도 마찬가지이다. 태양이 우리 태양계 중심이듯이, 마찬가지로 심장이 소우주 열의 집중점이다; 비슷하게 지구도 같은 열로 활력을 받고 우리 체인에서 가장 조밀한 물질 상태이며 가장 물질 열기가 크듯이, 마찬가지로 하위 생식 기관이 대부분의 경우 내면의 불의 두 번째 센터이다. 상응이 정확하고 신비스러우며 흥미롭다.

2. 소우주 속에서 포하트와 상응을 에텔체를 통하여 조밀한 육체에 활력을 주고 자성을 주는 프라나 흐름 속에서 본다. 프라나 유액의 자원은 무한하고 거의 이해되지 못하며, 그것을 적절하게 이해하는 속에서 완전한 건강의 비밀이 있다. 이것을 나중에 다룰 것이다.

3. 멘탈계 불의 상응은 쉽게 보여줄 수 있다. 왜냐하면 마인드 불꽃을 심는 불기둥의 주 작업이 많이 계발되었고 성장하였기 때문에, 이제는 지성의 불이 모든 문명 사람들 속에서 타는 것을 보게 된다. 모든 에너지가 그 불꽃에 연료를 공급하는 것으로 향하며 최대 혜택이 나는 방향으로 그것을 돌리고 있다.

4. 불 엘리멘탈은 사고력이 충분히 강한 사람이 활성화시켜서 불러낸 상념태로 어느 정도 소우주 속에서 알려져 있다. 이 상념태는 강력하게 생각할 수 있는 사람이 만들어서 그의 생명 혹은 *가열할 수 있는* 역량으로 활기를 받고 그것에 생명을 불어넣는 힘을 가지고 있는 동안 지속된다. 실재 사고력이 거의 이해되지 못하고 있기 때문에 현재 시기에 이것은 오랫동안 존재하지 않는다. 이번 체인 동안 마인드 다섯

번째 원리의 절정을 보게 될 다섯 번째 주기에 이 상응이 더 이해될 것이다. 현재 연결고리가 필연적으로 애매하다.

5. 태양로고스와 같은 성질을 가진 것으로 표시하는 개개인 속에 잠재하는 활기 불꽃.

여기서 더 거대한 체계와 더 작은 체계 속에서 볼 수 있는 불을 보게 된다. 여기서 소우주 속에서 불의 목적과 무엇을 목표로 하는지를 요약할 것이다. 그대는 세 가지 불을 가지고 있다:

1. 신성한 활력 불꽃.
2. 마인드 불꽃.
3. 쿤달리니로, 내면의 열기와 프라나 흐름의 이중 혼합. 이 힘의 고향은 척추 기저 센터이고 비장이 그 열기를 공급하는 곳이다.

이 세 가지 불--사중체 불, 삼개조 불 그리고 다섯 번째 원리 불--이 만나서 적합한 기하학 방식으로 섞일 때, 각 센터가 적합하게 활성화될 것이고, 모든 힘이 충분히 나타날 것이며, 모든 불순함과 불순물이 태워져서, 목표에 도달한다. 그 불꽃이 이제 불기둥으로 되고, 그 불기둥이 객관 우주 모든 것에 생명을 불어넣는 거대한 자아 불길의 일부분이다.

그러므로 이 세 가지 유형의 만트람과 그것의 합일 및 혼합을 가져올 만트람이 있을 것이라는 위치까지 논리적으로 오게 된다. 사실 다음과 같다:

- 쿤달리니에 영향을 주고 그것을 올바른 방식으로 일깨우는 만트람들. 진동의 힘으로 만트람이 쿤달리니가 자연적 기하학적 진행에 따라서 센터들을 순환하여 지나가게 보낸다. 이 만트람의 두 번째 분야는 비장을 다루고, 건강, 활성화 그리고 척추 기저 불에 영향을 줄 목적으로 프라나 유액의 통제를 다룬다.

- 두 가지 구분--구체적 혹은 추상적--중 어느 하나의 멘탈계 물질에 영향을 주고 거기서 두 가지 방식으로 작용하는 만트람으로, 증가된 사고 역량, 멘탈 물질을 조작 혹은 조정할 수 있는 역량을 만들면서, 그리고 코잘체 자극제로서 작용하면서 그것이 의식의 매개체로서 더 빨리 적합하게 만들고 불에 의해서 일어나는 마지막 파괴를 준비시키는 만트람들.

- 내면의 신을 불러일으켜서, 자아에 구체적으로 작용하게 만드는 만트람들. 거기서부터 그 만트람들은 상위 삼개조 속에서 강력한 진동을 일으켜서, 그렇게 모나드 힘이 코잘체 속으로 하강하게 만든다. 이 모든 만트람들은 분리해서 사용될 수 있고, 그들 나름대로 결과를 얻을 수 있다.

- (하이어라키 구성원이나 대스승께서 사용할 때) 세 가지 효과를 결합시키는 각 광선에 하나씩인, 일곱 가지 위대한 만트람들이 있다. 그것들은 쿤달리니를 일깨우고, 멘탈계 코잘체에 작용하며, 삼개조 속에서 진동을 일으켜서 하위 원리, 상위 원리 그리고 다섯 번째 원리의 하나됨을 일으킨다. 이것은 불기둥의 주가 도래하면서 일어났던 것의 반영이다. 그것은 궁극적

통일로 이끌고, 그래서 환하게 밝혀진 마인드 도움으로 사랑이 행동 속에서 드러나는 사람을 표시한다.

이것이 개인 진화와 발전에 관하여 가장 중요한 네 가지 만트람이고, 제자가 입문을 받도록 수련시키는 모든 사람에게 잘 알려져 있다. 그러나 준비되지 않은 사람이 혼자 힘으로 발견하였더라도, 그들은 거의 아무것도 성취할 수 없다. 왜냐하면 그것을 사용하는 것은 입문 봉을 적용하면서 오는 힘을 동반해야만 하기 때문이다. 돋보기가 태양에 반응해서 화염을 일으키는 것과 같은 방식으로 이 입문 봉도 압도하는 다이아몬드를 통해서 세 가지 불을 집중시킨다.

여기서 많은 정보를 몇 마디로 제공하였다. 문제가 엄청 압축되었다. 그것은 입문의 길에 가까워진 사람에게 특별한 의미를 가진다. 주어진 것에 대하여 신중하게 숙고하라. 왜냐하면 가슴의 침묵 속에서 그것을 숙고할 때, 빛이 올 수 있고, 내면의 불이 점점 더 큰 열기로 빛날 수 있기 때문이다.

불과 관련된 다른 만트람도 더 열거될 수 있다. 어떤 리듬 있는 소리를 사용하여 접촉하는 두 그룹이 있다.

- 지구 내부, 표면 그리고 위 공기 속에 있는 불 엘리멘탈과 다양한 무리들.
- 멘탈계 데바들, 본질적으로 불의 데바들

불 엘리멘탈에 영향을 주는 만트람과 관련해서 제시하거나 말할 것이 아무것도 없다. 그것은 여러 모로 지구 경제를 돌보는 엘리멘탈 중에서 가장 위험하고 가장 강력한 것들이다. 먼저 그들은 다른 모든 엘리멘탈 보다 수적으로 압도적이고 가장 높은 계부터 가장 낮은 계에 이르기까지 모든 계에서 발견된다. 땅 혹은 물 엘리멘탈은 태양계 특정 지역이나 구역에서만 발견되고, 다음으로 많은 수의 엘리멘탈은 공기 엘리멘탈이다.

그들을 부르고, 통제하고 물리치는 만트람들은 아틀란티스 사람들 사이에서 공통적으로 사용되었다. 엘리멘탈을 무분별하게 사용하여 위험을 불러 일으켰고, 위협이 그 대륙을 활보하였으며, 그래서 로고스 계획이 정확하게 작용하는 것을 혼란스럽게 만들었으며, 인류 안내자들을 불쾌하게 하였다. 그래서 그 지식이 거둬들여졌다. 아틀란티스 근원인종은 물로, 홍수로 침몰로 사라졌다; 물은 불의 자연스러운 적이고, 두 엘리메탈 그룹이 현재 단계에서 하나됨이 되는 지점이 없다는 것을 기억할 때, 아틀란티스 대륙의 대재앙에 대한 흥미로운 점을 이해할 수 있을 것이다.

불의 데바를 부르는 만트람도 이 데바를 부주의하게 불러서 만트람 마력으로 필요한 임무를 추구하려고 잡고 있을 때 수반된 위험뿐만 아니라 일어나는 시간 속에서의 파괴 때문에 똑같이 보호되고 있다. 이 두 만트람 형태 그룹 하에서 서로 다른 엘리멘탈과 데바 무리와 함께 구체적으로 일하는 많은 작은 그룹을 찾을 수 있다.

불과 관련된 여섯 가지 만트람 그룹을 열거하였다. 간략히
열거할 몇 가지 더 있다.

- 세 가지 하위 계에서 정화시키고 태우는 불을 일깨우는
  정화 만트람들. 이것은 구체적인 정화 목적을 위하여
  입문자 혹은 제자의 직접 안내 하에서 그리고 불 데바의
  통제된 엘리멘탈 활동으로 일어난다. 목적은 체들 중에
  어느 하나를 정화시키거나 지역, 집 혹은 사원을
  정화시키는 것이다.
- 부적, 돌과 신성한 지점을 자성화 시키기 위하여 불을
  불러 내는 만트람.
- 불을 오컬트적으로 사용하여 치유를 가져오는 만트람.

사용된 만트람은:
가. 대륙을 움직이고 땅을 침몰시킬 때 필요한 그것을
  조작할 때, 마누가 사용하는 만트람.
나. 인간 개개인 속에 있는 내면의 불꽃을 자극할 때,
  보디삿트바가 사용하는 만트람.
다. 다섯째 원리 혹은 지성을 가지고 일할 때, 마하초한이
  사용하는 만트람.

이 모든 만트람 형태와 다른 많은 것이 존재한다…… 이런
만트람을 얻는 첫 단계는 오컬트 명상 능력을 얻는 것이다.
왜냐하면 바라는 목적을 가져오는 것이 말을 소리 내는
것만이 아니라 성취하려는 결과를 시각화하는 멘탈
집중이기 때문이다. 이것에다 그 소리를 외치는 사람이
결과를 장악하게 만드는 의지가 수반되어야 한다. 이런

만트람 형태는 집중된 멘탈 균형 그리고 통제하고 활성화시킬 수 있는 힘과 분리되면 위험하고 쓸모가 없다.

4. 형태를 집단으로 사용하는 것

1920년 8월 21일

이제 여섯 번째 편지 마지막 부분으로 왔다.

세 가지 소제목으로 이것을 다루고자 한다. 명확하게 하기 위하여 다음과 같이 부를 것이다:
1. 명상 형태에서 집단으로 소리를 사용하는 것.
2. 명상에서 집단으로 리듬을 사용하는 것.
3. 이 형태가 사용되는 특별한 경우.

… 이 편지에서 개인 명상에 대하여 남김 없이 검토하였고 그 주제를 다양한 시각에서 다루었다. 이 문제를 다룰 때, 학생의 흥미를 일으키고, 학생이 더 많은 노력과 세밀한 연구 그리고 깊은 탐구를 하도록 자극할 만큼만 전달하였다. 내면 의식으로 경험한 사실로서 이해된 것만이 오컬트 계발의 힘든 길에서 조금이라도 유용하다. 이론과 멘탈 개념은 도움이 안 된다. 그것들은 책임만 증가시킨다. 이런 이론을 테스트해서 그 결과로 자연 속에 있는 사실로 알게 될 때만, 그리고 멘탈 개념을 물질계 실제 경험 속에서 나타낼 때만, 다른 학생에게 길을 가리킬 수 있고 따라오는 사람에게 도움을 주는 손을 내밀 수 있는 위치에 있을 수

있게 된다. "나는 듣는다"고 말하는 것은 도움이 되고 격려가 될 수 있다; 거기에다가 "나는 믿는다"를 덧붙이면 부가된 확신을 가져올 수 있지만, 큰소리로 "나는 안다"고 말하는 것이 칼리 유가 가장 어두운 시기에 필요로 하는 것이다. *아는 자*들은 아직 드물다. 하지만 아는 것이 온전히 가능하고 근면, 성실 그리고 도의 길에 있는 제자가 고통 속에서 굳건히 서있을 수 있는 역량만 있으면 된다.

이제 성취할 결과, 개인 명상에서 사용될 방법에 대하여 어떤 희미한 생각을 갖고, 개인이 사용하는 형태의 용도에 대하여 약간 확장한 후에, 이제 집단 관점에서 그 문제를 검토할 수 있다.

형태를 집단으로 사용하는 것에 대하여 주목해야 할 가장 중요한 것 중에 하나는 이것이 보편적인 유행이고, 매우 효과적이며 또한 매우 위험하다는 것이다. 신을 집단적으로 숭배하고 종교 의식을 단결하여 수행하는 것이 이제는 모든 사람 공공 생활의 일부분이 되어서 그 존재 이유와 성취한 결과를 간과하기가 쉽다. 모든 종교--기독교, 불교, 힌두교, 이슬람교, 그리고 가장 퇴화한 인종이 숭배하는 왜곡된 주물 숭배에 이르기까지--는 신성을 접촉하는 일치된 시도의 가치와 효율을 강조하여 왔다. 필연적으로 결과가 성취된다. 기독교 신비에 참여한 사람에게 오는 고요하고 평화로운 느낌부터 가장 미개한 줄루의 광란의 춤에 이르기까지 다양하다. 차이는 힘을 소화하는 숭배자 능력에 있고, 그 힘을 유지하고 실어 나를 수 있는 역량에 있다.

이 점들은 그가 놓인 진화 사다리 위치로 결정되고 그가 소유한 감정적 멘탈적 통제로 결정된다.

명상에서 형태를 집단으로 사용하는 것을 고려할 때 기억해야 할 첫째 명제는 소리와 리듬을 사용할 때 그 형태가 참여하는 사람과 그들이 접근하려는 힘 혹은 지성 사이에 소통의 통로를 열어준다는 것이다. 물질계에서부터 감정계 혹은 한층 더 높은 멘탈계 어느 하나의 계까지 관통하는 이 통로를 통하여 지성 혹은 힘이 그들에게 접근하는 사람들 속으로 어떤 종류의 힘이나 환하게 밝히는 빛을 쏟아 부을 수 있다는 것이다. 이 통로가 접촉할 수 있는 채널을 형성한다. 전체 과정은 순전히 과학적이고 진동에 바탕을 두며 역학 지식에 기초한다. 그것은 오컬트 지식을 통한 진공상태를 정확하게 만드는 것에 달려 있다. "자연은 진공 상태를 혐오한다"는 오컬트 진술이 전적으로 맞다. 어떤 소리를 올바르게 말함으로써 상위계와 하위계 사이에 이런 진공상태 혹은 텅빈 통로가 형성될 때, 포하트 에너지의 어떤 현현된 에너지 혹은 힘이 필연적인 법칙의 작용하에 그 통로로 쏟아져 들어와서 그것을 통하여 목표에 도달한다.

우리가 흑마술로 부르는 것의 많은 것이 이 지식을 오용하는 것이다. 형태와 소환을 통해서 어둠의 형제들이 (혹은 무지하게 악한 힘이라고 부르는 것에 간섭하는 사람들) 높은 곳에 있는 어두운 지성체들과 연결된 힘을 활용한다. 이렇게 그들은 우리 태양계 내에 있는 우주 악의 어두운 동굴에서 기원되는 사건을 물질계에서 일어나게 만든다. 마찬가지로 한층 더 위대한 빛의 힘을 활용해서 그 힘을 진화 측면에 적용하는 것도 가능하다.

명상 형태에서 집단으로 소리를 사용하는 것

이제 우리는 소리 관점에서 이 문제를 구체적으로 다룰 것이다. 신성한 말씀과 그 용도를 연구해보면, 그것은 자극하는 의미에서 체의 센터에 직접적으로 미치는 효과가 세 가지 혹은 파괴적, 건설적 혹은 개인적 영향이 있다는 것을 알았다. 이 세 가지 효과를 모든 소리를 집단으로 그리고 많은 사람이 사용하는 곳에서 볼 수 있다. 명확히 하기 위하여 네 번째 효과인 통로의 형성을 더 깊이 나열할 것이다. 이 네 번째 효과는 사실상 다른 것의 통합에 불과하다. 왜냐하면 소통 통로를 만드는데 하위 삼계 물질의 조정이 이루어져야 하기 때문이다. 그 조정은 먼저 방해하는 물질을 파괴하고, 사용할 통로를 만드는 것이다. 이것은 센터들 도움으로 매우 분명하게 일어난다. 이 점이 근본적으로 흥미로운 것이다. 그리고 소리를 가장 강력하게 사용하는 비밀을 가지고 있다. 그 소리는 주요 센터들 중에 어느 하나를 사용하여 멘탈 물질 속에서 투사하는 것이다. 멘탈 수준에서 일하고 동시에 주요 센터들 중에 어느 하나를 (전적으로 두뇌 센터를 사용하던가 혹은 상응하는 두뇌 센터와 연결된 다른 주요 센터들 중에 어느 하나를 사용하던가) 사용할 수 있는 힘을 가진 그룹의 사람이 성취한 효과는 믿을 수 없을 정도로 강력하다. 아직은 그 힘이 인류의 것이 아니라서 괜찮다. 단결된 동기의 순수함과 모두의 선을 위한 이타적인 충실함이 보일 때만,

이 힘이 인류의 공통된 지식으로 돌아가도록 허락될 것이다. 아직은 같은 센터를 사용하고 같은 광선의 진동에 반응하는 진화 사다리의 같은 단계에 있으며, 같은 센터를 사용하는 충분한 수의 사람을 모아서, 단결하여 만나서 같은 음 혹은 만트람을 함께 소리 내는 것이 실질적으로 불가능하다. 그들도 모두 순수한 사랑으로 생명이 불어넣어져야 하고 모두의 영적 고양을 위하여 현명하게 일해야 한다.

하이어라키 힘의 일부분이 바로 이것을 할 수 있는 능력에 바탕을 두고 있다. 진화가 진전되고, 물질을 한층 더 이해하면서, 명상 그룹이 현재 상태인 깨달음을 추구하는 진실한 열망자 그룹에서 어떤 목적을 위하여 함께 건설적으로 그리고 지성적으로 일하는 일꾼들 그룹으로 바뀔 것이다. 기독교 성경에 아틀란티스 시대로부터 우리에게 내려온 어떤 이야기 단편이 있다. 그 당시 대부분 이기적 목적으로 사용하기 위하여 물질계와 아스트랄계에서 소리를 사용하는 것이 이해되었으며 실천되었다. 예리코 성벽 주위를 리듬 있게 돌고 나서 일정 수의 트럼펫 소리에, 그 성벽들이 무너졌다는 것을 본다. 그 과학을 적용해서 원하는 목적을 일으키는 순간을 알았던 리더들이--소리 과학에 숙달하고 그것의 파괴적 창조적 효과를 연구한-- 가진 오컬트 지식으로 이것이 가능하였다.

이 소리는 세 가지 제목으로 그룹을 나눌 수 있다:

단결하여 성음을 소리 내는 것. 이것이 가장 통상적인 방법 중에 하나이고, 힘을 전달하기 위한 통로를 형성하는 가장

직접적인 방법이다. 그것이 개인에게 효과적이라면, 여러 번 반복해서 나타냈듯이, 그것을 단결하여 사용하는 것은 확실히 엄청나게 효과적이고 심지어 위험할정도로 강력할 것이다. 현재 모든 믿음의 효율성을 손상시키고 방해하는 것이 바로 이 말씀의 용도를 상실하였기 때문이다. 하지만 인간 하이어라키의 낮은 진화 지점으로 수반되는 위험 때문에 이 상실이 주도 면밀하게 일어났다. 이 말씀의 사용이 집단적으로 회복될 때, 그리고 군중이 그것을 올바른 음조로 올바른 리듬으로 올바르게 소리낼 때, 그때 위로부터 힘의 하강으로 (음의 높이와 톤에 따른 힘의 특질) 소우주 활성이 주변 지역과 환경에 영향을 주게 될 것이다. 그것은 자연의 모든 왕국 속에서 상응하는 자극을 일으킬 것이다. 왜냐하면 인간계가 상위와 하위 사이에 연결고리를 구성하고, 데바 왕국과 연결하여 생명의 힘이 만나는 장소를 제공하기 때문이다.

서로 다른 센터에 미치는 이 영향이 삼계 어느 한 곳에서 분명하게 느껴질 것이다. 명확하게 할 필요가 있기 때문에 설명해 보겠다. 여기서 구체화된 순서에 어떤 중요성을 갖지 않도록 명심할 것을 경고해야 한다. 이 문제에 대한 정확한 정보를 열어 보여주기에는 아직 무르익지 않았다.

모인 대중이 감정을 통하여 작용하는, 그래서 더 큰 열망과 사랑을 자극하는, 힘의 통로와 연결하길 바란다고 가정할 것이다. 리더로부터 주어진 말에 따라서, 그룹 속에 있는 개별 단위가 의도적으로 그의 의식을 심장 센터로 거둬들이고, 그리고 그 심장 센터로부터 (의식을 꾸준히 그곳에 두면서) 그룹 대부분이 반응하는 높이로 조절된 성음 소리를 그가 내보낼 때까지, 단결된 침묵 속에서 그대로 있을 것이다. 투시력을 가진 그룹 리더가 앞에 모인 오라들을 빠르게 리뷰하면서 이 높이를 확인할 것이다. 이 소리는 필요한 통로를 만들 것이고, 그 결과 참여자들의 감정체 주변이 일시적으로 엄청난 확장과 그들 심장 센터의 강렬한 활성화가 일어날 것이다. 이런 방법으로 사람들이 높은 고지에 도달해서 개별적으로는 불가능한 축복을 받을 수 있을 것이다. 여러분은 다른 조건을 생각할 수 있다. 이 문제에서 상상력의 사용이 매우 중요하고 그 기능과 상위 대응인 직관 사이의 연결관계를 계발시켜 준다. 명상하는 학생은 상상하는 것을 더 배워야 한다.

구체적인 목적을 위하여 사용된 *어떤 만트람들을 단결하여 소리 내는 것*. 그런 목적의 예는 다음과 같다:
가. 도시 정화.
나. 치유 센터로 사용될 땅의 자성화.
다. 모인 사람이 더 고귀한 깨달음을 받도록 그들 마인드를 명확하게 하는 것.
라. 그런 목적으로 함께 모인 사람들 치유.
마. 물질계에서 일이 발생하도록 자연의 힘의 통제.
바. 사람을 작은 신비 속으로 입문 시키는 것.

올바르게 생각하면 확장될 수 있는 많은 분량을 채울 재료가 이 단락 속에 있다. 인류에게 다시 회복될 화이트 매직의 일부분이고 그것으로 아틀란티스 시대 힌트가 주어진 영광과 문명이 성취될 것이다. 그리고 그것은 인류 입문가들의 꿈들 중에 하나이다.

데바 혹은 천사 왕국과 소통하기 위하여 *집단으로 소리 낸 만트람 혹은 말씀*. 이것은 마하초한 부문과 연결된 독특한 만트람 세트이고 나중에 그것을 구체적으로 다룰 것이다.

명상에서 리듬을 집단으로 사용하는 것

1920년 8월 22일

리듬이란 그것을 사용하는 사람을 자연의 어떤 힘과 조화를 이루게 만드는 율동적인 움직임으로 표현할 수 있을 것이다. 그것은 사람들 단체가 일치하여 따라 하는 지시된 행동으로, 어떤 정렬을 일으키고 체 전체 혹은 어느 하나에 영향을 준다. 그래서 그것은 목적이 있다:

가. 어느 체 하나 혹은 체들의 무리를 흔들어서 힘의 흐름의 작용 영역 속으로 들어가는 것.
나. 그것은 그룹 구성원을 이루는 다양한 체 어느 하나 혹은 전체 물질을 조정한다.
다. 그것은--어떤 기하학적 균형과 정렬 하에서--그룹 속에 분화된 단위들 오라를 합치고, 이 오라들이 하나의 단결된 그룹 오라를 형성하게 만들어서, 어떤 구체화된 목적을 위하여 어떤 구체화된 방향으로 리듬 있는 힘의 흐름을 가능하게 만든다.

다양한 오컬트 단체와 비의 단체를 제외하고, 방법이나 절차와 결과가 과학적으로 이해되거나 도식화되지 못했더라도, 이것은 여러 시대에 걸쳐서 잘 알려져 왔다. 소위 고대 이방인 의식에서 리듬의 가치를 잘 이해하였고 심지어 이스라엘 다윗왕 다비드도 신 앞에서 춤을 추었다. 어떤 템포에 맞춰서 체를 흔들고 종종 음악에 따라서 다양한 방향으로 육체를 흔드는 것은 두 매개체에 분명하고 독특한 영향을 준다. 이런 리듬 있는 움직임으로:

1. 이런 방식으로 계발된 힘이 (리듬에 따라서) 어떤 사람 혹은 체의 어느 센터로 가도록 지시된다.
2. 감정체와 멘탈체 물질이 완전히 재조정되고 다시 합쳐져서, 아마도 물질계에 어떤 영향을 낳는다.
3. 매개체들 정렬에 영향을 주고, 뒤틀리거나 잘못 놓이게 할 수 있다.

이것이 진정한 율동적 움직임의 주요 목적 중에 하나이고, 그것이 왜곡된 것이 수 세기에 걸쳐서 내려왔으며 낮은 유형의 근대 댄스에서 절정에 이른 것이다. 근대 댄스에서 율동적인 움직임의 가장 타락한 모습을 보게 되며, 리듬의 주요 효과는 이렇게 계발된 힘을 감정체 그리고 그 매개체 가장 낮은 유형의 물질로 안내하는 것이다. 이것이 물질계에서 가장 바람직하지 않게 나타나는 것이 성 기관을 자극하는 것이다. 리듬 있는 움직임을 진정으로 사용하면, 그 영향이 세 개 하위 매개체를 코잘체와 정렬시키고, 이런 정렬--강렬한 열망과 열렬한 욕망이 수반될 때--은 위로부터 힘의 하강을 일으킨다. 이것은 세 가지 주요 센터를 활성화시키고 분명한 깨달음을 일으킨다.

전체 대중이 이렇게 하나의 고귀한 욕망으로 활기가 불어넣어질 때, 그들 오라가 합쳐지고 하강하는 하나의 결합된 통로가 될 때, 그 결과가 엄청나게 강렬하고 그 반경이 전세계적으로 된다. 그 예를 오늘날까지 인도에서 보편적으로 간직된 굉장한 웨싹 축제 때, 하이어라키가 붓다가 계신 그 수준에서 오는 힘과 축복의 전달 통로가 되는 예를 보게 된다. 그분이 그 힘의 집중점이 되고--그분 오라를 지나가게 하면서--그 힘을 모인 주(Lords), 대스승들, 입문자들 그리고 제자들이 제공한 그 통로를 통하여 인류에게 쏟아 붓는다. 이 채널은 소리와 리듬을 동시에 사용해서 형성된다. 어떤 만트람과 서서히 신중하게 진행된 동작으로, 원하는 곳까지 올라가서 도달하는 통로가 형성된다. 물질계보다 높은 계 물질로 형성된 기하학 도형이 (히말라야 센터에 모인 대중의 기하학적 움직임의 결과) 어떤 특정한 계로부터 데바들의 축복 센터로의 굉장한 접근 통로를 형성한다. 그 장면을 투시적으로 볼 수 있는 사람들에게, 기하학 형태의 아름다움은 믿을 수 없을 것이고, 그 아름다움이 거기 모인 위대한 분들의 휘황찬란한 오라로 향상된다.

앞으로 다가올 시기에 음악, 성가 그리고 율동적인 동작의 가치를 이해할 것이고, 어떤 결과를 성취하는데 그것이 사용될 것이다. 사람들 그룹이 동작 및 통일성과 연결된 질서정연한 소리의 정화 효능 혹은 창조적 영향을 연구하기 위하여 함께 모일 것이다; 세 가지 체에 미치는 건설적인 효과가 투시적으로 연구될 것이다; 그 체들의 물질을 제거하는 효과가 도식적으로 표가 만들어질 것이고 이렇게 얻은 모든 지식이 그 체를 향상시키는 데 분명하게 적용될 것이다. 계발된 힘의 특질과 그것이 흥분시키고, 자극하는 그리고 활성화시키는 영향이 세밀하게 관찰될 것이다. 센터들이 접촉된 힘의 흐름과의 관계 속에서 연구될 것이고, 그 센터들의 회전 운동을 강화하고 배양시키는 것이 분명하게 시도될 것이다.

전체 문제를 보는 또 다른 시각이 세계에서 하는 작업으로 귀착되고, 그룹 위상과 구성원에 달려 있지만, 그것은 일차적으로 그룹 목적이 아니다. 그룹은 어떤 유형의 로고스 힘을 접촉하여, 그 힘을 그룹 통로로 지나가게 해서 어떤 건설적인 목적을 위하여 세계로 보내는 작업에 전념할 것이다. 이 작업은 힘의 분배자 혹은 니르마나카야가 착수한 작업과 긴밀하게 연결되어 있고, 대체적으로 그분들 안내 하에 이뤄질 것이다. 왜냐하면--올바른 때가 오면-- 그분들이 활동의 집중점으로 이 그룹을 이용할 수 있을 것이기 때문이다. 지금 그분들 작업의 집중점은 주로 멘탈계이고 어느 정도 감정계에 있다. 코잘 정렬의 비밀이 더 잘 이해될 때, 화신한 사람들 그룹이 진실로 협력해서 일할 수 있을 때, (현재는 개성이 너무 확대되어 불가능하다) 그때 니르마나카야들이 물질계를 직접 접촉할 수 있고, 그곳에서 보이는 진화에 거대한 힘을 작용할 수 있을 것이다.

치유 그룹은 다음과 같이 작용할 것이다. 치유할 사람을 가운데 놓은 채 치유하는 사람들이 원을 만들어서 어떤 만트람을 사용해서 그 사람을 치유하는 데 적용할 것이고, 어떤 동작을 따라 함으로써 하강하는 힘의 집중점이 가운데 있는 아픈 사람이 되도록 만들 것이다. 그 힘의 자극하는 힘, 재건하는 특질 혹은 파괴하고 제거하는 역량으로, 소위 기적이 일상 사건으로 될 것이다. 주제가 너무 광대하여 여기서는 힌트를 주는 것 이상 할 수 없다. 하지만 인류가 진보하고 하나됨의 비밀을 더 잘 이해하게 될 때, 많은 사람이 견습의 길에 들어설 때, 입문자 비율이 지금보다 더 많을 때, 그리고 많은 수의 인류가 자아체와 더 직접적으로 정렬될 때, 소리와 리듬의 법칙을 과학적으로 적용하는 것을 이해할 것이다.

동시에 그런 힘의 오용도 보게 될 것이다--빛의 주들과 어둠의 주들 사이의 마지막 싸움 중 하나의 시작을 알리는 오용이다. 대재앙이 엄청날 것이고 재난이 끔찍할 것이지만, 빛이 언제나 어둠 속에서 빛나고, 만물 위에서 통치하고 그분 오라 둘레 속에 모든 것을 간직하는 분은 기회의 시작을 알 것이고 또한 보호할 수 있는 그것을 어떻게 사용하는지 알 것이다.

이 형태가 사용될 특별한 경우

지상에서 인류와 직접 관계를 갖는 거대한 사건은 웨싹 축제이다. 지구와 지고의 통치자 자신인 우리 체계 로고스 사이에 어떤 통로가 직접 만들어질 한층 더 거대한 순간이 있다. 이것은 어떤 만트람들의 힘과 하이어라키 그리고 계의 데바 주들의 단합된 노력으로 성취될 것이다. 데바 진화가 데바 주들을 도와줄 것이고, 하이어라키는 한결같은 인류가 도움을 줄 것이다. 그들은 당시 현현한 광선의 주들과 행성의 행성로고스를 통해서 집중할 것이다. 외부에 이 사건의 날짜를 소통하기에는 아직 아니다.

세 가지 주요 접근선--마누 혹은 통치자, 보디삿트바 혹은 세계 교사, 그리고 마하초한 혹은 문명의 주--상에서, 어떤 만트람과 말씀 그리고 어떤 리듬 있는 법칙 하에서, 그들 각자 독특한 그룹이 보일 것이다. 여기서 한 가지 힌트만 줄 수 있고 그것이 흥미롭다는 것을 발견할 것이다. 마누 밑에서 일하는 사람들이 국가를 조종하고 그들 관심을 정부(통치)와 정치로 돌리면서 국민의 입법부에 앉아서 법을 배포하고 정의를 주면서 일하는 사람들이 리듬 있는 의식으로 그들 작업을 시작하는 때가 오고 있다. 그들의 단합된 리듬과 읊조린 말씀으로, 그들이 마누 의식 및 그분의 거대한 통치 부문과 접촉해서, 그분 의도를 공식화하고 그분 계획을 성취하도록 한층 더 명확하게 실행할 것이다. 그들 체를 정렬하고 필요한 채널을 만들고 나서, 당면한 문제에 대하여 마누와 마누 하급자들의 의도를 알아내는 데 그들의 관심 전체를 둘 그런 한 두 명을 깨달음의 집중점으로 그들 가운데 세운 후에 그들은 일을 진전시킬 것이다.

마찬가지로 보디샷트바 부문에서도 비슷한 절차를 따를 것이고, 이미 구성이 조직되었다. 성직자가 집중점이 될 것이고, 단결된 대중이 적절한 의식과 리듬을 한 후에, 그들은 높은 곳에서 오는 정보 전달자가 될 것이다. 그러나 여기에 중요한 흥미로운 점이 있다: 사제직은 그때가 되면 분리된 사람들 단체가 되지 않을 것이다. 그때 모두가 사제가 될 것이고 의식이 시작할 때 적절하게 선출된 평신도가 그 직위를 유지할 수 있을 것이다. 필요한 유일한 자격조건은 상위와 정렬할 수 있고 대중 속에 있는 다른 사람과 협력할 수 있는 역량이 될 것이다.

문명과 문화의 주이자 진화의 세 번째 선의 수장인 마하초한 부문에서, 비슷한 행동을 보게 될 것이다. 어떤 학교도 혹은 대학교도 정렬 의식 없이는 수업을 시작하지 않을 것이고, 이때 교사가 마인드 활동을 통제하는 부문에서 오는 정보의 집중점이 될 것이다. 이런 식으로 학생들의 멘탈체를 자극하고 상위 마인드와 하위 마인드 사이 채널을 강화시키는 것을 엄청 도와주게 될 것이다. 또한 직관이 계발되어 접촉될 것이다. 위 진술에서 같은 말을 하지 않았다. 언젠가 물질계에서 사실이 될 것에 대한 넓은 개략을 나타내었을 뿐이다. 이 생각은 숙고와 사색할 많은 문제를 전달하고 현명한 학생을 위한 도움으로 가득 차 있다. 심지어 이런 사실을 그가 잘못 이해하고 그가 흡수할 수 있는 역량이 많이 미흡하더라도, 그의 지평선을 확장하고 그의 시야 범위를 높이는 것은 어떤 것이건 환영 받는다.

편지 7 - 색과 소리의 사용

1920년 8월 27일

1. 색의 나열과 설명
2. 색과 상응의 법칙
3. 색의 영향
4. 색의 응용과 미래 용도

법을 어기는 자는 법으로 망하고, 반면에 법을 지키는 자는 법으로 산다는 것에 의문의 여지가 없다. 오컬티즘에 대한 진정한 공부는 현상에 대한 왜 그리고 어떻게를 연구하는 것이다. 그것은 결과를 얻는 방법을 찾는 것이고, 그것을 지배하는 법칙을 발견하기 위하여 사건과 환경에 대한 면밀한 분석이 수반된다. 오늘 이런 서언을 말하게 되었다. 왜냐하면 그대의 마인드를 통제하는 질문을 분명하게 보았기 때문이다. 올바른 대답을 찾는데 그대 자신을 계속해서 적용하면 이런 질문이 엄청난 가치가 있게 된다. 어떤 분명한 법칙이 제자의 삶을 지배한다. 그것은 모든 생명을 통제하는 똑같은 법칙이다. 차이점은 그런 법칙들의 목적, 존재이유 그리고 일상 생활에서 만나는 상황에서 사리 있게 의식적으로 적용하는 것을 제자가 부분적으로 인식하는데 있다. 법칙에 순응함으로써 개성의 삶이 변형된다. 예를 들어 *질료의 법칙*을 보자. 이 법칙은 보편 저장소를 현명하게 사용하는 위치로 제자를 올려 놓는다. 그것은 물질을 조작하는 것이고, 수요와 공급의 상호작용의 힘에 적응하는 것이다. 맹신이 신비가에게는 맞다. 그것이 신성한 저장소를 들어가는 방법들 중에 하나이지만, 그 저장소가 계속 채워지는 방법을 이해하고 만물의 아버지의 풍족한 공급이 아이들의 필요와 만나게 하는 수단을 이해하는 것이 한층 더 낫다. 여기서 수요와 공급에 관한 금언 하나를 줄 수 있다. *작업과 작업자의 필요를 위하여 공급된 것을 능숙하게 사용할 때만* (이 단어들 하나하나를 신중하게 선택하였다) *그 공급이 계속해서 채워진다.* 그 비밀은 사용하고, 요구하고, 취하는 것이다. 수요의 법칙에 따라서 문을 열 때만, 공급이 허락되는 또 다른 높은 문이 열린다. 중력의 법칙이 비밀을 숨기고 있다. 이것에 대하여 생각해보라.

색에 대한 어떤 견해

이제 작업을 시작하자. 오늘 저녁 우리가 검토할 주제는 심오하고 복잡한 흥미를 가진 주제이다. 일곱 번째 편지는 명상에서 색과 소리의 사용과 관련 있다.

알고 있듯이, 성음의 사용을 공부할 때 그리고 형태와 만트람을 공부할 때, 앞의 편지에서 소리의 주제를 상당히 많이 다루었다. 소리가 색이고 색이 소리이다 라고 말하는 것이 격언이다. 그리고 그렇다. 오늘 여러분 관심을 끌려고 하는 주제가 소리로서 소리가 아니라 소리의 색채 효과이다. 특히 이 편지에서 색깔 측면을 강조하려고 하며, 모든 소리는 색으로 표현된다는 것을 항상 기억하기를 바란다.

로고스가 태양계를 만들기 위하여 거대한 우주 말씀을 소리 냈을 때, 세 가지 주요 색의 흐름이 나왔으며, 거의 동시에 또 다른 네 가지가 나오면서, 현현이 가능하게 된 일곱 가지 색의 흐름이 되었다. 이 색은:

1. 파란색.
2. 남색.
3. 녹색.
4. 노란색.
5. 오렌지색.
6. 빨간색.
7. 보라색.

아무 생각 없이 이것을 이런 순서로 놓은 것이 아니지만, 정확한 의미를 그대가 발견하도록 남겨두겠다.

두 번째 생각을 강조하고자 한다: 이 일곱 가지 색의 흐름은 로고스 명상의 산물이었다. 로고스가 명상하였고 숙고하였으며 멘탈적으로 생각하였고 어떤 이상 세계를 형성하였으며, 사고 물질 속에서 만들었다. 그러면 우리 객관 우주가 통합적인 색조로 깊은 파란색 혹은 남색을 가진 일곱 색으로 찬란하게 번쩍이며 존재하게 되었다. 그러므로 색에 대한 어떤 것을 상정할 수 있다:

1. 그것은 객관적 명상과 관련 있고, 그래서 형태와 관련 있다.
2. 그것은 명상의 정점으로서 외친 소리의 결과이다.

3. 이 일곱 색과 그것을 현명하게 이해하는 속에서 로고스처럼 인간이 할 수 있고 건설할 수 있는 역량이 놓여 있다.

4. 색은 서로 다른 매개체와 그 매개체가 기능하는 계에 어떤 영향을 준다. 오컬티스트가 어느 색이 어느 계에 적용가능하고, 그래서 어느 색이 그 계의 기초 색조라는 것을 알게 될 때, 소우주 계발의 근본 비밀을 이해한 것이고, 로고스가 객관 태양계를 건설할 때 이용한 것과 똑같은 법칙으로 그의 현현체를 만들 수 있다. 광선 명상이 현명한 학생에게 이것을 결국에는 드러낼 비밀이다. 이 네 가지 요점이 다음에 오는 모든 것의 토대가 된다.

여기서 내가 열거한 색이 HPB 가 열거한 색과 상충하는 지 그 점에 대하여 안심시켜 주려고 한다. 상충하지 않는다는 것을 발견할 것이고, 둘 다 *블라인드*를 사용하며, 둘 다 보는 눈을 가진 사람이 이해할 수 있는 똑같은 블라인드를 사용한다. 블라인드가 인식할 때 그것은 더 이상 블라인드가 아니며, 나는 그 열쇠를 제공하지 않을 것이다. 그러나 한 두 가지 힌트를 줄 수 있다:

● 오컬트 문헌에서 보색이 같은 관점으로 사용될 수 있다. 빨간색을 녹색으로 부를 수 있고 오렌지색을 파란색으로 부를 수 있다. 사용된 용어의 정확한 해석의 열쇠는 논의 중인 단위의 성취 지점에 달려 있다. 자아에 대하여 말하면 어느 한 면으로 사용될 수 있다; 개성에 대하여 말한다면, 또 다르게 사용될 수 있다; 반면에

모나드 혹은 상위 오라 영역은 통합적으로 혹은 모나드 광선으로 묘사될 수 있다.

● 상위 마인드 혹은 하위 마인드 색은 관련된 광선이 아닌 계로 종종 말해진다.

파란색-남색은 단순히 유사하지 않고 우주적으로 관계가 있어서 블라인드 목적으로 상호교체 가능하다. 설명해 보겠다:

행성과 관련한 작업에서 불기둥의 주를 네 가지 색으로 말할 수 있다:

가. *남색*. 그들은 사랑 혹은 지혜 광선과 연결되어 있는 보디삿트바 선에 있다. 세계의 주가 두 번째 측면의 직접적인 반영이다.

나. *파란색*. 남색과의 연합되어 있고 오라 알과의 관계 때문에; 마치 태양로고스를 "블루로고스" (글자 그대로 남색)라고 말하듯이, 마찬가지로 완성된 인간의 색 그리고 그가 현현하는 오라 알의 색도 파란색이 지배적이다.

다. *오렌지색*. 파란색 보색이며 지성체로 인간과 직접 연결고리를 가지고 있다. 개성 전체와의 관계에서 그는 마나스 다섯 번째 원리의 수호자이다.

라. *노란색*. 남색 보색이자 붓디 색이며, 두 번째 측면의 직접적인 선이다.

블라인드 사용으로 수반되는 엄청난 복잡성을 보여주고, 그러면서 보는 눈을 가진 사람에게 심지어 이런 블라인드의 선택도 제멋대로가 아니라 규칙과 법칙을 따르는 것을 보여주기 위하여 위 설명을 제시한 것이다.

그러므로 비의 문제를 다룰 때 하위 마나스가 도움이 되지 못한다는 것이 왜 그렇게 강조되는지 분명해진다. 고귀한 비전이 계발 과정에 있는 사람만이 어느 정도 정확한 분별력을 성취할 수 있다고 기대할 수 있다. 대자연 활동의 녹색이 사랑 측면의 토대 혹은 현재 사랑 태양계의 남색 진동을 형성하듯이, 마찬가지로 멘탈계에서도 그렇게 보일 것이다. 더 이상 말할 수 없지만, 생각을 위한 재료가 여기에 있다. 오렌지색도 마인드 아들의 비밀을 간직하고 있으며, *불기둥*(그것도 심지어 외적으로 모든 색을 섞는다)을 공부하는 속에서 깨달음이 온다.

명상에서 색과 소리의 이 문제를 공부할 때 광대한 주제를 어떻게 나누는 것이 가장 좋을까? 다음과 같은 제목으로 검토해보자:

1. 색의 나열과 어떤 설명
2. 색과 상응의 법칙
3. 색의 영향
   가. 제자의 체
   나. 그룹과 그룹 작업
   다. 환경
4. 색의 적용

가. 명상에서
나. 명상하는 치유에
다. 건설적인 작업에
5. 미래에 색의 사용

이 다섯 가지 제목에 현재 말할 수 있는 모든 것이 요약될 수 있다. 아마도 말할 수 있는 것이 근본적으로 새롭지 않을 것이다. 왜냐하면 토대가 되는 HPB 의 책에서 볼 수 없는 것을 주지 않기 때문이다. 그러나 하나의 제목으로 자료를 모으고 새롭게 제시하는 속에서, 깨달음이 올 수 있고, 더 심오하고 현명한 지식의 조정이 올 것이다. 나중에 이 다섯 가지 구분을 다룰 것이다. 오늘밤에는 이미 제시된 것에 몇 가지 요점을 추가할 것이다.

물질계에 현현된 색이 가장 조잡하고 거친 것을 보여준다. 심지어 육안으로 보이는 가장 섬세한 색조도 감정계에 있는 색과 비교하면 조잡하고 거칠다. 그리고 다른 계의 더 섬세한 물질과 접촉하면서, 서로 다른 색조의 섬세한 특질과 부드러움 그리고 아름다움이 매번 바뀔 때마다 커간다. 궁극의 통합 색에 도달할 때 그 아름다움은 모든 상상을 초월한다.

색--진화 속에서 지금 우리와 관련 있는 색--은 *빛의 색*이다. 이전 태양계에서 남은 어떤 색이 우리가 "우주악"으로 부르는 (우리의 무지로 그렇게 부른다) 그 신비한 어떤 것의 표현 방식으로 붙잡혔다. 그것은 하강 진화 색이고, 어둠의 형제단의 힘의 매체이다. 빛의 길로 가는 열망자는 그것과 아무 관계가 없다. 그것은 지구 어두운 곳, 감정계 그리고 멘탈계 하위 수준에서 접촉되는 갈색, 회색, 혐오스러운 자주색 그리고 지나치게 화려한 녹색이다. 그것은 부정(결여)이다. 그것의 톤은 대자연 음보다 낮다. 비의적으로 이해하면 그것은 밤의 자식이다. 그것은 미혹, 절망 그리고 부패의 기초이며, 빛의 색을 들여와서 위대한 분들의 제자가 중성화시켜야 한다.

6. 앞에서 말한 모든 색의 통합이 남색 통합 광선이다. 이것이 모든 것 근저에 있고 모든 것을 흡수한다. 그러나 인간 진화 삼계에서 오렌지 불꽃이 모든 것을 밝게 한다. 이 오렌지색은 다섯 번째 계에서 발산하여 나오고, 다섯 번째 원리 근저에 있으며, "우리의 신은 태우는 불이다"라는 오컬트 구절을 비의적으로 소리 내서 만들어진 효과이다. 불기둥의 주들이 이 구절을 주었으며 활동하는 개성의 삶을 안내하고 자극하는 마나스 원리, 지성 혹은 이성의 불에 적용된다. 인간을 배움의 전당을 지나서 지혜의 전당으로 안내하는 것이 그 이성의 빛이다. 지혜의 전당에서 그것의 한계가 발견되고, 지식으로 세운 그 구조(솔모론 사원 혹은 코잘체) 자체가 태우는 불로 파괴된다. 이 불이 인간이 많은 화신 동안 세워왔던 그 우아한 감옥을 태워버리고, 내면의 신성한 빛을 해방시킨다. 그러면 두 가지 불이 합치고, 위로 올라가서 삼중빛(*Triadal Light*) 속에서 사라진다.

어떤 색은 인류 하이어라키에 독점적으로 속하고, 다른 색은 데바에 속한다. 그것이 궁극적으로 합쳐지고 섞이는 속에서 마지막 완성이 오게 된다...

1. 색의 나열

1920년 8월 29일

오늘밤 우리는 색에 대한 공부를 계속할 것이고 첫 번째 주제를 다룰 것이다.

이것을 다루면서 어떤 주석을 달고, 자료를 제시할 것이며, 대중 용어를 사용한 논의는 암시 목적일 뿐이라는 사실을 각인시킬 것이다. "색"이라는 단어의 사용이 의도를 보여준다. 왜냐하면 알다시피 그 단어의 정의는 숨겨져 있는 생각을 전달하기 때문이다. 그러므로 색은 "숨기는 것"이다. 그것은 내면의 힘 자체를 전달하는 단순히 객관적 매개체이다; 그것은 로고스로부터 발산하여 나오는 영향력 유형이 물질에 반영된 것이고, 태양계 가장 조밀한 부분까지 침투한 것이다. 우리는 그것을 *색*으로 인식한다. 초인은 그것을 분화된 힘으로 알고, 고위 입문자는 그것을 나눠지지 않고 미분화된 *궁극의 빛*으로 안다.

어제 우리는 색을 어떤 순서로 나열하였다. 이번에는 다른 모든 것이 하부 광선에 불과한 하나의 광선으로, 칠중 빛의 원으로 간주될 수 있다는 것을 상기시키면서 그것을 다시 나열하고자 한다. 학생은 그것이 지구와 접촉해서 조밀한 물질 속으로 흡수될 때까지 다섯 가지 하위계를 가로질서 내리치는 일곱 가지 띠로 그리려는 경향이 있다. 사실은 그렇지 않다. 일곱 색이 여러 계를 지나서 다시 근원까지 지속적으로 이동하며 움직이는 그리고 회전하는 일곱 색의 밴드로 간주될 수 있다.......이 일곱 색은 통합 광선에서 발산하여 나온다. 남색 광선의 하위 남색광선이 가장 조밀한 물질 심장에서 근원으로 돌아가는 최소 저항의 길을 이룬다. 색의 띠가 서로 다른 진동률로 움직이고 위아래로 돌면서 모든 계를 *지나가는* 순환하는 고리를 형성한다. 여기서 특히 꺼내고자 하는 것은 이 일곱 밴드가 똑같은 진동률로 움직이지 않으며, 여기에 그 문제의 복잡성의 열쇠가 숨겨져 있다는 것이다. 어떤 것은 다른 것보다 빠른 진동률로 움직인다. 그래서--상응하는 모나드를 실어 나르면서--어떤 자아가 다른 자아보다 더 빠른 진보를 이루는가에 대한 문제의 답이 여기에 있다.

이 색의 고리는 방해 받지 않는 직선 코스를 따르지 않고, 가장 기묘한 방식으로 서로 얽히고 서로 섞이며, 정해진 주기에서 서로 흡수하면서 그리고 언제나 앞으로 나아가지만 삼삼오오로 그룹을 이룬다. 이것이 지혜의 뱀 뒤에 있는 다이아몬드 패턴의 진정한 바탕이다. 색의 세 가지 주요 선은 네 가지 다른 색이 서로 엮이면서 뱀의 피부에 있는 격자를 형성하는 것으로 묘사되어야 한다. 언젠가 신성한 지혜와 색을 공부하는 어떤 학생이 일곱 계의 방대한 차트를 수집해서, 그 계들 위에다 일곱 가지 색의 지혜의 뱀이 서로 겹치게 놓아야 한다. 척도를 올바르게 그리면 어떤 흥미로운 기하학 패턴이 계를 가로질러 자르는 원으로 보일 것이고, 일곱 광선의 문제의 복잡성에 대한 어떤 인상이 오컬트적으로 전달될 것이다….

어떤 간단한 진술이 적당한 것처럼 보인다:

- 진정한 *남색*은 달이 없는 밤 하늘 위에 보이는 파란색이다. 그것이 정점이고, 모든 통합을 성취하게 되면, 태양계의 밤이 찾아올 것이다. 그러므로 색은 하늘이 밤에 분명히 보여주는 것에 상응한다. 남색은 흡수한다.

- *녹색*은 대자연 활동의 바탕이다. 그것은 첫 번째 태양계의 통합하는 색이었고, 현재 현현된 태양계의 토대이다. 대자연 음이 녹색이고, 지구가 입고 있는 옷을 되새길 때마다 첫 번째 태양계에서 정점에 도달한 어떤 힘을 접촉하고 있는 것이다. 녹색은 자극하고 치유한다.

여기서 이 색들의 비의적인 의미, 그 색의 순서와 적용에 대한 정확한 정보를 제공하는 것이 허락되지 않는다는 사실을 환기시키고자 한다. 위험이 너무 크다. 왜냐하면 색에 대한 올바른 이해와 색이 특정한 광선을 나타내는 지식 속에는 초인이 사용하는 힘이 있기 때문이다.

색에 대한 단평

어떤 색은 알려져 있고 그것을 여기서 나열하면 좋을 것이다. 통합 광선은 깊은 색조의 남색이다. 그것은 사랑과 지혜의 광선이고, 현재 태양계의 위대한 근본 광선이며, 우주 광선 중에 하나이다. 이 우주 광선은 현현 목적을 위하여 다음과 같이 일곱 하위 광선으로 나누어진다:

1. 남색…………그리고 어떤 색이 드러나지 않았다.
2. 남색–남색…사랑과 지혜의 두 번째 하위광선. 그것은 두 번째 모나드계에서 표현을 찾고, 그것의 주요 현현은 사랑의 모나드 속이다.
3. 남색–녹색…세 번째 하위 광선, 활동 혹은 적응성의 세 번째 주요 광선. 그것은 두 번째 태양계 기본 광선이다. 그것은 데바 진화의 위대한 광선이다.
4. 남색–노란색………조화 광선.
5. 남색–오렌지……구체적인 지식의 광선.
6. 남색……그리고 드러나지 않은 색. 헌신의 광선.
7. 남색……보라색…의례 순서의 광선.

이제 두 가지 색, 남색–빨간색과 남색–파란색을 말하지 않았고, 그것을 어떤 광선이나 계에 할당하지 않았다는 것을 주목할 것이다. 그렇게 하는 것이 가능하지 않은 것이 아니라, 그 퍼즐을 만드는 정보를 보류하는 것이기 때문이다. 이 색을 다룰 때 그대는 항상 어떤 것을 기억해야만 한다:

● 내가 외부에서 사용하는 이름과 응용을 하였으며, 무엇보다 그것의 비의적 적용에 상응하는 두 가지만–– *남색과 녹색*––을 주었다는 것. 통합 광선과 활동 광선이 이 단계에서 그대가 절대적으로 확신할 수 있는

오직 두 가지이다. 하나는 노력의 목적지이고, 다른 하나는 대자연의 토대가 되는 색이다.

- 우리의 오중 진화와 관련 있는 다른 다섯 가지 색은 변하고 서로 섞이며 합치고, 빨간색, 노란색, 오렌지색, 파란색 그리고 보라색이라는 단어로 상상할 수 있는 것과 같은 의미로 비의적으로 이해될 수 없다. 비의적으로 그것은 이름과 거의 닮지 않았고, 이름 자체는 숨기며 혼동을 주게 된다.

- 이 세 가지 색 각각과 다른 두 가지만이 아직은 그들 하위 광선 네 가지를 통해서 이해된다. 지금이 네 번째 라운드이고 이 색의 네 가지 하위 광선만 힐끗 보게 된다. 이 세 가지 요점을 기억함으로써 겉으로 보이는 정보에 지나친 강조를 두지 않을 것이고, 학생이 현명하게 그의 의견을 보류할 것이다.

- *노란색*은 첫 번째 태양계에서 우리에게 온 또 다른 색이다. 그 태양계에서 파란색과 노란색의 혼합이 활동을 만들어낸 것과 많은 관계가 있었다. 노란색은 조화를 이루고, 그것은 완성과 결실을 나타낸다. 대자연 과정이 그 코스를 다 돌고 주기가 끝났을 때, 가을의 노란색이 풍경에 어떻게 퍼지는지 주목하라. 또한 태양이 방해 없이 쏟아 부을 때 수확의 노란색이 보인다는 것을 주목하라. 영의 생명도 마찬가지이다. 조화의 네 번째 계 혹은 붓디를 성취하였을 때, 그때 절정이다. 개성의 작업을 완성하였을 때, 그리고 소우주

태양인 자아가 방해 없이 개성아로 쏟아 부을 때, 그때 결실과 수확이 온다. 하나됨 혹은 조화를 성취하였고, 목표에 도달하였다. 파란색과 노란색이 섞이면 결과적으로 녹색이 되고, 조화의 계에 도달할 때 통합하는 파란색 혹은 남색이 (사랑과 지혜 측면) 지배한다. 그러면 그것은 활동의 녹색이 두드러지게 되는 아트마 세 번째 계로 이끈다.

1920 년 8 월 31 일

색과 명상 연구, 그리고 그 연구에서 특정한 부분을 공부해가면서, (그대의 격려를 위하여) 그대에게 오는 역할은 이 편지와 제공된 정보를 받아서 출판하는 것이고, 그 정보에 대한 책임은 나에게 있다는 것을 지적하고자 한다. 심지어 그대가 그것을 이해하지 못하더라도, 심지어 어떤 정보가 모순처럼 보이더라도, 비의적 해석에 그 신비의 반이 있고, 다른 반은 모든 해석은 해석자 관점과 그의 의식이 활동하는 계에 달려 있다는 사실에 숨겨져 있다는 것을 심사 숙고할 것을 제시한다. 지금 제공하는 것의 가치는 이렇다: 색을 공부하는 속에서 (진동을 공부하는 한 형태로) 개인의 진동을 이해하고, 그 진동을 자아의 진동에 맞추며, 그것을 나중에 대스승의 진동과 동조시킬 수 있는 능력이 오게 된다. 이런 동조화를 일으키는 주된 방법들 중에 하나가 명상이다. 지성이 이 주제에 대한 과학적 사실을 이해할 때, 그때 진동을 진전시키고 필요한 색을 현명하게 계발시키기 위하여 이런 사실을 사용하게 된다.

마지막 편지에서 네 가지 색--파란색, 남색, 녹색 그리고 노란색--을 다루었고 이런 1 차 그룹에는 많은 흥미로운 것이 있다. 이제 우리는 색의 다른 그룹으로 오며 자연스럽게 오렌지, 빨강 그리고 보라와 함께 되는 그룹으로 오게 된다.

오렌지색. 이 색은 우리 목적에서 멘탈계 색으로, 태우는 것을 표시하는 색이다; 이것은 불꽃의 상징이고, 신기하게도 분리를 축약으로 나타내는 색이다. 그러나 오컬트 오렌지는 용어 그대로 이해되는 색과 똑같이 않다는 것을 주목하길 바란다. 외부에서 보는 오렌지색은 노란색과 빨간색의 혼합이다; 비의적 오렌지색은 더 순수한 노란색이고, 빨간색이 거의 보이지 않는다. 이 오렌지는 우주 광선이 시작한 진동으로 온다. 왜냐하면 이 다섯 번째 광선이 (다섯 번째 계와 다섯 번째 원리) 지성의 우주 광선 혹은 첫 번째 태양계에서 거대한 표현을 보였던 활동성 측면과 긴밀하게 연결되어 있다는 것을 기억해야 하기 때문이다. 그 당시 통합 광선은 녹색 광선이었고, 그것이 오렌지 광선 혹은 형태를 통하여 나타내는 마인드 혹은 지성 속에서 가장 긴밀한 협력을 찾았다. 현재 태양계에서 사랑과 지혜의 통합 광선 속에서 상응을 보며, 조화의 네 번째 광선과의 긴밀한 관계를 보게 된다. 그것은 다음과 같은 상호작용으로 형성된 삼각형 속에서 그것이 드러난다:

활동의 태양계에서 보편 마인드 혹은 활동의 세 번째 측면을 보며, 구체적인 하위광선--잠재하는 그 활동성을 완벽하게 표현하는 형태를 통한 적응성--의 오렌지를 통해서 나타낸다. 마찬가지로 사랑의 두 번째 태양계에서, 사랑 측면이 조화 혹은 미의 광선인 노란색을 통하여 나타내는 사랑 측면을 본다--사랑이 통일성, 조화 혹은 미를 통하여 자신을 완벽하게 표현한다. 여기서 그 정확성이 외부 해석 혹은 비의적 해석에 달려 있는 용어를 다시 사용하는 사실에 주목하라.

첫 번째 태양계

녹색 광선	
세 번째 측면	
활동 혹은 지성	
세 번째 하위광선	다섯 번째 하위광선
활동	마나스, 마인드
녹색-녹색	녹색-오렌지색

두 번째 태양계

남색 광선	
두 번째 측면	
사랑과 지혜	
두 번째 하위광선	네 번째 하위광선
사랑과 지혜	조화
남색-남색	남색-노란색

그러므로 이전에 말했던 것으로 돌아가면, 이 오렌지색은 이전 태양계에서 활동성의 이전 우주 광선이 시작한

진동으로서 들어온다; 오렌지의 힘 (지성에 의한 과학적 이해)이 영과 형태 사이, 생명과 그것이 표현을 추구하는 매개체 사이의 연결고리를 완전하게 하기 위하여 온다.

현현된 우주의 전체성을 표현하기 위하여 우리가 사용하는 다양한 용어 사이에 중요한 기본 색을 할당한다.

1.생명 측면		2. 형태 측면		3. 지성 측며
영	...	물질	...	마인드
의식	...	매개체	...	활기
자아	...	비자아	...	사이 관계

2. 사랑과 지혜	1. 힘 혹은 지혜	3. 활동성 혹은 적응성
4. 조화	7. 의례의 법칙	5. 구체적 지식
6. 헌신	5. 구체적 지식	

이것이 광선이 진화하는 생명에 혹은 지성이라는 세 번째 요인을 통해서 생명이 진화시키는 형태에 직접 영향을 주는

영향력으로서 할당되고 간주될 수 있는 여러 방식들 중에 하나이다. 이 세 가지 구분이 우주 삼각형의 세 점을 이룬다.

머리

심장   목

그리고 세 개 사이에 대우주적으로 작용하는 광선의 흐름은 소우주 상응을 세 가지 주요 센터들 사이의 정확한 기하학 형태로 작용하는 (명상으로 각성된) 쿤달리니 불 속에 갖고 있다.

생명, 형태 그리고 내면의 마인드 사이에서 일곱 광선 모두가 상호작용하고, 그것 본질이 그 세 가지이다. 그것은 생명, 그것은 형태, 그것은 지성 그리고 그 전체가 현현된 우주이다. 일곱 모두 서로 다른 때에 서로 다른 측면에 영향을 준다.

가장 중요한 상호작용이 다음 사이에 존재한다:

가. 모나드계와 붓디계 사이에 상호작용하는 사랑-지혜 광선과 조화 광선.

나. 첫째 계와 일곱째 계 사이에 상호작용하는 힘의 광선과 의례의 법칙의 광선.

다. 셋째 아트마계와 다섯째 마인드계에 상호작용하는 활동 혹은 적응성 광선과 구체적 지식 혹은 과학의 광선. 녹색과 오렌지색이 첫째 태양계와 연관되었고, 여기 두 번째 태양계에서도 그 관계가 계속된다. 모든 진실한 학생을 위한 생각의 광대한 영역을 열었다.

- 남색, 파란색 그리고 노란색 사이의 관계 속에 어떤 비밀이 숨겨져 있다.
- 녹색, 오렌지색 그리고 빨간색 사이의 관계 속에서 또 다른 비밀이 드러난다.
- 파란색, 빨간색 그리고 보라색 사이의 관계 속에서 또 다른 신비가 있다.

직관을 사용해서 이 세 가지 신비를 이해하는 학생은 더 거대한 주기에 대한 열쇠를 발견한 것이고 진화상 발전의 열쇠를 가지는 것이다. 그러므로 소우주를 연구할 때 똑같은 관계가 발견될 것이고, "내면의 신의 왕국"으로 들어가는 문을 열게 된다는 것을 기억하라.

*빨간색*은 여러 모로 보나 고려하기에 가장 어려운 색들 중에 하나이다. 그것은 바람직하지 않은 것으로 넣는다. 왜? 왜냐하면 그것은 카마 혹은 나쁜 욕망의 색으로 간주되어 왔고, 미계발된 사람 감정체 속에 있는 어둡고 칙칙한 빨간 그림이 항상 시야에 떠오른다. 그러나--먼 미래 언젠가-- 빨간색이 어느 태양계의 토대가 될 것이고, 빨간색, 녹색

그리고 파란색을 완전하게 혼합하면서 결국에는 로고스의 완성된 작업이 올 것이며 순수 백색 빛의 절정이 올 것이다.

- 활동의 태양계는 녹색이었다.
- 사랑의 태양계는 파란색이다.
- 힘의 태양계는 빨간색이 될 것이다.

빨간색, 파란색 그리고 녹색의 혼합 결과는--알고 있듯이--흰색이고, 로고스가 비의적으로 "그의 옷을 피 속에서 씻고 하얗게 만들게 될 것이다." 마찬가지로 소우주도 작은 의미에서 진화 과정 속에서 하듯이.

보라색(바이올렛). 기묘한 방식으로 의례의 법칙 혹은 질서의 보라색 광선은 삼계에서 현현할 때 통합 광선이다. 사랑과 지혜의 통합 광선이 모든 *생명*력의 통합이듯이, 마찬가지로 삼계에서 일곱 번째 광선이 *형태*와 관련되는 모든 것을 통합한다. 첫 번째 계에서 가장 순수한 최고의 미분화된 통합 측면인 생명; 일곱 번째 계에서 가장 조밀하고 조잡하며 가장 분화된 측면의 형태; 하나는 사랑의 통합 광선으로 요약되고, 다른 것은 일곱 번째에 영향을 받는다.

보라색을 통해서 데바계와 인간계가 접촉 지점을 찾을 수 있다는 사실에서 어떤 통합이 보인다. 비의적으로 보라색은 흰색이다. 이 두 개 왕국을 합침으로써 일곱 천상의 인간이 완성을 성취하고, 완성과 동의어인 흰색이 되었다고 비의적으로 간주된다.

또 다른 통합은 이 일곱 번째 광선의 지배를 통하여 조밀한 육체와 에텔체 사이의 혼합 지점이 온다는 사실이다. 이것은 대우주에서 엄청 중요하고, 명상하는 학생에게 엄청 중요하다. 가르침을 조밀한 육체 두뇌로 전달하는 것이 정확하다고 여길 수 있기 전에 이런 혼합과 정렬이 일어나는 것이 필요하다. 그것은 센터의 정렬과 긴밀한 관련을 갖는다.

긴밀하게 따른다면 놀라운 결과로 이끌 수 있는 생각의 선을 나타내기 위해서만 위의 말을 하려고 하였다. 색과 계를 공부함으로써, 색과 그 영향 그리고 생명 측면과의 관계를 공부함으로써, 그리고 마인드의 형태 측면을 공부함으로써, 명상하는 학생이 다음 세 가지를 항상 한다면 많은 가치 있는 것이 올 것이다.

1. 학생은 비의 색과 그것을 계와 센터에, 그가 현현하는 체에, 그리고 로고스가 (일곱 신성한 행성을) 통하여 현현하는 체에, 그것을 올바로 적용하는 것을 찾으려고 해야 한다; 또한 라운드와 인종에, 자신의 개인의 삶의 주기에서도. 그가 이것을 할 수 있을 때, 그는 손안에 모든 지식의 열쇠를 가지는 것이다.

2. 학생은 나타낸 모든 진리를 삼계에서 봉사하는 개인의 삶에 적용하려고 노력해야 하고, 그의 작업 방법을 일곱 광선 혹은 영향력을 통해서 로고스가 드러낸 방법에 합치시키려고 노력해야 한다. 이것의 의미는 명상을 통하여 그의 삶을 체계적으로 그리고 거대한 일곱 가지

영향 하에 있는 질서정연한 오컬트 주기 속으로 가져와서, 질서정연한 아름다움을 자아의 현현 속에서 만드는 것이다.

3. 우리가 알듯이, 그 완성은 진짜가 아니라 부분적이라는 것을 언제나 명심하고, 인간 마인드가 이해한 심지어 완성 자체도 환영에 불과하다는 것과 오직 다음 로고스 현현에서 궁극적인 영광을 드러낸다는 것을 명심해야 한다. 분화된 색이 있는 한 불완전성이 있게 된다. 색은 우리가 그것을 알고 있듯이 네 번째 라운드 네 번째 체인에서 다섯 번째 근원인종 체를 사용하는 인간이 인간의 눈을 접촉하는 진동을 인식한 것이라는 것을 명심하라. 그러면 일곱 번째 근원인종 체 속에 있는 일곱 번째 라운드 인간이 보는 색은 무엇일까? 심지어 그때에도 놀라운 아름다움을 갖는 색의 영역 전체가 그가 이해할 수 있는 영역 밖에 있을 것이다. 그 이유는 거대한 로고스 삶의 두 가지 측면만이 완전하게 드러날 것이고, 한층 더 거대한 "함께 하는 날(Day be with us)"이 완전한 광휘 속에서 번쩍이며 빛날 때까지 기다리면서, 세 번째가 부분적으로만 드러날 것이기 때문이다. "광휘(radiance)"라는 단어는 숙고할 가치가 있는 오컬트 의미를 갖는다.

1920년 9월 3일

다음 의무를 꾸준히 고수하고 다음 계단에 발을 확고하게 내려놓음으로써 대스승께 다가가는 열린 길이 놓여 있고,

부수적으로 모든 어려움을 제거하게 된다. 고귀한 멘탈 개념을 세심하게 만들고, 그것을 물질계에서 표현하는 데에서 위로부터 생명의 더 큰 유입을 가능하게 하는 멘탈체의 계발이 있게 된다. 감정을 안정시키고 욕망을 감정계에서 붓디계로 이동시키는 속에서 진실로 더 고귀한 관점을 숙고할 수 있는 능력이 오게 된다. 단련되고 정화된 육체 속에서 내면의 인간이 아는 것을 이루어 갈 수 있는 역량이 오게 된다. 만약 이 세 가지에 주의를 기울인다면, 그러면 법칙이 작용할 수 있고 해방이 빨라질 수 있다. 법칙이 어떻게 작용하는지 사람들은 묻는다. 개인의 삶 속에서 법칙을 해방시키는 행동을 수행하는 데 우리의 역할이 무엇인가? 단순히 위에서 말한 대로 최고의 의무를 고수하고 개성의 삶을 정돈해서 그 의무가 완전하게 성취될 수 있도록 하는 것이다.

2. 비의 색과 외부 색

오늘 우리의 주제는 색의 용도에 대한 편지에서 두 번째 주제이고 상응과 색의 법칙을 다룬다……이미 말했듯이 외부 색의 비의적 의미 전체를 주지 않을 것이다. 이 의미들 중에 어떤 것은 H.P.B 가 제시하였지만 그 중요성이 충분하게 이해되지 않았다. 그대의 현명한 숙고를 위하여 한 가지 힌트를 제시한다. 씨크릿 독트린에서 색과 소리에 대하여 주어진 어떤 정보는 첫 번째 태양계와 관련 있고 어떤 부분은 두 번째 태양계의 일부분과 관련 있다. 그 구분이 자연스럽게 이해되지 않았지만, 새로운 학교에서 공부하는 주요 사실로서 그 계시가 엄청날 것이다. 색의 비의적 의미에 대한 이 진술 속에 (씨크릿 독트린에서 찾을 수 있더라도) 내가 제시하고자 하는 나중의 소통의 토대를 형성하기 위하여 그대가 표로 만들기를 바란다.

외부 색	비의 색
퍼플	파란색
노란색	남색
크림색	노란색
흰색	보라색

아직은 네 가지만 전달될 수 있지만, 이것이 올바르게 이해된다면 현재 라운드와 그 역사에 대한 열쇠를 가지고 있다. 현재가 네 번째 체인이고 네 번째 라운드이기 때문에, 4 라는 숫자 속에 어떻게 현재의 역사가 있는지 주목할 것이다. 특히 다가오는 세대의 선생이자 학생인 여러분에게 흰색이 비의적으로 보라색이라는 의미에 대하여 깊이 숙고할 것을 촉구한다. 그것은 *이런 라운드에* 세 가지 주요 광선 중에 하나인 일곱 번째 광선, 보라색 광선이 지금 들어오고 있을 때 특별한 적용을 갖고 있다; 그것은 넷의 영향 하에 그리고 넷 위에서, 넷과 비례하여 힘을 사용한다.

분별력을 신뢰할 수 있는 학생과 받아들여진 제자가 노력으로 필요한 지식을 얻을 수 있지만, 일반 대중에게는 외적인 빨간색, 녹색 그리고 오렌지색의 비의 색이 아직 제공될 수 없다.

여기서 유추와 상응의 법칙을 간략하게 고려함으로써 가장 잘 다루어질 수 있는 어떤 다른 고려사항을 지적하고자 한다. 다음 요점을 고려할 것이다:

가. 어디에서 소우주와 대우주가 상응하는지.
나. 기본적 상응관계.
다. 소우주와 대우주 속에서 색.

요점 각각을 간략하게 검토해보자. 왜냐하면 법칙을 올바로 이해하는 데 비의적으로 사고할 수 있는 능력이 있고, 외부 사건에서 내적인 의미를 얻어내기 때문이다.

소우주와 대우주 상응

소우주와 대우주 사이 관계가 정확하고, 광범위하게 뿐만 아니라 세부 사항 속에 존재한다. 이것이 이해되고 풀어야 할 사실이다. 지식이 증가하고 진보하면서 그리고 명상 능력으로 코잘체를 통하여 상위 삼개조에서 개성으로 전달하는 기능이 생기면서, 이런 사실이 점점 더 명확하게 자세히 드러날 것이고 완전한 이해가 따라올 것이다. "위에서처럼 아래에서도"가 말로만 반복하는 그러나 거의 인식되지 못한 금언이다. 위에서 발견되는 것과 결과적으로 아래에서 계발하는 것이 무엇일까?

위에서는 의지, 사랑 그리고 활동 혹은 힘, 지혜 그리고 지성, 우리가 신성한 현현의 세 가지 측면에 적용하는

용어가 발견될 것이고, 아래에서는 이 세 가지가 나타나는 과정 속에 있을 것이다:

가. 개성이 활동적인 지성을 표현한다.
나. 자아가 사랑 혹은 지혜를 표현한다.
다. 모나드가 힘 혹은 의지를 표현한다.

개성의 삼계 속에서 다음을 볼 것이다:
가. 활동 측면의 반영을 표현하는 물질계.
나. 사랑 혹은 지혜 측면의 반영을 표현하는 아스트랄계.
다. 의지 혹은 힘 측면의 반영을 표현하는 멘탈계.

외적으로 설명되는 그 세 가지 체의 색에는 무엇을 가지고 있는가?
가. 에텔체로 표현된 육체의 보라색.
나. 아스트랄체의 장미 혹은 빨간색.
다. 멘탈체의 오렌지색.

삼개조 혹은 삼중 자아 세계는 무엇이 있는가?
가. 활동성 혹은 지성 측면을 표현하는 상위 마나스.
나. 사랑 혹은 지혜 측면을 표현하는 붓디.
다. 의지 혹은 힘 측면을 표현하는 아트마.

다시 외적으로 묘사된 그 체들의 색은 무엇인가?
가. 상위 마나스 수준의 파란색.
나. 붓디계의 노란색.
다. 아트마계의 녹색.

그것들은 변형 과정에 있다. 그대는 하위에서 상위로 상응하는 색의 변화를 일으켜야 한다. 여기서 제시된 이 정보와 함께 극성의 이동에 대한 이전 편지에서 주어진 것을 결합하라.

다음 사이에 직접적인 상응 관계가 있다:
가. 에텔계의 보라색과 상위 멘탈계의 파란색.
나. 아스트랄계의 장미색과 붓디계의 노란색.
다. 멘탈계의 오렌지색과 아트마계의 녹색.

그 모든 것의 비밀이 명상의 오컬트 법칙을 적용하는 데서 발견된다.

다시 그대는 색의 전체 영역을 위로 이동시킬 수 있고, 모나드 속에서 상응을 풀 수 있다.
가. 세 번째 측면의 녹색.
나. 두 번째 측면의 남색 혹은 통합하는 파란색.
다. 첫 번째 측면의 빨간색.

여기서 태양계 진화의 중심으로 돌아갈 때 이 색의 명명법이 가장 오해 소지가 크다는 것을 지적하고자 한다. 예를 들면 빨간색은 하위계에서 빨간색 혹은 장미색으로 부르는 것과 유사하지 않다. 이 상위 수준에서 빨간색, 녹색 그리고 남색은 거의 완전히 상상할 수 없을 정도의 반투명과 아름다움을 가진 새로운 색이다. 합당하게 해석된다면, 여기서 소우주와 대우주 사이의 상응에 대한 힌트를 갖게 된다.

색은 외적으로 형태와 관련 있다. 그 색이 숨기는 힘 혹은 특질은 그 형태들 속에서 진화하는 생명과 관련 있다. 명상을 사용해서 이 둘을 연결하는 다리가 형성된다. 명상은 생명과 형태, 자아와 비자아를 연결하는 지성의 표현이고, 시간 속과 삼계 속에서 이 연결 과정이 결국에는 상위와 하위를 연결하는 마인드계에서 일어난다. 그 상응은 항상 완전하다는 것을 보게 될 것이다. 그러므로 명상을 통해서 다음 세 가지를 일으키는 그 지식이 올 것이다:

1. 외부 색의 내적 의미(중요성)를 준다.
2. 그 색이 베일로 가리는 특질 속에서 만든다.
3. 그 색의 필요한 변형을 개성에서 삼개조로 그리고 나중에 삼개조에서 모나드로 일으킨다.

통합 광선이 로고스 현현 속에서 모든 색을 통합하듯이, 코잘체가 윤회하는 자아의 삶 속에서 이 색들의 통합 역할을 한다. 그대 마인드 속에서 명확하게 유지하려고 노력하라…. 색은 힘 혹은 특질의 표현이라는 것을. 그것들은 로고스의 추상적 특질을 숨기고 있다. 그 특질은 삼계 속에 있는 소우주 속에서 미덕 혹은 기능으로 반사된다. 그러므로 일곱 가지 색이 로고스 속에 있는 특질을 숨기듯이, 이 미덕들이 개성의 삶에서 나타나고 명상의 실천을 통하여 객관적으로 나오게 된다; 이렇게 각자의 삶이 어떤 색에 상응하는 것으로서 보일 것이다. 이것에 대하여 숙고하라.

기본 상응관계

현현된 우주의 서로 다른 부문 속에 있는 이런 상응을 공부하고 이 색을 그 조정된 부분에 적용하는 속에서 통합적인 전체의 아름다움과 소우주 삶의 깨달음이 따라서 일어난다. 세부적인 것은 명상을 하는 학생에게 남겨놓고 일반적이고 폭넓은 방식으로 열거해보자. 이 시점에서 더 이상은 가능하지 않다.

1. 삼중의 태양계
   진화하는 삼중 지바
   로고스의 세 가지 측면
   삼중 모나드
   영적 삼개조, 자아
   삼중 개성
   인간 진화의 삼계
   신성의 삼위

2. 넷의 리피카 주.
   넷의 마하라자.
   사중의 하위인간, 사중체.

3. 인간 진화의 다섯 가지 계
   오감
   마하초한의 오중 부문
   자연의 다섯 왕국
      가. 광물계

위 표에서 강조하려는 것은 초인에게 이 모든 것의 상응이 완전하게 알려져 있고 의식으로, 형태로, 그리고 지성으로 존재한다는 것이다. 그는 그것을 안다--이렇게 표현할 수 있다면--형태를 다룰 때 색으로; 생명 측면을 다룰 때 소리로 그리고 지성 혹은 활동 측면을 다룰 때 활기로. 위 진술에 대하여 진실한 생각을 하면 많은 보상이 있을 것이다; 그것은 오컬트 사실에 대한 진술을 간직하고 있다.

이전 편지에서 다루었던 세 가지 접근 선에 따라서, 위에서 묘사된 용어의 용도가 있을 것이다.

소우주와 대우주 속에서 색

여기에 지속적인 변이 과정 때문에 많은 어려움이 있다. 소우주 속에서 색은 다음 인자에 달려 있다:

1. 자아 광선의 인자.
2. 개성 광선의 인자.
3. 진화 지점의 인자.

여기서 힌트 하나를 제시할 수 있다. 진화상 낮은 지점에서 색은 대체적으로 활동 측면에 토대를 두고 있다. 나중에 세 가지 영향을 갖는 사랑 혹은 지혜 측면에서 작용하는 것이 오게 된다:

가. 이전 태양계에서 온 잔여물 색이 하위 외피에서 떨어져나가는 것. 그것은 갈색과 회색 같은 색조를 제거하는 것이다.
나. 어떤 색을 상위 톤 색으로 변형시키는 것.
다. 반투명 혹은 근저에 있는 광휘 혹은 밝음의 효과로, 체들의 더 많은 순수성과 점점 더 성장하는 내면의 불꽃의 차원의 결과.

4. 현현에서 빠져나가는 혹은 현현으로 들어오는, 현현된 광선 혹은 광선들의 요인. 이 광선들은 반드시 화신한 자아에 영향을 준다; 그것들은 어느 정도 진동의 변화 혹은 특질이나 색의 후속 변화를 일으킨다. 예를 들어, 어떤 사람이 과학 광선에 있고 들어오는 조화의 광선의 영향 하에 온다면, 그가 나타낼 사고 추세와 결과적으로 색에 미치는 영향이 상당히 눈에 띄게 나타날 것이다. 이 모든 요인이 삼계 관점에서 보면 실질적으로 풀 수 없을 정도로 혼란스럽게 혼합되어 섞이게 만든다.

심지어 이런 힌트도 겉으로 보기에 더 상당한 혼란을 일으킨다는 그대의 느낌을 이해한다. 그러나 고려 중인 주제에 지속적으로 적용함으로써, 색에 대하여 자주 숙고하고 명상함으로써, 그리고 그것의 비의적 의미와 소우주에 적용하려는 노력을 함으로써, 학생이 혼란에서 나와서 완전한 지식의 분명한 빛 속으로 안내할 그 줄이 점진적으로 나타날 것이다. 그러므로 용기와 폭넓은 관점의 탄력성 그리고 더 심오한 사실이 들어날 때까지 의견을 보류할 수 있는 능력을 갖고, 또한 도그마적인 주장을 피하라. 이것이 탐구 초기에 그대의 가장 좋은 안내자가 될 것이다. 많은 사람이 명상과 고귀한 가르침에 대한 반응성으로 배움의 전당에서 지혜의 전당으로 찾아서 들어갔다. 지혜의 전당에서만 색의 비의적인 해석을 진실로 알 수 있다. 그 전당의 문을 학생에서 열어주는 그 입문을 준비시키는 명상을 통하여 그 전당에 들어간다. 그러므로 명상을 꽉 움켜잡고 목적에서 흔들리지 마라.

1920년 9월 4일

오늘 논의할 것은 실질적인 의미에서 진실로 영적인 적용이
가능한 것이다. 그대에게 제시한 많은 것이 생각과 추론할
음식을 준다. 그것은 상위 마인드를 계발시키고 상상력을
자극함으로써 어느 정도 직관을 계발시킨다. 그것의 많은
것이 예언의 성질이었고 언젠가는 성취해야 하는 하나의
이상을 제시하는 것이었다. 목표를 지적하고 그 점을
강조함으로써만 인간이 필요한 노력을 하게 유도할 것이고
그렇게 어느 정도 바라는 위상에 근접할 것이다. 그러나
오늘 우리는 실질적인 삶으로 내려와서 개성에 어떤
리듬율을 부과하지 않을 수 없다. 색의 영향에 대한 세
번째 요점을 공부하는 데 우리는 이것을 한다:

가. 학생의 체에 미치는 영향.
나. 그가 연관된 그룹에 미치는 영향.
다. 환경에 미치는 영향.

특히 내가 강조하려는 점은 색의 형태 측면이 아닌 *생명
측면*이다. 앞에서 썼듯이, *색이란 힘이 어떤 비율로 움직일
때, 그리고 그 작용과 움직임이 그 힘이 작용하는 물질로
방해 받거나 그렇지 않을 때, 그 힘이 취한 형태에
불과하다.* 이 문장 속에 상위계와 하위계에서 색의 차이에
대한 문제의 해결의 열쇠가 있다. 힘 혹은 생명의 하강에
물질이 저항하는 것 그리고 그 물질의 상대적 밀도 혹은
희귀성이 색의 차이의 많은 것을 설명한다. 차이 중에
하나는 필연적으로 우주 차원의 토대를 가지고 있고

결과적으로 네 번째 라운드에 있는 삼차원 인간이 이해하기가 어려운 것이다. 그러나 힘이 훨씬 더 용이하게 방사할 수 있도록 제자가 그의 매개체를 꾸준히 세련되게 만들어야 하는 절대적 필요성을 충분히 인식하도록 그 차이의 기본적인 이유가 이해될 수 있다. 그러므로 그것은 하위 삼계에서 실질적인 삶의 문제이고 세 가지 체를 세련화시키라는 명령으로 오는 것이다.

형태에 의한 것이 아닌 영적 계발에 의해서 이 힘이 자성을 통해서 그리고 활력과 지성을 통해서 그대가 미덕이라고 부르는 것을 통해서 드러난다. 아주 간단하게 표현하면, 학생이 순수한 육체와 세련된 에텔체를 만들고, 감정체를 계발시켜서 멘탈체를 조정하고 확장하면서, 그는 계속 진동율을 바꾸고 리듬을 변화시키는 데, 투시력으로 보면 그 변화는 색의 변이로 나타난다. 배웠듯이, 야만인 오라 속에 있는 색과 보통의 발전한 사람 오라 속에 있는 색이 엄청나게 다르다. 왜 그럴까? 왜냐하면 전자는 느린 속도로 움직이거나 진동하고, 후자는 엄청 증가된 속도로 진동하기 때문이다. 전자는 느리고, 부진하며 무거운 리듬을 가지고 있고, 후자는 엄청난 속도로 진동하고 움직여서 결과적으로 체를 구성하는 물질이 더 빠르게 작용하도록 해준다.

그러므로 하나의 집합 단위로서 인류가 발전하면서 상위계에서 그것을 응시하는 분들은 보이는 색 속에서 꾸준한 향상을 인식하고, 인류의 오라 속에서 색조의 더 많은 순수성과 투명성을 인식한다는 것을 지적하고자 한다. 인류의 오라는 인류 단위들의 오라를 합친 것으로 구성된다.

예를 들면 아틀란티스 근원인종의 오라와 아리안 인종의 오라가 광범위하게 다양하고, 근본적으로 다르다. 따라서 단위들이 진화하면서 색이 변하고 이것은 악을 미덕으로 변형시킴으로서 일어난다는 첫 번째 요점을 보여주었다. *악(vice)이란 나중 주기에 미덕으로 보여줄 그 힘에서 하강진화의 특질이 지배하는 것이다.*

두 번째 요점은 이런 영향력이 (그것이 물질을 접촉할 때 색으로 나타난다) 질서정연한 주기 속에서 움직인다는 것이다. 이런 주기를 우리는 어떤 광선이 들어오고 나가는 것으로 묘사한다. 지금 네 번째 라운드에는 보통 네 가지 광선이 정해진 시간에 들어온다; 모든 광선이 태양계 속에서 현현하지만, 현현의 어느 단계에서 어느 정도 그것들이 동시에 지배적으로 된다는 것을 인상주고자 한다. 이 광선, 힘, 영향력 혹은 특질의 조정이 빛으로 표현될 때 그것이 영향을 주는 물질을 어떤 인식 가능한 색조로 채색시키고, 이것이 개성의 삶 혹은 자아에게 *색조*를 주게 된다. 그것이 통합적인 성격으로 인식되고 투시력을 가진 사람에게는 색으로 보이게 된다.

그러므로 유사한 진동을 통하여 모이는 단위들의 그룹이 색과 톤에서 많은 작은 차이를 가지고 있지만 대략 기본적으로 같은 색조를 가진 것으로 보일 것이다. 이전에도 말하였듯이, 거대한 대중의 색이 가늠되어 판단될 수 있다. 진화상 발전을 손 안에 갖고 있는 하이어라키 구성원들은 이런 식으로 성취된 단계와 이룬 진보를 판단한다.

서로 다른 광선이 그 광선으로 채색된 단위를 가지고 들어온다. 다른 광선은 서로 다른 기본 색조를 가진 단위를 데리고 나간다. 과도기에 색의 혼합이 심오하게 복잡하지만, 상호 도움과 혜택을 준다. 광선 각각은 동시에 화신한 다른 광선에게 어느 정도 주고, 리듬율이 약간 영향을 받는다. 삼계에서 현재와 시간 관점에서 이것은 거의 감지할 수 없을 정도로 작지만, 힘과 색의 빈번한 상호작용과 만남으로 그리고 서로에게 미치는 꾸준한 작용과 반작용으로 꾸준하게 전반적인 단계가 상승하고 진동이 근접하게 될 것이다. 그러므로 거대한 마하-만반타라가 끝날 무렵에 통합이 어떻게 이루어지는지 이해될 것이다. 세 개 광선이 일곱 광선을 흡수하고 결국에는 통합 광선 속으로 합쳐지게 된다.

소우주 속에서 모나드, 자아 그리고 개성의 세 광선이 일곱을 지배하고 흡수할 것이며, 때가 되면 모나드 통합 광선 속으로 합쳐질 것이다. 상응이 완벽하다는 것을 발견한 것이다.

이 힘 혹은 미덕 혹은 영향력이 (여러분이 명확하게 이해할 필요가 있기 때문에 동의어를 반복한다) 더 쉽게 그리고 온전한 표현으로 개성의 체 속으로 점진적으로 받아들여진다. 체가 세련되어 감에 따라서, 들어오는 힘에게 더 나은 매개체를 제공하고 어느 특정한 힘의 특질--혹은 그것을 반대로 하면 어느 특정한 특질의 힘--이 점점 더 완전하게 표현된다. 여기서 명상하는 학생의 작업이 오게 된다. 진화 초기에 이 힘은 인간이 거의 이해하지 못한 채 인간의 체와 그 체를 통하여 작용하였고, 그것으로 혜택을 받을 능력이 적었다. 그러나 시간이 흘러가면서, 결국 일어날 모든 것의 가치를 점점 더 이해하게 되고, 그의 삶의 특질의 총합으로 혜택을 추구한다. 여기서 기회가 온다. 특질을 지성적으로 이해하고, 미덕을 추구하며, 신과 같은 속성을 형성하는 속에서, 그 힘에 대한 반응과 그 힘의 작용의 촉진이 오게 된다. 명상을 하는 학생은 이 힘 혹은 특질에 대하여 숙고하고, 그것의 본질을 뽑아내려고 추구하며, 그것의 영적 의미를 이해하려고 노력해야 한다; 그는 자신의 반응이 부족한 것을 곰곰이 생각하고, 이런 힘의 매개체로서 그의 도구 속에 있는 결함을 인식한다; 그는 그의 리듬 있는 진동율을 연구하고, 그 필요에 맞추기 위하여 모든 기회를 기울이려고 노력한다; 그는 미덕에 집중하고, 그리고 (만약 그가 당시 지배하는 광선 혹은 들어오는 광선을 인식하는 상황에 있다면) 그는 기회의 시간을 이용해서 현존하는 힘과 협력한다. 이 모든 것을 그는 진정한 오컬트 명상의 질서정연한 형태를 통해서 한다.

시간이 지나가면서--다시 예언한다--오컬트 학생이 지배하는 광선에 대한 어떤 사실을 받아서 어느 특정한 광선이 제공하는 기회를 그가 이용하게 할 수 있게 해줄 것이다.

환경에 미치는 영향

세 번째 요점은 위의 모든 것이 환경에 미치는 영향으로, 신중한 학생이 볼 때 특히 인류가 점점 더 상위자아의 의식적 통제 하에 오고 법칙과 일치하면서, 환경에 미치는 영향이 두드러진다는 것이 즉시 분명해 질 것이다. 그러면 어떤 것이 가능하게 될 것이다:

가. 지금은 진동의 불안정성으로 불가능하지만, 데바 진화 혹은 천사 진화와의 직접 접촉이 일어날 것이다.

나. 고도로 계발된 많은 혼들이 들어올 것이다. 그들은 인류 대부분의 낮은 진동율과 결과적으로 색의 무거움 때문에 현재 방해를 받고 있다. 천상계와 코잘계에 그대가 이해할 수 없는 네 번째 창조 하이어라키의 단위들과 어떤 위대한 단위가 표현의 기회를 기다리고 있다. 마치 그대들 중의 몇 명이 이 행성에서 화신하기 전에 아틀란티스 인종 속에서 어느 시기를 기다렸듯이. 많은 비율의 인류의 진동율이 어느 정도에 도달하였을 때, 그리고 그룹들의 조정된 오라의 색의 측면이 어떤 색조로 될 때, 그들이 돌아와서 과거의 깨달음을 넘어서는 많은 가치 있는 것을 지상으로 가져올 것이다.

다. 우리가 깊이 생각할 시간이 없는 또 다른 흥미로운 점은 인간 밑에 있는 두 왕국에 미치는 리듬의 효과가 객관적으로 드러날 것이라는 점이다. 이스라엘 예언자가 "표범이 양과 같이 지낼 것이다" 혹은 "사막이 장미처럼 꽃이 만발할 것이다"라고 말한 것이 무의미한 자랑이 아니었다. 어떤 진동의 지배와 어떤 미덕 혹은 영향력을 감추는 어떤 색이 들어옴으로써 그것이 일어날 것이다.

1920년 9월 7일

오늘은 색의 응용이라는 주제를 다룰 것이다. 만약 색이 어떤 영향력에 드리워진 베일에 불과하다면 그리고 직관을 사용하여 여러분이 어떤 색이 어떤 미덕을 감추고 있는지 안다면, 여러분은 그 문제의 열쇠를 가지고 있는 것이다. 이 편지에서 눈에 띄는 두 가지 사실을 주목할 것이다:

- 다룬 주제가 너무 광대하여 그 윤곽만 시도되었다는 것.
- 이 편지에 쓰여진 문장 각각은 완전한 생각을 정확하게 제공하는 것을 목표로 하며 숙고할 문제로 가득 차 있다. 왜 이 문제를 세부적으로 다루지 않았으며, 왜 장황한 설명을 해서 그 문장을 문단으로 확장하지 않았을까? 만약 학생이 과거 수 년간 명상에서 예비 작업을 다하였다면 이 편지 속에서 추상적인 사고를 계발하고 직관과 소통하는 통로를 확장하는데 도움이 되는 재료를 발견할 것이다. 단 하나의 이유 때문이다. 나는 단지 암시만 하고자 한다. 나의 목표는 단지 나타내는 것이다. 내가 주는 가르침의 유용성은 제자의 직관에 달려 있다. 그러므로 색을 적용하면 그 색이 어떤 영향을 가지고 있다고 말할 때 그것은 위의 내용을 생명 측면에서, 형태 측면에서 그리고 마인드 측면에서 해석하는 것이 필요할 것이라고 경고한다.

색의 응용

가. 명상에서.
나. 치유에서.
다. 건설적인 작업에서.

많은 방법으로 색이 사용될 수 있고, 위의 세 가지 방법이 그 주제를 망라하지 않는다. 그것은 학생에게 즉각적이고 실질적인 용도가 되는 세 가지 방법을 나타내고자 하는 것이다. 하위인간 혹은 초인간인 다른 진화와 접촉할 때 색이 사용될 수도 있다; 분명한 파괴 작업에서도 그렇다; 색이 음악이나 동작 같은 다른 방법과 관련하여 혹은 진술한 만트람으로 어떤 결과를 가져오는 것과 관련하여 사용될 수 있지만, 이 편지에서 우리는 이 모든 것에 관심 가질 필요가 없다. 개인의 성장과 도움이 되는 그의 증가된 역량이 오컬트 명상을 현명하게 사용함으로써 일어날 것이다. 그러므로 첫째 요점을 숙고해보자.

명상에서 색의 사용

모든 색은 한 가지 근원 혹은 한 가지 원색에서 발산하여 나오고--현재 태양계에서 남색의 우주 광선이 우주의 사랑 혹은 지혜를 가리고 있다--그러면 세 가지 주요색으로 나눠지며 그리고 나서 네 가지 마이너 색으로 나눠져서, 스펙트럼의 일곱 색을 만든다. 여러분은 개인의 삶 속에서도 똑같은 영향을 볼 것이다. 왜냐하면 대우주가 소우주에 항상 영향을 주기 때문이다. 그의 주된 색이 그의 모나드 광선이고, 다음으로 삼개조의 삼원색과 사중체의 네 가지 색으로 현현할 것이다. 돌아오는 길에서 이 색이 세 가지 색 속에 녹아 들고 나중에 다시 한 가지 색으로 들어간다.

현현의 길, 분화의 길은 획득의 길이다. 그것은 동질이 이질로 혹은 다수로 되는 것이다. 그것은 하나의 기본 색을 많은 구성 부분으로 분해되는 것이다. 이것이 생명을 숨기고 있는 그 표현인 *형태 측면*이다. *생명 측면*에서 그것은 한 가지 기본 특질에서 내재하는 많은 미덕이 계발되는 것이다; 그것은 신성의 많은 속성으로 나타나는 잠재하는 신성의 가능성이다; 그것은 형태의 다양성을 통하여 그 많은 특질을 현현시키는 하나의 생명이다. 그것은 모든 것을 포함하는 완성을 드러내기 위하여 형태를 사용하면서, 전체 대아(All Self)의 내재하는 역량을 가진 자아이다. *지성 측면*에서 그것은 생명이 형태를 사용해서 완전한 이해, 분석 그리고 지성을 계발하는 방법이다. 그것은 내재하는 신성이 사용하기 위하여 제공된 재료에 그 특이성을 부과하는 표현 방식으로서 현현하는, 생명과 형태, 자아와 비자아, 영과 물질 사이의 관계이다. 내면의 신이 활동 혹은 지성을 사용하여 형태를 통하여 잠재하는 모든 미덕을 표현한다. (활기를 주는 연결고리를 형성하는) 지성 측면이 점점 더 진화하고 이해가 계발됨에 따라서, 생명이 색을 보여주고 형태가 그 색을 완성시킨다.

돌아가는 길에서, 이전 방법과 반대로 포기가 규칙이다. 내재하는 생명이 지금까지 본질적으로 (그리고 필연적으로)

간주한 형태를 포기한다. 이제 서로 반대되는 쌍, 영과 물질, 의식과 형태를 연결시킨 그 지성을 사용하여, 지성의 도움으로 물질로 만들어진 형태가 똑같은 지성 혹은 지혜로 변형된 추리 능력의 도움으로 하나 둘씩 거부된다. 형태는 가지만, 생명은 그대로 있다. 색이 점차로 재흡수되지만, 신성한 미덕이 이제 안정적으로 그리고 경험에 의해서 지속적으로 사용할 수 있게 지속된다. 이 속성이 잠재적으로 신성하지는 않지만, 사용할 힘으로 계발된다. 내재하는 기능이 n 승으로 올려진 활동적 특이성으로 되었다. 베일이 하나씩 버려진다; 외피가 떨어져 나가고 교체된다; 매개체 없이 되고 형태가 더 이상 필요하지 않게 되었지만, 생명은 언제나 그대로 있으며 그 부모 광선으로 돌아간다. 그것이 1 차 원인으로 환원되며, 추가로 활동과 표현, 그리고 경험과 현현 능력을 가지게 되었다; 그리고 무지한 야만인과 태양로고스 사이의 차이를 구성하는 모든 것을 가지고 환원된다. 이것은 생명이 많은 형태를 사용해서 완성된 것이고, 지성은 그 생명이 그 형태를 배움의 한 방식으로 사용하는 수단을 구성하였다. 이 1 차 광선의 한 측면으로서 현현하여, 많은 화신을 통하여 그 광선이 많은 구성 부분으로 분화되었고, 그 광선을 구성하는 일곱 가지 색으로 자신을 감춘 후에, 재화신하는 지바가 귀향의 길로 돌아가고 일곱에서 셋으로 셋에서 다시 하나로 된다.

그가 이것을 *의식적으로* 할 때, 그가 해야 하는 것을 기꺼이 온전하게 이해하고 내재하는 생명을 가리는 베일로부터 그리고 생명을 가두는 외피로부터 자유롭게 하려고 노력할 때, 그는 이것을 성취하는 방법이 오컬트 명상의 주관적 삶과 봉사의 객관적 삶이라는 것을 발견한다. 봉사 속에서 포기하고, 그리고 오컬트 법칙 하에서, 봉사 속에서 주관적 생명이 해방을 발견하며, 객관 현현으로부터 해방된다. 이것을 깊이 생각하라. 왜냐하면 그것은 단어의 베일 밑에 많은 것을 숨기고 있기 때문이다.

그러므로 오컬트 학생은 색의 관점에서 명상 속에서 두 가지를 해야 한다

1. 개성, 자아 그리고 모나드 속에서 현현된 그의 세 가지 주요 색을 발견하는 것.

2. 그리고 나서 하위 개성을 그 셋 속으로 환원시키는 것으로, 그 첫 단계가 의식적으로 자아 속으로 철수하여 하위자아를 위축시키는 것이다. 학생은 바람직하지 않은 색을 제거하고, 모든 하위의 혹은 조잡한 진동을 없애서 결국에는 세 가지 주요 색--그가 그것의 표현이다--이 완전한 투명성으로 빛나게 매개체를 세련화시킴으로써 시작한다. 이것이 그를 세 번째 입문으로 안내한다. 그 후 그는 모든 의식을 하위 매개체로부터 모나드 외피 속으로 거둬들일 때까지 셋을 하나 속으로 환원시키려고 한다.

여러분이 잘못 추측하였듯이, 명상 속에서 체에 영향을 주는 색의 효과에 관하여 여러분에게 정보를 주는 것이 나의 의도가 아니다. 나는 결국에는 없애야 하는 하나의

베일로서 색에 대한 어떤 생각을 주고자 한 것이다. "미래 색의 용도"라는 제목으로 그대에게 흥미가 되는 것을 다룰 수 있다. 하지만 근본적인 것을 이해하는 것이 그대에게 주어진 실험을 위한 공식을 갖는 것보다 훨씬 더 낫다.

1920년 9월 10일

오늘은 두 번째 요점인 치유 목적에 색을 적용하는 주제를 약간 다루는 것 이상 하지 못할 것이다. 이렇게 간단한 이유는 그 주제를 정확하게 그래서 안전하게 다루기 위하여 상세하게 다뤄져야 하기 때문이고, "적은 지식이 위험하다"는 오래된 격언이 이것과 관련하여 맞다는 것이 증명될 것이다. 색을 가지고 하는 치유 문제가 올바른 방식으로 그리고 전문 지식을 가지고 상세하게 다뤄지지 않는다면, 성취된 결과가 혜택을 주기 보다 더 위험하다는 것이 증명될 것이다. 만약 미래에 의도된 것이 온다면 나중에 그 주제가 충분하게 명확해질 것이다. 한편으로 여러분의 정보를 위하여 이 작업의 어떤 특징의 개요를 그려주고, 성공에 수반되는 어떤 조건을 지적하며, 아마도 그 문제가 추세를 어느 정도 예견할 수 있을 것이다.

치유에서 색의 적용

지금 우리는 명상의 관점에서 이 주제를 다루고 있다. 그러므로 우리가 주제를 그 관점에서 고려하는 것이 필수적이다. 명상에서 치유 작업은 순전히 멘탈 관점에서 다뤄진다. 제공된 어떤 힘의 지시는 환자의 멘탈체로부터 올 것이고 거기서 감정체를 거쳐서 육체로 작용할 것이다.

이것은 이 작업을 시도하는 사람이나 그룹 입장에서 어떤 사실을 확언하는 것을 수반한다. 독자의 마인드를 명확하게 하기 위하여 그것을 간략히 열거해보자:

1. 그 작업은 대체적으로 주관적일 것이고 원인을 다루지 결과를 다루지 않을 것이다. 치유 그룹의 1 차 목표는 그 문제의 근원을 발견하는 것이고 그 원인을 감정체 혹은 멘탈체에서 찾은 후에 그룹 구성원이 육체 혹은 에텔체에서 나타난 결과를 다루는 것으로 진행될 것이다. 그 문제가 어떤 종류의 사고이거나 순전히 유전적 혹은 선천적 문제의 결과인 고통 같은 것처럼 순전히 육체적이라면, 보통의 물질계 과학 방법이 먼저 적용될 것이고, 치유자들의 작업은 미세한 체에 집중함으로써 그 방법을 돕는 것이 될 것이다. 이것은 지금 인류가 들어가고 있는 과도기 동안에 적용된다. 나중에 오컬트 치유 지식이 더 익숙하게 되고, 미세한 체를 지배하는 법칙이 더 알려지게 될 때, 물질계 과학이 미세한 계의 예방 과학으로 대체될 것이다. 그 예방 과학은 모든 공격을 중성화시키고 스스로 보호하는 체를 만들고 올바른 조건을 제공하는 것을 목표로 하는 과학이다. 진동의 법칙과 하나의 진동이 다른 진동에 미치는 영향을 이해하는 것이 더 나은 삶의 조건과 모든 계에서 건전한 체를 만드는 열쇠를 가지고 있다는 것을 발견할 것이다.

그러나 지금처럼 모든 체 속에서 서로 다른 종류의 오염과 문제를 모든 곳에서 접촉하게 되고, 조건이 이렇게 인식될 때, 도움 방법을 찾아야 한다. 그래서 다음 요점으로 가게 된다:

2. 환자에 관한 충분한 정보의 치유를 실천하는 그룹이 확인하는 것은 다음 질문에 달려 있다:

가. 기본적인 그의 사고의 선은 무엇인가?
그가 주로 어떤 상념태로 둘러싸여 있는가?

나. 그의 감정체의 지배적인 색조는 무엇인가? 그것의 진동율은 무엇인가?
환자의 전체 감정체를 혼란스럽게 만드는 갑작스러운 동요를 겪는가?

다. 그의 일상적인 대화 주제가 무엇인가? 그의 주된 흥미가 무엇인가?
그가 공부하는 문학이 무엇인가?
그가 추구하는 가장 좋아하는 것이 무엇인가?

라. 그의 체 속에 있는 센터의 조건은 어떤가?
어느 센터가 일깨워졌는가?
4 차원으로 회전하는 센터가 있는가? 어느 특정한 경우에 어느 센터가 주요 센터인가?

마. 에텔체의 상태는 어떤가?

활기가 없는 혹은 혼잡의 징조를 보이는가?
환자가 활기가 부족한가?
다른 사람에 미치는 그의 자성 작용의 가치가 무엇인가?

이 모든 관점에서 환자를 연구하고 치유하려는 그룹이 육체를 자세하게 연구할 것이다. 그리고 나서 그들은--그 문제 밑에 놓여있는 내적 조건에 대한 어떤 생각을 가지고--다음과 같이 조사할 것이다:

바. 내면의 불의 상태와 척추에 특히 관심을 두면서 신경계의 상태.

사. 체의 다양한 기관의 상태와 특히 고통을 일으키는 기관의 상태.

아. 뼈와 육체를 조사하면서 구조 자체와 혈액, 활력 유액의 상태.

상위 비전과 건강

여러분이 알 수 있듯이, 이것은 반드시 직접적인 과학 지식이 수반되거나, 문제가 어디에 있건 그 문제를 *보는* 내면의 시력 기능이 수반되고, 그리고 전체 구조와 기관을 투시적으로 볼 수 있어서 문제가 어디에 있건 즉각적으로 찾아낼 수 있다. 이 역량은 삼계에서 지식을 주는 그 내면의 힘의 계발을 전제로 하고, 소위 치유 예술로서 근대

의학에서 종종 일어나는 재앙 같은 실수를 피하게 해준다. 미래 치유에서는 그렇게 많은 오류가 없을 것이지만, 지적하려는 것은 육체의 경우 그런 오류가 제거될지라도, 근대 과학이 육체를 이해한 지점까지 감정체에 대한 온전한 이해를 하기까지는 많은 시간이 지나야 한다는 것이다. 내면의 시력을 가진 사람은 육체 치유와 육체에 대한 이해 및 연구를 수행할 수 있다. 감정계에서 볼 수 있는 능력을 가지고 그는 근대 의사와 협력하여 그가 실수를 하지 않도록 보호할 수 있고, 그 문제의 정도, 고통의 위치 그리고 도움과 치유의 진척 상태를 그가 제대로 판단할 수 있게 도와줄 수 있다.

오늘날 대부분 육체 질병의 경우처럼 육체에서 나타나는 감정적 문제를 찾아서 현명하게 제거할 수 있다. 그러나 감정체 깊이 자리 잡고 있는 감정 문제는 멘탈 수준에서 다뤄져야 해서 그것을 다뤄서 제거하기 위해서는 멘탈 능력자가 필요하다. 이 모든 방법에서는 당연히 *환자 자신의 적극적이고 의식적인 협조*가 수반된다.

마찬가지로 멘탈 문제는 코잘 수준으로부터 직접 다뤄져야 하고, 그래서 코잘 시력과 의식을 가진 사람의 도움과 자아의 도움이 필요하다. 후자 방법과 이런 유형의 문제 대부분이 인류의 아주 먼 앞날에 있으며, 지금은 거의 관련이 없다. 그럼에도 불구하고 감정체에 자리가 있는 육체 질병을 치유하는 것이 이미 알려졌고 연구되고 있다. 심리학을 연구하고 신경질환과 문제 그리고 그들의 연결고리를 이해하는 속에서 의학의 다음 단계가 올 것이다.

감정체와 육체 사이의 연결고리가 에텔체이다. 당면한 다음 단계는 에텔체를 두 가지 방식으로, 즉 생명력, 활기 혹은 자성인 프라나의 전달자로서 혹은 감정 성질과 조밀한 육체를 연결하는 매개체로서 고려하는 것이다. 육체는 언제나 에텔체를 통하여 전달된 감정 성질의 명령을 따른다.

이상적인 조건 하에서 치유 그룹을 구성할 때 코잘 의식을 가진 사람을 그룹 수장으로 두어야 한다. 그가 멘탈체에 있는 어떤 문제를 다룰 수 있고, 모든 체가 자아와 정렬되는 지 조사할 수 있다. 그룹은 또한 다음을 포함할 것이다:

가. 감정체를 투시적으로 볼 수 있는 사람 혹은 사람들.

나. 진동의 법칙 기초를 어느 정도 알고, 어떤 치유를 일으키기 위하여 어떤 색의 파장을 사고 힘으로 분명하게 적용할 수 있으며, 과학적 이해를 통하여 원하는 결과를 가져올 수 있는 많은 사람들.

다. 그룹의 어느 구성원은 의료 직업을 가진 사람이 될 것이며, 그는 *의식적인* 투시가들 지도 하에서 육체를 가지고 일할 것이다. 그는 육체의 저항을 연구할 것이고, 그는 육체에 직접 영향을 주는 어떤 흐름과 색과 진동을 적용할 것이며, 그룹 구성원의 협력으로 기적이라는 이름을 받을 만한 가치가 있는 결과를 성취할 것이다.

라. 그룹 속에는 또한 오컬트적으로 명상할 수 있고 그들 명상의 힘으로 상위자아와 대스승의 치유력을 전달하는 데 필요한 통로를 만들 수 있는 많은 사람이 있을 것이다.

마. 여기에다가 각 그룹에서 일어나는 모든 것을 *정확하게* 기록할 수 있는 사람이 보일 것이고, 그래서 새로운 의학 학파의 문헌이 될 기록이 보존될 것이다.

이상적인 그룹을 다루었다. 아직은 그것이 가능하지 않지만, 인류와 대스승께 봉사하려는 사람들 사이에서 보이는 지식과 힘을 사용해서 시작할 수 있다.

위에서 주목하듯이, 색이 두 방식으로 적용될 것이다:
1. 사고의 힘으로 미세한 계에서.
2. 육체에 적용된 색의 빛으로.

물질계에서 대중이 사용하는 색이 적용될 것이고, 반면에 미세한 계에서는 비의적인 색이 적용될 것이다. 그러므로 그 작업은 대체적으로 (비의적인 것이 외부로 알려질 때까지) 전문가 지도 하에서 조직화된 그룹으로 일하는 세계에 있는 오컬트 학생의 손에 달려 있을 것이다.

이 그룹이 색을 가지고 일하기 시작할 수 있는 점이 무엇인가? 그대가 묻는다. 앞에 놓여 있는 숙달해야 하는 것은 에텔체에 대한 필요한 지식을 발전시키고, 순수한 체를 만드는 것을 가르치며, 서로 다른 색이 조밀한 육체에 미치는 영향을 연구하는 것이다. 그것이 아직은 거의 연구되지 않았다. 어떤 색이 분명하게 어떤 질병에 영향을 주고, 어떤 신경 문제를 치유하며, 어떤 신경적인 성향을 근절시키고, 새로운 조직을 만들게 하거나 오염된 것을 태워버리는 경향이 있다는 것을 발견할 것이다. 이 모든 것이 연구되어야 한다. 에텔체에 직접 작용하는 활성화와 자성화 선을 따라서 실험이 이루어질 수 있을 것이고, 이것도 또한 색과 진동의 법칙 속에 숨겨져 있다는 것이 발견될 것이다. 나중에 ⋯ 명상을 위하여 모였을 때 이 치유 그룹의 작업을 더 상세하게 다룰 수 있다. 여기서 세 가지만 간략하게 나열하지만 어떤 색은 분명한 영향을 준다는 것을 추가하고자 한다:

1. *오렌지색*은 에텔체 활동을 자극한다; 그것은 프라나 흐름의 정체를 제거하고 프라나 흐름을 증가시킨다.

2. *장미색*은 신경계에 작용하고 활성화 시키는 경향이 있으며, 우울증과 쇠약 증상을 제거시키는 경향이 있다; 그것은 *살려는 의지*를 증가시킨다.

3. *녹색*은 전반적인 치유 효과가 있고, 염증이나 고열의 경우 안전하게 사용될 수 있지만, 이 색을 적용하기 위한 올바른 조건을 제공하거나 적합한 색조에 다다르는 것이 거의 불가능하다. 그것은 대자연 음의 색으로 조밀한 육체를 치유하는데 결국에는 사용될 기본 색 중에 하나이다.

이것이 대충 부정확하게 설명한 것처럼 보이는가? 그대가 이해할 수 있는 것보다 더 그렇다. 그러나 그대에게 종종 말한 것을 잊지 마라. 간단한 힌트를 따라가는 속에서 모든 지식의 근원으로 이끄는 길이 있다는 것을 잊지 마라.

1920년 9월 11일

이제 명상에서 색을 사용하는 생각의 마지막 부분까지 왔다. 편지 내내 흩어져있는 힌트를 적절하게 따른다면 그것이 어떤 불가피한 결론의 토대를 형성한다는 방식으로 그 문제를 다루었다. 이 결론은 결국에는 새로운 의학 혹은 과학 학파가 그 작업의 토대로 삼을 명제가 될 것이다. 제시된 정보를 명확한 진술로 요약할 수 있다:

1. 개성의 기본 색이 삼개조 혹은 삼중 영의 색으로 변형되어야 한다. 이것은 진실로 오컬트 명상으로 일어난다.

2. 초심자가 주로 관련될 색은 오렌지색, 장미색 그리고 녹색이다.

3. 보라색 광선은 이번 당면 주기의 비밀을 간직하고 있다.

4. 이해되어야 하는 지식의 다음 요점은 에텔체를 지배하는 법칙이 될 것이다.

5. 직관을 계발하는 데서 외부 색이 베일로 감싸는 비의적 색에 대한 인식이 온다.

6. 색은 내적 삶 속에 있는 (오컬트 의미에서) 미덕의 힘이자 형태이다.

명확하게 할 목적으로 즉각적인 주의가 요구되는 실질적인 요점을 요약하였다. 이것을 연구의 토대로 학생은 의과 대학과 심리학 학과에서 한 작업 유형이 완전하게 변질되는 것을 결국 볼 수도 있을 것이다. 여기서 내가 하는 어떤 예언을 나중에 올 사람을 위하여 그대가 메모할 수 있다.

미래에 대한 예상

1. 의대 어법이 점점 더 진동에 토대를 둘 것이고 소리와 색으로 표현될 것이다.

2. 세계의 종교 가르침과 미덕의 주입 교육이 색으로 주어질 것이다. 사람들이 결국에는 그들 광선 색으로 그룹이 구성될 것이고, 인류가 오라를 보는 능력을 계발하면서 이것이 가능하게 될 것이다. 투시자의 수가 진정한 심령가의 침묵 때문에 인식되는 것보다 이미 엄청 많다.

3. 진실로 색과 소리의 과학인 숫자의 과학이 어느 정도 그 어법을 바꿀 것이고 색이 결국에는 수를 대체할 것이다.

4. 거대한 빌딩을 세우고 무거운 짐을 다루는 것을 지배하는 법칙이 언젠가는 소리로 이해될 것이다. 주기가 돌아오고, 다가오는 날에는 거대한 짐을 들어올린 레무리아인과 초기 아틀란티스인의 능력이 다시 출현하는 것을 보게 될 것이다--이번에는 더 높은 차원에서. 그 방법을 멘탈적으로 이해하는 것이 계발될 것이다. 초기 건설자들이 소리를 통한 어떤 진공상태를 만들고, 그들 자신의 목적을 위하여 그것을 사용할 수 있는 능력을 통하여, 그 무거운 것이 들어올려졌다.

5. 어떤 색을 조작하고 단합된 소리를 이용함으로써 파괴도 일어날 수 있다는 것이 보일 것이다. 이런 방식으로 엄청난 효과가 성취될 것이다. 색은 치유할 수 있듯이 파괴할 수도 있다; 소리는 응집을 일으킬 수 있듯이 혼란스럽게 만들 수도 있다; 이 두 가지 생각 속에 당면한 미래 과학 앞에 있는 다음 단계가 숨겨져 있다. 진동의 법칙이 광범위하게 연구되고 이해될 것이며 물질계에서 진동에 대한 이 지식을 사용하여 많은 흥미로운 발전을 가져올 것이다. 그것들은 부분적으로 전쟁과 심리학적 그리고 다른 영향에 대한 연구에서 자라나올 것이다. 예를 들면 물질계에서 발사체의 충격보다 거대한 포 소리로 더 많은 것이 일어났다. 이 영향이 아직은 실질적으로 인식되지 않고, 대체적으로 에텔과 아스트랄적인 것이다.

6. 건설에서 음악이 대체적으로 사용될 것이고, 지금부터 100 년 정도 지나면 그것은 건설적인 성질의 어떤

작업이 될 것이다. 이것이 그대에게는 완전히 불가능한 것처럼 들리지만, 그것은 어떤 목적을 성취하기 위하여 질서정연한 소리를 사용하는 것에 불과한 것이다.

명상에 대한 일련의 편지에서 이 모든 것이 어떤 위치를 갖는가? 라고 그대가 물을 것이다. 단순히 이렇다: 치유에서, 영적 성장을 촉진시키는 데서 그리고 물질계에서 외부 건설하는 데서, 색과 소리를 사용하는 데 이용되는 방법이 멘탈체를 지배하는 법칙를 근거로 둘 것이고, 명상의 형태가 될 것이다. 인류가 사고의 역동적인 힘과 속성--그 힘은 올바르게 추구한 명상의 산물이다--을 계발시킴에 따라서 진동의 법칙을 사용할 수 있는 역량이 객관적으로 가능하게 될 것이다. 오직 종교 헌신자나 신비가 혹은 소위 고귀한 가르침으로 불어넣어진 사람만이 명상으로 성취한 힘의 옹호자라고 생각하지 마라. 모든 위대한 자본주의자와 재무나 조직의 수장도 비슷한 힘의 옹호자이다. 그들은 한 가지 사고의 선을 일점지향으로 고수한 화신이고, 그들의 진화도 신비가와 오컬티스트의 진화와 병행한다. 이 사실을 가장 강력하게 강조하고자 한다. *그들은 문명 혹은 문화의 주, 마하초한의 선을 따라서 명상하는 사람이다.* 당면한 문제에 지고의 집중된 관심으로 현재의 모습을 만들고, 여러 면에서 그들은 명상하는 많은 학생보다 더 거대한 결과를 성취한다. 그들이 해야 하는 모든 것은 그들 작업 밑에 있는 동기를 변형시키는 것이고, 그러면 그들의 성취가 다른 학생의 성취를 앞지를 것이다. 그들이 통합 지점에 다다를 것이고, 그러면 견습의 길을 걸을 것이다.

그러므로 진동의 법칙이 점진적으로 점점 더 이해될 것이고, 마누, 세계 스승 그리고 마하초한 세 부문의 모든 것에 있는 활동을 지배하는 것을 이해하게 될 것이다. 그것의 친숙한 용어와 기본 표현이 색과 소리에서 발견하게 될 것이다. 감정적 혼란이 부조화 소리로 간주될 것이다; 멘탈 무기력이 낮은 진동으로 표현될 것이고, 육체 질병이 수치적으로 고려될 것이다. 모든 건설 작업은 결국에는 숫자로, 색으로 그리고 소리를 통해서 표현될 것이다.

이것으로 이 문제에 대하여 충분하고 이 시점에서 더 이상 전할 것이 없다. 주제가 난해하고 어려우며, 끈기 있는 숙고만이 어둠을 밝게 밝혀줄 것이다. 오직 직관의 광선이 어둠의 장막을 쪼갤 때 (그 장막은 모든 지식을 숨기는 무지이다) 주관적 생명을 가리는 형태가 환하게 빛나서 알게 될 것이다. 오직 이성의 빛이 지혜의 찬란한 태양으로 흐려질 때 모든 것이 합당하게 이해될 것이고, 형태가 정확한 색을 취할 것이고, 그것의 진동 숫자가 알려질 것이다.

편지 8 – 명상으로 대스승께 접근

1. 대스승들은 누구인가?
2. 대스승에게 다가가는 데 무엇이 수반되는가:
   가. 제자 관점에서?
   나. 대스승 관점에서?
3. 명상으로 대스승에게 다가가는 방법
4. 삼계에서 이런 접근의 효과

1920년 9월 12일

목표 탐색

오늘은 어느 정도 대스승들에 대한 주제와 명상을 통하여 그들에게 다가가는 방법을 다룰 수 있을 것이다. 내면의 빛을 정직하게 따르는 모든 사람 가슴에서 그렇듯이, 이것은 여러분 가슴 속에서 소중하고 가까운 주제라는 것을 안다. 이 편지가 끝날 무렵에 대스승들이 이전보다 더 실재적으로 되도록 이 주제를 여러분과 같이 다루고자 한다; 그리고 그분들에게 접근하는 것의 중요성을 더 잘 이해하고 방법을 더 간단하게 하려고 한다; 또한 그분들과의 접촉의 영향이 삶 속에서 즉각적이고 실제적인 성취를 진실되게 추구하도록 나타날 것이다. 그러면 항상 그랬듯이, 주제를 소제목으로 구분해보자:

전세계 모든 곳에서 이상을 구현하는 누군가를 찾도록 밀어붙이는 충동이 느껴진다. 심지어 대스승의 존재를 인정하지 않는 사람들도 어떤 이상을 추구하고, 그 이상이 물질계에서 어떤 형태 속에 구체화된 것으로 시각화한다. 그들은 자신을 이상적인 행동의 옹호자로 그리거나, 그들의 지고의 생각(개념)을 구체화하는 것으로서 어떤 위대한 자선가, 최고 과학자, 고귀한 예술가 혹은 음악가를 그린다. 인간--단순히 그 자신이 불완전하고 단편이기 때문에--은 자신보다 더 위대한 다른 사람을 찾으려는 이런 충동을 자신 속에 항상 가지고 있다. 그를 존재 중심으로 몰아붙이는 것이 바로 이것이고, 그가 전체 대아(All-Self)로 돌아가는 길을 걸어가도록 만드는 것이 바로 이것이다. 영겁의 기간 동안 내내, 탕아가 일어서서 아버지에게 가고, 아버지 집과 그곳에서 보이는 영광의 기억이 그 속에서 항상 잠재하고 있다. 그러나 인간의 마인드는 빛과 이상을 찾는 탐구가 필연적으로 길고 어두운 것으로 생각하도록 구성되어 있다. "이제 우리는 유리를 통하여 어둡지만 대면하여 본다"; 이제 우리는 상승의 사다리를 지나가면서 가끔 창문을 통하여 우리보다 더 위대한 다른 존재를 힐끗 본다; 그들이 우리를 도와주는 손을 내밀고, 우리가 그들이 지금 서있는 그곳에 서길 원한다면 용감하게 분투하라고 낭랑한 소리로 우리를 부른다.

우리는 우리를 둘러싸고 있는 아름다움과 영광을 감지하지만 아직 즐길 수 없다; 그것이 우리 비전 속으로 휙 들어와서, 숭고한 순간에 그 영광을 접촉하지만, 우리는 다시 그 접촉을 잃어버리고 다시 감싸는 어두운 우울 속으로 내려앉고 만다. 그러나 바깥 멀리에 원하는 중요한 어떤 것이 있다는 것을 우리는 *안다*; 또한 저 희미하게 인식된 경이들 그리고 그들 자신을 인류 맏형으로 부르는 저 찬란한 혼들과 조화를 이루어 진동하는 그 의식 센터를 발견할 때까지 내면으로 물러남으로써만 그 외부의 경이와 접촉할 수 있다는 신비를 우리는 배운다. 그 내면 센터를 가리고 숨기는 외부의 외피를 짓밟음으로써만 우리가 목표를 성취하고 우리가 찾는 분들을 발견하게 된다. 모든 형태를 지배하고, 그 형태를 내면의 신의 통치 하에 가져옴으로써만, 우리는 만물 속에 있는 신을 발견할 수 있다. 왜냐하면 우리로부터 우리 내면의 신을 숨기고, 그리고 그 신이 모든 외적 형태를 초월하는 그런 분들로부터 우리를 차단시키는 것이 바로 우리가 존재계에서 움직이며 입고 있는 바로 그 외피이기 때문이다.

위대한 입문자가 내가 인용한 말을 크게 소리냈으며 찬란한 진리의 다른 말을 더하였다: "그러면 그때 우리가 알려진 대로 알게 될 것이다." 마땅하게 정진하고, 이타적으로 봉사하며, 오컬트적으로 명상하는 각자 모두를 위하여,

고군분투하는 사람에 대한 충분한 지식을 이미 가진 분들을 알 수 있는 약속을 미래가 간직하고 있다. 바로 거기에 명상하는 학생의 희망이 있다; 그가 고군분투하고, 실패하고, 인내하고 그리고 집중과 마인드 컨트롤의 힘겨운 작업을 매일매일 열심히 반복하면서, 그를 아는 분들이, 그가 이룬 진보를 열렬한 동감으로 바라보는 분들이, 내면에 서 있다.

그 입문자가 말한 어둠을 물리치고 위대한 분들에 대한 지식에 도달하는 그 길을 가리킨 부분을 잊지 마라. 그가 *사랑*으로만 빛과 지식의 길을 걷는다고 강조한다. 왜 이렇게 사랑을 강조하는가? 왜냐하면 모두의 목표가 사랑이고, 그 속에 합일이 있기 때문이다. 종종 애매모호한 감정인 것을 과학적으로 표현하면, 그것을 다음과 같이 표현할 수 있다: 사랑-지혜의 광선(신성한 광선)과 유사한 진동의 성취에 의해서 사랑의 주들(Lords of Love)을 접촉하고, 자비의 대스승들을 알며, 위대한 분들과 우리의 모든 형제들 의식 속으로 들어갈 수 있는 가능성이 하나의 현현한 사실로 된다.

이것이 각자 모두가 걸어가야 할 길이고, 방법은 명상이다. 목표는 완전한 사랑과 지혜이다; 단계는 모든 삼계에 있는 하위계를 하나씩 하나씩 넘어가는 것이다; 방법은 오컬트 명상의 방법이다; 보상은 의식의 지속적인 확장으로 결국에는 그의 자아와, 다른 자아들과, 그가 배정되어 있는 열렬히 기다리는 대스승과, 그 대스승의 오라 속에서 접촉할 수 있는 다른 동료 제자들 및 더 진보한 입문자들과 공명하게 해주며, 그가 마지막으로 한 분의 입문자를 접촉하고, 비밀 장소로 들어가는 것이 허락되어, 의식 자체 근저에 놓여있는 그 신비를 알 때까지, 의식의 확장이 지속된다.

대스승들은 누구인가?

1920 년 9 월 14 일

명상을 통하여 대스승들에게 다가가는 주제를 그분들과 그분들의 진화 지점을 다루는 몇 가지 근본 진술로 시작한다면 아마도 가치가 있을 수 있다. 그러므로 첫째 요점을 다룰 것이다. 이렇게 이 편지 독자 앞에 그분들의 위상, 그분들의 포괄적인 발전 그리고 그분들의 작업 방법에 대한 어떤 생각을 가져올 것이다. 말할 필요도 없이, 다음에 나오는 많은 것이 의미상 새로운 것이 없을 것이다. 우리와 가장 긴밀하게 관련 있는 것 그리고 우리에게 가장 익숙한 것이 종종 가장 빈번하게 간과되는 것이며, 우리의 사고 기능에 가장 애매모호한 것이다.

- 지혜의 대스승은 다섯 번째 입문을 지나간 분이다. 그것이 진정으로 의미하는 것은 그분 의식이 이제는 다섯 번째 계 혹은 영계를 포함하는 확장을 경험하였다는 것이다. 그분은 하위 네 가지 계--광물계, 식물계, 동물계 그리고 인간계--를 일하면서 지나갔고,

명상과 봉사를 통하여 그분 의식 센터를 확장하여 이제 영계를 포함하게 되었다.

- 지혜의 대스승은 개성의 삶의--코잘체 속에 포함되어 있는--세 개 원자에서 영적 삼개조 세 개 원자 속으로 극성을 이동시킨 분이다. 그분은 의식적으로 영-직관-추상 마인드 혹은 아트마-붓디-마나스이고, 이것이 잠재적으로 그런 것이 아니라 경험을 통하여 실현된 온전한 효과적 힘이다. 이것은 앞에서 말했듯이 명상 과정을 통하여 일어난 것이다.

- 지혜의 대스승은 자아 화음뿐만 아니라 모나드의 온전한 화음도 찾았으며, 그래서 가장 낮은 음부터 모나드 음까지 모든 음에서 자유자재로 변화를 줄 수 있는 분이다. 이것은 그분이 이제 창조 기능을 계발하였으며, 각 계의 음을 소리 내고 거기서 만들 수 있다는 것을 오컬트적으로 의미한다. 이 힘--먼저 모나드 음을 발견하고 둘째 그 음들을 건설적인 건축에 사용하는 힘--은 사랑으로 조종된 봉사로 균형 잡힌 채, 오컬트적으로 수행한, 명상을 통하여 먼저 인식된다.

- 지혜의 대스승은 삼계 속에서 법칙을 사용할 수 있고 그 삼계에서 진화하는 모든 것을 지배할 수 있는 분이다. 명상 실천으로 마인드 법칙을 배움으로써, 그분은 마인드 법칙을 확장하여 하위 현현 속에서 드러난 보편 마인드 법칙을 품을 때까지 확장한다. 마인드 법칙은 명상 속에서 숙달된다. 그 법칙은 진정한 지식의 논리적인 결과인 봉사의 삶 속에서 적용된다.

- 지혜의 대스승은 배움의 전당을 지나서 지혜의 전당으로 들어간 분이다. 그분은 거기서 다섯 등급을 거쳐서

졸업하였고 하위 마인드를 순수하고 깨끗한 마인드로 변형시켰으며, 욕망을 직관으로 변형시켰고, 그분 의식이 순수 영의 빛으로 빛나게 하였다. 명상 수련이 이것을 성취할 수 있는 유일한 길이다.

- 지혜의 대스승은 오감으로 획득한 지식을 통하여 통합이 존재하고 태양계에서 성취 지점을 표시하는 통합하는 둘 속으로 그 오감을 합치는 것을 배운 분이다. 명상을 통하여 기하학적 균형감이 조정되었고, 가치관이 분명하게 인식되었으며, 그 조정과 인식을 통하여, 환영을 떨쳐버리고 실재를 알았다. 명상 실천과 그렇게 생긴 내면의 집중을 통하여 의식이 형태의 진정한 용도와 가치에 깨어난다. 그렇게 실재와 접촉하고 삼계가 더 이상 유혹할 수 없게 된다.

- 지혜의 대스승은 의식의 의미, 생명 그리고 영의 의미를 아는 분이다. 그분은 "하늘에 계신 아버지 가슴"으로 곧바로--최소 저항 선으로--갈 수 있다. 직선 길인 최소 저항 선은 명상 실천을 통하여 찾아진다.

- 지혜의 대스승은 자신을 다섯에서 셋으로, 그리고 셋에서 둘로 바꾼 분이다. 그분은 오각별이 되었고, 그 순간에 도달하자마자 그분은 한 분의 입문주재자 위로 별이 번쩍이며 나오는 것을 보고, 그분과 같은 위치에 있는 분들 속에서 그것을 인식한다. 그분은 (오컬트 의미로) 사중체를 신성하게 하였고, 그것을 솔로몬 사원을 세우는 시금석으로 사용하였다. 그분은 사원 자체를 넘어 성장하였고 그것을 하나의 한계로 인식하였다. 그분은 구속하는 그 벽에서 자신을 거둬들이고 삼개조 속으로 들어갔다. 그분은 이것을

항상 오컬트 방법으로, 즉 밟은 각 단계에 대한 충분한 지식을 갖고 의식적으로 이것을 한다. 그분은 제한하는 형태 각각의 의미를 배운다; 그리고 그분은 통제를 하였고 그 형태와 조화를 이루는 계에서 법칙을 사용하였다. 그리고 그분은 그 형태를 벗어났으며 다른 더 상위 형태를 위하여 그것을 버렸다. 이렇게 그분은 항상 형태의 죽음과 희생으로 진보하였다. 항상 형태가 구속하는 것으로 인식된다; 항상 그것은 희생되어야 하고 내면의 생명이 언제나 더 위로 계속 빨리 올라갈 수 있도록 그렇게 죽어야만 한다. 부활의 길은 십자가형과 죽음을 상정하고, 그리고 나서 상승할 수 있는 산으로 이끈다. 명상에서 생명의 가치 그리고 형태의 제한이 이해되어 알 수 있으며, 지식과 봉사로 그 생명이 구속하고 제한하는 모든 것에서 자유롭게 될 수 있다.

- 지혜의 대스승은 동료 인간을 돕기 위하여 우리 행성에 머물기로 선택한 분이다. 다섯 번째 입문을 성취한 분 모두가 지혜의 대스승들이지만, 모두가 인류 봉사자로서 남아서 일하지 않는다. 그분들은 다른 더 위대한 혹은 똑같이 중요한 일로 넘어간다. 일반 대중에게 그 용어의 중요성은 진화의 파도 위에서 앞으로 밀며 나아가는 인류를 위하여 그분들 스스로 제한해서 남기로 선택한다는 생각이다. 명상을 통하여 위대한 분은 목표에 도달하였고 (자주 이해되지 못한 것이다) 명상을 통하여 혹은 사고 물질의 조작을 통하여 그리고 인류의 멘탈체에 영향을 주는 작업으로 진화 과정을 돕는 그 작업이 수행된다.

- 지혜의 대스승은 시리우스에 있는 더 위대한 형제단과 그분을 연결하는 첫 번째 입문을 받은 분이다. 이전에도 말했듯이, 그분은 더 위대한 롯지에 첫 학위를 받은 입문자이다. 그분은 많은 부문을 가진 태양계와 그분이 접촉하는 것을 허락하는 의식의 확장을 성취하였다. 이제 그분 앞에 광대한 확장 범위가 있으며 결국에는 그분을 태양계 의식 너머 훨씬 더 위대하고 광대한 어떤 것으로 데려갈 것이다. 우리가 상상할 수 있는 추측을 넘어서는 어떤 대의식 속으로 그분이 들어오는 것을 허락할 그런 우주 명상의 기초를 배우기 시작해야 한다.

- 지혜의 대스승은 그분이 속한 천상의 인간의 일부분으로서 *의식적으로* 활동할 수 있는 분이다. 그분은 그룹과 그룹 혼을 지배하는 법칙들을 이해한다. 그분은 그룹 혼을 (많은 인간 아들의 생명으로 구성되었으며 돌아오는 길에 있는 그룹) 의식적으로 지배하고 태양계 체 속에서 그분의 위치를 안다. 그분은 천상의 인간 체 속에 있는 센터를 인식하고, 그 센터에 의하여 그분과 그분 그룹이 동조하는 진동이 유지되며, 어떤 분명한 법칙 하에서 똑같은 체 속에 있는 다른 그룹과 관계를 안내한다. 이런 활동의 준비로서 명상의 가치를 모든 사려 깊은 학생이 깨달아야 할 것이다. 왜냐하면 명상은 분리감을 초월하고 자신과 유사한 것과 통일성을 오컬트적으로 이해하는 한 가지 방법이기 때문이다.

- 지혜의 대스승은 성취한 작업 때문에 어떤 권능의 말씀을 맡은 분이다. 이 말씀으로 그분은 인간을 제외한 다른 진화에 대한 법칙을 사용하고, 그들을 통하여

로고스 활동 측면과 협력한다. 이렇게 그분은 세 번째 로고스 의식과 그분 의식을 합친다. 이 말씀을 통하여 그분은 건설 작업과 두 번째 로고스의 결합시키는 조작 노력을 돕고, 로고스 두 번째 측면의 모든 기능을 지배하는 인력과 반발의 중력(인력) 법칙의 내면의 작용을 이해한다. 이 말씀을 통하여 그분은 첫 번째 로고스 작업에 협력하고, 여섯 번째 그리고 일곱 번째 입문을 (항상 받는 것이 아니다) 받으면서 태양계에 적용된 대의지의 의미를 배운다. 이 말씀은 구전으로 전해지고, 투시 능력으로 아트마를 사용해서 아트마 의식을 성취함으로써 입문자 자신이 찾아야 한다. 그리고 아트마 의식이 직관으로 계발될 때, 입문자가 모나드 속에 내재하는 지식의 저장소를 접촉할 수 있고, 이렇게 권능의 말씀을 배운다. 이 능력은 세계의 주가 사용하는 입문 봉을 적용한 후에만 온다. 그러므로 오컬트 명상의 상위 단계로 지혜의 대스승은 한층 더 깊게 그분의 지식을 증가시킨다. 그분의 의식이 정적이지 않고 매일 점점 더 포용하고 있다. 매일매일 그분은 더 심오한 확장에 자신을 적용한다.

- 지혜의 대스승은 진동의 유사성을 통하여 이 행성의 하이어라키 수장들과 함께 일할 수 있는 권리를 얻은 분이고, 우리 체인과 연결된 다른 두 행성의 유사한 수장들과 함께 일할 수 있는 권리를 얻은 분이다. 그분이 다른 입문을 받았을 때 그분은 연결된 체인을 통제하는 세 분만이 아니라, 일곱 행성로고스를 접촉하여 함께 일할 수 있다. 그분이 전체 태양계를

포용할 수 있고, 그분 의식이 객관 태양계 전체를 포괄하도록 확장시켰다.

다른 정의가 더 열거될 수 있으며, 이 문제를 깊게 설명할 수 있지만, 오늘 주어진 것으로 충분하다. 대스승이 도달한 지점은 높지만, 그것은 상대적으로 그렇고, 그분이 성취하였을 때 그것이 진실로 낮은 것처럼 보인다는 것을 여러분은 잊지 말아야 한다. 왜냐하면 그분은 그것을 그분 앞에 확장하는 그 전망과 견주어봐야 하기 때문이다. 의식의 확장 각각은, 사다리에 있는 각 단계는, 입문자 앞에 감싸 안아야 하는 또 다른 영역과 앞으로 밟아야 하는 또 다른 단계를 여는 것에 불과하다; 성취한 입문 각각은 숙달해야 하는 한층 더 높은 입문을 드러내는 것이고, 열망자가 (그가 보통 사람, 입문자, 대스승, 초한, 혹은 붓다이건) 정적인 상태에 그대로 있어서, 더 이상 진보할 수 없는 그런 지점으로 결코 오지 않는다. 심지어 로고스 자신도 열망하고, 심지어 그분이 열망하는 하나(One)도 더 위대한 존재를 열망한다.

태양계에서 일어나는 것이 마찬가지로 우주 수준에서도 일어나고, 여기서 숙달된 것이 우주 자체 속에서 광대한 규모로 반복되어야 한다. 이 생각 속에는 영감과 발전이 있으며 절망과 피곤함이 있지 않다. 매 단계 앞으로 나갈 때마다 오는 보상, 증가된 이해 속에 있는 기쁨이 고군분투하는 열망자를 적당한 방식으로 보상한다…. 내일은 더 실질적인 면, 이런 고귀한 부름을 목표로 하는 사람의 측면을 다룰 것이다.

대스승에게 다가가는 데 수반되는 것

1920년 9월 16일

오늘은 여덟 번째 편지에서 두 번째 요점을 다룰 것이고, 그 주제를 두 가지 방식으로, 간략하게 대스승 관점에서 그리고 다소 장황하게 제자 관점에서 봐야 한다.

이 편지에서 성취하기를 계획하는 사람 앞에 놓여 있는 과업의 웅대함에 대한 폭넓은 개요가 제시되었다. 쓰여진 많은 것이 평균적으로 발전한 사람에게는 흥미를 주지 못하지만, 특정한 진화 지점에 도달해서 견습의 길에 있는 사람과 주로 관련 있다. 이 문제에 대하여 말할 수 있는 많은 것이 이전 편지에서 전달되었다. 여기서 같은 내용을 다루지 않고, 대스승과 제자 사이에 존재하는 내적인 관계를 더 구체적으로 다루려고 한다.

그 관계가 네 가지 등급으로 존재하고, 각각 등급에서 그가 발전하여 대스승께 더 가까이 간다. 이 네 등급은 다음과 같고 그가 초인이 될 때까지 수련 받는 기간을 망라한다.

그것들은:
가. 그가 견습 단계에 있는 기간.
나. 그가 받아들여진 제자인 기간.
다. 그가 대스승과 친밀한 사람 혹은--비의적으로-- "대스승의 아들"로 간주되는 기간.

라. 마지막 세 가지 입문을 받고, 자신을 대스승과 하나로 아는 기간. 그러면 그는 "대스승이 가장 아끼는 사람", 성서 이야기 속에서 가장 아낀 제자인 성 요한이 차지하는 것과 유사한 위치로 된다.

이 모든 단계는 두 가지로 지배된다:
가. 진동의 유사성.
나. 카르마. 그리고 모든 것은 *그룹 의식*을 계발시킬 수 있는 그의 능력과 관련 있다.

상위 마인드 계, 두 번째 하위계에서 우리 태양계 최고계에서 볼 수 있는 것의 반영을 보게 된다. 거기에 무엇이 있는가? 일곱 천상의 인간이 거기서 보이고, 그들 각각이 그룹 혼으로 (형태 관점에서) 구성되어 있다--그 그룹 혼은 의식의 단위인 인간과 천사로 구성되어 있다. 멘탈계 두 번째 하위계에서 이렇게 표현할 수 있다면 대스승들에 속하는 그룹을 보게 된다. 이 그룹은 대스승들이 (인간의 아들들을 돕기 위하여 현현할 때) 거주하는 [2] 원자 하위계로부터 생명이 불어넣어지고 활성화된다. 마치 천상의 인간이 태양계 원자계, 우리가 아디(Adi)계 혹은 첫 번째 계로 부르는 곳에 그들 생명의 원인이자 기원하는 근원을 갖고 있듯이. 이 그룹은 어느 대스승 주위에 형성되고, 그분 오라 속에 감싸지며, 그분 의식의 일부분이

---

2 1920년 이후 엄청난 변화가 일어났다. 지금(1949년) 붓디계로 이동이 있었다. (A.A.B.)

된다. 그 그룹은 그분과 똑같은 자아 광선이거나 모나드 광선이 같은 사람을 포함한다.

이것은 두 가지 유형의 사람이 관련 있다는 것을 의미한다:
1. 자아 광선 상에서 받는 첫 번째 입문 그리고 두 번째 입문을 준비하는 사람.
2. 모나드 광선 상에서 받는 다음 두 입문을 준비하는 사람. 여기서 사람이 한 광선에서 다른 광선으로 이동하는 원인을 보게 된다. 그것이 서로 다른 대스승 그룹으로 들어가는 것을 수반하지만, 겉으로 보이는 이동일 뿐이다. 이것은 두 번째 입문 후에 일어난다.

견습생의 세 가지 목적

어떤 사람이 견습 기간에 있는 동안, 그는 세 가지를 계발시켜야 한다:

1. 그의 그룹을 접촉할 수 있는 능력 혹은 다른 말로 하면 어느 특정한 대스승이 집중점인 그 그룹의 진동을 감지할 수 있는 능력. 그는 처음에는 그것을 가끔 그리고 아주 드물게 접촉한다. 그가 관찰 받는 동안인 견습 초기 동안에, 그는 그룹 진동(대스승의 진동)을 매우 짧은 간격 동안 감지해서 유지할 수만 있다. 그는 어떤 고귀한 순간에 대스승 그리고 그룹과 연결할 것이고, 그의 전체 존재가 높은 진동으로 넘치게 될 것이며, 그리고 그룹 색깔의 분출 속에서 위로 솟아오를 것이다. 그리고 나서 그는 이완되어

다시 되돌아가서 접촉을 잃을 것이다. 그의 체가 충분히 세련되지 않았으며 진동이 불안정해서 그것을 오랫동안 유지하지 못한다.

그러나 시간이 지나면서 (제자의 진실성에 따라서 길게 혹은 짧게) 접촉 빈도가 증가한다; 그는 진동을 어느 정도 더 길게 유지할 수 있고, 너무 쉽게 정상 상태로 완화되지 않는다. 그러면 그가 그 접촉을 꽤 안정적으로 유지할 것으로 신뢰할 수 있는 때가 온다. 그러면 그는 두 번째 단계로 넘어간다.

2. 견습의 길에서 그가 계발시켜야 하는 두 번째는 추상적 사고 기능 혹은 코잘체를 통하여 상위 마인드와 연결하는 힘이다. 그는 상위 마인드에 도달할 수 있는 하나의 도구로서 하위 마인드를 접촉하는 것을 배워야 하고, 이렇게 그가 코잘체 속에서 극화될 때까지 그것을 초월하는 것을 배워야 한다. 그러면 코잘체 매개체를 통하여, 그가 추상 수준과 연결된다. 그가 이것을 할 수 있을 때까지 대스승과 접촉할 수 없다. 왜냐하면 들었듯이, 제자는 이 세계(하위)에서 그분들 세계(상위)로 자신을 높여야 하기 때문이다.

이제 이 두 가지--대스승과 대스승 그룹을 접촉할 수 있는 힘 그리고 자신을 코잘체 속에서 극화해서 추상 수준을 접촉할 수 있는 힘--는 분명히 명상의 결과이고, 이전 편지들이 이것을 명확하게 해줄 것이다. 그러므로 부단히 노력하는 명상과 현재 다루고 있는 의무에 일점지향의 적용으로 (결국에는 일상 생활 속에서 이뤄낸 명상의 열매이다) 높은 진동을 꾸준히 유지할 수 있는 증가된 능력이 오게 된다는 것을 지적하는 것 이외에 이전에 제공된 정보를 다시 요약할 필요가 없다. 겉으로 보기에 단순한 진리를 계속해서 반복할 것이다. *진동의 유사성*이 그가 속한 상위 그룹으로, 그의 광선의 주를 나타내는 대스승께로, 그에게 신비를 집행하는 세계 교사로, 마지막 해방을 일으키는 한 분의 입문주재자로, 그가 천상의 인간 체 속에서 찾는 그 센터로 이끌 것이다. 모든 계에서 인력과 반발의 법칙의 작용이 신성한 생명을 광물계에서, 식물계에서 그리고 동물계에서 모아서, 잠재하는 신성을 인간계의 한계에서 이끌어내어 그의 신성한 그룹과 연결시키는 것이다. 같은 법칙이 구속하는 미세한 형태에서 그를 해방시키고, 그에게 생명을 불어넣는 근원, 즉 거대한 체 속에서 그의 모나드가 보이는 그 광선의 주 속으로 섞이게 만든다. 그러므로 견습생의 작업은 그의 진동을 그의 대스승 진동에 조율시키고, 하위 세 가지 체를 정화시켜서 그것들이 그 접촉에 어떤 장애물로 되지 않도록 하며, 하위 마인드를 지배해서 그것이 삼중 영에서 나오는 빛의 하강에 더 이상 방해가 되지 않도록 만드는 것이다. 이렇게 그가 속한--권리와 카르마로--상위 멘탈계 하위계에 있는 그룹과 그 삼개조를 접촉하는 것이 허락된다. 이 모든 것이 명상으로 일어나고, 이 목적을 성취하는 다른 방법이 없다.

3. 견습생이 해야 하는 세 번째는 자신을 감정적으로 그리고 멘탈적으로 준비하고, 그가 비의적으로 연결된

그룹에게 어느 정도 줄 것이 있다는 것을 깨닫고 증명하는 것이다. 이것에 대하여 생각해 보라: 제자가 견습생 혹은 받아들여진 제자가 될 때 그가 얻게 되는 것에 종종 너무 많은 강조를 둔다. 여기서 진심으로 말하는데, 그가 어느 정도 *줄 것이 있을* 때까지, 그리고 그룹의 아름다움을 높이게 될 어떤 것을 더할 수 있을 때까지, 대스승께서 인류를 돕고자 하는데 그리고 그룹 색깔의 풍부함을 증가시키는데 그런 이용 가능한 도구를 더할 수 있을 때까지, 그가 원하는 단계를 밟지 못할 것이다. 이것은 상호 작용하는 두 가지 방식으로 일어날 수 있다:

가. 공부와 적용을 통하여 감정체와 멘탈체 내용물을 분명하게 갖춤으로써.

나. 물질계에서 인류에 대한 봉사에 그 장비를 사용하고, 그래서 제자가 어느 정도 *줄 것이 있다*는 것을 지켜보는 하이어라키에 보여줌으로써. 그의 한 가지 욕망은 혜택을 베푸는 자가 되는 것이며 자신을 위하여 획득하고 움켜쥐기보다 봉사라 것을 보여줘야 한다. 주기 위한 목적의 획득의 삶은 명상 속에서 접촉한 그 이상을 동기부여로 가지게 되고, 오컬트 명상의 결과인 상위 멘탈 수준과 붓디 수준에서의 그 하강을 영감으로 가지게 된다.

이 세 가지 결과가 일어날 때, 그리고 접촉한 높은 진동이 더 자주 빈번하게 안정화될 때, 그때 견습생은 다음 단계를 밟고 받아들여진 제자가 된다.

받아들여진 제자도

받아들여진 제자가 되는 두 번째 기간은 아마도 그의 전체 삶 기간에서 가장 어려운 기간 중에 하나가 될 것이다. 몇 가지 방식으로 그렇게 된다:

그는 분명히 대스승 그룹의 일부분이고, 대스승 오라 속에서 유지되는 대스승 의식 속에 항상 있다. 이것은 높은 진동을 꾸준히 유지하는 것이 수반된다. 이것의 영향이 무엇이 될지 그대가 숙고하길 바란다. 이런 진동을 유지하는 것은 항상 행하기 어려운 일이다; 그것은 그의 성질 속에 존속하는 모든 것을 강렬하게 만드는 것을 수반하고, (특히 처음에는) 기이한 현상이 드러나는 것으로 이어진다. 하지만 그가 입문 봉을 적용받은 결과인 그 힘을 언제나 유지할 수 있다면, 그가 초기 단계에 그렇게 할 수 있는 능력을 보여줘야 하고, 대스승으로부터 오는 강렬한 진동을 받을 때 자신을 안정적으로 유지하고 꾸준히 앞으로 나아갈 수 있는 능력을 보여줘야 한다.

그는 자신을 규율 있게 만들어서 그가 속한 그룹에 어떤 방식으로건 해를 줄 수 있는 혹은 대스승의 진동에 적대적일 수 있는 어떤 것도 *그의* 의식 속으로 들어올 수 없게 해야 한다. 내가 의미하는 어떤 개념을 여러분에게 주기 위하여, 이렇게 표현할 수 있을지 모르지만, 그가 처음으로 대스승 오라 속에 둘러 쌓인 그룹의 일부분을 형성할 때, 대아에게 가치 없는 그래서 그룹에 해가 되는 모든 생각과 욕망을 자동적으로 던져버리고 즉각적으로 거부하는 것을 배울 때까지, 그는 그 오라 주변에 있게 된다. 그가 이것을 하는 것을 배울 때까지, 그는 더 긴밀한 관계 속으로 나아갈 수 없고, 그가 자동적으로 차단되는 거기에 그대로 있어야 한다. 그러나 그가 *합쳐서* 그의 대스승 심장에 더 가까이 모일 수 있는 권리를 얻을 때까지, 점진적으로 그는 자신을 한층 더 정화하고, 점진적으로 그룹 의식을 계발하며 그룹 관점에서 봉사를 생각하고, 점진적으로 그의 오라가 대스승 오라의 색을 점점 더 띠게 된다. 나중에 제자와 함께 대스승의 작업을 다룰 때, 이 구절의 전문적인 의미를 설명할 것이다. "받아들여진 제자" 기간이 진전되면서 (그리고 그것은 경우에 따라 다르다) 제자가 그룹의 심장으로 한층 더 가까이 나아가고, 그 전체 체 속에서 자신의 장소와 기능적 활동을 발견하게 된다고 말하는 것으로 충분하다. 그것은 비밀이다: 자신의 위치를 찾는 것--진화 사다리에서 자신의 위치를 찾는 것이라기보다 (왜냐하면 그것은 대략 알려지기 때문이다) *봉사 속에서* 그렇다. 이것은 인식되는 것보다 더 중요하다. 왜냐하면 그것은 결국 그가 다섯 번째 입문 후에 가게 될 길을 분명하게 드러내 보여주는 기간을 망라하기 때문이다.

대스승의 아들 자격

우리는 이제 제자가 훨씬 더 탐내는 "대스승의 아들"의 위상으로 가는 때로 온다. 그러면 그는 의식적으로 그리고 항상 대스승 의식의 일부분이 된다. 대스승과 제자 사이 상호작용이 빠르고 완전하게 되고, 제자가 이제 의식적으로 그리고 자유자재로 대스승과 연결할 수 있으며 그분의 생각을 확인 할 수 있다. 그는 그분의 계획, 욕망 그리고 의지 속으로 들어갈 수 있다. 그는 이것을 진동의 유사성으로 그 권리를 얻었고, (초기에 조화롭지 않은 진동으로 필요했던) 차단 과정이 실질적으로 대체되었기 때문에, 제자는 이제 그의 생각과 욕망이 대스승께 동요를 일으키지 않고, 그룹에 반대되는 진동을 일으키지 않도록 자신을 그렇게 정화시켰다. 제자는 시험 받았고 부족한 것이 발견되지 않았다. 세계에서 그의 봉사의 삶이 더 집중되고 완전해지며, 그는 매일매일 줄 수 있는 힘을 계발시키고 있고, 그의 도구를 증대시키고 있다. 이 모든 것은 어떤 대스승 그리고 어떤 한 그룹 혼과 그의 관계에 대한 것이다. 그것은 그가 입문을 받는 것에 달려 있지 않다. 입문은 전문적인 문제이고 비의 과학으로 표현될 수 있다. 어떤 사람이 입문을 받을 수 있지만 아직 "대스승의 아들"이 되지 않을 수 있다. 제자도는 카르마와 결연에 의한 개인 관계이고, 롯지에서 그 사람의 위상에 달려 있지 않다. 이것을 분명하게 명심하라. 어떤 사람이 어느 특정한 대스승과 연계되기 전에 입문을 받기 위해 필요한 전문적 필요조건을 (근면함으로) 획득한 경우들이 알려져 있다.

어느 대스승의 아들이라는 이 나중 관계는 나름 대로 독특한 달콤함을 가지고 있고, 어떤 특권을 가지고 있다. 제자는 그러면 대스승 어깨에서 어떤 짐을 들어줄 수 있고, 어떤 책임을 줄여줄 수 있어서, 그분이 더 확장된 작업을 하도록 자유롭게 해줄 수 있게 된다. 그러므로 *봉사를 강조를 하는 것이다. 왜냐하면 오직 봉사하면서 그가*

진보하기 때문이다. 그것이 두 번째 추상 수준의 진동의 기조이다. 요즘 시기에 대스승은 그의 "아들"과 협의하고 그들의 통일된 관점을 토대로 해야 될 작업을 계획할 것이다. 이런 방식으로 그분은 제자의 분별력과 판단을 계발시킬 것이고, 어떤 선을 따라서 그분의 짐을 가볍게 할 것이며, 이렇게 그분의 다른 중요한 작업을 위하여 그분 자신을 자유롭게 할 것이다.

논의 중인 이 단계의 마지막 시기에는 따를 것이 거의 없을 수 있다. 그것은 그가 도의 길 마지막 단계를 숙달하고 그의 그룹 및 하이어라키와 점점 더 긴밀하게 접촉하는 기간을 망라한다. 그는 그의 그룹 및 대스승과 조화롭게 진동할 뿐만 아니라, 이제 자신의 사람을 모으기 시작해서, 그의 그룹을 형성하기 시작한다. 이 그룹은 처음에는 감정계와 물질계 그리고 하위 멘탈계에만 있게 될 것이다. 다섯 번째 입문 후에 그는 그의 오라 속으로 이 그룹과 자아 수준에 있는 그의 사람을 감싸 안을 것이다. 이것 때문에 그가 그의 대스승 및 그룹과 하나되는 것을 막지 못하지만, 상호 혼합 방법이 입문의 비밀들 중에 하나이다.

이전에 제시한 것과 함께 이 모든 것이 그대에게 견습의 길과 입문의 길에서 획득한 권리와 힘에 대한 어떤 개념을 줄 것이다. 계발 수단은 언제나 동일하다: 오컬트 명상과 봉사; 집중된 내면의 삶과 실천하는 외적 삶; 상위를 접촉할 수 있는 내적 능력과 신성한 삶으로 그 능력을 표현할 수 있는 외적 능력; 영으로부터의 내적 발광과 사람들 앞에 외적으로 환하게 비추는 것.

1920 년 9 월 17 일

……지난 며칠 동안 우리가 공부해온 주제가 이전에 제시된 자료만큼 그렇게 전문적이지는 않지만, 여덟 번째 편지가 일련의 편지들 중에서 가장 강력한 호소력을 갖는 것 중에 하나로 만드는 어떤 진동을 가져다준다. 우리는 대스승들과 그들이 누구인지, 사물들의 계획 속에서 그들의 위치에 대한 사실을 다루었고, 그들에게 다가가는 데 무엇이 수반되는지 제자 관점에서 간략하게 다루었다. 그런 접근은 점진적인 과정이고 대스승 및 그분 그룹과 가끔 외적으로 접촉하는 상태에서 가장 가까운 친밀한 위치로 그리고 제자를 오라 속으로 놓고 그의 스승 심장에 가까이 놓는 어떤 태도로 데려간다는 것을 보았다. 오늘은 이런 점진적인 변화가 대스승 입장에서 무엇을 수반하고 무엇을 필요로 하는지 잠시 검토할 것이다.

대스승과 제자의 관계

빈번하게 들었듯이, 대스승의 관심은 어떤 사람의 내재하는 빛의 밝기에 이끌린다. 그 빛이 어떤 강렬함에 도달하였을 때, 체들이 어떤 등급의 물질로 구성되었을 때, 오라가 어떤 색조를 성취하였고 진동이 구체적인 비율과 정도에 도달하였을 때 그리고 그의 삶이 삼계에서 *오컬트적으로 소리내기* 시작할 때 (그 소리는 봉사의 삶을 통하여 들린다), 어느 특정한 대스승이 어떤 높은 진동을 적용하면서 그리고 그 진동에 대한 그의 반응을 조사함으로써 그를 테스트하기 시작한다. 대스승이 제자를 선택하는 것은 과거 카르마와 오래된 유대관계, 그들이 있는 광선 그리고 시대의 필요에 지배 받는다. 대스승의 작업은 (외적으로 현명하게 드러낼 만큼만) 다양하고 흥미로우며, 인간의 성질에 대한 과학적 이해에 바탕을 두고 있다. 대스승이 제자와 갖는 관계는 무엇인가? 주된 것을 열거함으로써 그분의 작업 범위에 대한 어떤 생각을 가질 수 있다:

- 그분은 제자가 지속적으로 높은 진동을 가지고 다닐 수 있을 때까지 그가 진동율을 올리는 것에 익숙하게 만들어야 하고, 그리고 그 높은 진동이 제자의 체에 안정적으로 될 때까지 그를 도와주어야 한다.
- 그분은 제자가 극성을 개성의 하위 세 개 원자에서 영적 삼개조 상위 원자로 이동시키는 것을 도와주어야 한다.
- 그분은 상위 마인드와 하위 마인드 사이의 통로를 만드는 동안, 제자가 이 통로(안타카라나)를 만들어 이용하는 동안, 제자가 성취한 작업을 지켜봐야 한다. 이 채널이 결국에는 상위와 하위의 소통 수단으로서 코잘체를 대체하게 된다. 코잘체 자체는 제자가 네 번째 입문을 받아서 자기자신의 현현체를 자유롭게 창조할 수 있을 때 결국에는 제거된다.
- 그분은 다양한 센터 활성화와 그것의 각성을 분명히 돕고, 나중에 제자가 이 센터들을 통하여 의식적으로 일하는 것을 도우며, 순환하는 불을 척추기저에서 머리 센터로 올바른 기하학적 순서로 가져가도록 돕는다.

- 그분은 다양한 계에서 제자의 작업을 감독하고 성취한 작업의 범위와 제자가 분명하게 발음한 그 말한 말의 광범위한 영향을 기록한다. 이것이 (오컬트적으로 표현하면) 제자의 외부 삶의 음이 내부 계에 미치는 영향이다.

- 그분은 제자의 의식을 다양한 방법으로 확장시키고, 인간 이외 다른 진동을 포함하여 접촉할 수 있게 그리고 인간 이외 다른 진화의 의식을 이해하고, 지구 영역 이외 다른 영역에서 쉽게 움직일 수 있는 그의 역량을 계발시킨다.

- 제자와 일할 때 그분의 당면 목표는 첫 번째 입문을 대비하여 제자를 준비시키는 것이다. 어떤 진동율을 특정 시간 동안 유지할 수 있는 제자의 역량이 계발될 때 이것이 일어나고, 시간의 길이는 제자가 첫 번째 두 번째 입문의 주 앞에 서있어야 하는 시간이다. 제자가 대스승 진동에 훨씬 쉽게 그리고 편안하게 진동할 수 있고, 그 진동을 점점 더 긴 시간 동안 유지할 수 있을 때까지, 몇몇 언급된 간격으로 진동을 점진적으로 상승시키고 나중에는 더 빈번하게 상승시킴으로써 이것이 성취된다. 이 기간 동안 (당연히 그 길이는 첫 번째 입문의 비밀 중에 하나이다) 그가 그것을 유지할 수 있을 때 그가 한층 더 높은 진동에 적용을 받고-- 유지할 때--입문 의식이 가능한 충분한 시간 동안 위대한 주 앞에 설 수 있게 해줄 것이다. 그러면 입문 봉을 적용함으로써 진동을 안정화시키고 섬세한 계의 높은 비율에 진동하는 과업에서 진보하는 것을 쉽게 만들어주는 어떤 일을 일으킨다.

- 그분은 제자가 그룹 대형으로 일할 수 있는 역량을 계발시킨다. 그분은 그분과 연결된 그룹에 미치는 제자의 작용과 상호작용을 연구한다. 그분은 제자의 코잘체와 그것의 확장 및 계발을 가지고 작업하고, 제자가 자신의 존재 법칙을 이해하도록 가르치며, 그 이해를 통하여 제자가 대우주를 이해하도록 해준다.

이제 대스승 작업의 이런 다양한 측면들을 (그리고 이것은 검토할 수 있는 몇 가지 요점에 불과하다) 상세히 다룰 수 있으며 독자에게 이해를 환하게 해줄 것이다. 위 모든 단락을 확장할 수 있으며 엄청 흥미로울 것이다. 그러나 여기서 내가 말하려는 주된 요점은 제자가 대스승과의 나중 단계인 가까운 친밀함 속으로 받아들여지기 전에 이 초기 단계의 작업과 관련 있다. 대스승은 이 기간 동안 제자와 함께 주로 다음과 같이 일한다:

가. 밤에 제자가 육체에서 나올 때.

나. 제자가 명상하는 동안.

명상의 성공에 따라서, 학생이 하위를 차단하고 상위를 접촉할 수 있는 능력에 따라서, 대스승의 관심이 필요한 과학적인 분명한 작업을 성공적으로 성취할 수 있는 기회가 대스승께 올 것이다. 그들의 스승께서 어떤 영향을 일으킬 수 있도록 해주는 올바른 조건을 학생들이 명상을 통하여 얼마나 드물게 제공하는지 깨닫는다면, 아마도 놀라서 낙담할 것이다. 학생이 이것을 빈번하게 할 수 있는 능력에 따라서 진보의 표시가 오고, 그를 또 다른 단계로 데려갈 수 있는 가능성이 오게 된다. 가르칠 때 이점을 강조하라.

왜냐하면 그것이 더 큰 부단한 노력과 응용을 하도록 동기부여하기 때문이다. 만약 학생 자신이 합당한 조건을 제공하지 않는다면, 대스승의 손이 묶이고 그분은 거의 아무것도 할 수 없다. *세워진 작업에 의식적으로 이해하는 적용을 하는 것과 함께, 자기 노력이 진보의 열쇠이다.* 그런 노력이 끈기 있게 이뤄질 때, 그때 대스승이 그분의 작업을 수행할 수 있는 기회가 오게 된다.

제자가 오컬트적으로 정확하게 명상함에 따라서 그는 하위 세 개 하위 체를 정렬시키고 그리고--반복해서 강조한다-- 정렬이 세워질 때만 대스승은 제자의 체를 가지고 일할 수 있다. 이 편지들을 출판함으로써 정확하게 명상하려는 욕망을 제외하고 다른 아무것도 일어나지 않게 만든다면, 대체적으로 목표가 성취되는 것이다. 그런 노력 속에서 제자와 대스승 사이의 올바른 조건과 올바른 내적 관계가 일어날 것이다. 명상은 올바르게 따를 때 이런 조건을 제공한다. 그것은 노력과 작업 영역을 준비시킨다.

대스승과 제자의 관계를 고려할 때 어제 열거된 다양한 기간을 간략하게 검토하자.

그가 견습과 감독 하에 있는 기간에… 그는 거의 전적으로 혼자 남겨지고 드물게 그리고 비정기적으로 대스승의 주의를 의식만 한다. 그의 육체 두뇌가 상위 접촉을 자주 수용하지 못하고, 그의 자아가 도의 길에 있는 그의 위치를 충분히 의식하더라도, 육체 두뇌가 아직은 아는 상태에 있지 않다. 그러나 이 점에 대하여 어떤 엄격한 규칙을 세울 수 없다. 그가 서너 생 동안 그의 자아 혹은 그의 대스승을 접촉해 왔을 때 그는 그것을 의식할 수 있게 된다. 개인마다 너무 많이 다르기 때문에 어떤 보편적인 규칙을 자세하게 세울 수 없다. 알고 있듯이, 대스승은 견습생에 대한 작은 이미지를 만들고, 그 이미지는 히말라야 어느 지하 센터에 저장된다. 그 이미지는 자성적으로 견습생과 연결되어 있고, 그의 성질의 모든 변동성을 보여준다. 그것이 감정 물질과 멘탈 물질로 구성되어 있기에 그것은 그 체들의 모든 진동으로 고동친다. 그것은 지배적인 색조를 보여주고, 그것을 연구함으로써 대스승께서 그가 이룬 진보를 빠르게 가늠할 수 있고 견습생이 언제 더 가까운 관계 속으로 받아들여질지 판단할 수 있다. 대스승은 그 이미지를 정해진 간격으로 보는 데, 시작 단계에서는 진보가 빠르지 않기 때문에 처음에는 드물게 보지만, 명상 학생이 더 쉽게 이해하고 더 의식적으로 협력하면서 점점 더 자주 보게된다. 대스승께서 그 이미지를 조사할 때 그것을 가지고 작업하고, 그것을 통해서 어떤 결과를 일으킨다. 나중에 입문봉이 입문자 체와 센터에 적용되듯이, 어떤 때에 대스승은 그 이미지에 어떤 접촉을 적용하고 그것을 통하여 제자의 체를 자극한다.

대스승이 그 이미지를 조사해서 필요한 진동율이 유지될 수 있고, 필요한 제거가 이루어졌으며, 어느 정도 깊은 색조를 얻었다고 보는 때가 온다. 그러면 그분은 위험을 (그것은 진짜 위험이다) 감수할 수 있고 견습생을 그분 자신 오라 주변으로 받아들인다. 그러면 그가 받아들여진 제자가 된다.

어떤 사람이 받아들여진 제자가 된 기간 동안에 대스승이 하는 작업은 매우 흥미롭다. 제자가 대스승 감독 하에 더 진보한 제자들이 진행하는 특별한 수업에 배정되고, 그가 아슈람에서 있는 더 큰 일반 수업에 여전히 참석할 수도 있지만 한층 더 강렬한 수련을 받는다……대스승은 초기 단계에서 네 가지 방식으로 일한다:

가. 때때로 그리고 제자의 진보가 정당할 때, 그분은 "그분 심장으로 제자를 모은다." 이것은 제자가 매우 흥미로운 경험을 받는 비의적인 진술이다. 아슈람에서 어떤 수업이 끝날 무렵에 혹은 제자가 어떤 진동율에 도달한 특히 성공적인 명상 동안, 대스승은 그를 그분 오라 주변에서 의식 중심으로 데려오면서, 그를 가까이 당긴다. 그분은 그에게 일시적인 엄청난 의식의 확장을 주며, 그가 비정상적인 비율로 진동할 수 있도록 해준다.

그래서 명상의 필요성이 있는 것이다. 그런 경험의 보상은 그 작업의 힘겨운 부분 어떤 것보다도 훨씬 중요하다.

나. 대스승은 색을 가지고 제자 체에 영향을 주고, 제자가 더 빠른 진보를 이룰 수 있는 결과를 그 체 속에서 일으킨다. 이제 그대는 왜 그렇게 색을 많이 강조하는지 알 것이다. 그것이 형태와 현현의 비밀을 가지고 있기 때문이고 (그 비밀은 오컬티스트에게 알려져 있다), 또한 대스승께서 그의 체들에 영향을 주는 데 제자가 의식적으로 협력해서 일어난 결과를 현명하게 따를 수 있도록 이렇게 강조하는 것이다. 이것을 숙고해 보라.

다. 정해진 간격으로 대스승은 제자를 데리고 그가 다른 진화들, 위대한 천사들과 데바들, 낮은 건설자들과 하위인간 진화들을 접촉할 수 있도록 해준다. 대스승 오라의 보호 효과를 통하여 제자가 안전하게 이것을 할 수 있다. 나중에 그 자신이 입문자가 될 때, 제자는 자신을 보호하는 방법과 그 자신이 접촉하는 방법을 배울 것이다.

라. 대스승은 제자 체 속에 있는 센터를 자극하고 내면의 불을 일깨우는 작업을 주재한다. 그분은 센터의 의미와 그것의 올바른 4 차원 회전을 제자에게 가르치고 시간 속에서 그분은 제자가 의식적으로 그리고 법칙에 대한 온전한 지식을 가지고 센터를 가지고 일할 수 있고 그것을 입문 봉으로 안전하게 자극시킬 수 있는 지점까지 데려갈 것이다. 이 주제에 대하여 더 제공은 아직 가능하지 않다.

대스승이 제자와 관련된 몇 가지를 가장 간략한 방식으로 다루었다. 제자의 나중 진보 단계를 다루지 않았다. 우리는 모두 점진적인 단계로 이끌리고, 심지어 받아들여진 제자도 드물다. 명상, 봉사 그리고 체들의 정화로, 지금 견습에 있는 사람이 더 빠른 진보로 이끌릴 수 있다면, 그러면 더 깊은 정보를 소통할 때가 올 것이다. 학생이 아직 사용할 수 없는 사실을 주는 것이 무슨 소용이 있겠는가? 우리는 우리가 돕고자 하는 사람에게 지적으로 흥미를 돋우는데 시간을 낭비하지 않는다. 제자가 자신을 준비하였을 때, 제자가 자신을 정화시켜서 적절하게 진동할 때, 어떤 것도 그로부터 모든 지식을 거둬들일 수 없다. 그가 문을 열고 통로를 넓혔을 때, 빛과 지식이 쏟아져 들어올 것이다.

내일 세 번째 요점인 명상을 통하여 대스승에게 접근하는 방법을 다룰 것이다; 접촉을 촉진할 어떤 유형의 명상을 약간 확장할 것이지만, 객관적 봉사의 삶이 주관적 성장과 병행해야 한다는 것을 잊지 마라; 이 둘을 함께 보고 확인될 때 접촉에 필요한 단계가 허락된다. 대스승은 그룹 혼에서 그가 유용하고 *도울* 수 있는 역량 관점에서 그런 사람에게만 관심이 있다.

1920년 9월 19일

오늘 마지막 두 가지 요점을 실질적으로 동시에 다룰 수 있다. 그것은 대스승에게 다가가는 접근 방법과 인간의 진화 삼계에서 객관적인 영향을 다루는 것이다. 어떤 점은 이미 잘 알려져 있다. 다른 것은 일반 학생에게 아직 익숙하지 않을 것이다……이 편지에서 우리는 학생 자신을 다루었고 그가 노력으로 무엇을 가져와야 하는지 다루었다; 우리는 또한 매우 간략하게 그의 목표와 성공을 성취할 수 있는 형태와 방법을 나타내었다. 우리는 또한 명상에 도움되는 것, 신성한 말씀, 색깔과 소리를 다루었고, (침묵 속에서 숙고한 후에) 학생이 혼자 힘으로 어떤 발견을 하게 이끄는 것을 나타내었다. 마지막으로 우리는 대스승과 그분의 실재를 학생에게 더 가까이 가져오려고 하였고 그래서 그분들에게 접근하는 방법을 촉진시키려고 한다.

이제 무엇이 남았는가? 이 편지에서 제시한 선에 자신의 삶을 순응시키려고 노력한 학생이 확신을 갖고 찾을 수 있는 다섯 가지를 나타내는 것이다. 만약 학생이 올바른 조건만 제공한다면, 만약 학생이 필요한 규칙에 순응한다면, 만약 그가 항상 규칙성을 목표로 한다면, 그가 높은 곳의 신비를 간직하는 저 내면의 집중과 차분함을 목표로 한다면, 그는 어떤 경우에 점점 더 빈번하게 어떤 분명한 깨달음에 깨어날 것이다 이 깨달음은 내면의 결과를 외적으로 인식한 것이고, 그가 올바른 길에 있다는 것을 그에게 보장하는 것이다. 그러나 이 결과는 오랜 기간 동안 실천하고, 고군분투하는 노력, 하위 삼중 인간을 부지런히 수련시키고, 세계에 바친 봉사 후에 성취된다는 것을 여기서 다시 지적하고자 한다.

접근 방법과 얻는 영향

접근 방법은 넓게 세 가지이고 이런 방법을 사용함으로써 결국에는 나타날 다섯 가지 영향을 보여줄 것이다. 이 세 가지 방법은 이렇다:
1. 축성화된 봉사.
2. 지혜를 통하여 드러나는 사랑.
3. 지성적 적용.

그것은 모두 세 가지이지만 하나의 똑같은 것을 표현하는 다양한 방법이다--사랑과 지혜를 통하여 인류를 위한 봉사 속에서 스스로 표현하는 활동적인 일점지향성. 그러나 어떤 개인은 이것을 한 가지 방식으로, 다른 사람은 다른 방식으로 표현한다; 어떤 사람은 외적으로 지성이 나타나고 다른 사람은 사랑이 나타나지만, 성취가 가능하기 전에 지성이 사랑에 바탕을 두어야 하며, 마인드가 제공하는 그 분별력과 멘탈 계발이 없는 사랑은 균형 잡히지 않고 현명하지도 않다. 사랑과 마인드의 만개한 꽃을 성취하기 전에 사랑과 마인드를 봉사로 표현해야 한다. 이 방법 하나씩 검토해보고 그에 따른 명상을 나타내어 보자:

1. 축성화된 봉사.

이것은 법칙을 사용하는 사람의 방법이고, 오컬티스트의 방법이며, 이 방법의 기초가 라자요가에 놓여 있다...

"축성화(sanctification)"라는 단어는 알고 있듯이 기본 의미에서 하나의 대상, 주(Lord), 혹은 통치자에게 모든 것을 완전히 맡기는 것을 나타낸다. 그것은 헌신자가 열망하는 그 하나에 전적으로 주는 것을 의미한다. 그것은 당면한 일에 삼중 인간 전체를 바치는 것을 의미한다. 그러므로 그것은 전체 시간과 자아를 각각의 체를 자아에게 복종시키는 데 적용되고, 각각의 계와 하위계를 완전히 숙달하는 것을 수반한다. 그것은 단 한 가지 목표--빛의 하이어라키의 계획을 촉진시키는 것--를 가지고 그 계와 하위계에서 보이는 신성한 생명 형태와 각각의 진화를 이해하는 것을 수반한다. 따르는 방법은 여러 체를 완성시켜서 봉사에 적합한 도구로 만드는 작업에 가장 강렬하게 적용하는 것이다. 그것은 아마도 사람이 걸어갈 수 있는 가장 힘든 길이다. 그것은 삶의 어느 부문도 건드리지 않은 채 남겨두지 않는다. 모든 것이 법칙 하에 온다. 그러므로 명상에서 명상 형태는 삼중구조가 될 것이다:

가. 육체를 지배하는 법칙을 공부하고 숙고할 것이다. 육체를 엄격히 규율시키는 속에서 이런 숙고가 어떤 표현을 찾을 것이다. 그것은 전적으로 봉사를 위하여 따로 떼어둘 것이고, 결과적으로 그것을 더 빨리 조율시키고 계발시킬 어떤 과정을 따르게 될 것이다.

나. 감정체를 과학적으로 공부할 것이고 (오컬트적으로 이해된) 물의 법칙이 이해될 것이다. "더 이상 바다가 없을 것이다"라는 용어의 의미가 알려질 것이고, 폭풍과 격정의 바다가 유리 바다로 대체될 것이며, 이것은 상위 직관을 직접 반사하고, 물결 없이 움직이지 않은 채 그것을 완전히 정확하게 반영할 것이다. 감정체가 봉사를 위하여 전적으로 따로 놓일 것이고, 삼중 소우주 속에서 그 위치가 대우주 속에 있는 그것에 상응하는 것으로 간주될 것이다. 반면에 그것이 삼중 하위 성질 속에 있는 유일한 완전한 단위라는 오컬트 의미가 이해될 것이고, 어떤 결과를 일으키기 위하여 그 사실이 이용될 것이다. 이것에 대하여 숙고하라.

다. 사물의 계획 속에서 하위 마인드의 위치가 연구될 것이고, 분별력의 특질이 계발될 것이다. 분별력과 불은 오컬트적으로 연결되어 있고 마치 로고스가 유형이 무엇이건 모든 인간의 작업을 불로 시도하듯이, 마찬가지로 소우주도 작은 규모로 같은 것을 해야 한다. 마치 로고스가 다섯 번째 라운드에 심판과 분리의 이것을 가장 중요하게 하듯이, 마찬가지로 소우주도 작은 규모로 그의 진화 마지막이자 다섯 번째 기간이자 마지막에 똑같은 것을 한다--이것은 이 편지 앞에서 다뤄졌고 설명되었다. 마인드의 모든 힘이 진화 계획을 촉진시키기 위하여 최대로 사용될 것이다; 먼저 인간 자신의 계발 속에서, 그리고 나서 그가 자신이 표현하는 특별한 작업 영역 속에서, 그리고 그가 인류의 안내자이자 봉사자를 구성하기 때문에, 마지막으로 인류의 다른 단위들과의 관계 속에서.

그러므로 그것의 통합을 그대는 보는가? 먼저 오컬티스트의 표시인 부단히 분투하는 일점지향성이 상위로부터 감정체 거울 속에 반사된 사랑-지혜와 합쳐지고, 그리고 사랑과 지혜로 생명이 불어넣어진 일점지향 노력을 통하여 지성이 자아의 종으로 행동하게 된다. 결과는 진정한 요기(Yogi)이다.

여기서 진정한 요기는 명상의 정해진 시간과 형태를 마땅히 수행한 후에, 그 명상을 매일매일 일상 속에서 합쳐서, 결국에는 하루 종일 명상 태도 속에 있는 사람이라는 것을 지적하고자 한다. 명상은 상위 의식을 접촉하는 수단이다. 그 접촉이 지속적으로 될 때, 그대가 아는 명상이 대체된다. 이 첫 번째 방법에서 오컬트 학생은 주변에서 중심으로, 객관에서 주관으로, 형태에서 형태 속에 있는 생명으로 작업하며 들어간다. 그러므로 라자요가에 있는 육체에 대한 강조와 그것을 현명하게 통제 함으로서 오컬티스트는 육체의 본질적 중요성과 그가 자신을 표현하고 인류에 봉사하는 바로 그 육체와 분리된 모든 지식의 무용성을 깨닫는다. 이것은 첫 번째 광선 그리고 그것과 연결된 혹은 보완 광선의 선이다.

2. 사랑과 지혜.

이 방법은 인간의 아들에게 최소 저항의 선이다. 그것은 유사한 진동의 통합 광선의 하위 광선으로, 우리 태양계가 그것의 객관적 현현이다. 그러나 이 선을 따르는 명상 학생이 성취한 사랑은 자주 말하는 감정 개념이 아니라는 것을 지적하고자 한다. 그것은 어떤 한계를 보지 않고, 어떤 잘못도 인정하지 않는, 그런 비분별적인 사랑이 아니다. 그것은 살아 있는 만물에 자신을 무분별한 태도로 표현하고 고치려고 하지 않는 그런 사랑이 아니다. 그것은 모두를 휩쓸어 적합하건 적합하지 않건 봉사 속으로 데리고 들어가서 계발 지점에서 어떤 차이를 인식하지 않는 그런 사랑이 아니다. 사랑으로 부르는 많은 것이--논리적으로 따르면--얼핏 보기에 진화 사다리가 필요 없고, 모두를 똑같은 가치로 정렬시킨다. 잠재적으로 모두가 그렇지만, 봉사라는 현재 관점에서 모두가 그렇지 않다.

진정한 사랑과 지혜는 어떤 형태의 부족함을 완전히 명확하게 보고, 내재하는 생명이 구속에서 해방을 얻도록 돕는데 모든 노력을 기울인다. 그것은 도움이 필요한 사람과 관심이 필요하지 않은 사람을 현명하게 인식한다. 그것은 정확하게 듣고, 가슴의 생각을 보며 세계 현장에 있는 일꾼들을 하나의 전체로 언제나 합치려고 한다.

이것을 맹목적으로 성취하는 것이 아니라, 반대되는 진동을 분리하고 그들을 다양한 위치에 놓는 분별력과 지혜로 성취한다. (현재 진화 위치에 따라서 인간이 해석한) 사랑으로 부르는 것이 너무 많이 강조되어 왔으며, 봉사 속에서 자신을 표현하는 사랑인 지혜가 충분히 강조되지 않았다. 그 봉사는 오컬트 법칙, 시간의 중요성 그리고 성취된 지점을 인정한다.

이것이 두 번째 광선의 선이고 그것과 연결된 보완 광선의 선이다. 나중에 그것은 모든 것을 포함하는 광선이 되며, 용매이자 흡수자가 된다. 그것의 통합적 중요성 때문에, 라자요가의 길이나 기독교 그노시스 길에서 통합되면서 어느 하나를 따를 수 있다.

3. 지성적 적용.

여기서 순서가 뒤집어지고 빈번하게 멘탈체에 극화된 학생은 그 마인드를 통해서 다른 둘을 이해하고, 지배하며 통제하여 삼중 인간 속에 내재한 그 힘을 최대한 사용하는 것을 배워야 한다. 여기서 그 방법이 어떤 면에서 그렇게 어렵지 않지만, 진정한 진보를 이룰 수 있기 전에 다섯 번째 원리의 한계를 넘어서야 한다. 이 한계는 대체적으로 결정화이고 그대가 자만이라고 부르는 것이다. 지성의 적용을 통하여 진보하는 학생이 생명을 불어넣는 원인으로서 사랑과 지혜를 갖고 인류에 봉사할 수 있기 전에 이 둘이 다 부서져야만 한다.

그는 감정의 가치를 배워야 하고, 그렇게 배우는 속에서 오컬트적으로 이해되는 불이 물에 미치는 영향을 숙달해야 한다. 그는 그 계의 비밀을 배워야 하고, 그 비밀이 (알려질 때) 삼개조로부터 코잘체를 거쳐서 아스트랄체로 깨달음의 폭우라는 열쇠를 그에게 준다. 그것은 또한 네 번째 에텔계 열쇠를 가지고 있다. 이것은 아직 그대가 이해하지 못할 것이지만, 위의 힌트가 학생에게 많은 가치를 가지고 있다.

이것이 세 번째 광선과 네 가지 하위광선의 선이고, 하위 세계에서 엄청난 활동, 빈번한 전이 그리고 많은 멘탈 표현의 하나이다.

지성적 적용으로 진보하는 학생이 다섯 번째 계의 비밀을 배웠을 때만, 축성화된 봉사의 삶을 살 것이고, 그렇게 세 광선을 합칠 것이다. 항상 통합을 성취해야 하지만, 항상 근본 색의 톤은 남아 있게 된다. 다음 다섯 번째 라운드에서 이 방법의 가장 거대한 발휘를 보여줄 것이다. 그것은 지고한 멘탈 계발 라운드가 될 것이고, 진화하는 모나드를 지금까지 꿈도 꾸지 못했던 정상으로 데려갈 것이다.

이번 라운드는 두 번째 방법, 사랑 혹은 지혜를 통한 방법의 정점이 될 것이다. 그것은 네 번째 라운드로, 감정체가 높은 진동 지점에 도달하고, 조화의 네 번째 계 사이에, 감정체 혹은 네 번째 원리, 사중체, 넷째 근원인종 혹은 아스트랄체를 조정시킨 아틀란티스인 사이에 직접 연결선이 있다. 이 편지에서 생각을 위한 음식을 주고 있다.

삼계에서 명상의 다섯 가지 영향

1920년 9월 21일

오늘은 명상을 하는 학생이 놓인 과정을 제대로 따른다면 그가 의식하게 될 하위 계에 있는 세 가지 체에 미치는 다섯 가지 영향을 다룰 것이다.

이 영향은 더 위대한 사랑 혹은 영성 혹은 봉사 역량처럼 관찰하는 세계에서 구체적으로 삶 속에 있는 영향이 아니다. 오늘 꺼내려는 것은 학생이 어느 정도 필요한 작업을 *다 하였으며* 어느 정도 바라는 목적을 성취하고 있다는 학생의 *육체 두뇌 의식* 속에 있는 표시들이다. 이것을 분명하게 명심하라. 명상의 오컬트 법칙을 성공적으로 따름으로써 성취되는 많고 다양한 결과를 명확히 하려는 것이 아니다. 여기서 그 문제의 한 면만을 다루며, 그리고 우리의 당면한 주제인 대스승에게 접근하는 선을 따라서 어떤 결과를 육체 두뇌 의식 속에서 깨닫는 것을 다루는 것이다.

이것은 우리 주제를 학생이 육체 두뇌 속에서 어떤 특정한 대스승과 대스승들을 의식적으로 인식하는 주제로 좁혀진다. 이런 인식은 도의 길에서 그의 위치, 입문에 근접하거나 먼 것과는 대체로 관련이 없다. 어떤 진보한 자아들이 이 문제에서 일하고 있을 수 있고, 그들이 대스승과 가까이 있다는 것을 증명하는 구체적인 사실을 육체 두뇌로 가져올 수 없는 채로 그들 대스승과 진실로 가깝게 있을 수 있다. 어떤 사람은 다른 사람보다 초기 단계에서 이런 지식을 달성한다. 그것은 사용하는 체의 유형과 이전 생에서 행했던 작업에 달려 있고, 결과적으로 내면의 인간의 합당한 대표자인 육체를 만들게 된다. 종종 그가 물질계보다 내면 계에서 훨씬 더 위대한 역량과 성취를 이루기도 한다. 대부분의 진실한 많은 일꾼이 특히 이번 세기에 부적합한 체를 소유함으로써 나쁜 카르마를 풀어가고 있다. 근면, 응용, 많은 노력 그리고 정해진 규칙을 오랫동안 인내하고 따름으로써, 학생이 어떤 기대하지 못한 사건, 어떤 깨달음(빛) 혹은 이전에는 알려지지 않았던 것을 보는 것을--바로 육체 두뇌 속에서--갑자기 의식하는 때가 온다. 그것은 순간적으로 놀랍지만 너무 실재적이고 중요한 것으로 아무리 많은 양의 반증도 그가 *보았고*, 접촉했으며, 느낀 지식을 빼앗아 갈 수 없다.

자주 말했듯이, 여기서 폭넓게 일반화하는 것 이상 가능하지 않다. 진화하는 과정에 있는 600 억 혼이 다른 혼과는 완전히 다른 생의 어떤 주기를 따르면서 선택할 수 있는 광범위한 영역을 제공하고, 어느 하나의 경험도 다른 경험과 똑같은 것이 없다. 그러나 비교적으로 말해서 열거하는 것을 정당화할 수 있는 빈번하게 일어나는 (가능한 많은 길 중에서) 다섯 가지 길이 있다고 일반적으로 세울 수 있다. 모든 것이 암시되었지만, 이미 제시된 정보를 어느 정도 확장할 수 있다.

1. 대스승과 심장의 동굴 속에서 자아를 보는 것. 알고 있듯이, 에텔 심장 원 속에서 자기자신과 대스승을--4 분의 1 인치 크기로--시각화하라고 학생은 종종 듣는다. 그는

명상이 끝날 무렵에 에텔 심장을 그리고 그 속에서 그가 이끌리는 대스승과 자신의 미세한 형태를 만들라고 듣는다. 그는 상상과 사랑의 노력의 도움으로 마땅히 정교한 정성을 들여서 이것을 계속 진행하고 매일 그 형상에 영향을 주며, 그것이 그에게 매우 실재적으로 되어서 그것을 만들고 형성하는 것이 그의 명상 형태의 자동적인 일부분으로 된다. 그러면 (점성 조건이 적합하고 달이 만월로 다가갈 때) 그가 *그의 두뇌 속에서* 이 형상이 그가 생각하는 작은 꼭두각시가 아니라 그 형상으로 자기자신을 나타내고, 글자 그대로 그가 대스승 앞에 진실로 서 있다는 것을 의식하게 되는 날이 온다. 이것이 처음에는 드물게 일어나고, 그 사실에 대한 의식이 짧은 몇 초 동안 간직된다; 진보가 진전될수록, 그의 성질과 봉사의 모든 부문이 계발되면서, 그 경험이 더 빈번하게 올 것이고, 장기간 동안 그것이 영향을 주어서 제자가 그 형상을 만들었던 대스승과 이런 방식으로 쉽게 연결할 수 있는 때가 올 것이다.

무엇이 일어났는가? 제자는 세 가지를 하는 데 성공하였다:
1. 자신과 심장 속에 있는 그 형상을 동일시하고 대스승을 열망하는 것.
2. (그가 의식을 집중하려고 노력하는) 심장 센터와 그것에 상응하는 머리 센터 사이의 분명한 채널을 만드는 것. 알고 있듯이, 체 속에 있는 일곱 센터 각각은 머리 속에 그것의 상응 부분이 있다. 센터와 머리 속에 있는 그 상응 부분과 연결하는 속에서 깨달음이 온다. 이것--본보기로--을 학생이 성취한 것이다. 그가 심장과 그것의 머리 센터를 연결한 것이다.

3. 그가 위의 두 가지를 성취하였을 뿐만 아니라 그것이 필요하게 된 그 상위 진동에 반응 할 수 있고 그래서 일어난 것을 정확하게 기록할 수 있는 특정 머리 센터와 소통하는 육체 두뇌 부분을 정화시킨 것이다.

2. 진동의 인식. 이 예에서 방법이 똑같지 않다. 학생이 명상에서 가장 강렬한 열망 동안 어떤 독특한 진동 혹은 감흥을 머리 속에서 의식하게 된다. 그것은 세 부분 중에 어느 하나일 수 있다:

가. 척추 꼭대기.

나. 앞이마.

다. 정수리.

여기서 심령 기능이 계발될 때와 연결관계가 있지만, 그것에서 오는 감흥을 말하는 것이 아니라, 위대한 분들 중에 어느 한 분과 접촉에서 수반되는 분명한 진동을 말하는 것이다. 학생은 먼저 머리 속에서 파문 혹은 움직임 형태를 띠는 순간적으로 고양되는 느낌을 의식한다. 처음에는 어떤 불편함이 있을 수 있다. 앞이마에서 느끼면 눈물이 나오게 될 수 있고, 척추 꼭대기나 두개골 밑에서 느끼면 들뜬 기분과 심지어 현기증이 있을 수 있으며, 정수리에서 느끼면 제한하는 두개골이 제한하는 것처럼 충만감과 확장감이 있을 수 있다. 이것이 점점 더 약해진다. 이것은 모두 어떤 대스승과 접촉으로 처음 일어나며 일시적이다. 시간이 가면서 학생은 이 진동을 인식하게 되고 그것을 어떤 특정한 위대한 분과 연계시키게 된다. 왜냐하면 대스승은 그분 제자에게 구체적인 방식으로 인상을 주는 나름대로의 진동을 가지고 있기 때문이다. 이런 접촉 방법으로 종종 향기가 수반된다. 시간이 지나면서 학생은 자신의 진동을 어느 높이까지 올리는 방법을 배운다. 이것을 하고 나면 그는 대스승이 대답하는 진동 혹은 향기를 감지할 때까지 그 진동을 꾸준히 유지하게 된다. 그리고 나서 그는 그의 의식을 대스승 의식과 최대한 합치려고 하고, 대스승의 의지를 확인하려고 하며, 대스승이 소통하는 것이 무엇인지 이해하려고 한다. 시간이 지나면서 그리고 학생의 반응이 커가면서, 대스승이 그의 관심을 끌거나 그에게 승인 신호를 보낼 것이다 (예를 들면 그의 머리 속에서 이런 진동을 일으킴으로써)….

1920년 9월 23일

… 이제 우리는 심장의 동굴 속에서 대스승과의 접촉과 그분의 진동을 인식하는 두 가지를 다루었고 세 번째 요점이 남았다. 여전히 진실한 학생이 그의 육체 두뇌 속에서 그의 대스승을 접촉하였다는 것을 의식하는 (많은 방법에서) 세 가지 다른 방법이 있다.

3. 대스승 아슈람 기억과 거기서 받은 수업을 육체 두뇌 의식 속으로 가져오는 것. 학생이 명상을 꾸준히 계속하고, 자신을 올바른 진동 속으로 던질 수 있는 능숙함을 증가시키면서, 그를 대스승께 곧바로 이끄는 (이렇게 부를 수 있을지 모르지만) 오솔길을 만든다. 이것은 글자 그대로 사실을 진술한 것이다. 좋은 일은 때가 되면 정해진 기간에 대스승과 함께 있을 수 있는 권리를 얻게 해준다. 이것은

인류를 위한 적극적인 봉사와 함께 명상에서 훌륭한 작업을 하는 것이 수반한다. 이런 기간이 처음에는 드물지만 진보를 이루면서 점점 더 빈번하게 온다. 그러면 그는 깨어나면서 기억을 통하여 이런 접촉을 인식하게 될 것이다. 그는 대스승 방을 볼 것이고 수업에서 동료를 기억할 것이다. 그는 그의 대스승이 말씀한 어떤 문장을 기억할 것이고, 암시된 작업 혹은 충고에 대한 기억을 가져올 것이다. 이것이 제자가 명상에서 쌓은 능력을 통하여 대스승에 다가가는 데 성공하고 있다는 것을 제자에게 나타내는 방법들 중에 하나이다.

4. 어느 정도 코잘 의식을 성취함. 이것은 제자가 어느 정도 그분들 세계로 들어갈 수 있는 힘을 (아마도 적은 정도지만 분명히 인식된) 계발시켰다는 것을 나타낸다. 추상적 사고와 관조의 기능, 시공의 제한을 넘어설 수 있는 힘이 자아체의 힘이고, 모든 자아 그룹이 어느 한 분의 대스승에 통제되듯이, 자아 의식의 계발은 (의식적으로 인식될 때) 접촉과 접근을 나타낸다. 많은 혼이 그들 자아를 무의식적으로 접촉하고, 일시적으로 자아 의식의 섬광을 경험하지만, 학생이 자신을 의식적으로 높일 수 있을 때, 그가 신중하게 그의 진동을 강화시키고, 그의 극성을 자아체 속으로 짧은 순간이라도 이동시킬 수 있을 때, 그때 그는 그 짧은 순간 동안 그의 그룹 대스승의 높이에 맞춰서 진동하고 있다는 것을 알 수 있다. 그는 접촉하였다. 그는 처음에는 육체 두뇌 속에서 그 접촉의 세부사항을 기억하지 못할 수 있고, 대스승 모습이나 그분 말씀을 인식하지 못할 수도 있지만, 의식적으로 규칙에

순응하였고 높은 곳의 침묵 속으로 들어갔기 때문에, 법칙이 언제나 작용하며, 그는 접촉을 한 것이다. 어떤 제자들은 내면계에서 그들 대스승을 친밀하게 알고 그분 지도 아래 일하지만, 그들이 법칙을 이해하고 명상에서 계발된 힘을 통하여 그 접근 채널을 주도 면밀하게 만들 수 있기 전에 많은 생이 지나갈 수도 있을 것이다.

시간이 가면서 이런 접촉 능력이 증가하여 학생이 대스승의 의지가 무엇인지 언제든지 찾을 수 있고 그분 심장에 접근할 수 있는 그런 지점에 도달할 때가 온다.

5. 소리를 통하여 열망자가 성공을 인식한다. 이 다섯 번째 방법은 보통 방법이 아니지만 어떤 성질을 가진 사람에게 알려져 있다. 그는 보통 명상 형태를 따른다. 그는 하루하루 인내하면서 삼계에서 해야 할 일을 철저히 한다. 그는 계속해서 그의 진동을 올리고 필요한 노력 속에서 열망하면서, 모든 내적 노력을 사랑하는 봉사의 외부 삶에 연결시킨다. 어느 명상에서 그가 음악 소리를 갑자기 인식하게 될 것이며, 그것이 머리 속에서 울리는 것처럼 보이거나 그의 심장에서 나오는 것처럼 보인다. 그 소리는 신성한 말씀을 소리 냄으로써 나오지 않을 것이며, 신성한 말씀을 어떤 높이로 소리 낼 때 자아로부터 음악 같은 반응이 올 수도 있지만, 그것은 명상의 절정 혹은 결과로서 올 것이고, 그 음의 소리가 센터 속에서 너무 뚜렷하게 진동해서 결코 잊여지지 않을 것이다. 그것은 성공의 표시이다. 대스승을 접촉한 것이고 그 자신의 자아의 소리를 냄으로써 반응한 것이다. 이것이 그룹의 신비를

향한 미래 열망자에 반응하는 문지기 관습의 기초이다. 작업이 적절하게 되었을 때, 열망자는 자아를 불러낼 그 소리를 내려고 노력하면서 자기자신의 높이 혹은 톤으로 입장하는 말을 소리 낼 것이다. 문지기가 반응해서 똑같은 낭랑한 톤으로 대답을 소리 낼 것이며, 그렇게 소리의 힘을 통하여, 그 사람과 다가오는 의례(세레모니)에 대하여 대스승과 연결시킨다. 이것이 그룹의 구성원 각각을-- 자기자신의 노력과 문지기라는 세 번째 인자를 통하여-- 대스승과 공명하게 만든다. 때가 되면 이것이 더 충분하게 이해될 것이고 들어가는 사람과 문지방(경계선)을 지키는 사람 사이에 울려 퍼지는 톤을 유지하려는 노력이 이루어질 것이다. 완전하게 성취하였을 때 (지금은 불가능한 것이다) 그것은 완전한 보호막을 구성한다. 자아의 대형(구성)과 특정 대스승에 따라서 그룹이 형성될 것이다. 그룹의 음이 입구를 지키는 사람에게 알려질 것이고, 그 음을 높은 옥타브로 혹은 낮은 옥파브로 소리 내는 사람은 누구도 들어올 수 없을 것이다. 이것이 내면의 영적 계발을 위하여 바쳐진 그룹에 적용되고, 대스승과 연결된 제자 혹은 학생 혹은 견습생이 있는 대스승의 작업과 직접적으로 관련 있는 그룹에 적용된다. 다양한 단위와 서로 다른 광선 그리고 대스승들 밑에 있는 다른 그룹도 나중에 드러날 다른 방법으로 그들의 문을 지킬 것이다.

명상에서 학생이 내면의 음악 소리를 들을 때, 그는 그것을 기록하려고 노력해야 하며, 그것을 인식하고 사용하는 능력을 배양하려고 노력해야 한다. 그 소리가 예기치 않은 것이고 붙잡기에는 너무 짧아서, 처음에는 이것이 쉽지 않다. 그러나 시간이 지나가면서, 그리고 학생이 비슷한 반응을 얻는데 다시 성공할 때, 그는 그 방법을 찾기 시작할 수 있고 그 진동을 일으킨 원인을 주시해야 한다

앞에서 말했듯이, 학생이 접근하는 길에서 성공을 인식하는 방법은 많이 있다. 이런 많은 방법 중에서 위에서는 다섯 가지만 제시되었다. 나중에 학교가 조직되어 물질계 의식 속에서 어느 대스승께서 주시할 때, 접촉의 방법과 시간이 기록될 것이고 이런 방식으로 많은 지식이 쌓일 것이다. 결론적으로 반응을 불러일으키는 것은 항상 제자의 일이어야 하며, 그 반응 시간은 제자의 일의 진실성과 그의 봉사의 봉헌과 카르마 채무에 달려있다는 것을 지적하고자 한다. 그가 어떤 반응을 받을 만할 때 그의 별에서 나타날 것이고, 아무것도 지체시키거나 막을 수 없을 것이다. 마찬가지로 아무것도 재촉할 수 없어서, 학생은 반응이 없다는 것에 우울하게 숙고하는 데 시간을 낭비할 필요가 없다. 그의 역할은 규칙을 따르고, 정해진 형태에 순응하며, 제시된 지침을 숙고하고 현명하게 고수하며, 명확하게 일하고 그의 동료에게 열심히 봉사하는 것이다. 그가 이것을 모두 다 하였을 때, 그가 진동하는 필요한 재료를 하위 세 가지 체 속에 세웠을 때, 그가 그것을 자아체와 (심지어 짧은 순간이더라도) 정렬하였을 때, 갑자기 그가 볼 수 있고, 갑자기 들을 수 있으며, 갑자기 어떤 진동을 감지할 수 있고, 그러면 믿음이 시야 속으로 합쳐지고 열망이 인식으로 되었다고 영원히 말할 수 있다.

편지 9 - 미래 명상 학교

1. 하나의 근본 학교.
2. 국가 지부들.
3. 위치, 구성원 그리고 학교 건물.
4. 성적과 학급.

1920년 9월 26일

오늘은 오컬트 명상 편지의 또 다른 부분, 즉 "미래 명상 학교"를 다루는 부분이다. 이 편지에서는 다른 편지에서 나타낸 수련과 계발이 어떻게 적용될지 보여주려고 어느 정도 시도할 것이고, 미래 언젠가 무엇이 가능하고 실재할 것인지 그리고 무엇이 아직은 접근가능 할 수 없는지 지적하면서, 어느 정도 예언을 다룰 것이다. 항상 높은 이상을 갖는 것이 필요하고, 인간의 마인드는 언제나 어떤 정해진 목표를 향해서 널뛴다. 여기서 공상하는 불가능처럼 보이는 것을 그린다면, 그것은 그런 이상을 간직하고, 인류에게 최고의 노력을 할 가치가 있는 어떤 목표를 제시하려는 것뿐이다.

서언

잠시 동안 멈춰서 미래 활동을 위하여 (말하자면) 정지 작업이 되는 현재에 대한 어떤 명제를 세워보자.

명상의 가치가 모든 곳에서 인정되고 있다. 집중과 멘탈 계발 방법을 가르치는 학교가 일간지 신문에서 공통적으로 광고되고 있다.

아직은 진정한 명상이 거의 이해되지 못하였다. 집중은 미래 작업의 토대를 세우는 시금석에 불과하다.

아직은 주로 두 가지 원인 때문에 미래 구조를 세울 수가 없다:

가. 현재 시점에서 코잘 수준과 코잘 의식을 성취하지 못하는 마인드의 내재적인 무능력.

나. 진정한 명상의 목표인 진정한 과학적 계발을 가르칠 수 있고 그런 능력을 가진 대스승이 개인적으로 없다는 것.

현재 세계의 혼란스러운 조건이 매개체를 과학적으로 계발시키고 수련을 받아들이는 데 충분한 장애가 된다.

여기서 이 전제를 시작점으로 놓았다. 어느 개인들이 여기 저기서 목표를 성취하고, 어떤 사람들이 오컬트 명상 체계를 숙달해서 바라는 진보를 이룬다는 것을 부인할 수 없지만, 그들은 소수에 불과하고 동시에 화신해 있는 광대한 수의 인류와 비교하면 그 수가 보잘것없다. 그들은 오랜 세월의 노력으로 성취하고, 이전 생에서 도의 길을 걸었거나 입문의 문 근처까지 다가갔기 때문이다. 그러나 심지어 오늘날 지성을 가진 보통 사람들도--예를 들면 서구 문명의 산물--오컬트 수련을 받기에 아직 준비가

안되었다. 경험과 전반적인 진화 과정의 촉진을 통해서 얼마나 빨리 밀어붙여서 수련을 심화시키는 것이 안전한지 보기 위하여 실험 대상이 되는 사람들은 알지 못하지만 지금 그런 실험이 진행되고 있다. 많은 문명 국가에 있는 사람들이 감독(지도) 하에 있고, 그들을 자극하고 강렬하게 만드는 방법이 적용되고 있어서 인류를 위한 미래 노력의 안내서 역할을 할 수도 있는 방대한 양의 정보가 위대한 분들의 지식으로 올 것이다. 특히 미국, 오스트레일리아, 인도, 러시아, 스코틀랜드 그리고 그리스에 있는 사람을 다루고 있다. 벨기에, 스웨덴 그리고 오스트리아에 있는 몇몇 사람도 관찰 대상이며, 기대했던 반응이 있다면, 그들은 더 심오한 확장의 핵을 구성할 것이다.

미래 명상 학교

이 문제를 다룰 때, 보통 하듯이, 주제를 서로 다른 제목으로 나눌 수 있다:

1. 하나의 근본 학교.
2. 국가 지부들.
3. 위치, 구성원 그리고 학교 건물.
4. 성적과 학급.

지금 내가 제공하는 모든 것이 잠정적인 계획의 일부분이며, 상위 마인드 진화를 촉진시키고, 내면의 신의 힘을 통하여 인간의 체들을 통제하는 것을 염두에 두고 있다는 사실을 단연코 지적하고자 한다. 이 계획은 인간의 멘탈 계발이 감정적 균형상태 및 육체 도구와 불균형으로 증가하고 있는 세계가 외치는 필요성을 고려하여 세워졌다. 지식의 빠른 진보, 매우 가난한 사람들 환경 속으로 많은 마인드의 산물을 가져온 교육 체계의 전파, 미국 혹은 다른 앵글로 색슨 인종 국가에서 모든 사람이 읽고 쓸 수 있는 능력이 위대한 분들이 대면하는 매우 실재적인 (기대하지 않은) 문제의 원인이었다.

멘탈 계발이 감정의 안정과 강하고 건강한 육체가 병행될 때 모두의 목표가 된다. 그러나 지금은 불안정한 아스트랄체와 허약하고 영양 부족으로 열악하게 키워진 육체와 병행된 멘탈 계발이 이뤄지고 있다. 그래서 장애, 균형 부족, 시야가 흐리고 어울리지 않는 토론이 있는 것이다. 하위 마인드가 목적을 위한 수단이자 사용할 무기가 되는 대신에 직관의 작용을 막고 추상 마인드를 차단하는 통치자이자 폭군으로 되어 가고 있다.

따라서 대스승들은 성취할 수만 있다면 인간 자신의 도구를 통하여 하위 마인드의 활용을 염두에 둔 어떤 운동을 목표로 삼는다. 이런 목표를 가지고 그분들은 이 학교를 (처음에는 작고 눈에 띄지 않게) 시작해서 모든 곳에 있는 인간이 다음 네 가지 근본적인 것을 의식하도록, 들어오고 있는 의식(의례)의 법칙 혹은 조직화 광선과 위대한 주(Great Lord)의 도래 후 혹은 동시 기간을 이용할 계획이다:

가. *멘탈 측면에서* 인간의 진화 역사.
나. 대우주와 소우주의 칠중 구조.
다. 인간의 존재를 지배하는 법칙들.
라. 오컬트 계발 방법.

시작이 이미 이루어졌다……현재 현존하는 다양한 학교를 통하여……이 모든 것이 계획의 시작이다. 그것들이 확고히 자리잡을 때, 그것들이 부드럽게 그리고 대중의 인식을 받을 때, 그리고 세계가 그것들과 그것들의 주관적 강조점으로 어느 정도 채색될 때, 그것들이 주변 환경에 인상을 만드는 학자와 일꾼, 정치가와 과학자 그리고 교육계 리더들을 만들어낼 때, 그때 아마도 진정한 오컬트 학교를 외부 형태로 설립하기 위한 때가 올 것이다. 그것이 의미하는 것은 이전 학교와 대학이 작업을 만족스럽게 한다면 주관적인 것이 진실한 실재이고 하위가 상위로 가는 디딤돌이라는 것을 세상 사람에게 보여주게 된다는 것이다. 이 주관적 실재가 보편적으로 받아들여지면 대중적으로 인식될 일련의 내부 학교를 설립하는 것이 허용될 것이다. 이것이 비밀의 비의 부문을 항상 가질 필요성을 없애지는 못할 것이다. 왜냐하면 비입문자에게 위험한 의미의 어떤 진리와 사실이 항상 있을 것이기 때문이다; 그러나 내가 지적하려는 것은 신비의식이 결국에는 보편적 목표와 목적 그리고 보편적 인식의 사실로서 받아들여질 것이라는 점이다. 신비의식을 대비하여 전문가 지도 하에서 초심자가 분명하게 수련시키는 학교에 준비되어 들어갈 것이다.

그런 학교가 이전에 존재하여 왔고 거대한 수레바퀴가 돌면서 그것이 다시 현현할 것이다.

언제인지 그대가 물을 것이다. 그것은 인류 자체와 그 계획 초기에 신념과 열망을 가지고 일하는 그대들 모두에게 달려 있다.

H.P.B.가 이 특정한 작은 주기에서 (그럼에도 불구하고 다섯 번째 원리의 개화인 다섯 번째 근원인종의 결과이기에 상대적으로 중요한 것이다) 첫 번째 학교의 초석을 놓았다. 이것이 쐐기돌이다. 앞에서 말했듯이 다양한 학교를 설립하는 작업이 진행되고 있으며, 멘탈 사이언스도 그 위치를 가진다. 만약 지금 오컬트 수련을 받는 사람 각자가 당면한 작업에 온 힘을 쏟고 모든 노력을 다한다면 그것은 바라는 대로 앞으로 나갈 것이다. 만약 가능한 모든 것을 다하였다면, 위대한 주께서 대스승들과 함께 오실 때, 그 작업이 한층 더 심오한 힘을 받을 것이고, 점진적으로 확장하고 성장하여 세계 속에 있는 하나의 힘이 될 것이다. 그러면 입문을 대비하여 사람들을 분명히 수련시키는 오컬트 학교의 날이 올 것이다.

1920년 9월 27일

오늘 우리는 첫 번째 요점을 다룰 것이다. 토대를 제대로 세울 때만 상부구조가 요구조건에 부합할 것이기 때문이다.

1. 하나의 근본 학교

그러므로 종파가 무엇이건, 오컬티즘의 기본 학교는 행성의 신성한 센터인 *샴발라*에 뿌리를 두고 있는 학교라는 사실을 강조하는 것이 매우 필수적이다. 그곳에 지상에 있는 가르침 광선의 최고 표현인--거의 인식되지 않은--한 분의 입문주재자 시선 하에, 하이어라키의 교육 수련 작업의 중심 사무소라고 부를 수 있는 것이 보인다. 거기서 다양한 노력을 직접 책임지고 있는, 그리고 제자를 받은 대스승들과 다양한 오컬트 학교 수장들이 직접 보고할 의무가 있는, 초한이 보일 것이다. 모든 것이 법칙과 질서 하에서 진행된다.

여기서 강조할 필요가 있는 한 가지 요점은 빛의 형제단(Brotherhood of Light)은 히말라야 대스승들로 대표되고 모든 곳에 다른 대표자를 가지고 있으며 모두가 적절하고 적합한 감독 하에서 구체적인 작업을 수행한다는 것이다. 신지학자들은 그들만이 지혜 종교의 보관소라고 생각하는 경향이 있다. 사실은 그렇지 않다. 현재 특정한 순간에 (다섯 번째 아인종에게 기회 제공과 계발이라는 목표를 가지고) 히말라야 형제단이 힘과 빛 그리고 노력의 주된 통로이다. 그러나 다른 인종과의 작업이 동시에 진행되고 수많은 다른 프로젝트 모두가 샴발라에 있는 중앙 사무소에서 발산하는 것으로 히말라야 작업과 병행하고 있다. 이것을 분명하게 명심하라. 왜냐하면 그 점이 중요하기 때문이다. 히말라야 학교와 롯지가 주로 서구와 관련되는 하나이고 서구에 있는 오컬트 학생들의 작업과 산물을 통제하는 *예외 없는 유일한 학교*이다. 그것은 어떤 경쟁이나 제자들과 동시 작업을 용인하지 않는다. 그것은 교사를 위해서가 아니라 제자들의 안전을 보장하기 위해서 그렇다. 오컬트 학생의 길에는 위험이 도사리고 있고 히말라야 초인들은 제자들이 그들의 단합된 오라 속에 머무르고 다른 학교로 방황하지 않는다면 그들을 어떻게 보호할지 적절하게 알고 있다. 모든 진실한 오컬트 학교는 그들 제자에게 이것을 요구하고, 모든 진실한 대스승들은 그들 제자들이 그들의 오컬트 가르침을 받으면서 동시에 다른 오컬트 가르침을 받는 것을 자제할 것을 기대한다. 그들은 이렇게 말하지 않는다: "우리 방법이 유일하게 옳고 진실한 방법이다." 그들은 이렇게 말한다: "우리에게 가르침을 받을 때 다른 학교나 다른 대스승의 오컬트 수련을 받는 것을 자제하는 것이 안전선이자 지혜의 일부분이다." 제자가 원한다면 그는 다른 학교나 교사를 아주 자유롭게 찾아갈 수 있지만, 그는 먼저 과거와의 그의 연결관계를 끊어야 한다.

하나의 근본 학교는 어떤 두드러진 특징으로 알아볼 수 있다:

● 다음 명제에서 구체화되어 가르친 진리의 기본 성격으로.
가. 모든 생명의 통일성.
나. 인간 속에서 인식되는 것처럼 등급으로 나눠진 계발 단계와, 등급이 있는 그 학과 과정에 의해서, 우리가 완성이라고 부르는 그것에 도달할 때까지 의식의 한 가지 확장에서 다른 확장으로 이끈다.

다. 소우주와 대우주 사이의 관계와 그것의 칠중 적용.

라. 이런 계발 방법과 모든 현현의 주기성 및 인과의 기본 법칙에 대한 연구로 드러난 대우주 속에서 소우주의 위치.

● 소우주 속에 내재하는 모든 기능의 계발을 위한 토대로서 인격 형성과 영적 계발에 둔 강조에 의해서.

● 예외 없이 관련된 모든 제자들에게 요구되는, 내면의 개화와 계발의 삶이 외적 봉사의 삶과 병행되어야 한다는 요구조건에 의해서.

● 주어진 수련의 결과인 단계적인 의식의 확장에 의해서; 이것들이 그를 한 단계 한 단계 이끌어서 그의 상위자아, 대스승, 자아 그룹, 첫 번째 입문자, 한 분의 최고 입문자를 접촉할 때까지 가며, 그의 광선의 주와 "하늘에 계신 아버지" 가슴 속으로 들어갈 때까지 이끈다.

이것이 하나의 진실한 근본 학교를 묘사하는 두드러진 특징이다.

이 근본 학교는 세 개 주요 지부와 형성되는 과정에 있는 네 번째 지부를 가지고 있고 이것이 네 번째 라운드에 네 개 지부를 구성할 것이다. 이 지부들은 다음과 같다:

1. 히말라야 너머 지부.

2. 남인도 지부. (이것은 아리안 지부들이다)
3. 네 번째 근원 인종과 일하고 두 분 네 번째 근원 인종 초인이 수장으로 있는 지부.
4. 형성되는 과정에 있는 지부는 서구에 그 본부를 가질 것이지만 어떤 곳인지 아직 드러나지 않았다. 그것은 다가오는 여섯 번째 근원 인종과 연결된 사람을 가르치는 주된 목적을 가지고 있다.

이 지부들은 서로 긴밀하게 연결되고 상호 연결될 것이며 *샴발라*에 있는 초한의 통제 하에서 모두 집중점이 될 것이다. 네 개 지부 수장은 서로 빈번하게 소통하여 하나의 거대한 대학의 교수단과 유사하며, 네 개 학교는 재단의 다양한 주요 부문으로 부속 대학과 같다. 모두의 목표는 인종의 진화이고, 모두의 목적은 모두를 한 분의 입문주재자 앞에 서는 지점까지 이끄는 것이며, 이용되는 방법은 다루는 인종과 유형의 인종적 특이성과 어떤 학교는 어느 한 광선과 탁월하게 일하고 다른 학교는 다른 광선에서 그렇게 한다는 사실 때문에 세부 사항에서는 다양하지만 근본적으로 똑같다.

- 히말라야 너머 학교에는 여러분이 아는 초인들과 이름이 알려지지 않은 다른 초인들이 있다.

- 남인도 학교는 데바 진화와 특별한 작업을 하며, 아리안 인종 두 번째 세 번째 아인종과 작업을 한다.

- 히말라야 학교는 첫째, 넷째 그리고 다섯째 아인종과 일한다.

- 네 번째 아인종 지부가 그 인종 마누와 교사의 광선에 있는 그의 형제 밑에서 일한다. 그들 본부는 중국에 있다.

- 대스승 R 과 영국 대스승 한 분이 대스승 힐라리온 도움을 받아서 네 번째 지부를 점진적으로 설립하는 것과 관계하고 있다. 제시된 이 사실을 깊이 숙고하라. 왜냐하면 그 의미가 심오하게 중요하기 때문이다.

내일은 미래를 다룰 것이다. 오늘은 현재 현현 속에 있는 사실을 제공하였다.

1920 년 9 월 28 일

오늘 두 번째 요점을 검토하고, 그것을 자세히 설명하면서 예언 영역으로 들어갈 것이다. 미래 존재할 것으로 암시하는 것이 세부사항에서는 항상 예견대로 이루어지지 않을 수 있다는 것을 지적하고자 한다. 그러나 그대 앞에 일반적인 큰 계획을 개략적으로 세워보고자 한다. 미래에 이루어지는 것은 인종의 사고자들의 직관 혹은 높은 지각과 기회를 잡아서 운명을 성취하기 위하여 화신하는 지바들 능력에 달려 있을 것이다.

어제는 하나의 근본 학교와 네 가지 지부를 다루었다. 오늘은 다음을 다룰 것이다:

2. 한 학교의 국가 지부

먼저 세계에 있는 모든 나라가 오컬트 학교를 갖지 않는다는 것을 지적하고자 한다. 국가 그룹의 코잘체가 어떤 진동율에 도달할 때만 이런 학교를 설립하여 여는 것이 가능할 것이다. 국가의 교육 작업이 어느 정도 높은 수준에 도달하였을 때만 국가의 멘탈 도구가 한층 더 심오한 확장의 디딤돌로 사용되고, 그것을 오컬트 학교의 토대로 사용하는 것이 가능할 것이다. 그리고 이상하게도 (세 가지 예외를 제외하고) 신비의식을 위한 수련 학교를 원래 가졌던 국가만이 초기 단계에 국가 학교를 갖는 것이 허락될 것이다. 예외는 다음과 같다:

1. 영국.
2. 캐나다와 미국.
3. 오스트레일리아.

그리고 심지어 이 예외도 오스트레일리아 경우만 하나의 예외로 여겨진다. 왜냐하면 다른 두 개는 초기 대륙의 일부분을 형성하였을 때 아틀란티스 시대에 오컬트 토대를 가지고 있었기 때문이다. 수레바퀴가 회전하면서, 지구 자체도 윤회한다; 결국 유사한 진동으로 일어날 씨앗을 가진 채, 장소들이 프랄라야로 들어가서 현현으로 출현하며, 비슷한 표현 방식과 비슷한 *형태를* 다시 존재하게 만든다.

나중에 오컬트 학교가 설립될 때, 그것은 과거의 자성의 일부가 아직 남아 있는 곳에 위치할 것이며, 어떤 경우에는 바로 이런 목적을 고려하여 형제단이 어떤 오래된 부적을 지켜온 곳에 위치할 것이다.

하나의 오컬트 토대를 가진 네 개 중심 부분 중에 하나와 연결된 지부가 다음 국가에서 보일 것이다:

1. *이집트.* 이것은 나중에 설립될 학교들 중에 하나가 될 것이고 심오하게 오컬트적이며 내면의 등급과 직접 소통하는 진보한 학교가 될 것이다. 이것을 나중에 다룰 것이다.

2. *미국*은 중서부 남쪽 어딘가에 예비학교가 있을 것이고, 캘리포니아에 있는 대규모 오컬트 대학이 나중에 드러날 장소에 있을 것이다. 이 학교는 위대한 주께서 지구에서 생활을 시작할 때 처음 시작된 학교 중 하나가 될 것이고, 다음 5 년 동안 학생들이 해야 할 작업을 올바로 이해한다면 그 씨앗이 뿌려질 것이다.

3. 라틴 국가에도 아마 *이탈리아*나 *남프랑스*에 하나가 있을 것이지만, 많은 것이 다음 10 년간의 정치와 교육 작업에 달려 있다.

4. *영국.* 스코틀랜드나 웨일즈에 있는 자성화된 지역 하나에서, 오컬트 수련을 위한 지부가 곧 시작될 것이며, 토대를 세워서 더 초기 학급의 학과 과정을 포괄할

것이다. 몇 년 동안 있으면서 그 수련의 효과를 증명한 후에 그리고 문제가 많은 아일랜드가 그 내부 문제를 조정한 후에, 더 진보한 학급을 위한 학교 그리고 신비의식을 분명하게 준비하기 위한 학교가 아일랜드에서 발견될 자성화된 지역 중 한 곳에서 시작될 것이다. 이 학교는 분명하게 주요 입문을 준비하기 위한 학교가 될 것이고, 보디삿트바 주시 하에 두 번째 광선에서 제자가 입문을 준비하는 학교가 될 것이다. *이집트*에 있는 첫 번째 학교는 서구에서 첫째 광선에서 입문을 받는 사람을 위한 학교가 될 것이다.

마하초한 선 혹은 세 번째 광선에서 입문을 받는 사람은 이탈리아에 있는 상급 오컬트 학교에서 입문을 받을 것이다. 이렇게 서구가 세 가지 접근 방법에 따라서 활동적인 가르침을 받을 수 있는 센터를 갖게 될 것이고, 그것은 내면의 신비에 대한 준비를 제공하게 될 것이다.

5. 도의 길을 찾는 독일 인종과 북부 인종을 위하여, *스웨덴*에서도 예비학교가 세워질 것이다. 그리고 어느 기간 동안 잔존할 때 그때는 *러시아*가 스웨덴에 있는 예비학교와 연결된 더 상급학교 본부를 수용할 위치에 있게 될 것이다. 이집트의 상급학교와 연결된 *시리아*나 *그리스*에 있는 예비학교가 될 것이다.

그러므로 계획대로 다음 학교가 있을 것이고, 준비 작업과 초기 학급을 보게 될 학교들이 시간 순서상 먼저 있게 될 것이며, 지금 세우는 과정에 있거나, 위대한 분의 도래

바로 이전 기간 동안에 세워진다는 것을 명심해야 한다. 다른 학교를 세우는 것은 분명히 그분과 대스승들 작업의 결과가 될 것이고, 이전 노력의 성공에 대한 그분들 결정에 달려 있을 것이다.

예비 학교		*상급 학교*
1. 그리스 혹은 시리아	----	이집트
2. 미국 중서부	----	캘리포니아
3. 남 프랑스	----	이탈리아
4. 스코틀랜드 혹은 웨일즈	----	아일랜드
5. 스웨덴	----	러시아
6. 뉴질랜드	----	오스트레일리아

네 번째 근원인종의 진보한 자아들을 위하여 예비학교가 계획되고 있다. 이것은 네 번째 인종의 마누 밑에 있을 것이고 일본에 위치할 것이며, 가장 비의적인 지부가 *중국* 서부에 있을 것이다. 이것이 개략적으로 그린 학교 그룹에서 일곱 번째가 된다.

남아프리카나 남아메리카에 지부를 갖는 것이 아직 의도되지 않는다. 아직은 그들의 때가 아니지만, 다음 주기에 올 것이다.

이제 이 학교들이 작은 시작을 할 것이며 처음에는 주목할만한 것이 없는 중요하지 않은 것처럼 보이는 방식으로 시작된다는 것을 여러분이 주목하길 바란다. 신지학 운동의 비의부문이나 다른 학교처럼, 서로 다른 오컬트 학교 구성원들과 함께 시작될 것이다. 영국, 미국 그리고 오스트레일리아에서 작업이 이미 설립 과정에 있으며, 스웨덴에서는 곧 착수될 것이다. 다른 곳들도 약간 훗날에 따라올 것이다.

더 많은 열망을 갖고 공부하며 더 활발하게 적용하면서 일하는 여러분 모두에게 동기부여로서 이만큼의 계획이 출판으로 허락되었다. 각자 그리고 모두 필요한 작업을 다하여 자격을 갖춘다면 계획 속에서 자신의 위치를 차지할 것이다. 그 작업을 이렇다:

- 각자 내면에 있는 신성을 인식하려는 노력. 이런 식으로 모든 오컬트 수련에서 필수인 진정한 오컬트 복종이 조성되고 계발될 것이며, 그것은 너무 자주 보이는 개성에 바탕을 둔 것이 아닌, 어느 대스승에 대한 본능적 인식, 그리고 그분의 지식의 심오함, 그분의 삶과 목표의 순수성 그리고 그분 권능을 알아보는데서 오는 기꺼이 따르려는 것에 토대를 두고 있다.
- 명확하게 하는데 다른 사람의 말에 의존하지 않고, 혼자 분명하게 그리고 그룹 용어로 생각하려는 노력.
- 모든 체를 정화하고 세련되게 만들어서 그것들을 한층 더 신뢰할 수 있는 종으로 만들려는 노력.
- 멘탈 매개체를 철저히 준비시켜서 확장된 지식이 토대를 두는 사실을 그 속에 저장하려는 노력.

이것이 된다면 기회의 날이 엄청날 것이다.

1920 년 10 월 2 일

그대 자신을 엄격히 수련시키는 데서 결국에는 완성이 온다. 제자가 착수하기에 작은 일이란 아무것도 없다. 왜냐하면 하위 세계 삶의 세부사항을 엄격하게 조정하는 데서, 결국에는 목표의 성취가 오기 때문이다. 대문에 가까이 오면서 제자의 삶은 점점 더 쉽지 않게 되며, 언제나 경계가 더 철저해야 하고, 언제나 결과를 생각하지 않고 올바른 행동을 해야 하며, 언제나 세부사항의 총합으로 각각의 체와 싸워서 복종시켜야 한다. "그대 자신을 알아라" 라는 금언을 완전하게 이해함으로써만 그가 법칙을 사용해서 체계의 내적 작동이 중심에서 주변으로 일어나는 것을 알 수 있게 해주는 그런 이해가 오게 될 것이다. 싸워라, 정진하라, 수련하라 그리고 뒤 따르는 사람들의 독설과 오해를 제외한 어떤 보상 없이 기쁘게 봉사하라-- 이것이 제자의 역할이다.

오늘은 세 번째 요점을 다룰 것이다.

3. 오컬트 학교의 위치, 구성원 그리고 건물

여기서 이 문제에 대하여 내가 말할 수 있는 많은 것이 이해할 수 있는 능력 부족으로 말하지 않은 채 남겨둔다는 것을 여러분에게 상기시키고자 한다. 어떤 근사치의 규칙을 세울 수 있고, 결국에는 이루어질 어떤 근본적인 제시를 할 수 있다. 나는 반드시 지켜야만 하는 규칙을 정할 수 없다. 그것은 오컬트 법칙이 아니다. 예비학교와 상급학교 두 가지 오컬트 학교를 설립하는데, 하나의 근본 오컬티즘 학교의 네 지부 중 어느 하나 아래에서 정해진 다른 센터에서, 그 작업이 눈에 띄지 않게 시작될 것이고, 필요한 시작을 하는 것이 제자들과 진보한 자아들이 스스로 방법, 장소 그리고 방식을 찾아야만 한다. 모든 것이 노력과 실험이라는 용광로 속에서 이루어져야 하고, 지불한 가격이 클 것이지만, 이렇게 이루어진 것만이 심화 작업의 토대가 될 핵 혹은 잔여 부분을 제공한다. 실수는 중요하지 않다; 덧없는 개성만이 고통 받는다. 중요한 것은 열망의 부족, 시도하지 않는 무능 그리고 실패가 가르쳐주는 교훈을 배우지 않는 무역량이다. 실패가 가치 있는 교훈으로 여겨질 때, 실패를 재앙을 피하는 경고 신호로 볼 때, 그리고 제자가 헛된 좌절과 불필요한 자기 비하로 시간을 잃어버리지 않을 때, 그러면 인류를 지켜보는 교사들은 자아가 하위계에 매번 표현을 통하여 하려는 작업이 바라는 대로 진전되고 있으며, 필연적으로 성공할 것을 안다. 위에서 열거한 주제의 세부 내용 각각을 다룰 것이다.

위치.

이것은 매우 중요한 실제 문제지만 예비학교 혹은 상급학교를 설립하는 상황의 필요에 따라서 다르다. 일반적으로 말해서 (국가적 요구사항이 많이 다양하다), 예비학교는 거대한 도시나 센터에서 적당히 떨어진 곳에 위치할 것이며, 반면에 진보한 학생을 위한 학교는 더 고립되고, 쉽게 접근할 수 없는 곳에 위치할 것이다.

잠시 동안 이것을 자세히 검토해보자. 초심자가 배워야 하는 근본적인 것들 중에 하나는 주위 환경과 관계없이 그리고 주위 환경에도 불구하고 자신 속에서 그의 센터를 찾는 것이다. 그가 더 진보한 학급으로 넘어가서 두 번째 학교에서 일할 수 있기 전에 그 센터를 상당한 정도로 찾아야만 한다. 예비학교는 무엇보다도 하위 삼중인간의 계발과 봉사 속에서 그를 수련시키는 것에 집중한다. 상급학교는 분명히 입문을 준비시키고, 오컬트 지식, 우주 진리의 제시, 제자의 추상적 계발 그리고 코잘 수준에서의 작업과 관련 있다. 전자는 세계와 접촉을 통하여 사람들 세계 속에서 가장 잘 성취될 수 있다; 후자는 비교적 고립된 환경과 방해로부터 자유로운 환경을 필연적으로 요구한다. 그것을 이렇게 표현할 수 있다: 예비학교는 내면의 신의 왕국을 다루고, 상급학교는 그 수련을 외부 신의 왕국을 포함하는 것으로 확장한다. 그러므로 예비학교는 일하는 인간의 아들들 가운데 위치해서, 봉사와 고군분투 속에서, 그들과 연계된 그의 반응과 상호작용으로, 제자가 자신을 아는 것을 배울 수 있다. 상급학교는 이런 것을 어느 정도 숙달한 학생들을 위한 것이고, 다른 진화와 우주에 대하여 더 배울 준비가 된 사람을 위한 것이다. 사람이 어느 정도 자기자신의 숙달자가 될 때까지, 그는 데바 진화 혹은 천사 진화와 안전하게 일할 수가 없다. 준비학교에서 그는 이런 숙달을 배운다; 더 상급학교에서 그가 인간 이외 다른 진화를 접촉하는 것을 신뢰할 수 있다. 이 두 학교 모든 학급에서 기본 가르침은 명상이다. 왜 그런가? 왜냐하면 오컬트 학교에서, 정보나 분명한 가르침 혹은 많은 사실이 결코 주어지지 않고, 외부에서 사용하는 교과서 방법이 언제나 이용되지 않기 때문이다. 전체 목표는 필요한 지식을 학생 스스로 찾는 길에다 학생을 놓는 것이다. 어떻게? 명상을 통한 직관을 계발시킴으로써, 그리고 삼개조의 지혜가 코잘체를 거쳐서 육체 두뇌로 쏟아져 내리도록 하는 정도의 멘탈 통제를 성취함으로써. 그러므로 준비학교에서는 마인드와 관련된 명상에 강조를 둘 것이고, 이 책에서 구체화된 가르침이 적용될 것이다. 이것은 많고 다양한 인간 접촉이 이루어지고, 인간 세계의 구체적인 지식을 쉽게 이용 가능한 (음악, 도서관 그리고 강연) 환경을 필요로 한다. 왜냐하면 진정한 오컬트 수련을 준비하는 데 학생의 아스트랄과 멘탈 준비를 갖추게 하는 것이 첫 번째 고려사항들 중에 하나가 될 것이기 때문이다. 이것이 어느 정도 성취되었을 때, 그리고 투시력을 가진 학교 교장이 하위 오라 알의 완성이 원하는 지점에 다가간다고 볼 때, 그때 그 학생은 더 상급학교로 넘어갈 것이며, 그의 안정적인 센터로부터 우주 센터를 접촉하는 방법을 배울 것이고, 자신 속에 있는 그 지점으로부터 그의 의식을 확장하여 그것이 태양계 주변을 접촉하고 살고 있는--오컬트 의미에서 살고 있는--모든 것을 품을 때까지 의식을 확장하는 것을 배울 것이다. 이것은 수련 기간 동안 비교적 격리된 곳을 필요로 하며, 상급학교가 이것을 제공할 것이다. 그러므로 준비학교는 거대한 도시 근처에, 결코 도시 속이 아니라, 되도록이면 바다 근처나 거대한 물 근처에 위치하게 될 것이다; 그것은 도시 속에 있는 학습 센터 경계에 있을 것이고 쉽게 접근 가능할 것이다. 상급학교는 지구의 번잡한 장소에서 멀리 떨어진 곳에 있을 것이며 되도록이면 산악 지역에 위치할 것이다. 왜냐하면 산은 오컬티스트에게 직접 영향을 주고 산의 지배적인 특징이자 또한 오컬티스트의 특징이 되어야만 하는 그런 강인함과 확고부동함의 특질을 그에게 주기 때문이다. 준비학교 근처에 있는 바다 혹은 넓은 물은 그의 지배적인 작업이 정화라는 것을 꾸준히 상기시켜 줄 것이고, 반면에 산은 상급 학생들에게 우주적 강인함을 주입시켜줄 것이고 그가 곧 걸어가는 것이 목표인 입문의 산에 대한 생각을 그 앞에 꾸준히 간직하게 해 줄 것이다.

내일은 그 학교의 구성원과 교사 그리고 건물 유형이라는 중요한 인자를 다룰 것이다.

학교 구성원

1920 년 10 월 7 일

오늘 우리는 "미래 명상 학교"에 대한 편지의 세 번째 요점 부분인 *학교 구성원*을 다룰 것이다.

이 용어는 감독하는 사람과 감독 하에 있는 사람을 포함하고, 그 주제가 필연적으로 광범위하다. 이 편지 앞 부분에서 말했듯이, 학교가 어디에 위치하건 두 부분이 될 것이다:

가. 오컬트 가르침에서 초급 학급을 위한 그리고 되도록이면 거대한 중심 도시 근처와 어느 정도 거대한 물 근처에 위치한 준비학교.

나. 분명히 입문의 길을 준비시키고, 학생을 오컬트 지식으로 수련시키는, 나중 학급을 위한 상급학교.

뒤에 볼 것이지만, 학과 과정이 다르듯이 두 학교 구성원들이 필연적으로 서로 다를 것이다. 각각 학교 유형을 별개로 다룰 것이고, 가르치는 사람과 가르침 받는 사람 속에서 찾아야 하는 어떤 근본적인 것을 놓을 것이다.

오컬트 예비학교.

이것은--외부 세계에서 볼 때--보통 대학과 그렇게 많이 다르지 않은 것처럼 보인다. 차이점이 있지만, 세상 사람들은 그 차이점을 처음에는 알아차리지 못할 것이며, 그 차이점이 학생들에게 주는 학교 수업에서 그리고 내면 세계에서 나타날 것이다. 교사에 관한 기본적인 것은 다음과 같다:

- 학교 교장은 받아들여진 제자가 될 것이다; 어느 특정한 학교 작업 뒤에 있는 대스승이 그 제자를 통하여 집중한 그 학교 의식에 항상 접근할 수 있도록 하는 것이 필수적이다. 이 교장이 학생들과 대스승 사이 소통의 매개체이자 그분의 힘이 그들에게로 흐르게 하는 집중점으로서 역할을 할 수 있을 것이다. 그는 밤에 아스트랄계에서 의식적으로 활동할 수 있어야 하고 그 지식을 육체 두뇌로 가져올 수 있어야만 한다; 왜냐하면 그의 작업의 일부분이 아스트랄계에서 학생들과 관련 있을 것이며, 특화된 작업을 위하여 어떤 간격으로

학생들을 대스승의 아슈람으로 안내하는 것이기 때문이다. 그는 이런 의식적인 활동 속에서 학생들을 수련시켜야 할 것이다.

- 그 밑에서 여섯 명의 교사가 일할 것이고, 최소 한 명은 의식적인 투시가로, 학생의 오라 계발에 관한 정보로 교장을 도와줄 수 있어야 한다; 그는 학생들의 매개체의 색깔과 확장을 가늠할 수 있어야 하며, 그 매개체들을 확장하고 조율하는 작업에서 교장과 협력할 수 있어야 한다. 이 교사들은 견습의 길에 있어야 하고 진화를 돕는 작업에 실질로 헌신하며 어느 한 대스승의 봉사에 헌신해야 한다. 그들은 서로를 보완하고 보강하도록 신중하게 선택되어야 하며 그렇게 될 것이고, 물질계에서 오컬트 원형의 작은 복사판을 보여주는 축소판 하이어라키를 학교에서 형성할 것이다. 그들의 작업이 대체적으로 학생의 하위 마인드를 계발시켜서 그것을 상위 의식과 연결시키는 것이기 때문에, 그리고 그들 노력의 집중점이 코잘체 속에 빠르게 구축하는 것이기에, 그들은 배움의 전당의 지식에 기반을 둔 채, 세계 대학의 수련된 교사들과 경쟁할 수 있고 가르칠 수 있는, 지식이 깊고 박식한 사람이 될 것이다.

- 모든 학교에서 이렇게 수련된 일곱 남성 교사의 작업이 세 명의 여성 교사의 도움을 받을 것이며, 이들은 가르칠 수 있는 역량, 직관적 계발과 그들이 학생들 삶에 가져올 영적 헌신적 접촉을 위하여 선택된다. 이 열명의 교사들이 상위 사이키즘을 계발시키고, 오컬트 지식과 과학의 기초를 획득하는 것을 감독할 때, 학생들에게 중요한 필수 사항의 기초를 가르치는 작업이

맡겨질 것이다. 이 열명은 심오한 명상을 하는 학생이어야 하고, 이 책에서 가르친 오컬트 명상의 기초를 학생에게 가르칠 수 있고 감독할 수 있어야 한다. 그들이 오컬트 사실을 전해줄 것이고 미래 입문자의 분명한 실천 주제가 되는--상급학교에서--기초 법칙도 전해줄 것이다. 텔레파시 연습, 코잘 소통, 수면 시간 동안 시도한 작업의 회상 그리고 어떤 멘탈 과정을 통한 과거 생의 기억 회복이 그들이 가르칠 것이다--그들 자신은 이 예술에 전문가이다.

- 여기서 볼 것이지만, 이 교사들 모두는 삼중 인간의 내적 계발과 분명한 수련에 헌신하게 될 것이다.

- 그들 밑에서 학생의 삶의 다른 부문을 감독하는 다른 다양한 교사들이 일할 것이다. 전문 교사들이 외부 과학을 가르치고 실습시킬 것이고, 하위 마인드가 가능한 한 많이 계발될 것이며, 균형 있는 발전과 학생에게 맞는 명상의 적성을 돌보는 다른 열명의 교사들이 감독할 것이다.

- 이 모든 것과 함께 모든 학생 각자에게 엄격하게 요구되는 세계-봉사의 삶이 있을 것이다. 이 봉사의 삶이 신중하게 주시되고 기록될 것이다. 여기서 주목할 한 가지는 이것에는 어떤 강제가 없다는 것이다. 학생은 그에게서 기대되는 것이 무엇인지 그리고 그가 더 상급학교로 가고자 한다면 무엇을 해야 하는 지 알 것이다. 그리고 (학생의 매개체의 상태, 그의 진보와 봉사할 수 있는 역량을 기록하는) 학교의 차트들은 학생이 조사할 수 있도록 그에게만 이용 가능할 것이다. 그는 그가 어디에 서있는지, 무엇을 해야만 하는지,

남은 것이 무엇인지 분명히 알 것이며, 그 작업을 가장 긴밀한 협조로 돕는 것이 그에게 달려 있다. 학생을 학교에 입학시킬 때 어느 정도의 신중함을 기할 것이고, 이것이 나중에 흥미 없는 학생 혹은 능력 없는 학생을 내보낼 필요성을 없애줄 것이다. 그러나 이것은 나중에 점수와 학급을 다룰 때 다루게 될 것이다.

- 그러므로 받아들여진 제자인 교장을 포함하여, 세 명의 여성과 일곱 명의 남성으로 구성된, 열명의 감독 교사가 있을 것이다. 그들 밑에서 주로 하위 마인드를 다루고 학생의 감정체, 육체 그리고 멘탈체를 준비시켜서, 그가 상급학교에서 제공하는 가르침의 혜택을 받을 상태에서 상급학교로 넘어가는 것을 주로 다룰 교사들이 일할 것이다. 여기서 나는 이상을 계획하였고, 결국에는 그렇게 되길 희망하는 학교를 그렸다는 것을 지적하고자 한다. 그러나 모든 오컬트 계발에서 그렇듯이, 시작은 작고 겉으로 보기에 중요하지 않을 것이다. 내일은 학생의 입학과 상급학교 구성원을 지배하는 규칙을 다룰 것이다.

상급학교 구성원

1920 년 10 월 16 일

오늘은 상급학교 구성원, 예비학교와 상급학교 입학 규칙을 다룰 것이다. 이 후자가 대체로 전문적이 될 것이다.

여기서 강조하고자 하는 첫째 요점은 이런 상급학교는 수적으로 적을 것이고, 앞으로 오랫동안 그럴 것이며, 그 구성원도 그에 맞추어 적을 것이다. 학교 수장에는 항상 첫째 혹은 둘째 등급의 입문자가 있을 것이고, 그 학교의 목표는 학생에게 첫 번째 입문을 준비시키는 것이다. 이것은 필연적으로 입문자 교장을 필요로 한다. 학교를 책임지는 대승이 이 입문자 교장을 분명히 임명할 것이고, 그가--학교 영역 안에서--유일한 심판자이자 최고 수장이다. 오컬트 수련의 위험이 너무 커서 사소한 것이 허락될 여지가 없으며, 교장이 요구하는 것은 반드시 따라야 한다. *그러나* 이런 복종은 강제가 아니라 자발적으로 될 것이다. 왜냐하면 학생 각자가 그 필요성을 깨달을 것이고 영적 인식에서 복종할 것이기 때문이다. 앞에서 말했듯이, 서로 다른 오컬트 학교는 실질적으로 *광선의 학교*가 될 것이고, 구성원이 되는 교사는 어느 광선 혹은 보완 광선에 있으며, 학생과 같은 광선 혹은 보완 광선에 있는 사람으로 될 것이다. 예를 들면, 만약 학교가 두 번째 광선의 학교라면--아일랜드에 있는 학교가 그렇게 될 것처럼--두 번째, 네 번째 그리고 여섯 번째 광선에 있는 교사와 학생이 보일 것이다. 모든 오컬티즘 학교에서 최소한 한 명의 다섯 번째 광선 교사가 보일 것이다. 만약 첫 번째 광선 학교라면, 구성원과 학생이 첫 번째, 세 번째 그리고 일곱 번째 광선이 될 것이고, 다른 사람 중에 한 명의 다섯 번째 광선 교사가 있을 것이다.

입문자 교장 밑에 받아들여진 제자 두 명의 다른 교사가 있을 것이며, 그들 밑에서 모든 학생은 예비학교를 지나가서 모든 하위 학년을 졸업해야 한다. 아마도 이 세 명이 전체 교수진을 구성할 것이다. 왜냐하면 그들 밑에 있는 학생도 상대적으로 수가 적고 교사의 작업도 가르치기보다 감독하는 것이기 때문이다. 왜냐하면 오컬티스트는 항상 *비의적으로 스스로 가르치기* 때문이다.

내면의 계에서 이 세 명이 많은 작업을 할 것이고, 그들은 학생과 교실에 있기 보다 그들 자신의 방에서 격리한 채 일할 것이다. 학생은 혼자 일할 준비가 되어 있고 입문의 문으로 혼자 가는 길을 찾을 준비가--되어 있다고 추정된다--되어 있다. 교사의 작업은 자문하는 것이고, 교사가 강요한 것이 아닌 학생 자신이 *주도적으로 시작한* 일을 감독하고 질문에 답하기 위하여 교사를 언제든지 만날 수 있을 것이다. 진동을 자극하고, 체들을 정렬시키며, 내면의 계에서 작업을 감독하고, 오컬트 방법으로 위험으로부터 보호한 채, 힘이 쏟아져 들어오게 하는 것이 부분적으로 교사의 일이며, 거기에다 명확하고 힘든 명상을 감독하는 것이 추가된다. 간헐적으로 교사는 학생을 대스승에게 데려가서, 그들이 다른 등급의 제자도로 가는 것에 대하여 자문하며, 학생의 봉사 삶의 특질에 대하여 간헐적으로 보고하고, 그들이 붓디체를 만들 때 도와줄 것이다. 붓디체는 첫 번째 입문을 받을 때 배아 상태에 있어야 한다. 교사는 예비학교에서 세웠던 다른 진화인 데바 진화에 관한 이론을 실습으로 풀어가는 것을 감독할 것이다; 그들은 학생이 물질을 조작하고 건설의 법칙을 보여주는 것을 지켜볼 것이다; 그들은 학생이 하위인간 진화 및 초인간 진화와 접촉하는 경우 그들을 보호할 것이고 학생이 법칙을 사용하고 카르마를 넘어서는 것을 가르칠 것이다. 그들은 가르침을 통하여 학생이 과거 생의 지식을 회복하고 아카식 기록을 읽을 수 있도록 할 것이지만, 알고 있듯이, 이 학교에서는 학생이 그 일을 주도적으로 시작하고, 교사는 감독하고 보호하며, 학교에 그가 거주하는 기간과 그의 진보는 그 자신의 노력과 그가 시작한 힘에 달려 있다.

예비학교 입학 규칙은 어느 정도 다음과 같을 것이며, 가능성을 지적하는 것이지 고정된 사실을 주장하는 것이 아니다:

1. 학생은 의무 카르마로부터 자유로워야 하고 다른 의무와 가족 관계를 경시하지 않은 채 학과 과정을 받을 수 있어야 한다.
2. 어떤 수수료나 돈이 부과되지 않을 것이고, 돈 거래가 없을 것이다. 학생이 어느 정도 자립해야 하고 학교에 있는 동안 생계수단을 얻을 수 있어야 한다. 예비학교와 상급학교 둘 다 사람들의 자발적인 기부를 통해서, 그리고 오컬트적으로 해석된 수요와 공급의 법칙에 대한 지식을 통해서, 유지될 것이다.
3. 학생은 시대와 세대의 평균 교육 기준에 부합할 수 있어야 하고 어떤 사고의 선에 대한 적성을 보여줘 한다.
4. 투시로 보아서 학생이 어느 정도의 조정과 정렬을 갖고 있어야 하며 코잘체가 입학하기 전에 어느 정도 등급 혹은 특질을 갖고 있어야 한다. 오컬티즘의 교사는 준비되지 않은 사람에게 시간을 낭비하지 않는다.

내면의 빛이 환하게 빛날 때, 코잘체가 어느 정도 역량을 갖고 있을 때만, 학생이 학과 과정으로 혜택을 볼 수 있다. 그러므로 학생이 학교에 들어올 수 있는지에 대한 최종 결정은 학교 교장에게 있을 것이다. 그의 말이 최종적이고, 투시력과 코잘 시력을 통하여 학교 교장이 학생을 적절하게 검사한 후에 그리고 그 사람 자신의 대스승에게 문의한 후에 통과될 것이다.

5. 그는 이전 봉사 기간으로 그룹 형태로 일하고 다른 사람 관점에서 생각할 수 있는 능력을 보여줬음에 틀림없다.

6. 그의 과거 생을 어느 정도 보고, 그것을 통하여 주어진 시사점이 교장의 최종 결정을 안내할 것이다.

7. 학생은 21 세 이상 42 세 이하 여야 한다.

8. 그의 에텔체가 좋은 상태에 있어야 하고 프라나를 잘 전달해야 하며, 어떤 육체 질병이나 육체적 기형이 없어야 한다.

이것이 현재 줄 수 있는 근본 규칙이다. 다른 것이 있으며 선발 문제는 해결하는 데 어느 정도 변화를 겪을 것이다.

상급학교에 입학하는 규칙은 훨씬 더 적고 비의적이다. 학생이 단계별 과정을 통과한 후에 예비학교에서 선발될 것이다. 그러나 선발은 멘탈 계발과 구체적인 지식을 흡수한 것에 달려 있지 않고, 학생의 내적 이해력과 오컬트 이해력, 내면 세계에서 소리 내는 그의 삶의 톤의 특질, 내재하는 빛의 밝기 그리고 봉사 속에서 그의 힘에 달려 있을 것이다.

이것으로 오늘은 충분하다; 내일은 이 세 번째 요점의 마지막 부분인 학교 건물을 다룰 것이다.

학교의 건축

1920년 10월 17일

오늘 오컬트 학교 두 가지 유형의 건물의 주제를 다룰 때, 약간만 말할 수 있고 일반적인 윤곽만 줄 수 있다. 기후 조건과 학교 크기가 엄청 다양할 것이고 그 결과 시설도 다양할 것이다….

예비학교 건물은 외부 세계에 있는 보통 학교 건물과 많이 다르지 않을 것이다. 한 가지 규칙만 놓을 것이다--학생 각자가 필연적으로 분리된 자기 방을 가져야 한다. 이 조건이 충족된다면, 건물 유형은 중요하지 않다. 각 방은 중앙 복도를 제외하고 소리 전달이 되지 말아야 하고, 필연적으로 작지만 구분되는 세 가지로 나눠져야 한다. 한 곳은 학생 생활과 공부를 위한 곳이다; 다른 것은 욕실이고 세 번째는 적절하게 커튼을 친 위대한 분들 사진이 있는 명상 장소가 될 것이다. 이 세 번째 장소는 순전히 명상 목적을 위한 곳이며 학생이 앉을 매트, 어떤 정해진 실습 동안 육체를 휴식시킬 소파 그리고 대스승 사진 앞에 향로와 화병이 놓여 있는 작은 탁자를 제외하고 거의 아무것도 없을 것이다.

거주 교사는 학생과 거주할 것이며, 여자 교사는 여학생을 맡고, 남자 교사는 남학생과 거주할 것이다. 학교 교장은 떨어진 집에서 혼자 거주할 것이며, 집에는--그의 개인 생활을 위한 방 이외에--개인과 작업을 하기 위한 작은 규모의 리셉션 룸과 큰 규모의 합동 중앙홀 그리고 학생 단체와 미팅을 위한 사당 같은 방이 있을 것이다.

아직 우리와 긴밀하게 관련 없지만, 상급학교 건물은 보는 눈을 가진 사람에게 그 구조에서 많은 오컬트 중요성을 제공한다. 오컬트 상급학교의 주요 특징은 학생 각자에게 (학생 수가 많지 않다는 것을 기억해야 한다) 개인 성소를 제공하는 원형 모양의 중앙 사원이 있으며, 개인 성소는 닫혀진 문으로 뒤에서 들어가고 그것과 그룹 미팅이 개최될 큰 중앙 성소 사이에 커튼이 걸려 있다.

이 거대한 중앙 성소에는 삼각형이 그려진 보도가 있고, 그 삼각형 안에 그룹이 앉을 것이며, 삼각형 밖에 있는 세 개 공간에는 다양한 상징과 상징에 관한 몇 가지 기본 문헌 그리고 우주 상징이 그려진 큰 양피지가 놓여있을 탁자가 있을 것이다.

이 성소의 색깔은 그것이 나타내는 광선에 달려 있을 것이다. 분리시키는 커튼도 광선의 색일 것이고 개인 각자의 성소 커튼도 학생의 출생 별자리--그의 별자리, 상승궁 그리고 통제하는 행성--를 나타낼 것이다. 성소에 있는 매트가 학생의 자아 광선과 개성 광선의 상징을 가지고 있고 학생 것이듯이, 이 커튼도 학생 것이다.

거대한 원형 통로 벽에는 황도대 별자리가 보일 것이고, 네 개 출입구는 네 분의 마하라자를 나타낸다.

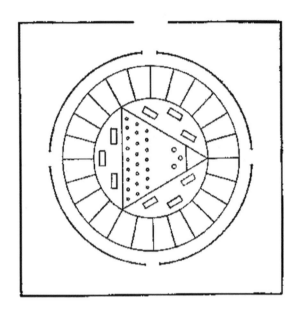

사각형 벽이 학생이 돌보는 정원을 포함하여 전체 건물을 둘러쌀 것이다. 이 벽으로 들어가는 입구는 북쪽에 하나만 있을 것이다. 밖에는 세 명의 학생까지 머무는 작은 건물과 세 명의 교사가 거주할 집이 있을 것이다. 입문자 교장도 마찬가지로 한 면이 둥근 타워로 구별되는 개인 거주처를 가질 것이다. 이 둥근 원형 타워는 두 가지 목적에 부합할 것이다:--그것은 점성학과 천문학 가르침을 위한 곳이고, 행성과 소우주 생명을 연구하기 위한 최신 과학 기구를 가지고 있을 것이며, 의식적으로 육체를 떠나서 물질계 이외 다른 계에서 활동할 수 있는 학생을 위한 안전한 피난처 역할을 할 것이다.

이것이 제공할 수 있는 전부이다. 기록하고, 지켜보며, 그 이상이 물현화될 시간을 기다려라.

4. 성적과 학급

1920 년 10 월 29 일

오늘은 네 번째 요점은 검토한다. 그리고 이 논의에서 예비학교에 관하여 어느 정도 제시할 것이지만 상급학교에 대해서는 거의 없을 것이다. 이 네 번째 요점은 성적과 학급에 대한 것이다.

앞의 편지에서 준비학교의 학과과정을 다루었고, 그 과정이 하위 마인드 계발, 나중 작업을 세울 토대를 놓는 것과 진정한 오컬티스트가 나중에 실천 작업의 기초가 되는 오컬트 이론과 법칙을 공부하고 암기하며 공식화하는 것을 많이 다루었다는 것을 보았다. 우리는 또한 배운 많은 것이 필연적으로 외부 세계의 가르침과 긴밀하게 연결되어 있으며, 학교가 근대 사상 센터와 긴밀하게 접촉할 필요가 있다는 것도 보았다. 오늘은 학생 작업 계획에서 보일 어떤 것을 지적하고 학생이 더 진보한 학교에 들어가기에 적합할 때까지 점진적으로 안내되는 방법을 보여주고자 한다. 보통처럼 우리 주제를 세 가지 제목으로 나눌 것이다:

가. 공부 시기.

나. 작업 유형.

다. 실습을 통한 잠재적 기능을 활동적 힘으로의 변형.

가. 공부 시기

학교의 모든 작업은 시기와 계절에 대한 오컬트 지식에 토대를 둘 것이며, 두 가지가 신중하게 지켜질 것이다:

1. 학년은 둘로 나눠질 것이고, 전반기에 학생은 열심히 지식을 획득할 것이다. 그 시기는 태양이 북쪽으로 움직이거나 혹은 그 해 전반기이다. 그리고 후반기--전반기에서 6 주 간격 후에--에는 학생이 이전에 배운 것을 흡수하고 실천하는 기간이다. 이전 기간 동안 학생은 사실과 구체적인 지식을 수용하고 배우며 열심히 공부하고 축적하는 철저한 체계를 거친다. 그는 강연에 출석하고, 많은 책을 애쓰며 읽어가고, 실험실에서 연구하며, 현미경과 망원경을 가지고 그의 시야를 확장하고 멘탈체에 광대한 과학 자료를 쌓는다.

6 주간 방학 동안에 학생은 주어진 오컬트 명상 실천과 관련 된 것을 제외하고 모든 멘탈 노력에서 전적으로 휴식을 취할 것을 권한다. 그는 멘탈적으로 주기를 따르고 일시적으로 프랄라야로 들어가는 것이다. 6 주가 끝난 후에 학생은 많은 정보를 체계화시킬 목적으로, 이전에 공부한 사실에 대한 이해를 완성시킬 목적으로, 허락될 수 있는 오컬트 지식의 그 일부분을 실천할 목적으로, 그의 약점을

발견하고 숙달할 목적으로, 그의 작업으로 돌아온다. 그는 "어두운 기간" 동안에 흡수한 정보의 산물을 구체화시킬 책과 팜플렛, 테마와 에세이를 쓴다. 이 책들 중에서 가장 좋은 것은 대중이 사용하기 위하여 학교에서 매년 출판될 것이다. 이런 식으로 학생은 그의 시대와 세대에 봉사하고 상위 지식으로 인류를 교육시킨다.

2. 똑같은 방식으로 매달 그의 공부가 준비될 것이며 (상위 마인드를 다루는) 어려운 부분이 밝은 전반부로 부르는 한 달의 전반 부분 동안에 시도될 것이고, 어두운 반기 작업이 하위 마인드에 관한 것과 이전 주에 얻은 것을 간직하려는 노력에 기울여질 것이다. 매일이 정해진 시간으로 나눠질 것이고, 앞부분은 더 추상적인 오컬트 자료를 받는 시간이 될 것이고, 뒷부분은 더 실천적 작업 유형에 할애될 것이다.

모든 오컬트 성장의 토대는 명상이다 혹은 혼이 침묵 속에서 성장하는 저 고요한 잉태 기간이다. 그러므로 하루 동안 모든 학생에게 세 번의 명상 시기가 있을 것이다-- 일출, 일중, 일몰. 학생이 학교에 출석하는 전반 부분 동안에는 이 시간은 매번 30 분이다. 나중에 하루에 세 번 오컬트 명상을 실습하는 데 한 시간씩 할당할 것이고 마지막 해 동안에는 하루에 명상하는 데 다섯 시간이 할애될 것이다. 그가 이것을 해서 결과를 얻을 수 있을 때 그는 상급학교로 넘어갈 수 있을 것이다. 그것은 큰 테스트이자 준비되었다는 표시이다.

학교 수업시간은 일출에 시작해서 일몰에 끝난다. 일출 후에 그리고 두 번의 명상 시간 후에, 한 시간 동안 학생이 휴식을 취하고, 식사하며 기분전환 할 수 있다. 모든 학생은 하루 작업을 30 분 신중하게 회고해보고 그의 기록을 완성하는 데 들어가는 어떤 차트를 채운 후에, 밤 10 시까지 잠자리에 들 필요가 있다.

학생이 학교에 머무는 기간은 학생이 이룬 진보, 내면의 흡수력과 외부의 봉사의 삶에 전적으로 달려있다. 그러므로 그 기간은 그가 학교에 들어가는 진화 지점에 달려 있다. 견습의 길에 막 들어간 학생은 거기서 5~7 년이나 종종 더 길게 있을 것이다; 나이든 학생과 이전 생에서 입문을 받은 학생은 거기에 짧게 있으면서, 학과 과정을 빠르게 지나가면서 이전에 저장한 지식을 사용하기 위하여 재생하는 것을 단순히 배운다. 그들이 머무는 기간은 1~5 년 사이이고 보통은 3 년일 것이다. 그들에게 어린 형제를 가르치도록 북돋움으로써 그들의 선천적인 지식이 계발될 것이다. 학생은 외부 시험 결과가 아닌 학교 교장의 통보로 학교를 졸업한다. 학교 교장은 학생의 체들 속에 있는 비의적인 결과, 학생 오라 색의 명확성 그리고 그의 삶의 톤(색조)과 진동의 높이를 토대로 그의 결정을 정한다.

나. 작업 유형

제일 먼저 이 편지에서 세워놓았으며 학교 교장이 할당할 수도 있는 명상 실천이다. 일년에 한 두 번 예비학교가 연결된 그 학교 입문자 교장이 학생을 리뷰하고 학교 교장과 협의하여 학생의 필요에 따라서 조정된 구체적인 명상을 할당할 것이다. 일년에 한 번 두 학교를 책임지고 있는 대스승도 학생을 검토하고 교장에게 필요한 조정을 소통할 것이다. (여기서 상기시키고자 하는 것은 대스승과 제자와의 관계가 사적인 관계이고 대스승께서 그분의 학생과 *사적으로* 지속 접촉할 수도 있지만, 이것이 학교 그룹의 통합된 오라를 공식적으로 검토하는데 영향을 미치지 않는다는 것이다.)

둘째, 필요 시 현미경을 사용하면서 다음 주제를 포함하는 소우주에 대한 단계적인 과학적 연구:

소우주.
가. 기초 해부학, 생리학, 생물학.
나. 인종학(민족학)
다. 에텔체와 활기 및 자성에 대한 관련 주제 공부.
라. 지질학 공부; 식물계에 대한 공부 혹은 식물학; 동물계에 대한 공부.
마. 인류 역사와 과학 발전에 대한 공부.
바. 소우주 체에 대한 법칙 공부.

대우주.
가. 전기, 포하트, 프라나 그리고 아스트랄빛의 법칙 공부.
나. 천문학과 점성학 공부.
다. 오컬트 우주발생론 공부.
라. 인간 하이어라키 공부.
마. 데바 진화 공부.

바. 태양계의 법칙 공부.

마. 텔레파시, 멘탈 창조, 사이코메트리 공부.

마인드.

가. 멘탈계 연구.

나. 불의 법칙 연구.

다. 코잘체 연구.

라. 다섯 번째 원리 연구.

마. 색과 소리 연구.

통합.

가. 영-물질-마인드 공부.

나. 수와 상징학 공부.

다. 상위 수학 공부.

라. 합일의 법칙 공부.

마. 성의 법칙 공부.

심령 계발.

가. 실천적 오컬티즘 연구.

나. 사이키즘 연구.

다. 아스트랄 빛과 아카식 기록 연구.

라. 영매상태와 영감 연구.

마. 과거 생 연구.

바. 대우주와 소우주 센터 연구.

실천적 작업.

가. 인류에 봉사.

나. *그룹 작업* 연구.

다. 리뷰 작업.

라. 의식의 영속성을 만들 목적으로 섬세한 체들에 미치는 작업.

마. 마법 공부.

바. 일곱 번째 광선 공부.

학생이 위의 학과 과정을 마쳤을 때 그가 잠재적인 마법사가 될 것이고, 초기 단계에 있는 빛의 형제단의 구성원이 된다는 것을 볼 것이다. 그가 준비가 충분하고 상급학교로 들어갈 준비를 할 것이다. 거기서 그는 이미 획득한 지식을 사용하는 훈련을 받을 것이고, 그의 센터를 과학적으로 계발시켜서 그가 멘탈 유형의 의식적인 사이킥이 될 것이며, 하위 진화를 접촉하고 통제하며 데바 같은 다른 진화와 협력하는 훈련을 받을 것이고, 그의 모든 체들이 정렬되고 조정되어 어떤 기간이 끝날 무렵에—2 년에서 3 년까지 다양하다—입문자 앞에 설 준비가 되어 있을 것이다.

다. 잠재성이 힘으로 되는 것.

이 세 번째 유형의 작업은 이전 학과과정에 근거하고 개인의 계발을 직접적으로 다룬다. 그것은 다음 문제를 망라한다:

가. 자아 접촉을 목적으로 체들을 정렬시키는 것.

나. 안타카라나를 만들고, 상위 마인드를 계발하는 것.

다. 직관의 계발과 학생이 분명하게 영적으로 깨어나는 것.

라. 학생의 진동, 광선, 색 그리고 톤을 연구하는 것.

마. 육체를 시작으로 모든 체를 의식적으로 세련되게 만드는 것.

이 문제가 적절히 연구되고 획득한 모든 지식이 실천될 때, 내재하는 혼의 힘이 의식적인 힘으로 될 것이다. 무엇보다도 화이트 마법사는 모든 힘과 지식을 인류 봉사에 사용하는 사람이라는 사실에 강조를 두어야 한다. 그의 내적 계발이 상급학교로 넘어가는 것이 허락되기 전에 봉사로 표현되어야 한다.

오늘 흥미 있는 추론을 많이 할 수 있는 여지를 충분하게 나타내었다.

편지 10 - 체들의 정화

1. 육체
2. 감정체
3. 멘탈체

1920년 11월 7일

요즘은 테스트 받은 도구의 필요성이 생긴다. 인간의 진화를 안내하는 분들이 요즘 그런 도구를 찾아서 인류를 둘러볼 때, 요구되는 봉사를 위하여 준비된 사람이 거의 없다는 것을 보게 된다. 그러나 마찬가지로 그분들은 어느 정도의 수련으로 그 필요를 상당히 적합하게 채워줄 사람들이 있는 것을 본다.

진화가 진전되면서 인류의 극성이 바뀐다. 인간은 지금 주로 감정체에 극화되어 있다--느낌, 욕망, 개성의 관심사가 그들을 흔든다. 감정체가 개성의 집중점이다. 감정체는 그것과 관련된 모든 것의 청산소로서 그리고 하위와 상위의 합류점으로서 작용한다. 그것은 모든 방향에서 오는 짐을 받아서 개성의 물질계 삶이라는 거대한 도시로 내려놓는 바쁜 철도 터미날과 같다. 그리고 진보하면서, 장면이 상위로 바뀌고 멘탈체가 집중점이 된다. 나중에 코잘체가 중요한 단위가 되고 훨씬 뒤에는 심지어 그것의 궁극적인 희생이 오게 되며, 그는 삼계에 진동하는 모든 것을 잃은 채 개성의 삶과 관련하여 모든 것이 끝나게 된다--영의 생명만 남게 되고, 세계를 돕는데 그 생명을 자발적으로 제공하게 된다.

진화를 촉진하는데, 인류를 돕기 위하여 담금질된 강철처럼 충실하고 믿을만한 도구로서 사람을 이용할 수 있기 전에 어떤 것이 일어나야 한다. 일반적으로 인간이 (테스트되고 시험 받았을 때) 최고의 도구를 형성한다는 것을 잊지 마라. 왜냐하면 그는 전적으로 인류 의식을 이해하기 때문이고, 그가 초기 시대 자아가 그랬던 것보다 더 완전한 방식으로 일상의 문제 속으로 들어가기 때문이다. 그래서 대스승들은 현재 고통 받는 세대의 상처를 치유하기 위하여 살고 있는 여러분을 사용하고 싶어한다. 그러면 무엇을 해야 하는가? 지금 제시하는 내용이 매우 이상한 그런 내용을 담고 있지 않고, 돕고자 하는 사람은 누구나 생각해 볼 수 있는 것을 가지고 있다……. 봉사하기 위한 혼을 준비시킬 때, 인류 안내자들은 각각의 체를 다뤄야 한다:

육체를 수련시키는 것

이것은 어떤 분명한 필요조건이 수반된다:

더 상위 하위계 물질로 구축하고 더 낮고 더 조잡한 물질을 제거하는 것. 이것이 필요하다. 왜냐하면 조잡한 체를 가진 사람이 높은 진동을 접촉하는 것이 불가능하기 때문이다. 자아가 상위 지식과 안내를 조잡한 육체를 통하여 전달하는 것이 불가능하기 때문이다. 더 고귀한 사고 흐름이 덜 진화된 육체 두뇌에 영향을 주는 것이 불가능하기 때문이다. 그래서 육체를 세련화시키는 것이 필수적이다. 그것은 다양한 방식으로 일어나며, 모두가 합리적이고 실용적이다.

- *순수한 음식*. 이것은 현명한 분별력으로 선택된 채식이 수반된다; 활기를 주는 과일과 야채만을 먹는 것이 필요하다. 음식을 선택할 때 신중하게 판단하고, 과식을 현명하게 자제하며, 완전하게 흡수한 적은 양의 순수한 음식이 필요한 전부이다. 어떤 음식인가? 우유, 꿀, 밀빵, 태양을 접촉하는 모든 야채, (무엇보다) 오렌지, 바나나, 건포도, 너트, 감자, 씻지 않은 쌀 그리고 다시 반복하지만 활동 하기에 필요한 만큼의 위의 음식이다.
- *청결*. 외적 내적으로 물을 많이 사용하는 것이 필수적으로 요구된다.
- *수면*. 이것은 항상 저녁 10 시와 아침 5 시 사이이고, 최대한 외부 활동을 많이 하는 것이다.
- *일광*. 태양과 접촉을 많이 하고, 그 광선을 통해서 오는 활성화를 많이 하라. 태양은 모든 세균을 죽이고 질병에서 자유롭게 해준다.

이 네 가지 필요조건을 적절하게 충분히 따랐을 때 분명한 제거 과정이 진행되고, 몇 년이 지난 후에 전체 육체가 점진적으로 극성을 올려서 궁극적으로 원자 하위계 물질로 구성된 체를 갖게 될 것이다…. 이것은 몇 생이 걸릴 수도 있지만, 매번 새로운 화신에서는 이전 죽음에서 버린 것과 (이렇게 표현할 수 있다면) 똑같은 특질을 가진 체를 가진다는 것을 명심해야 한다. 그래서 체를 만드는 데 시간을 결코 낭비하지 않는 것이다. 언젠가 더 빠르고 세련되게 만들 수 있는 두 가지 다른 방법이 이용 가능하게 될 것이다:

- *색깔 있는 빛의 사용*. 이 빛은 제자 체에 영향을 주고 떨어내는 과정과 동시에 원자를 자극하는 효과를 일으킨다. 광선에 관한 더 심오한 정보가 제공될 때까지 이것을 할 수가 없다; 어떤 사람의 광선을 알 때, 자극은 그의 색을 사용함으로써 올 것이고, 내적으로 구축하는 것은 보색을 사용함으로써 그리고 원치 않는 물질의 해체는 적대적인 색을 사용함으로써 일어날 것이다. 이 지식이 나중에 신비의식을 관리하는 거대한 단체, 교회 그리고 메이슨에게 전달될 것이다. 기다려라. 왜냐하면 아직 때가 아니기 때문이다. 신비의식이 회복될 때 이 정보에 대한 어떤 것이 언급한 두 단체 수중에 있게 될 것이다.
- *음악의 자극*. 어떤 소리는 부수고 파괴한다. 다른 소리는 자극하고 끌어당긴다. 사람의 삶의 음(키)을 알 때, 그가 반응하는 소리를 인식할 때, 그때 소리를 세련화시키는 데 사용할 수 있는 가능성이 오게 된다. 봉사하려는 사람에게 현재 가능한 전부는 위의 본질적인 것에 힘쓰고 상위 진동과 접촉하려고 노력하는 것이다.

한 가지 더 제공하려는 것이 있고, 그것은 전기를 조작하는 데서 체들의 활성화, 특히 에텔체 활성화와 관련 있는 많은 것이 숨겨져 있다는 것이다. 태양이 가진 주된 용도는 에텔체를 활성화시키는 것이다. 태양 열은 전기력으로 자연의 모든 왕국 속에 있는 평균 대다수의 필요에 맞춰진 것이다. 진보가 이뤄지면서, 개인의 경우 이 힘을 강렬하게 하는 것이 가능하게 될 것이다. 바로 여기에 입문의 비밀 중에 하나가 있다. 고대 시대에는 입문 봉이 입문자 센터로 이런 힘의 전도체로서 실제 역할을 하였다; 그것은 이런 목적에 부합하도록 만들어졌다; 지금은 인류의 극성 변화로 적용 방법이 필연적으로 다르지만, 더 높은 차원에서 똑같은 필요와 목적을 충족시킨다. 극성이 이제는 더 이상 육체가 아니라, 감정체 혹은 멘탈체이다. 적용 방법에서 세 가지 모두 다르고, 그래서 비밀을 지키게 된다. 그것은 신비를 숨기고 있다.

에텔체 정화

이것은 육체의 세련화와 일치한다. 방법은 주로 태양빛 속에서 살고, 추위로부터 보호하며, 머지 않아 인류에게 주어질 어떤 비타민 조합을 흡수하는 데 있다. 이 비타민 조합이 조제되어 알약 형태로 만들어질 것이며, 에텔체에 직접 영향을 줄 것이다. 과학에서 에텔체를 인정하고 의료 학과에서 제공하는 수련에 포함될 때까지 이것이 일어나지 않을 것이다. 에텔 질병 연구--충혈과 위축--가 머지 않아 인정 받는 연구가 될 것이고, 분명한 치료법과 공식을 갖게 될 것이다. 앞에서 말했듯이, 이 이중 육체를 민감하게 만드는 데 지금 그대가 할 수 있는 모든 것은 위 규칙을 따르고 나머지는 시간이 하도록 놓아두는 것이다.

감정체 정화

여기서 절차 방법이 다르다. 감정체는 단순히 거대한 반사체이다. 그것은 주변에서 움직임과 색을 취한다. 그것은 지나가는 모든 욕망의 인상을 받는다. 그것은 환경 속에서 모든 변덕과 환상을 접촉한다; 모든 흐름이 그것을 움직이게 한다; 열망자가 그런 상태를 억제하고 상위자아를 거쳐서 직관계에서 오는 그러므로 원자 하위계를 거쳐서 오는 인상만 기록하고 받아들이도록 수련시키지 않는다면, 모든 소리가 그것을 진동하게 만든다. 열망자의 목표는 감정체를 거울처럼 고요하고 깨끗하게 수련시켜서 그것이 완전하게 반사할 수 있도록 만드는 것이다. 그의 목표는 그것이 코잘체만 반사하고, 위대한 법칙과 일치하는 것만 취하며, 생각의 바람이 부는 대로 혹은 욕망의 파도가 일어나는 대로가 아닌 분명한 지시 하에 움직이도록 만드는 것이다. 어떤 말이 감정체를 설명해야 하는가? 그 단어는: 표면이 평평한 투명한 반사경 같은 특질의 고요한, 조용한, 물결이 일렁거리지 않는, 평화로운, 휴식하는, 투명한 그리고 깨끗한--개성이 아닌 자아의 열망, 욕망, 소망을 정확하게 전달하는 것. 이것을 어떻게 성취할 것인가? 몇 가지 방식으로 어떤 것은 열망자의 지시로, 그리고 몇 가지는 대스승의 지도로 성취된다.

가. 매일 의식 수평선 너머로 지나가는 모든 욕망, 동기, 그리고 소망을 꾸준히 경계하고, 상위 등급의 모든 것은 강조하며 하위는 억제함으로써.

나. 상위자아를 접촉해서 삶에서 그 소망을 반영하려고 매일매일 꾸준히 시도함으로써. 처음에는 실수를 하겠지만, 조금씩 구축 과정이 진전되고, 감정체의 극성이 점진적으로 각 하위계를 올라가서 마침내는 원자계에 다다른다.

다. 감정체를 고요하게 만들기 위하여 매일 지시된 분명한 기간으로. 명상에서 마인드를 고요하게 만드는 것이 너무 많이 강조되지만, 감정 성질을 고요하게 만드는 것이 멘탈 성질을 조용하게 만드는 데 준비단계라는 것을 기억해야 한다; 그리고 전자 다음에 후자가 따라오며 열망자는 밑에서부터 시작해야 한다. 열망자는 자신이 격렬한 진동, 예를 들면 두려움, 걱정, 어떤 종류건 개성의 소망, 개성이 좋아하는 것 혹은 사람, 낙담, 대중 여론에 과민함 같은 것에 가장 쉽게 굴복하는지 스스로 찾아야 한다; 그리고 나서 분명히 제거하고 건설하는, 새로운 리듬을 그것에 부과하면서 그 진동을 극복해야 한다.

라. 대스승 지도 하에서 일하는 더 진보한 자아들의 안내 하에 밤에 감정체에 행해진 작업으로. 진동을 자극하거나 진동을 죽게 만드는 것은 어떤 색과 소리를 적용한 영향으로 따라온다. 현재 시기에 목과 앞이마 센터를 높이는 구체적인 목적을 위하여 두 가지 색, 즉 자주색과 금색을 많은 사람에게 적용하고 있다.

작업이 점진적이고, 극성이 위로 이동하면서, 하위계 하나씩 이동하는 순간이 밤에 적용된 어떤 테스트로, 즉 일련의 작은 입문으로 나타나고, 결국 감정체 통제를 완성하는 두 번째 입문에서 절정을 이룬다는 것을 기억하라.

네 가지 작은 입문이 정규 입문에서 절정을 이룬다. 이것은 감정계의 입문으로, 각각 지, 수, 화, 풍의 입문으로 불리며, 두 번째 입문에서 절정을 이룬다. 첫째 입문은 물질계에서 성취 지점을 나타낸다. 각 입문은 체 속에서 어떤 비율의 원자 물질을 얻었다는 것을 나타낸다. 초인이 되는 입문 전이 네 가지 입문 각각은 어느 정도 비율을 성취한 것을 나타낸다: 첫째 입문에서 원자 물질의 4 분의 1, 두 번째에선 2 분의 1 등으로 절정까지. 직관 (혹은 붓디)이 통합하는 원리이자 모든 것을 접합하면서, 네 번째 입문에서 하위 매개체를 버리고, 초인은 직관체 속에 서고, 거기서 자신의 현현체를 창조한다.

멘탈체 세련화

이것은 힘든 작업과 분별력의 결과이다. 그것은 멘탈 단위의 계를 성취하기 전에, 그리고 코잘 의식(상위자아의 온전한 의식)에 도달하기 전에, 세 가지를 필요로 한다:

● *명확한 사고*로, 흥미를 일깨우는 주제에 대한 것만이 아니라, 인류에 영향을 주는 모든 문제에 대한 명확한 사고이다. 그것은 사고 물질의 명확한 표현과 정의할 수 있는 역량을 수반한다. 그것은 사고 물질에서 상념태를 만들고, 그 상념태를 대중을 돕는데 사용할 수 있는 능력을 의미한다. 명확하게 사고하지 못하는 사람,

멘탈체가 시작 단계에 있는 사람은 안개 속에서 사는 것이고, 안개 속에 있는 사람은 눈먼 사람을 안내하는 눈먼 사람일 뿐이다.

- *멘탈체를 잠잠하게 만들 수 있는 능력*으로, 추상계와 직관계에서 온 생각이 새겨질 수용판을 거기서 찾을 수 있다. 이것은 집중과 명상에 관한 많은 서적에서 명확하게 설명되어, 더 자세하게 설명할 필요가 없다. 여러 해 동안 실행된 힘든 연습의 결과이다.

- 어렵게 얻은 노력과 여러 해 동안의 결과를 영구적인 형상으로 결합시키는, 제자가 조용히 따른 채 대스승이 일어나게 만드는 *분명한 과정으로.* 매번 입문마다, 적용된 자성력 혹은 전기력이 안정화시키는 효과를 가진다. 그것은 제자가 성취한 결과를 오래 지속되게 만든다. 도공이 진흙을 주조하고 형상을 만든 다음에 굳어지게 만드는 불에 적용하듯이, 열망자도 주조하고 형상을 만들어서 견고하게 만드는 불을 준비한다. 입문은 영구적인 성취를 표시하고 새로운 노력의 주기의 시작을 나타낸다.

무엇보다고 두 가지를 강조해야 한다:

1. 시간이나 장애물을 개의치 않고 계속 나아가는, 꾸준하게 흔들리지 않는 인내심. 인내하는 이 역량 때문에 극적이지 않은 사람이 천재보다 그리고 더 많은 주목을 끄는 사람보다 입문을 더 자주 성취하는 이유를 설명한다. 터벅터벅 나아가는 역량이 많이 부족한 것이다.

2. 지나친 자기 분석 없이 이룬 진보. 성장이 있는 지 보기 위하여 그대 자신의 뿌리를 뽑아보지 마라. 소중한 시간을 앗아간다. 규칙에 순응하고 다른 사람을 돕는 속에서 그대 자신의 진보를 잊어라. 이렇게 될 때, 갑작스러운 빛(깨달음)이 올 것이고, 대사제가 그대의 출석을 요구하고 입문을 부여할 수 있는 지점에 도달했다는 깨달음이 갑자기 나타날 것이다. 대법에 순응하고 모두를 사랑하려는 순수한 노력과 힘든 작업으로, 그대는 그대 체 속에서 그분의 실재가 가능하도록 재료를 쌓았다. 인력의 대법이 그대를 그분에게 끌어당기고 어떤 것도 그 대법에 저항할 수 없다.

편지 11 - 봉사하는 삶

1. 봉사의 동기.
2. 봉사 방법.
3. 행동 후의 태도.

1920년 9월 16일

오늘은 이 시리즈를 맺으면서 일반적인 용도가 되는 것을 제공하려고 한다. 봉사와 봉사를 완전하게 제공하는 것에 대하여 말하고자 한다. 이런 맥락에서 여러분에게 제시하는 것이 필수적인 것일 수 있다. 개인이 지식으로 얻은 물질적 이익은 현명한 분별력을 갖고 전달되지 않으면 정체, 파괴, 소화불량 그리고 고통을 일으킨다는 것을 항상 기억하라. 육체가 흡수한 음식이 소화되어 몸 전체로 전달되지 않으면 그런 상태를 일으킨다. 비유가 맞다. 요즘 많은 교육이 많은 사람에게 오지만, 이것은 그들 자신의 독점적인 혜택을 위한 것이 아니라, 필요로 하는 세계를 위한 것이다.

봉사를 제공할 때 세 가지가 중요하다:

1. 동기.
2. 방법.
3. 행동 후의 태도.

잘못된 동기와 방법을 다루지 않을 것이다. 그것을 여러분은 안다. 나는 올바른 것을 나타내고, 내가 제시한 것에 따라서 봉사의 삶을 조정함으로써 교정과 영감이 올 것이다. 요즘 많은 봉사의 삶이 많은 사람에게 열려있다; 그것을 올바로 시작하는지 경계하라. 올바른 시작은 계속 해서 올바르게 지속되기 쉽고, 노력에서 많은 도움을 준다. 그 경우에 실패가 오더라도, 필요한 모든 것은 재조정이다. 시작이 잘못된 (필연적인 실패) 실패에서, 필요한 것은 행동의 내적인 원천을 갱신하는 것이다.

1. 봉사의 동기

이 동기는 중요성에서 세 가지이다:

가. 신의 진화 계획을 깨닫는 것, 세계의 엄청난 필요성을 감지하는 것, 세계의 당면한 성취 지점을 이해하는 것, 그리고 결과로 그 목적을 촉진시키는 데 자신의 자원 전체를 쏟아 붓는 것.

나. 개인의 명확한 성취 목표, 혼의 최고 노력을 요구하는— —예를 들면 인격의 신성화 같은—어떤 위대한 이상; 혹은 지혜의 대스승들의 실재에 대한 인식과 어떤 비용을 지불하더라도 사랑하고 봉사하며 그분들에게 도달하려는 강력한 내적인 결의. 여러분이 위대한 분들에게 봉사하려는 강력한 욕망과 함께 신의 계획을 지성적으로 이해할 때, 물질계 활동 속에서 일이 풀릴 것이다.

다. 자신의 선천적 혹은 후천적 역량에 대한 인식과 이해한 필요성에 그 역량을 맞추는 것. 봉사에는 많은 종류가 있고, 현명하게 봉사를 제공하는 사람, 특정 영역을 찾고자 하는 사람, 그리고 그것을 찾고 전체를 위하여 기쁘게 노력을 제공하는 사람이 꾸준하게 발전이 진전되는 사람이다. 그러나 그럼에도 불구하고 개인의 진보 목표는 여전히 이차적이다.

2. 봉사 방법

이것은 많고 다양하다. 여기서는 가장 중요한 몇 가지만 나타낼 수 있다.

자주 반복적으로 가르쳤듯이, 제일 먼저 *분별력*이 온다. 모든 것을 시도할 수 있다고 생각하는 사람, 길에서 일어나는 일에 망설이지 않는 사람, 현명한 사람이 삼가는 데서 미친 듯이 서두르는 사람, 일어나는 것에 역량을 가지고 있다고 생각하는 사람, 이런 봉사 문제를 해결하는 데 두뇌가 아닌 열의를 가져오는 사람은, 단지 힘을 분산시킨다; 그는 종종 파괴적인 행동을 하고, 그의 좋은 의도를 가진 실수를 고치는데 더 현명하고 위대한 분들의 시간을 낭비하며, 그의 욕망을 제외하고 어떤 목적을 달성하지 못한다. 좋은 의도의 보상이 그의 것일 수 있지만, 그것은 종종 어리석은 행동의 결과로 상쇄된다. 전체 계획에서 크건 작건 자기자신의 틈새를 현명하게 인식하는 사람은 분별 있게 봉사한다; 그의 멘탈 역량과 지성적 역량,

감정적 역량과 육체 자산 그리고 전체 합계를 냉정하게 계산하는 사람은 그 틈새를 채우는데 전념한다.

해결되어야 하는 문제의 성질과 정도가 무엇인지 상위자아와 대스승의 도움을 갖고 판단하는 사람은 분별 있게 봉사하며, 좋은 의도지만 종종 잘못 판단한 동료 봉사자들의 제시나 요청과 요구로 움직이지 않는다.

*시간에 대한 인식*을 행동으로 가져오는 사람은 분별 있게 봉사하며, 하루에는 24 시간 있고 그의 역량은 더도 아닌 적절한 정도의 힘의 소비만 가지고 있다는 것을 이해하면서, 그의 역량과 서로 이용 가능한 시간을 현명하게 조정한다.

다음으로 *육체를 현명하게 통제하는 것*이 따른다. 훌륭한 봉사자는 육체적인 원인으로 대스승께 어떤 걱정을 일으키지 않으며, 그가 대스승의 요청을 수행하기 위하여 항상 이용 가능한 강인한 육체를 관리한다고 신뢰할 수 있는 사람이다. 그는 육체적 장애로 실패하지 않는다. 그는 하위 매개체가 충분한 휴식을 갖고 충분한 잠을 자도록 한다. 그는 일찍 일어나서 알맞은 시간에 잠자리에 든다. 그는 가능할 때마다 쉰다; 그는 건강에 좋고 적당한 음식을 먹으며 과식을 자제한다. 잘 선택되고 잘 씹은 약간의 음식이 과식보다 훨씬 더 낫다. 요즘 인류는 대체적으로 필요한 것보다 4 배를 더 먹는다. (사고나 물려받은 육체적 장애의 재발로) 그의 육체가 행동하길 거부하고 관심 가져줄 것을 외칠 때 그는 일을 멈춘다. 그러면 그는 휴식,

수면, 음식 처방 및 필요한 의료상 처방을 찾는다. 그는 회복할 시간을 주면서 모든 현명한 지침을 따른다.

다음으로 *감정체를 꾸준히 통제하고 보살피는* 것이다. 잘 알고 있듯이 이것이 돌보아야 하는 매개체 중에서 가장 어려운 것이다. 숨쉬는 만물에 대한 강력한 사랑의 흐름이 휩쓸고 지나가게 허락하더라도, 어떤 과도한 감정을 허락하지 말아야 한다. 사랑은 태양계의 법칙이므로 건설적이고 안정화시키며, 그 법칙과 조화를 이루는 모든 것을 실어 나른다. 어떤 두려움이나 걱정 혹은 염려가 열망하는 봉사자의 감정체를 흔들지 못한다. 그는 고요, 안정 그리고 신의 법칙에 대한 안정된 의존을 배양한다. 기뻐하는 확신이 그의 습관적인 태도를 특징짓는다. 그는 어떤 질투도 품지 않고, 어떤 흐린 회색 우울과 탐욕 혹은 자기연민을 품지 않으면서--모든 사람이 형제이고 존재하는 모든 것은 모두를 위하여 존재한다는 것을 인식하면서--차분히 그의 길을 계속 간다.

그리고 *그의 멘탈 매개체 계발*이 따른다. 감정체를 통제하는 속에서 봉사자는 제거하는 태도를 취한다. 그의 목표는 감정체를 색이 없게 하고, 고요한 진동을 가지며, 조용한 여름 날의 연못처럼 투명하고 깨끗한 흰색으로 되도록 수련시키는 것이다. 봉사를 위하여 멘탈체를 적합하게 준비시키는 데 그는 제거의 반대로 노력한다; 그는 정보를 쌓으려고 하고, 지식과 사실을 제공하려고 하며, 시간이 가면서 신성한 지혜의 안정적인 토대가 될 수 있도록 그것을 지성적으로 과학적으로 단련시키고자 한다.

지혜가 지식을 대체하지만, 준비 단계로 지식을 필요로 한다. 봉사자가 배움의 전당을 지나서 지혜의 전당으로 들어간다는 것을 명심해야 한다. 그러므로 마인드 체를 단련시킬 때 지식을 질서정연하게 획득하고, 부족한 것을 공급하며, 이전 생에서 축적된 내재하는 멘탈 기능을 단계적으로 이해하고, 마지막으로 상위 마인드가 지배하고 생각의 창조 기능이 그 고요함을 통해서 투사될 수 있도록 하위 마인드를 견실하게 만들려고 한다. 절대자의 침묵으로부터 우주가 투사되었다. 어둠에서 빛이 나왔고, 주관에서 객관이 발산되었다. 감정체의 소극적 고요함이 위에서 오는 인상을 수용적으로 만든다. 멘탈체의 적극적 고요함이 상위 영감으로 이끈다.

세 개 부문에서 그의 개성을 현명하게 사용하고 통제하려고 한 후에, 인류를 사랑하는 사람은 *행동에서 완성을* 추구한다. 어떤 웅대한 순교의 꿈과 영광스럽지만 덧없는 극적인 봉사에 대한 망상이 그의 관심을 끌지 않고, 다음 의무에 그의 모든 힘을 즉각적으로 적용하는 것이 그의 노력의 길이다. 삶의 전경과 주변 작업의 세부사항을 완성시킴으로써 배경도 정확하게 될 것이며 결과적으로 전체 그림이 희귀한 아름다움을 갖게 된다는 것을 그는 안다. 삶은 작은 단계로 진전되지만, 적절한 때에 밟은 매 걸음마다 그리고 현명하게 사용된 매 순간이 먼 길을 가도록 그리고 잘 보낸 삶으로 이끌어준다. 인류 가족을 안내하는 분들은 일상 생활의 작은 일 속에서 모든 봉사 지원자들을 테스트 하며, 얼핏 보기에 본질적이지 않은 것 속에서 성실한 행동의 기록을 보여주는 사람은 더 중요한 영역으로 들어갈 것이다. 일상 문제를 되는 대로 무분별하게 처리하는 사람을 그분들이 비상시 혹은 위기 시에 어떻게 의지할 수 있겠는가?

더 심오한 봉사 방법이 *적응성*에서 나타난다. 이것은 어떤 다른 사람 혹은 더 중요한 사람이 그가 차지하고 있는 그 자리를 맡도록 보내졌을 때 기꺼이 물러날 준비를 하는 것이고 (반대로) 능력이 적은 일꾼이 똑같이 능숙하게 훌륭한 판단으로 그의 작업을 대신할 수 있을 때 더 중요한 작업을 위하여 자리에서 물러날 수 있는 능력을 수반한다. 그들 자신을 과대평가나 과소평가 하지 않은 것이 모두 지혜의 일부분이다. 비효율적인 사람이 자리를 채울 때 나쁜 일이 생기지만, 덜 준비된 사람도 잘 할 수 있는 그런 위치를 능숙한 작업자가 충분히 능력을 발휘하지 않은 채 차지하고 있을 때도 마찬가지로 시간과 힘의 낭비가 생긴다. 그러므로 봉사하는 여러분 모두는 겉으로 보기에 중요하지 않고 극적이지 않은 자리에서 평생 동안 머물 준비를 하라. 왜냐하면 그것이 여러분의 운명이고 가장 잘 봉사할 수 있는 위치가 될 수 있기 때문이다; 그러나 대스승의 말씀이 나갈 때 그리고 환경이--봉사자의 계획이 아니라--때가 되었다고 나타낼 때 더 가치 있는 작업으로 나아갈 준비를 똑같이 하라. 이 마지막 문장을 숙고하라.

3. 행동이 따르는 태도

이런 태도는 무엇으로 되는가? 완전한 공평심, 완전한 자기망각, 그리고 다음 단계에 대한 완전한 몰입. 완전한 봉사자는 대스승의 의지라고 믿는 것과 신의 계획에 협력하면서 그가 해야 하는 일을 능력이 닿는 한 최대한 다하는 사람이다. 그러면 그의 역할을 다 한 후에, 그는 일을 계속해가고, 그의 행동의 결과에 신경 쓰지 않는다. 그는 그보다 더 현명한 눈이 처음부터 끝을 본다는 것을 안다; 그보다 더 사랑하는 그리고 더 깊은 통찰력이 그의 봉사의 결실을 가늠하고 있다는 것을 안다; 그리고 그보다 더 심오한 판단이 시작한 진동의 힘과 범위를 테스트하고, 동기에 따라서 그 힘을 조정한다는 것을 안다. 그는 자신이 한 것에 대한 자만심으로 고통 받지 않고, 미흡한 성취에 대한 지나친 우울로 괴로워하지도 않는다. 그는 항상 최선을 다하고, 되돌아보는 회고 속에서 시간을 낭비하지 않으며, 다음 의무를 성취하기 위하여 꾸준히 앞으로 나아간다. 과거 행위를 골똘히 생각하고 마인드를 과거 성취로 드리우는 것은 하강 진화의 성질이며, 봉사자는 진화의 법칙을 가지고 일하려고 한다. 이것이 주목할 중요한 것이다. 현명한 봉사자는 그의 상사가 (화신하는 남녀 혹은 위대한 분들 자신) 만족하거나 조용히 있다면, 그는 행동 후에 그의 동료 봉사자들이 말하는 것에 관심을 두지 않는다. 만약 결과가 기대한 것이 아니더라도 그가 알고 있던 최고의 것을 충실하게 행하였다면 그는 신경 쓰지 않는다; 비난과 질책이 그를 공격하더라도 그의 내면의 자아가 침착하고 비난하지 않는다면 그는 개의치 않는다; 그가 친구를, 친척을, 어린이를, 한때 즐겼던 명성을, 그리고 주변 동료의 칭찬을 잃더라도, 안내하고 이끄는 분들과의 내면의 접촉 감각이 끊어지지 않고 그대로 있다면 그는 그것에 관심이 없다; 그가 어둠 속에 일하는 것처럼 보이고 그의 노동에서 미미한 결과를 인식하더라도, 그의 내면의 빛이 점점 더 증가하고 그의 양심이 할 말이 없다면, 그는 개의치 않는다.

요약하면:

"동기가 몇 마디로 축약될 수 있다:
● 하나의 대아(One Self)의 선을 위한 개성아의 희생.

방법도 간단하게 표현될 수 있다:
● 개성의 현명한 통제, 그리고 작업과 시간 속에서 분별력.

결과로 나오는 태도는:
● 완전한 평정, 그리고 점점 더 커가는 보이지 않는 것과 실재에 대한 사랑.

이 모든 것이 오컬트 명상을 꾸준히 적용함으로써 절정에 이르게 될 것이다."

오컬트 명상 용어집

여기에 있는 용어집은 이 책에서 나온 모든 용어들을 충분하게 설명하려는 것이 아니다. 여기서 사용된 어떤 용어들을 언어로 표현하려는 노력에 불과하기 때문에, 독자들은 그 함축된 의미를 이해할 수 있을 것이다. 대부분의 정의는 신지학 용어집, 씨크릿 독트린, 그리고 침묵의 소리에서 발췌되었다.

초인(Adept)
진화의 길을 건너가서, 입문의 길인 도의 길 마지막 단계로 들어섰으며, 다섯 번의 입문을 받아서 다섯 번째 계 혹은 영적 세계로 들어간 사람 혹은 대스승(Master)으로, 이제 두 번의 입문만 받으면 된다.

아디(Adi)
첫 번째; 태초; 태양계의 원자계(atomic plane); 일곱 계의 가장 높은 계.

아그니(Agni)
베다에 나오는 불의 주(Lord of Fire). 인도에서 가장 오래되고 가장 숭배 받는 신. 세 가지 위대한 신들인 아그니(Agni), 바이유(Vayu), 수리야(Surya) 중 하나이며, 세 가지 신 모두 불의 세 가지 측면이다. 불은 태양계 본질이다. 성경에서 말한다: "우리의 신은 태우는 불이다." 그것은 또한 아그니가 최고의 신인 멘탈계 상징이다.

아그니챠이탄(Agnichaitans)
불의 데바 그룹 중에 한 그룹.

아틀란티스(Atlantis)
오컬트 가르침과 플라톤 가르침에 의하면, 아틀란티스 대양 밑으로 가라앉은 대륙. 아틀란티스는 네 번째 근원인종인 아틀란티스 사람들의 고향이다.

안타카라나(Antahkarna)
상위 마인드와 하위 마인드 사이의 길로 둘 사이 의사소통의 매개체이다. 그것은 열망자(구도자)에 의해서 멘탈 물질로 만들어진다.

아슈람(Ashram)
대스승이 제자들과 열망자들을 모아서 개인적으로 가르침을 주는 센터.

아트마(Atma)
우주 혹은 보편 영(Universal Spirit); 신성한 모나드; 일곱 번째 원리; 인간의 칠중 구조에서 그렇게 부름.

원자 하위계(Aomic subplane)
오컬티스트들은 태양계 물질을 일곱 가지 계 혹은 일곱 가지 상태로 나눈다. 그 중에서 가장 높은 계가 원자계이다. 마찬가지로 일곱 계 각각은 일곱 가지 하위계로 나누어지고, 그 하위계 중에서 가장 높은 하위계가 원자 하위계이다.

그래서 49 가지 하위계가 있고, 이 중에 일곱 가지가 원자계이다.

오라(Aura)
인간이나 동물의 육체, 심지어 사물에서 발산하여 나오는 보이지 않는 미세한 본질 혹은 유액. 이것은 마인드와 체 두 가지 성질을 띠는 심령적 발산(effluvium)이다. 그것은 전자기적-활력(electro-vital)이자 전자기적-멘탈이다.

오라 에그(Auric egg)
그 형태 때문에 코잘체에게 붙여진 명칭.

보디삿트바(Bodhisattva)
글자 그대로 의식이 지성 혹은 붓디가 된 자. 완전한 붓다가 되기 위해서 한 번의 윤회만 하면 되는 분들. 여기서 사용된 것처럼 보디삿트바는 직위 이름으로 현재는 마이트레야 주(Lord Maitreya)가 일하고 있으며 서구에서는 크리스트(Christ)로 알려져 있는 분이다. 이 직위는 세계 교사(World Teacher)의 직위로 번역될 수도 있다. 보디삿트바는 이 세계 모든 종교들의 수장이고 천사들과 대스승들의 대스승이다.

붓다(Buddha)
고타마 에게 붙여진 칭호. 기원전 621 년에 인도에서 태어나서 기원전 592 년에 완전한 붓다가 되었다. "붓다"는 "깨달은 자(Enlightened)"이고 현재 태양계에서 인간으로 가능한 가장 높은 지식 수준을 성취한 자이다.

붓디(Buddhi)
우주(보편) 혼 혹은 마인드(Universal Soul or Mind). 그것은 인간 속에 있는 영적 혼(여섯 번째 원리)이고 일곱 번째 원리인 아트마, 즉 영의 매개체이다.

원인체 혹은 코잘체(Causal Body)
이 체는 물질계 관점에서 보면 주관적 혹은 객관적 어떤 체가 아니다. 그럼에도 불구하고 이것은 자아(egoic) 의식의 중심이고 붓디와 마나스의 결합으로 형성되어 있다. 이것은 상대적으로 영구적이며 여러 윤회들의 오랜 주기 동안 지속되고, 인간으로 더 이상 환생의 필요성이 없게 될 때인 네 번째 입문 후에 흩어지게 된다.

초한(Chohan)
주(Lord), 대스승(Master), 수장(Chief). 본 서에서는 여섯 번째 입문을 받은 초인들을 언급한다.

데바 혹은 천사(Deva or Angel)
산스크리트어에서는 눈부시게 빛나는 신. 데바는 선하거나 나쁘거나 혹은 무차별한, 천상의 존재이다. 데바는 많은 그룹으로 나누어진다. 그리고 데바에는 천사와 대천사뿐만 아니라 작은 건설자 혹은 거대한 건설자들이 있다.

자아 그룹(Egoic Group)
다섯 번째 계인 멘탈계 세 번째 하위계에서 개개인의 코잘체가 보인다. 자아(Ego) 혹은 개체화된 자의식의 표현인 이 체들은 특정 자아의 광선 혹은 특질에 따라서 그룹으로 모여 있다.

엘리멘탈(Elementals)

엘리멘트(Elements)의 영(Spirits)들이다; 네 가지 원소인 지(Earth), 수(Water), 화(Fire), 풍(Air)과 관련 있는 피조물들. 소수의 높은 종류와 지배자를 제외하고, 그것들은 에텔 인간 이상의 자연의 힘들이다.

에텔체 혹은 에텔 복체(Etheric double)

오컬트 가르침에 의하면, 인간의 육체는 두 부분으로 구성되어 있다고 한다. 한 부분은 육체이고 다른 부분은 에텔체이다. 육체는 물질계 가장 낮은 세 가지 하위계 물질로 구성되어 있다. 에텔체는 물질계 네 가지 상위 하위계 물질로 구성되어 있다.

다섯 번째 원리(Fifth Principle)

인간 속에 있는 지성적으로 사고하는 원리로 인간을 동물과 구분시켜 주는 원리이다.

포하트(Fohat)

우주 전기(Cosmic electricity); 태초의 빛; 언제나 존재하는 전기 에너지; 보편적인 추진 활력; 멈춤 없는 파괴적이고 창조적인 힘; 많은 형태들의 전기 현상의 종합.

구루(Guru)

영적 스승; 형이상학과 윤리적인 가르침 부분의 대스승.

하이어라키(Hierarchy)
진화 과정을 조절하고 자연의 지성적인 힘들이자 태양계 내적인 세계에 있는 영적인 존재들의 그룹. 그들은 열 두 가지 하이어라키로 나누어진다. 우리 행성 스킴인 지구 스킴 속에는 이 하이어라키의 반영인 오컬트 하이어라키가 있다. 이 하이어라키는 제자들을 통해서 일하는 입문자들과 초인들, 그리고 초한들로 구성되어 있다.

입문(Initiations)
라틴어 어원으로 그 의미는 어떤 과학의 제일 원리이다. 모든 소아들(selves) 속에 있는 하나의 자아이고 대아(Self)의 과학의 신비들 속으로 관통해 들어가는 과정. 입문의 길은 인간이 걸어가는 진화의 길 마지막 단계이고, 다섯 번의 입문인 다섯 단계로 나누어진다.

지바(Jiva)
분리된 하나의 의식 단위.

칼리 유가(Kali yuga)
"유가(Yuga)"는 대시대(age) 혹은 주기들(cycles)이다. 인도 철학에 의하면 우리의 진화는 네 가지 유가 혹은 주기로 나누어진다. 칼리 유가는 현재 시대이다. 그 의미는 암흑기(Black Age)로, 432,000 년의 기간이다.

카르마(Karma)
물리적 활동. 형이상학적으로 응징의 법칙; 원인과 결과의 법칙 혹은 윤리적인 인과관계의 법칙. 좋은 카르마와 안

좋은 카르마가 있다. 그것은 만물을 통제하는 힘이고, 윤리적인 행동의 결과 혹은 개인적인 욕망을 충족시키는 어떤 것을 성취하기 위한 행동의 윤리적인 결과이다.

쿠마라(Kumaras)
태양계 내에서 가장 높은 일곱 분의 자의식적인 존재들. 인간이 육체라는 매개체를 통하여 현현하듯이, 이 일곱 분의 쿠마라들은 행성 스킴이라는 매개체를 통하여 현현한다. 힌두인들은 그들을 "브라흐마 마인드에서 태어난 자식들(mind-born sons of Brahma)"이라고 부른다. 그들은 지성과 지식의 총합이다. 행성 스킴 속에서 태양계 질서의 반영이 보인다. 우리 진화의 수장으로 첫 번째 쿠마라가 있으며, 여섯 분의 쿠마라들의 도움을 받는데, 세 분은 드러나 있지만, 나머지 세 분은 드러나 있지 않다. 그들은 태양계 쿠마라들의 힘을 분배하는 초점들이다.

쿤달리니(Kundalini)
생명의 힘. 자연의 힘 중에 하나. 요가에서 집중을 실천하는 사람에게만 알려진 힘이고, 척추 속에 중심이 있다.

레무리아(Lemuria)
동양의 씨크릿 독트린에 의하면, 아틀란티스 대륙 이전에 있던 대륙을 나타내기 위해서 박물학자들이 처음 사용한 현대 용어이나 후에 신지학자들이 채택한 용어이다. 그것은 세 번째 근원인종의 고향이었다.

로고스(Logos)
모든 국가와 민족을 통해서 현현한 신. 언제나 숨겨져 있는 원인의 결과 혹은 외적인 표현. 이렇게 말은 생각의 로고스이다. 그래서 형이상학적으로 "말씀"으로 번역된다.

문명의 주(Lord of Civilization or Mahachohan)
마하초한 참조

불기둥의 주(Lords of the Flame)
태양계를 안내하는 영적인 존재들로 구성된 위대한 하이어라키들 중의 하나. 그들은 세 번째 근원인종인 레무리아 중반인 약 1800 만년 전에 지구에서 인류의 진화를 통제하기 시작하였다.

대우주(Macrocosm)
글자 그대로 거대한 우주; 혹은 자신의 육체인 태양계를 통해서 현현하는 신(God).

마하초한(Mahachohan)
하이어라키 세 번째 부문 수장. 이 위대한 존재는 문명의 주이고, 지성 원리가 활짝 개화한 존재이다. 그는 다섯 가지 활동에서 신성의 지성 측면 혹은 세 번째 측면의 전형이다.

마하만반타라(Mahamanvantara)
두 개의 태양계 사이 시간. 이 용어는 거대한 태양 주기에 자주 적용된다. 이것은 보편적인 활동의 시기이다.

마나스 혹은 마나스 원리(Manas or Manasic Principle)
글자 그대로 마인드, 정신 기능; 인간을 동물과 구분해주는 그것. 이것은 개체화되는 원리이다. 인간이 자신이 존재하고, 느끼고 안다는 것을 알게 해주는 그것. 이것이 학파에 따라서 두 가지 부분으로 나누어진다. 즉, 상위 혹은 추상적 마인드와 하위 혹은 구체적 마인드.

만트람(Mantrams)
베다에서 온 구절들. 비의적 의미에서 만트람 (혹은 생각이나 지각을 전달하는 심령 능력 혹은 힘)은 베다의 오래된 부분이고, 두 번째 부분은 브라흐마나스로 구성되어 있다. 비의 어법에서 만트람은 육화된 말씀 혹은 신성한 마법을 통해서 객관화된 말씀이다. 음절 혹은 단어들의 형태가 리듬 있게 배열되어서 소리를 낼 때 어떤 진동이 발생한다.

마누(Manu)
인류의 통치자(Ruler), 최초 조상(progenitor) 그리고 최고위자(chief)라는 위대한 존재의 대표 이름. 이 말은 산스크리트어인 "만(man)"--생각한다--에서 온 것이다.

만반타라(Manvantara)
어떤 특정한 기간에 대한 언급 없이 사용되며 휴식기에 반대되는 활동기. 종종 행성의 활동 기간과 일곱 인종들의 기간을 표현하기 위해서 사용된다.

마야(Maya)
산스크리트어로 "환영(Illusion)". 형태 혹은 제한하는 원리. 현현의 결과. 정신에 의해서 창조된 현상 혹은 객관적인 겉모습에 대하여 상대적인 의미에서 일반적으로 사용됨.

마야비 루파(Mayavi Rupa)
산스크리트어로 "환영 형태(Illusive Form)". 그것은 삼계 속에서 초인이 사용하기 위해서 초인의 의지로 창조된 현현체이다. 그것은 육체와 어떤 연결고리를 가지고 있지 않다. 그것은 영적이고 에텔적이며, 어떤 장애 없이 모든 곳을 지나간다. 그것은 하위 정신 힘에 의해서 아스트랄 상위 물질로 만들어진다.

소우주(Microcosm)
육체를 통해서 현현하는 인간 혹은 소우주.

모나드(Monad)
하나(One). 자신의 계에 있는 삼중 영(threefold spirit). 오컬티즘에서는 그것은 하나인 삼위일체, 즉 아트마, 붓디, 마나스를 의미한다. 영적 의지, 직관 그리고 상위 마인드, 혹은 하위 세계 속으로 윤회하여 점진적으로 진보하면서 인간을 지나서 마지막 목표에 도달하는 인간의 불멸 부분.

니르마나카야(Nirmanakaya)
영적인 지복의 최고 상태인 열반(Nirvana)을 포기하고 자기 희생의 삶을 선택해서 카르마의 제한 안에서 인류를 보호하는 보이지 않는 구성원들인 완전한 존재들.

영구원자(Permanent atom)
모나드가 현현할 목적으로 취하는 멘탈 단위 속에 있는 다섯 개의 원자들로, 인간이 진화하는 다섯 가지 계에 각각 하나씩 있다. 그것들은 안정적인 센터를 형성하고 상대적으로 영구적이다. 그것들 주위로 다양한 체들 혹은 외피들이 만들어진다. 그것들은 글자 그대로 힘의 센터들이다.

행성 로고스(Planetary Logos)
이 용어는 기독교 일곱 대천사에 상응하는 가장 높은 일곱 영들에 적용된다. 그들은 모두 인간 단계를 지나서 행성을 통해서 현현하고, 인간이 육체를 통해서 현현하는 것과 같은 방식으로 행성을 통해서 현현하고 진화한다. 어떤 특정 구체를 통해서 작용하는 가장 높은 행성 영은 사실상 그 행성의 신(God)이다.

프라크리티(Prakriti)
우주 진화 첫 번째 물질 원인으로써 그 기능 때문에 그 이름이 유래됨. 두 가지 근원, 즉 "현현하다(pra)"와 "만들다(krita)"로 구성되어 있다고 한다. 의미는 우주가 스스로 현현하게 만드는 원인이 되는 그것이다.

프라나(Prana)
생명 원리, 생명의 숨결(breath of life). 오컬티스트는 다음과 같은 진술을 믿는다: "물질을 통해서 현현하는 존재의 한 형태로 혹은 인간 속에 있는 영, 혼, 물질이라고 부정확하게 구분하는 것을 생명으로 본다. 물질은 존재계에서 혼이 현현하기 위한 도구이고, 혼은 영이 현현하기 위한 도구이며, 이 세 가지는 만물에 스며들어가 있는 생명에 의해서 통합된 삼위일체이다."

푸루샤(Purusha)

영적 자아(spiritual self). 육화된 자아(embodied self). 글자 그대로 "도시 (육체) 속에 있는 거주자." 산스크리트어인 도시 혹은 육체를 의미하는 "pura"와 "거주하다"의 파생어인 "usha"에서 유래되었다.

사중체(Quaternary)

삼계 속에 있는 사중구조 하위자아. 이것을 나누는 여러 가지 방법이 있지만, 여기서는 다음과 같은 방법이 최선이다:

1. 하위 마인드.
2. 감정체.
3. 프라나 혹은 생명 원리.
4. 에텔체 혹은 이중 육체의 가장 높은 부분.

라자의 주(Raja Lord)

"라자(Raja)"는 "왕 혹은 왕자"를 의미하고, 이 단어는 일곱 계에 혼을 불어넣는 위대한 천사들 혹은 실체들에게 사용되었다. 이들은 어떤 한 세계의 총합이자 통제하는 지성인 위대한 데바들이다.

라자 요가(Raja Yoga)
상위자아(higher self) 혹은 자아(Ego)와의 합일과 심령적 영적인 힘들을 계발시키는 진정한 체계. 이것은 연습, 조절 그리고 생각의 집중이 관련된다.

광선(Ray)
로고스의 일곱 가지 힘의 흐름들 중에 하나. 일곱 가지 위대한 빛. 각각은 위대한 우주 실체의 구현이다. 일곱 가지 광선들은 세 가지 측면의 광선(Rays of Aspect)과 네 가지 속성의 광선(Rays of Attribute)으로 나누어진다.

측면의 광선
1. 의지 혹은 힘의 광선(The Ray of Will or Power)
2. 사랑-지혜의 광선(The Ray of Love-Wisdom)
3. 활동 혹은 적응성의 광선(The Ray of Activity or Adaptability)
속성의 광선
1. 조화, 미, 예술 혹은 통일의 광선(The Ray of Harmony, Beauty, Art, or Unity)
2. 구체적 지식 혹은 과학의 광선(The Ray of Concrete Knowledge or Science)
3. 추상적 이상주의 혹은 헌신의 광선(The Ray of Abstract Idealism or Devotion)
4. 의식적 마법 혹은 법칙의 광선(The Ray of Ceremonial Magic, or Law)
위의 이름은 단순히 많은 이름들 중의 하나이고, 로고스가 현현하는 서로 다른 힘의 측면을 나타낸다.

경계선(Ring-pass-not)
이것은 현현한 태양계 주위에 있고, 비의적인 의미뿐만 아니라 겉으로 드러난 의미로 태양의 영향력 주변이다. 중심에 있는 생명력의 활동 영역의 경계.

근원인종(Root Race)
행성의 위대한 주기 동안 행성 위에서 진화해가는 인류의 일곱 가진 인종들 중에 하나. 이 주기는 세계의 기간(world period)이라고 부른다. 힌두, 유럽인종 그리고 미국인종들이 속하는 아리안 인종이 다섯 번째 인종이고, 중국 등의 아시아 인종이 네 번째 인종이다.

센자 혹은 센자르(Sensa or Senzar)
전세계 입문한 초인들의 "신비 언어" 혹은 비밀의 성어를 지칭하는 이름. 이것은 보편적인 언어이고 주로 상형문자로 표기된 암호이다.

샴발라(Shamballa)
신들의 도시(The City of the Gods). 이곳은 고비사막에 있는 신성한 섬이다. 이곳은 신비주의와 비밀의 가르침의 고향이다.

삼위일체(Triad)
영적 인간(Spiritual Man); 모나드의 표현. 이것은 신성의 잠재성을 가지고 있는 싹이 되는 영(germinal spirit). 이런 잠재성은 진화 과정 동안 서서히 열리게 될 것이다. 이 삼위일체는 개체화된 혹은 분리된 자아, 즉 자아(Ego)를 형성한다.

비베카(Viveka)
"분별력(discrimination)"을 의미하는 산스크리트어. 오컬티즘 첫 단계는 실재와 비실재, 질료와 현상, 자아와 비자아, 영과 물질을 분별하는 것이다.

웨삭(Wesak)
5월 보름달에 히말라야에서 일어나는 축제. 하이어라키 모든 구성원들이 참석하는 축제로, 붓다가 짧은 시간 동안 우리 지구의 일과 관련한 것을 새롭게 한다고 전해진다.

요가(Yoga)
파탄잘리에 의해서 만들어졌다는 인도의 여섯 학파 중에 하나지만, 그 기원은 훨씬 이전이다. 영적 자유로 가는 한 가지 방법으로 명상을 실천한다.

앨리스 베일리 소개
(Alice A. Bailey, 1880-1949)

앨리스 베일리, 그녀는 오컬트 분야에서 전 세계적으로 가장 많이 읽히는 책들을 '티벳인'이라 불리는 대스승 (자주 티벳 대사 혹은 D.K.대사로 부름) 중 한 분으로부터 받아쓴 분이다. 그녀가 받아서 인류에게 전한 이 가르침은 현대 인류의 사상과 문화, 철학, 종교 등 전반적인 분야에 지대한 영향을 끼쳤다. 이제 그녀에 대한 소개를 그녀의 〈미완의 전기〉에서 발췌하여, 그녀가 살아온 삶으로 대신하고자 한다. 관심 있는 독자들은 인터넷을 검색해 보면 방대한 양의 자료가 나오는 것을 발견하게 될 것이다.

그녀는 1880 년 6 월 영국의 부유한 귀족 가문에서 태어나 철저한 기독교식 교육을 받았다. 그녀의 전기를 보면 가족은 물질적으로 부유했지만 그녀 자신은 살아야 할 가치를 못 느껴서 세 번이나 자살을 시도했다고 한다. 특히 사춘기 시절 중 가장 불행했다고 생각하는 15 세 되던 해(1895 년 6 월 30 일), 그녀의 스승께서 그녀를 방문하였다고 한다. 그 당시 그녀는 그분을 예수님으로 잘못 알았으나, 나중에 신지학회에 걸려 있는 그분의 사진을 보고 쿠트 후미(K.H. or Kut Humi) 대스승으로 알게 되었다고 한다.

마침 그날은 일요일 아침이어서 가족들은 모두 교회에 갔는데 그날따라 그녀는 교회에 가지 않았고 거실에서 혼자 책을 읽고 있었으며 집에는 시종과 그녀 둘이 있었다.

그런데 갑자기 문이 열렸고 유럽식 복장에 터번을 한 키 큰 남자가 어디로 들어왔는지 들어와서 그녀 옆에 가만히 앉았다. 그녀는 너무 놀라서 아무 말도 할 수 없었고 아무 소리도 낼 수가 없었다. 그분이 그녀에게 말하기를 계획해 놓은 할 일이 있으며 이 세상에서 그 일을 하려면 그녀의 좋지 않은 성향을 바꾸어야 하고 어느 정도 자기 자신을 통제해야 한다고 말씀하셨다 한다. 이 세계에 얼마나 도움이 되는가는 그녀가 자기 자신을 얼마나 통제할 수 있는가에 달려 있으며 앞으로 그녀는 전 세계를 여행하며 많은 일을 할 것이라고 말씀하셨다. 그리고 이 모든 것은 모두 그녀에게 달렸으며 7 년 간격으로 그녀에게 연락하겠다고 했다는 것이다.

같은 시기에 그녀는 또 다른 경험을 했다. 그것은 완전히 깨어 있는 의식 속에서 두 번의 꿈을 꾼 것이다. 그 당시에는 그것이 어떻게 가능한지 상상할 수 없었기 때문에 그저 꿈이라고 불렀다. 그 당시 자신은 영국에 있으면서 앞으로 인도에서 일어날 놀라운 경험을 미리 한 것이다. 그로부터 20 년이 지난 후에야 그것이 무엇인지 정확히 알게 되었다고 그녀가 말한다.

그녀는 어떤 의식에 참여하고 있었는데 알고 보니 그 의식은 실제로 매년 히말라야에서 일어나고 있으며 그 당시 그녀는 그 계곡에 있던 거대한 군중들 속에 함께 있었다고 한다. 그리고 그 속에서 그녀가 정확히 어디에 있었는지 알고 있었으며 그 위치가 그녀의 영적인 위치를 나타낸다는 것도 알았다고 한다.

앨리스 베일리는 22 살까지 지루한 삶을 보내다가 YWCA 에서 일을 하기로 했고 아일랜드에 있는 영국군 주둔지에서 군인들에게 복음을 전파하는 일을 새로 시작하였다. 그러다 인도에서 도움이 필요하게 되어 거기로 가게 되었다. 성경 공부, 강연 등의 많은 일을 하면서 숱한 시행착오를 거쳤고 그곳에서 첫 번째 남편을 만났다. 둘은 결혼한 후 미국으로 오게 되었으며 그들 사이에 3 명의 딸을 두었다. 그러나 그들의 결혼은 오래 지속되지 못했으며 결국 이혼으로 끝났다. 1915 년 남편이 떠난 후 그녀에게는 세 딸을 부양해야 하는 힘들고 가난한 생활이 시작되었다. 그녀는 이 당시 가장 절망적인 시기를 지나고 있었다 한다. 세 딸들을 부양하기 위해 정어리 공장에 취직해서 일하게 되었는데 공장의 많은 사람들이 그녀에 대해서 수군거렸으나 그녀에 대해서 아는 어떤 사람들은 그녀를 아주 친절하게 대해주었고 그녀를 '진흙 속에서 잃어버린 다이아몬드'라고도 불렀다. 그녀는 그것으로 충분한 마음의 보상을 받았다고 한다.

어느 날 한 번은 점심 벨이 울리자 엄청나게 크고 지저분한 몰골의 끔찍한 모습을 한 나이든 사람이 그녀에게 다가오더니 잠시 구석에서 보자고 말했다. 그녀는 엄청 두려웠지만 그에게로 갔다. 그녀가 다가가니 그 나이 든 끔찍한 남자가 바지 속에서 깨끗한 하얀 앞치마를 꺼내서 그녀에게 주었다고 한다. 다음부터는 여자들 탈의실에 있는 지저분한 수건을 쓰지 말고 새것을 언제나 여기에 걸어둘 테니까 그것을 쓰라고 그가 말했다. 그리고 그녀가 고맙다고 말할 틈도 주지 않고 바로 사라져 버렸다고 한다.

공장의 노동자로서 매우 힘든 시기를 지나면서 그녀는 자신이 자주 정신의 힘을 사용하기 시작한다는 것을 알았다. 그리고 이 때 신지학(Theosophy)을 접하게 되었다. 이것이 그녀의 영적인 삶에서 새로운 시기가 열리는 때였다. 그 당시 비슷한 환경을 가진 두어 명의 여자가 있었으며 그 사람들과 만나게 되었다. 그런데 그 사람들은 거실에서 어떤 특별한 주제에 대해서 모임을 하고 있었다. 그래서 처음으로 그 모임에 참가하게 되었다고 한다. 그것은 신지학에 대해서 강의를 하고 서로 토론하는 모임이었다.

그녀가 참석한 모임의 주제는 너무 지루했고 신지학에 대해 모르는 사람들은 거의 이해하지 못하는 성격의 모임이었다. 그러나 한 가지 얻은 것은 두 명의 여자들과의 우정이었다. 그 이후 그 사람들에게서 책들을 빌려 읽기 시작했다. 공장 일을 하면서 애들도 돌보고 틈틈이 새로 접한 신지학에 대한 책을 읽는 일 등 여러 가지 일을 베일리는 동시에 해냈다. 특히 감자 껍질을 벗기면서, 콩을 까면서 그리고 재봉 일을 하면서도 동시에 책을 읽었지만 혹 실수라도 다친 적이 한 번도 없다고 한다. 그리고 보통 사람들이 한 문장씩 읽는 것을 그녀는 한 단락 혹은 한 페이지 전체를 매우 빠르게 이해했다고 한다.

그렇게 읽고 공부하고 생각하면서 그녀의 정신은 서서히 깨어나기 시작했다. 그러다가 블라바츠키 여사의 개인 제자들인 두 명의 나이든 여자 두 명을 만났다. 그녀들은 그녀를 열심히 훈련시켰고 가르쳤다. 그러다 여사의 저작인 〈씨크릿 독트린〉을 만난다. 베일리는 그 책에 매혹되었지만 하나도 이해를 못했다고 한다. 초보자가 이해하기에는 너무 혼란스럽고 어려운 책이었으나 그 책의 출판은 하나의 위대한 세계의 사건이었고 세계의 사상에 혁명을 일으킨 것이었다.

이제 그녀는 퍼시픽 그로부에 있는 신지학회에 가입해서 가르치거나 수업을 하기 시작했다. 첫 강의는 애니 베산트 여사의 [의식 연구(A Study in Consciousness)] 였다고 한다. 그 당시 그녀는 의식이 무엇인지에 대해 아무것도 몰랐지만 그럭저럭 첫 강의를 끝냈고 그 와중에서 많이 배웠다고 한다. 이 과정에서 그녀의 탐구하는 정신과 혼란스러운 가슴을 만족하게 해주기 시작하는 것이 생겨나기 시작했다. 즉 세 가지 기본적인 사상을 발견하게 된 것이다.

첫째, 이 세계에는 위대하고 신성한 계획이 있다는 것이다. 우리가 살고 있는 이 우주는 그냥 원자들이 우연히 모여서 합쳐진 곳이 아니라 위대한 설계에서 나오는 것이다. 인류와 문명이 나타났다가 사라지면서 인류는 한 걸음씩 신에게로 돌아가는 길에 있다는 것이다.

둘째, 이런 위대한 계획의 실현을 책임지고 있으며 단계적으로 인류를 안내하고 있는 위대한 존재들이 도처에 있다는 것이다. 또한 이런 대계획에 대한 가르침이 동양이나 서양 모두 일치한다는 것도 발견하게 된다. 아울러 이런 영적인 지도자들의 수장이 크리스트(Christ)라는 것도 그녀는 알게 되었다. 그분은 모든 대사, 곧 대스승들(Masters)과 선생들, 그리고 천사와 인간의 대스승이라는 것을 알았다.

정통 기독교 교육에서 크리스트와 그분의 교회에 대해서 말할 때 그것이 곧 크리스트, 그분과 행성 하이어라키를 말한다는 것 또한 깨달았다고 하며, 이런 비전에 대한 가르침이 그분을 과소평가하는 것이 결코 아니라는 것 또한 배웠다고 한다.

셋째, 재탄생의 법칙(Law of Rebirth)과 인과의 법칙(Law of Cause and Effect)에 대한 믿음이다. 이것을 통해서 그녀는 개인적이고 사적인 많은 문제들에 대한 해답을 찾을 수 있었다고 말한다. 그리고 '뿌린 대로 거둔다'는 것이 아주 합리적인 것 같고, 지금까지 인간이 진리를 해석하는 데에 많은 오류가 있었으며, 유식한 학자나 설교자가 신은 이것이다 혹은 저것이다 라고 말하면 그대로 믿어야 하는 것이 퍽 어리석은 일이라는 생각이 들기 시작했다. 또한 600 년 전 번역한 성경을 요즘과 상이하게 다른 문명과 환경, 그리고 산적한 문제들이 있는 시대에 그대로 받아들여야 할 이유가 없다는 생각이 들기 시작했다.

1917 년이 끝나갈 무렵 공장 일을 그만두고 신지학 롯지에서 하는 일에 어느 정도 결과가 생기기 시작했다. 즉 약간의 학생들이 생기기 시작한 일이다. 그러다가 크로토나에 있는 신지학회 본부가 있는 할리우드로 갈 것을 제안 받았고 그렇게 해서 그곳으로 이사를 가게 되었다.

그곳으로 간지 얼마 지나지 않아서 그녀는 신지학회 식당을 운영할 것을 요청 받고 기꺼이 수락했다. 식단은 당연히 채식주의였다. 그런데 식당을 운영하면서 알게 된 것이 하나 있었다. 즉, 채식주의에 대한 접근 방법이 엄격하고 편협한 사람일수록 그 사람들은 더욱 더 비판적이고 자기우월적이라는 점이었다. 물론 일반화는 아니지만, 차라리 그런 채식주의자보다는 쇠고기를 먹으면서 부드러운 말을 하는 사람이 훨씬 더 낫다는 것도 그녀는 또한 깨달았다.

바로 이때였다. 1918 년, 그녀가 스코틀랜드에서 15 살 때 본 그분이 누구인지 알게 되었다. 신지학회 비의 부문(Esoteric Section)에 그녀가 참여하는 것을 허락 받았고, 처음으로 성소로 들어갔을 때, 그녀는 크리스트와 지혜의 대스승들(Masters of the Wisdom)의 사진들을 보았다. 그런데 바로 그때 15 살 때 그녀를 방문한 그분이 사진 속에서 그녀를 쳐다보고 있었다 한다. 나중에 사람들에게 그분의 이름을 물어보니 K.H.(쿠트 후미) 대스승이었다.

1919 년에 그녀의 두 번째 남편인 포스터 베일리를 만난다. 그리고 둘은 신지학 관련 일에 점점 더 적극적으로 깊이 관여하게 된다. 그 당시 신지학회는 비전 부문에 참여하는 사람들이 모든 것을 좌지우지 하고 있었다. 그리고 바로 이 무렵, 1919 년 베일리는 처음으로 티벳인을 만난다. 바로 이 분이 그녀에게 책을 받아쓰도록 오래 전에 요청한

분이며, 티베트 사람이었기 때문에 처음에는 그를 티베트인이라고 불렀다.

1919 년 어느 날이었다. 그녀는 아이들을 모두 학교에 보내고 집 근처에 있는 언덕으로 산책을 하러 올라갔다. 그런데 별안간 하늘에서 음악 소리가 들려오는데 그 소리는 언덕과 그녀를 모두 관통해서 들렸다. 그때 그 어떤 목소리가 말했다. "일반 대중들을 위해서 출판할 책들이 있는데, 나를 위해 그 책들을 써 줄 수 있는가? 그렇게 해 주지 않겠는가?" 그녀는 단 한 순간의 망설임도 없이 "당연히 싫다. 나는 영매가 아니고 그런 일에 이끌리고 싶지 않다"고 말했다. 그러자 그 목소리는 "현명한 사람은 그렇게 딱 잘라서 판단하지 않는다"고 했다. 이어 목소리가 말하길 그녀는 높은 차원의 텔레파시 재능을 가지고 있어서 이런 일이 다가온 것이지 낮은 차원의 심령주의 같은 것이 아니라고 했다. 그러나 그녀는 여전히 그런 일에 관심이 없다고 했다. 그러나 그 목소리는 계속 생각할 시간을 줄 것이고 3 주 후에 다시 와서 그녀의 의향을 물어보겠다고 말했다. 이것이 앞으로 27 년간 그녀와 같이 일을 하게 될 분과의 첫 만남이었다.

마치 꿈에서 깨어나듯 몸이 흔들리며 그녀는 저도 모르게 일어나 집으로 돌아왔다. 이후 그 누구와도 이 일에 대하여 아무런 말을 하지 않았다. 그렇게 3 주가 흘렀고 그 목소리는 다시 찾아왔다. 여전히 그녀는 그의 제안을 거절했지만, 그는 간청하는 목소리로 앞으로 2 주 동안 더 생각해 볼 것을 권했다. 이 과정에서 서서히 그녀에게도 흥미가 생기기 시작했고 한 2 주 정도 일을 해 보고 결정하겠다고 말했다. 바로 이때 앨리스 베일리는 〈입문, 인간과 태양〉의 1 장을 썼다.

이와 같은 일을 시작한지 한 달 정도 지나 그녀는 일을 계속하는 것을 다시 거절했다. 자신에겐 세 딸이 있고 그녀가 아프거나 미쳐버리면 그들은 완전히 홀로 남게 되기 때문에 위험을 감수할 일을 할 수는 없다고 한 것이다. 그러자 그 목소리가 그 결정을 받아들이겠다고 말하면서 혹시 한 번 K.H. 대사님과 상의해보라고 했다. 그녀는 스승인 K.H. 대사님과 면담을 했다. 그러자 그녀의 스승께서는 이 일에는 전혀 위험이 없고 그녀는 매우 가치 있는 일을 하는 것이며 그녀가 티베트인을 도와야 한다고 제안한 것이 바로 본인이라고 말씀하셨다. 그렇게 해서 베일리는 이로부터 27 년간 지속하는 작업을 티베트인과 함께 비로소 시작하게 된다.

초기에는 한 단어씩 받아쓰기 시작했다. 이어 두 명 분의 정신이 점점 더 서로 적응이 되어가면서 – 그녀는 그것을 "그분의 생각을 나의 정신 속으로 떨어뜨렸을 때", 라고 말했다– 티벳인의 생각을 더 빨리 기록할 수 있게 되었다. 나중에는 집중만 하면 언제든 어려움 없이 그와 텔레파시로 연결되어 함께 일할 수 있게끔 되었다.

앨리스 베일리에 의하면:
하여튼 이 책들은 결국 티베트인의 책들이고 모든 책임도 그분에게 있다. 그래서 그분은 내가 실수를 하지 않도록

했으며 마지막 원고를 늘 주의 깊게 보았다. 인류가 필요로 하는 새로운 진리들을 제공하는 책임을 지고 있는 스승들은 티베트인의 책들을 매우 중요하게 여긴다. 이는 제자도(제자의 길)에 대한 준비 및 영적인 수련과 더불어 새로운 가르침을 제공하는 내용들이다. 영적인 가르침의 방법들과 기술들에서 점차 거대한 변화들이 일어나고 있기 때문에 티베트인은 특히 실수하지 않도록 신중을 기했다.

그 당시 신지학회는 리드비터와 애니 베산트가 학회를 좌지우지 하고 있었다. 그들은 무엇이든 대스승들로부터 받은 명령이라고 하면서 모든 회원들이 그에 따를 것을 종용했고 반대할 경우는 신지학회에서 일할 수도 없는 상황이었다. 롯지(지부)의 운영이 원래 설립 취지와는 다르게 변질되고 있었다. 자율에 의하지 않고 신지학회 비의 부문에 속해 있는 회원들에 의해 전적으로 운영되다 보니 그들이 하는 말에 따르지 않으면 신지학회에 충실하지 않은 사람으로 낙인 찍히게 되는 것이다. 또한 리드비터가 쓴 책 〈인간: 어디서, 어떻게 그리고 어디로〉는 아스트랄 색채가 아주 강했고 확인이 불가능한 그런 내용들이었다. 그 책에 의하면, 미래 하이어라키 대부분의 사람들이 리드비터가 아는 주위 사람들로 채워질 것이라고 한다.

대스승들의 제자들은 전 세계적으로 많이 퍼져 있으며 인류가 빛 속으로 들어오도록 하기 위해 수많은 분야에서 고요히 일하고 있다. 그런데도 신지학회만이 신지학 운동의 유일한 통로이므로 다른 오컬트 그룹을 배척해야 한다는 식의 태도를 취한 것은 엄연한 실수였다. 이로 인해 초기의 신지학 운동이 그 찬란한 빛을 모두 잃어버리게 되었다. 신지학이 옹호하는 진리들과 원리들을 사랑했던 사람들은 신지학회 초기의 아름다운 충동들이 퇴색되는 것을 보느라 매우 마음이 아팠다.

1920 년에는 위의 상황이 정점에 다다르고 있었다. 그 해, 시카고에서 그토록 말 많던 신지학회 연차 총회가 열렸다. 미국 전역에서 인류의 형제애와 그 가르침을 전파하는 일에 참여한다는 많은 사람들이 총회에 참석했다. 쟁점이 되었던 신지학회 운영에 대해서 권위주의적인 사람들과 민주주의적인 사람들 간의 논쟁이 크게 있었다. 결국 후자가 패배했다. 더욱 민주적인 편에 속한 사람이 회장직에서 물러났고 신지학회에서 우리의 봉사도 동시에 끝나게 되었다.

1920 년 베일리는 뉴욕으로 거처를 옮겼다. 이어 1921 년에 메디슨 가에서 그녀는 〈씨크릿 독트린〉 수업을 열었다. 다양한 신지학회 회원들과 많은 오컬트 그룹의 사람들이 여기 참석하였다. 한 번은 W.Q. 젓지의 오래된 친구이자 블라바츠키 여사의 제자인 리처드 프레이터가 참석한 후 그 다음 주에 자신이 운영하는 씨크릿 독트린 학생들을 모두 그리로 데리고 왔다. 그런 와중에 그녀와 티베트인의 저술은 지속 되었고 〈입문, 인간과 태양〉과 〈오컬트 명상 편지〉, 그리고 〈원자의 의식 〉을 연이어 썼다.

그녀의 책이 점점 더 많이 팔리면서 세상 도처의 독자들로부터 편지들이 점점 쌓이게끔 되었고 〈씨크릿 독트린〉 수업에 대한 수요에 대응하기 위해 그녀는 1923 년 아케인 스쿨(Arcane School)을 조직하였다. 전에 그녀와 함께 했던 신지학회 회원들이 바로 이 아케인 스쿨에 많이 참여하게 되었으며 학교는 꾸준히 성장해 갔다. 그렇게 1930 년까지 기쁜 일과 힘든 일을 고루 겪으면서 그녀는 책도 쓰고 강의와 수업도 계속했다. 또한 아케인 학교는 더욱 안정되어갔다.

1932 년에는 티베트인으로부터 분수령이 될 만한 글을 받아 출판하게 된다. 그 책의 제목은 〈새로운 그룹의 세계 봉사자들(The New Group of World Servers)〉. 이러한 그룹이 계속 형성되고 있으며 앞으로 다가올 미래의 세계 문명 속에 그것의 핵심이 있고 향후 2500 년간 그런 문명의 특징들이 나타날 것이라 한다. 그들은 모두 내면에서 나오는 영적인 안내와 더불어 동료 인간들을 위해 사심 없이 봉사하려는 욕망과, 포괄성이라는 정신을 함께 지니고 있을 것이다. 이처럼 지금까지보다 훨씬 대규모 차원에서 인류를 새로운 방향으로 안내하는 시도가 가능하게 된 것은 물병자리의 시대가 도래하였기 때문이라고 그(티벳인)는 말한다.

1933 년부터 1935 년까지 그녀는 선의(goodwill)에 대한 가르침을 전파하는 데 몰두했다. 또한 블라바츠키 여사가 또 다른 제자를 통해서 〈씨크릿 독트린〉을 심리학적으로 해석할 책이 나올 것이라고 예언했듯, 〈우주 불 논고〉가 출판되었다. 이 책은 순수 영의 불(fire of pure spirit)과, 태양계 모든 원자를 활성화시키고 신의 자식들(Sons of

God)이 발전해 갈 매개체를 창조하는 마인드 불(fire of mind)을 모두 다루고 있다. 또한 진화의 기본 법칙인 인력과 반발력(attraction and repulsion)을 만들어내는 물질 불(fire of matter)을 다루고 있다.

신성에 접근하는 영적인 방식은 동서양 모두 유사하다. 이것은 마이스터 에크하르트 가르침과 파탄잘리 〈요가수트라〉를 공부해 본 사람에게는 더욱 분명하게 보인다. 힌두 철학에서 말하는 다섯 가지 의식의 확장과 신약성서에서 말하는 예수 그리스도의 삶 속에 있는 다섯 가지 위기들은 결국 같은 것을 설명하고 있다. 이런 맥락에서 그와 그녀는 파탄잘리 요가수트라에 대한 주석서인 〈혼의 빛〉을 썼다.

이처럼 티베트인과 공동 작업을 하면서 동시에 그 가르침들을 전 세계에 알리는 활동이 1949 년까지 꾸준히 지속되었다. 1949 년 12 월, 그녀의 임종이 다가왔다. 이전에 그녀의 스승이신 K.H. 대사께서 언젠가 약속하셨듯 그녀를 찾아오셨다. 그리고 다음 날, 그녀는 세상을 떠났다.

뉴 에이지 제자도 수련이 *아케인 스쿨 (Arcane School)*에서 제공되고 있다. 영원한 지혜의 원리들이 *삶의 한 방식으로* 비의 명상, 공부 그리고 서비스를 통하여 제시된다.

루시스(LUCIS) 출판사로 문의 바랍니다.

오컬트 명상

(LETTERS ON OCCULT MEDITATION)

발 행 : 2021 년 01 월 13 일

저 자 : 앨리스 베일리

펴낸이 : 주식회사 부크크

출판사등록 : 2014. 07. 15. (제 2014-16 호)

주   소 : 서울특별시 금천구 가산디지털 1 로 119
SK 트윈타워 A 동 305 호

전 화 : 1670-8316

이메일 : info@bookk.co.kr

ISBN : 979-11-372-3243-3

www.bookk.co.kr